禮記注疏長編

王鍔 井超 主編

檀弓注疏長編

肆

王寧玲 編纂

廣陵書社

檀弓注疏長編卷二十四

四·四七　〇**吴侵陳，斬祀，殺厲。**祀，神位有屋樹者。厲，疫病。吴侵陳，以魯哀元年秋。〇疫，音役。**師還出竟，陳大宰嚭使於師**[一]。**夫差謂行人儀曰：「是夫也多言，盍嘗問焉**[二]**？師必有名，人之稱斯師也者，則謂之何？」**大宰、行人，官名也。夫差，吴子光之子。盍，何不也。嘗，猶試也。夫差修舊怨，庶幾其師有善名。〇還，音旋。竟，音境。大，音泰，注及下文注「大宰」「大師」「大史」「大廟」「大傅」皆同。嚭，普彼反。使，色吏反。夫差，音扶，下初佳反，吴王名，闔廬子。盍，户臘反。**大宰嚭曰：「古之侵伐者，不斬祀，不殺**

[一] 陳大宰嚭使於師　閩、監、毛本同，岳本同，嘉靖本同，衛氏集説同，石經「嚭」作「噽」。下同。〇鍔按：「陳大」上，阮校有「吴侵陳節」四字。

[二] 盍嘗問焉　閩、監本同。嘉靖本「嘗」作「甞」，衛氏集説同。毛本作「甞」。石經作「甞」，岳本同，注同。

厲，不獲二毛。獲，謂係虜之[一]。二毛，鬢髮斑白。○斑，伯山反，本又作「頒」，音同。**今斯師也，殺厲與？其不謂之殺厲之師與？」**欲微切之，故其言似若不審然。正言殺厲，重人[二]。○與，音餘，下及注「有此與」同。**曰：「反爾地，歸爾子，則謂之何？」**子，謂所獲民臣。**曰：「君王討敝邑之罪，又矜而赦之，師與有無名乎？」**又微勸之，終其意。吴、楚僭號稱王。

【疏】「吴侵」至「名乎」[三]。○正義曰：此一節明征伐不合斬祀、殺厲之事，各依文解之。

○注「吴侵」至「年秋」。○正義曰：知者，案左傳：「吴伐楚，使召陳懷公，懷公朝國人而問焉，曰：『欲與楚者右，欲與吴者左。』陳人有田從田，無田從黨。』逢滑當公而進，曰：『楚未可棄，吴未可從。』陳懷公遂不從吴子光之召。至今夫差克越，乃脩先君之怨。秋八月，吴侵陳，脩舊怨。」是其事。案哀六年「吴伐陳」，鄭知非六年者，稱「伐」不云「侵」。哀元年，經雖不見，傳云「吴侵陳」，與此文同，俱云「侵」，故爲哀元年。

[一]　獲謂係虜之　閩、監、毛本同，岳本同，嘉靖本同，衛氏集説「係」作「繫」。
[二]　正言殺厲重人　閩、監、毛本同，岳本同，嘉靖本同，衛氏集説「正」作「止」，「人」下有「也」字。
[三]　吴侵至名乎　惠棟校宋本無此五字。

○「夫差」至「之何」。○夫差既見陳大宰嚭來，謂行人之官名儀曰：「是夫也多言。」夫，謂大宰嚭，言是大宰嚭也，博聞强識，多有所言。盍，何不也。嘗，試也。何不試就問焉？我脩先君之怨而興此師，必有善名在外，衆人稱此師也則謂之何？欲令行人儀以此辭而問大宰嚭也。

○注「大宰」至「之子」。○正義曰：據周禮，有大宰卿一人，又有大、小行人，故知大宰及行人皆官名。此大宰嚭與吴大宰嚭名號同而人異也。云「夫差，吴子光之子」者，世本及吴世家文也。

○「古之侵伐者，不斬祀，不殺厲，不獲二毛」。○此謂以至勝攻至暴，用兵如此。若兩軍相敵則不然。左傳云：「雖及胡耇，獲則取之[一]。」大宰嚭特舉古之善，以駮吴師之惡。

○注「正言殺厲，重人」。○正義曰：以其殺人，故重於斬祀。若其不殺，直拘囚人而已，則輕也[二]。故穀梁傳云：「苞人民、歐牛馬曰侵[三]，斬樹木、壞宮室曰伐。」是侵輕而伐重也。

[一] 雖及胡耇獲則取之　監本作「耇」，衛氏集説同，考文引宋板同。此本「耇」誤「者」字，閩、毛本同。
[二] 直拘囚人而已則輕也　惠棟校宋本作「則」。此本「則」字闕，閩本同。監、毛本作「故」，非。
[三] 苞人民歐牛馬曰侵　閩、監、毛本同，衛氏集説「歐」作「敺」。

○「師與有無名乎」者，既反地歸子，其事既善，師豈有無善名乎？言必有善名也。「與」是語辭。

○注「又微勸之，終其意」。○正義曰：上以「微切之」，謂譏斬祀殺厲，今復勸之反地歸子，故言「又」也。因吳王反地歸子，則云師有善名，是微勸之也。終其意者，上譏切斬祀及殺厲，是初有其意，欲吳哀矜，既得吳哀矜，則云師有善名，是終竟其欲哀矜之意。

【衛氏集說】鄭氏曰：吳侵陳，以魯哀元年秋。祀，神位有屋樹者。厲，疫病也。大宰、行人，官名也。夫差，吳子光之子。盍，何不也。嘗，猶試也。夫差脩舊怨，庶幾其師有善名也。獲，謂繫虜之。二毛，鬢髮斑白。大宰嚭欲微切之，故其言似若不審然。止言殺厲，重人也。歸爾子，謂所獲臣民。吳、楚僭號稱王。大宰又微勸之，終其意。

孔氏曰：此一節明征伐不合斬祀、殺厲之事。左傳，初，吳子光伐楚，召陳懷公，懷公不從。至夫差克越，乃脩先君之怨而侵陳。是夫，謂大宰嚭。言其博聞强識，多有所言。不斬祀、殺厲，不獲二毛，謂以至勝攻至暴，用兵如此。若兩軍相敵則不然，左傳云「雖及胡耇，獲則取之」是也。大宰嚭因吳王欲反地歸子，復勸之，以終其哀矜之意。謂反地歸子，其事既善，師豈有無善名乎？言必有善名也。周官有大宰，又有大、小行人。此大宰嚭與吳大宰嚭名號同而人異也。穀梁傳云：「苞人民、敺牛馬曰侵，斬樹木、壞宮室曰伐。」是侵輕而伐重也。

鄱陽洪氏曰：案嚭乃吴夫差之宰，陳遣使者正用行人，則儀乃陳臣也。記禮者簡策差互，故更錯其名，當云「陳行人儀使于師，夫差使大宰嚭問之」，乃善。忠宣公作春秋詩引斯事，亦嘗辨正云。

【吴氏纂言】舊本云「陳太宰嚭使於師，夫差謂行人儀曰」。

鄱陽洪氏曰：按嚭乃吴夫差之宰，陳遣使者正用行人，則儀乃陳臣也。記禮者簡策差互，更錯其名，當云「陳行人儀使於師，夫差使太宰嚭問之」。

澄按，洪氏正千載之訛，今從其説，兩易二人之名。又有「太宰嚭」三字，舊本在「曰古之侵伐」者之上，今移在「曰反爾地」之上。而孔疏凡用二人之名者，亦皆爲之兩易，則文義協順矣。

鄭氏曰：吴侵陳，以魯哀元年秋。祀，神位有屋樹者。厲，疫病。行人、太宰，官名也。夫差，吴子光之子。盍，何不也。嘗，猶試也。夫差修舊怨，庶幾其師有善名。獲，謂係虜之。二毛，鬢髮班白者。「其不謂之殺厲之師與」，欲微切之，故其言似若不審然。正言殺厲，重人。歸爾子，謂所獲民臣。「君王」者，吴、楚僭號稱王也。「師與有無名乎」，又微勸之，終其意。

孔氏曰：初吴子光伐楚，召陳懷公，懷公不從。夫差克越，乃修先君之怨而侵陳。是夫，謂行人儀。夫差謂何不試問？我修先君之怨而興此師，必有善名在外，衆人稱此師則謂之何？欲令太宰嚭以此問行人儀也。不斬祀，不殺厲，不獲二毛，此古之侵伐者，以至勝攻至暴，用兵如此。行人儀特舉古之禮，以駁吴師之惡。殺厲重於斬祀，故譏殺厲以微切之，意欲得吴哀矜。吴反地歸子，其事既善，則師豈有無善名乎？言必有善名也，是又微勸之，終其欲哀矜之意。

澄曰：夫差内行惡事，而外欲得善名，故令太宰嚭問陳行人，謂衆人稱我此行之師其名謂何？行人儀名之以殺厲之師者，欲吴人恥其名之惡而改悔也。吴太宰果有反地歸子之言，則陳行人乘其好名之心，而甘言誘勸之也。

【陳氏集説】吴侵陳，斬祀，殺厲。師還出竟，陳大宰嚭使於師。夫差謂行人儀曰：「是夫也多言，盍嘗問焉？師必有名，人之稱斯師也者，則謂之何？」魯哀公元年，吴師侵陳。斬祀，伐祠祀之木也。殺厲，殺疫病之人也。大宰、行人，皆官名。夫差，吴子名。是夫，猶言此人，指嚭也。多言，猶能言也。盍，何不也。嘗，試也。師必有名者，言出師伐人，必得彼國之罪，以顯我出師之名也。今衆人稱我此師，謂之何名乎？**大宰嚭曰：「古之侵伐者，不斬祀，不殺厲，不獲二毛。今斯師也，殺厲與？其不謂之殺厲之師與？」曰：「反爾地，歸爾子，則謂之何？」曰：「君王討敝邑之罪，又矜而赦之，師與有無名乎？」**二毛，斑白之人也。子，謂所獲臣民也。還其侵略之地，縱其俘獲之民，是矜而赦之矣，豈可又以無名之師議之乎？此言嚭善於辭令，故能救敗亡之禍。石梁王氏曰：

是時吴亦有大宰嚭，如何？

【納喇補正】陳大宰嚭使於師。夫差謂行人儀曰：「是夫也多言，盍嘗問焉？」

集説 引石梁王氏曰：是時吴亦有太宰嚭，如何？

竊案 鄱陽洪氏曰：「嚭乃吴夫差之宰，陳遣使者正用行人，則儀乃陳臣也。記禮者簡策差互，更錯其名，當云『陳行人儀使於師，夫差使太宰嚭問之』。忠宣公作春秋詩引斯事，亦嘗爲之辨正。」臨川吴氏謂洪氏正千載之訛而從其説，遂於纂言兩易二人之名，而石梁王氏之疑可釋矣。孔疏云：「此太宰嚭與吴太宰嚭名號同而人異。」天下同姓名者間有，烏得吴、陳一時皆有太宰嚭耶？

【郝氏通解】吴侵陳，事在魯哀公元年。斬祀，伐神壇之木也。殺厲，殺疫病之人也。大宰嚭，吴大宰，名嚭。行人儀，陳行人，名儀。記誤也。夫差，吴王名。是夫，指行人。多言，謂善應對。二毛，老人髮斑白也。引三事而獨言殺厲者，重民也。爾子，所獲人民也。「師與有無名乎」者，言如此則此師又豈可以無名議之？蓋疑辭，不直許之也。

【江氏擇言】陳大宰嚭使於師。夫差謂行人儀曰。

鄱陽洪氏云：按嚭乃夫差之宰，陳遣使者正用行人，則儀乃陳臣也。記禮者更錯其名，當云「陳行人儀使於師，夫差使太宰嚭問之」。

按，當從洪氏説改正。下文「太宰嚭曰」，亦當作「行人儀曰」。

【欽定義疏】案洪氏說，則兩「大宰嚭」當作「行人儀」，「行人儀」當作「大宰嚭」。

正義　鄭氏康成曰：吳侵陳，以魯哀元年秋。孔疏：左傳吳子光伐楚，使召陳懷公。逢滑曰：「楚未可棄，吳未可從。」懷公不從吳召。哀公元年，吳克越，乃修先君之怨。祀，神位有屋樹者。厲，疫病也。大宰、行人，官名也。孔疏：周禮有大宰卿一人，又有大、小行人。案：春秋吳、宋有大宰，他國無。夫差，吳子光之子。盍，何不也。嘗，猶試也。夫差脩舊怨，庶幾其師有善名也。獲，謂繫虜之。二毛，鬢髮班白。欲微切之，孔疏：謂譏切斬祀殺厲。故其言似若不審然。止言殺厲，重人也。孔疏：若不殺，但拘囚之，則輕。子，謂所獲民臣。矜而赦之，又微勸之，終其意。孔疏：微切之，欲吳哀矜。又言反地歸子，豈無有善名乎？是終竟其欲哀矜之意也。吳、楚僭號稱王。

吳氏澄曰：夫差內行惡事而外欲得善名，故令大宰嚭問陳行人，謂衆人稱我此行之師其名謂何。名之以殺厲之師者，欲吳人恥其名之惡而改悔也。吳大宰果有反地歸子之言，則陳行人乘其好名之心而甘言誘勸之也。

陳氏澔曰：陳善於辭令，故能救敗亡之禍。

存疑　孔氏穎達曰：此太宰嚭與吳太宰嚭名號同而人異也。

辨正　洪氏邁曰：案嚭乃吳夫差之宰，陳遣使者正用行人，則儀乃陳臣也。記禮者簡策差互，故更錯其名，當云「陳行人儀使於師，夫差使大宰嚭問之」，乃善。忠宣公作春秋詩引斯事，亦嘗辨正云。

【杭氏集説】吴氏澄曰：夫差内行惡事，而外欲得善名，故令太宰嚭問陳行人，謂衆人稱我此行之師其名謂何。名之以殺厲之師者，欲吴人耻其名之惡而改悔也。吴太宰果有反地歸子之言，則陳行人乘其好名之心而甘言誘勸之也。

陳氏澔曰：陳善於辭令，故能救敗亡之禍。

姚氏際恒曰：按嚭乃吴之太宰，儀乃陳之行人，恰好更换，豈記者有意爲戲耶？

陸氏奎勳曰：豈有同官同名者？此必簡策差誤。陳使乃行人儀也，當從鄱陽洪氏説，改爲「陳行人儀使于師，太宰嚭問之」，乃善。

姜氏兆錫曰：石梁王氏曰：「是時吴亦有太宰嚭，如何？」鄱陽洪氏曰：「按嚭乃吴太宰，陳遣使正用行人，則儀乃陳臣也。記禮者簡册錯互，故如此，當云『陳行人儀使于師，夫差使嚭問行人儀』，而對之如此，乃得。忠宣公作春秋詩引此，亦嘗辨正云。」

齊氏召南曰：按依注、疏，則「又矜而赦之」句「師與」讀「有無名乎」句。謝枋得謂「又矜而赦之」及「師與」爲一句，舊「赦之」句絶，非也。

任氏啟運曰：檀弓所記，多得之傳聞，故謬誤甚多。此其最甚者也，必如洪氏互易，乃得之。

【孫氏集解】○洪氏邁曰：嚭乃夫差之宰，陳遣使者止用行人，則儀乃陳人也。記禮者簡册錯互，當云「陳行人儀使於師，夫差使大宰嚭問之」。

愚謂此章言「行人儀」者一，言「大宰嚭」者二。上言「大宰嚭使於師，夫差謂行人儀」，可言簡册錯互。至下文又言「大宰嚭」，則非簡册錯互矣。蓋嚭實吴人，儀實陳人，洪氏之説得之。然其所以互易者，則由記者傳聞之誤耳。

鄭氏曰：吴侵陳，以魯哀公元年。祀，神位有屋樹者。厲，疫病。大宰、行人，官名也。夫差，吴子光之子。嘗，試也。獲，謂係虜之。二毛，鬢髮斑白。止言殺厲，重人也。欲微切之，故其言似若不審然。子，謂所獲民臣。師與有無名乎，又微勸之，終其意。吴、楚僭號稱王。

吴氏澄曰：夫差内行惡事而外欲得善名，故使問行人以衆人稱此師之名。名以殺厲之師者，欲吴人恥其名之惡而改悔也。吴大宰果有反地歸子之言，則陳行人因其好名之心而誘勸之也。

【朱氏訓纂】吴侵陳，斬祀，殺厲。注：祀，神位有屋樹者。厲，疫病。吴侵陳，以魯哀元年秋。**師還出竟，陳大宰嚭使於師。夫差謂行人儀曰：「是夫也多言，盍嘗問焉？師必有名，人之稱斯師也者，則謂之何？」**注：大宰、行人，官名也。夫差，吴子光之子。盍，何不也。嘗，猶試也。夫差修舊怨，庶幾其師有善名。洪景盧曰：按嚭乃夫差之宰，陳遣使者正用行人，則儀乃陳臣也。記禮者更錯其名，當曰「陳行人儀使於師，夫差使大宰嚭問之」。**大宰嚭曰：「古之侵伐者，不斬祀，不殺厲，不獲二毛。**注：獲，謂係虜之。二毛，鬢髮斑白。　正義：穀梁傳曰：「苞人民、毆牛馬曰侵，斬樹木、壞宮室曰伐。」　江氏永曰：大宰嚭曰，亦當作「行人儀曰」。**今斯師也，殺厲與？其不謂之殺厲之師與？」**注：欲微切之，故其言似若不審然。正言殺厲，重人。**曰：「反爾地，歸爾子，則謂之何？」**注：子，謂所獲民臣。**曰：「君王討敝邑之罪，又矜而赦之，師與有無名乎？」**注：又微勸之，終其意。吳、楚僭號稱王。

四·四八　**○顏丁善居喪，**顏丁，魯人。**始死，皇皇焉如有求而弗得；及殯，望望焉如有從而弗及；既葬，慨焉如不及，其反而息。**從，隨也。既，僾貌[一]。○慨，皆愛反。僾，皮拜反。

【疏】「顏丁」至「而息」[二]。○正義曰：此一節論孝子居喪，哀殺有漸之事。

○「始死，皇皇焉如有求而弗得」者，「皇皇」猶彷徨，如所求物不得[三]。上檀弓云：

[一]　既僾貌　閩本同。監、毛本「既」作「慨」，岳本同，嘉靖本同，衛氏集説同。○鍔按：「既僾貌」上，阮校有「顏丁善居喪節」六字。

[二]　顏丁至而息　惠棟校宋本無此五字。

[三]　如所求物不得　閩、監、毛本同，考文引宋板「如」下有「有」字。

「始死，充充如有窮。」謂形貌窮屈，亦彷徨求而不得之心[一]。彼此各舉其一。

○「及殯，望望焉如有從而弗及」者，謂殯後容貌望望焉，如有從逐人後行而不及之[二]。上檀弓云「既殯，瞿瞿如有求而不得」，與此亦同也。但始死，據内心所求；殯後，據外貌所求。故此經始死求而不得，據内心也。上檀弓云「既殯，求而不得」，據外貌也。

○「既葬，慨焉如不及」者，謂既葬之後，中心悲慨然，如不復所及，既不可及。

○「其反而息」者，上殯後云「從而不及」，似有可及之理。「既葬，慨焉如不及」，謂不復可及，所以文異也。上檀弓云「既葬，皇皇如有望而不至」，此謂「既葬，慨焉如不及」，亦同也。此「始死，皇皇」者，是皇皇之甚，故云「如有求而弗得」。上檀弓云「既葬，皇皇」是輕，故云「望而不至」。此既葬則止，不說練祥，故葬後則慨然。上檀弓葬後更説練祥，故云「練而慨然，祥而廓然」。但親之死亡，哀悼在心，初則爲甚，已後漸輕，皆有求而不得，望而不及，但所據有淺深耳。殯後雖據外貌，亦猶哀在内心，但稍輕耳，故鄭注上檀弓云「皆哀悼在心之貌」。

【衛氏集説】鄭氏曰：顔丁，魯人。從，隨也。慨，憊貌。

孔氏曰：此一節論孝子居喪，哀殺有漸之事。

[一]　亦彷徨求而不得之心　閩、監、毛本同，惠棟校宋本「心」作「意」。

[二]　行而不及之　閩、監、毛本同，惠棟校宋本「之」下有「貌」字。

嚴陵方氏曰：皇皇，言心無所依。望望，言心無所跂。此淺深之別也。其反而息，言葬反而亡，于是爲甚，心與形俱息也。「息」與詩言「我心則休」同義，言其極而不可加故也。

【吴氏纂言】鄭氏曰：顔丁，魯人。從，隨也。慨，憊貌。

方氏曰：皇皇，言心無所依。望望，言形有所跂。其反而息，言葬反而亡，於是爲甚，心與形俱息也。「息」與詩言「我心則休」同義。

澄曰：親之始死，如有一物去失，求索之而不能得，故皇皇焉。及其既殯，如有一人前行，已隨其後，追逐之而不能及，故望望焉。既葬，謂迎精而反在路之時。其，謂已葬之親。如親已還反至家，已尚追逐不及，力已疲憊，行不能前而暫焉休息，言其悵怳不安之甚，故曰「慨焉」。或曰「其反而息」謂親已還反而休息也。前章云：「始死，充充如有窮。既殯，瞿瞿如有求而弗得。既葬，皇皇如有望而弗至。」與此語意互相足也。

【陳氏集説】顔丁，魯人。皇皇，猶栖栖也。望望，往而不顧之貌。慨，感悵之意。始死，形可見也。既殯，柩可見也。葬則無所見矣。如有從而弗及，似有可及之處也。葬後則不復如有所從矣，故但言「如不及其反」。又云「而息」者，息猶待也，不忍決忘其親。猶且行且止，以待其親之反也。蓋葬者往而不反，然孝子於迎精而反之時，猶如有所疑也。

【郝氏通解】顔丁，魯人。始死在殯，猶見其柩。既葬而反，迎神以歸，而不見其親，未知親之與我同反否也，故且行且息以待之。

【江氏擇言】**既葬，慨焉如不及，其反而息。**

吴氏云：既葬，謂迎精而反在路之時。其，謂已葬之親。如親已還反至家，己尚追逐不及，力已疲憊，行不能前而暫焉休息，言其悵怳不安之甚。

朱文端公云：如不及則速反可也，而又息焉者，即其反如疑意。

按，「慨焉如不及其反而息」九字爲句，以「及」字爲句者，非也。其義則吴氏得之。

又按，「慨焉如不及其反而息」者，意在迎精而反，追之如弗及也。其反如疑者，意在體魄藏墓，遲遲不欲行也。此皆哀戚之至，意各有主，不必以其反如疑釋此章也。

【欽定義疏】正義 鄭氏康成曰：顔丁，魯人。從，隨也。慨，憊貌。

孔氏穎達曰：此論孝子居喪，哀殺有漸之事。皇皇，猶彷徨，如所求物不得。上檀弓云「始死，充充如有窮」，謂形貌窮屈，亦彷徨求而不得之心，彼此各舉其一。殯後容貌望望焉，如有從逐人後行而不及之。上檀弓云「既殯，瞿瞿如有求而不得」，與此亦同。但始死，據内心所求；殯後，據外貌所求也。「既葬，慨焉如不及，其反而息」者，上殯後云「從而不及」，似有可及之理。此謂既葬之後，中心悲慨如不復可及，所以文異也。上檀弓云「既葬，皇皇如有望而不至」，此謂「既葬，慨焉如不及」，亦同也。「始死，皇皇」

者，是皇皇之甚，故云「如有求而弗得」。「既葬，皇皇」是輕，故云「望而不至」。此既葬則止，上檀弓葬後更説練祥，故云「練而慨然，祥而廓然」。但親之死亡，哀悼在心，初則爲甚，已後漸輕，皆有求而不得，望而不及，但所據有淺深耳。殯後雖據外貌，亦由哀在內心，但稍輕耳，故鄭注上檀弓云「皆哀悼在心之貌」。

方氏慤曰：皇皇，言心無所依。望望，言身無所企。此淺深之别也。反而息，言葬反而亡，於是爲甚，心與形俱息也。

陳氏澔曰：始死，形可見也。既殯，柩可見也。葬則無所見矣。如有從而弗及，似有可及之處也。葬後，則不復如有所從矣，故但言「如不及其反」。又云「而息」者，息猶待也。不忍決忘其親，猶且行且止，以待其親之反也。蓋葬者往而不反，然孝子於迎精而反之時，猶如有所疑也。

彭氏絲曰：「望望」則舒於「皇皇」，「慨焉」又舒於「望望」。

案　如不及其反而息，似當作一句讀，謂既葬而歸在途，猶如望親之偕反，不及其反而欲息以待之，所謂「其反也如疑」之意。

【杭氏集説】孔氏穎達曰：此論孝子居喪，哀殺有漸之事。皇皇，猶彷徨如所求物不得。上檀弓云「始死，充充如有窮」，謂形貌窮屈，亦彷徨求而不得之心。彼此各舉其一。殯後，容貌望望焉，如有從逐人後行而不及之。上檀弓云「既殯，瞿瞿如有求而不得」，與此亦同。但始死，據内心所求；殯後，據外貌所求也。「既葬，慨焉如不及，其反而息」者，上殯後云「從而不及」，似有可及之意。此謂既葬之後，中心悲慨，如不復可及，所以文異也。上檀弓云「既葬，皇皇如有望而不至」，此謂「既葬，慨焉如不及」，亦同也。「始死，皇皇」者，是皇皇之甚，故云「如有求而弗得」。「既葬，皇皇」是輕，故云「望而不至」。此既葬則止。上檀弓葬後更説練祥，故云「練而慨然，祥而廓然」。但親之死亡，哀悼在心，初則爲甚，已後漸輕，皆有求而不得，望而不及，但所據有淺深耳。殯後雖據外貌，亦由哀在内心，但輕耳，故鄭注上檀弓云「皆哀悼在心之貌」。

陳氏澔曰：始死，形可見也。既殯，柩可見也。葬則無所見矣。如有從而弗及，似有可及之處也。葬後則不復如有所從矣，故但言「如不及其反」。又云「而息」者，息猶待也，不忍决忘其親，猶且行且止，以待其親之反也。蓋葬者往而不反，然孝子於迎精而反之時，猶如有所疑也。

彭氏絲曰：「望望」則舒於「皇皇」，「慨焉」又舒於「望望」。

姚氏際恒曰：此與上篇「始死，充充如有窮」章各自爲義，不必强合。

朱氏軾曰：如不及則速反可也，而又息焉者，即下章「其反如疑」意。

姜氏兆錫曰：蓋孝子之狀如此，餘見上篇第十八章。

【孫氏集解】鄭氏曰：顔丁，魯人。從，隨也。慨，憊貌。

孔氏曰：皇皇，猶彷徨。上篇云「始死，充充如有窮」，謂形貌窮屈，亦彷徨有求而不得之心。彼此各舉其一也。上篇云「既殯，如有求而不得」，據外貌所求也。此云「始死，如有求而不得」，據内心所求也。「既葬，如不及，其反而息」者，上「殯後，從而不及」，似有可及之理。既葬，慨然如不及，謂不復可及，所以文異也。上篇云「既葬，皇皇如有望而不至」，此云「既葬，如不及」，亦同也。此「始死，皇皇」，是皇皇之甚，故如有求而不得。上篇云「既葬，皇皇」是輕，故云「望而不至也」。此既葬則止，不説練祥，故既葬則慨然。上檀弓更説練祥，故云「練而慨然，祥而廓然」。

愚謂「慨然如不及其反而息」者，既葬迎精而反，如親之精氣不及與之偕反，而止息以待之，所謂「其反也如疑」也。此言居喪哀悼之心，自始死至既葬，其因時而變者如此，與上篇「始死，充充如有窮」一章，辭雖所指不同，其大歸則一而已。

【王氏述聞】⊙如不及其反而息

既葬慨焉，如不及其反而息。

正義讀「慨焉如不及」爲句，而於「其反而息」不爲解釋。

方慤曰：其反而息，言葬反而亡，于是爲甚，心與形俱息也。「息」與詩言「我心則休」同意。

吴澄曰：既葬，謂迎精而反在路之時。其，謂已葬之親。如親已還反至家，己尚追逐不及，力已疲憊，行不能前而暫焉休息，言其悵怳不安之甚，故曰「慨焉」。或曰「其反而息」，謂親已還反而休息也。

引之謹案，吴氏以「如不及其反而息」七字連讀，長於舊説矣。但謂「暫焉休息」，則非也。不及其反，正當速追而及之，何得休息於半塗乎？陳澔曰：「息，猶待也。且行且止，以待其親之反。」案書傳無訓「息」爲「待」者，速反而虞，豈得且行且止？當以或説爲是。蓋當迎精而反之時，孝子之心有如親已反而息於寢，己欲從之而不及者然，是以慨然也。死者已不能反而息矣，而孝子猶若其親能反而息者，所謂「其反也如疑」也。上文「弗得」「弗及」，自爲子者言之。此「反而息」，則自親言之，變文以見義也。解者昧於經之變文，而於「息」字亦以爲子者言之，故義不可通。江氏慎脩禮記訓義擇言取吴前一説而棄其後一説，疏矣。

【朱氏訓纂】注：顏丁，魯人。從，隨也。慨，憊貌。正義：皇皇，猶彷徨。望望，如有從逐人後行而不及之貌。從而不及，似有可及之理。慨焉如不及，謂不復可及。吴幼清曰：既葬，謂迎精而反，如親已還反至家，已尚追逐不及，力已疲憊，行不能前，暫焉休息，言其悵怳不安之甚。或曰「其反而息」，謂親已還反而休息也。江氏永曰：「慨焉如不及其反而息」九字爲句。王氏引之曰：吴氏以「如不及其反而息」七字連讀，長於舊説矣。但謂「暫焉休息」，則非也。不及其反，正當速追而及之，何得休息於半塗乎？當以或説爲是。蓋當迎精而反之時，死者已不能反而息矣，而孝子猶若其親能反而息者，所謂「其反也如疑」。上文「弗得」「弗及」，自爲子者言之。此「反而息」，則自親言之，變文以見義也。

四·四九 ○**子張問曰：「書云：『高宗三年不言，言乃讙。』有諸？」**時人君無行三年之喪禮者，問有此與，怪之也。讙，喜説也。言乃喜説，則民臣望其言久[一]。○讙，音歡。説，音悦，下同。**仲尼曰**[二]**：「胡爲其不然也？古者天子崩，王世子聽於冢宰三年。」**冢宰，天官卿貳王事者。三年之喪，使之聽朝。

【疏】「子張」至「三年」[三]。○正義曰：此一節論世子遭喪，冢宰聽政之事。○「言乃讙」者，尚書無逸云：「言乃雍。」「雍」「讙」字相近，義得兩通，故鄭隨而解之。

[一] 則民臣望其言久　惠棟校宋本、宋監本、岳本、嘉靖本同，衛氏集説亦作「言」。閩、監、毛本「言」誤「長」。○鍔按：「則民」上，阮校有「子張問曰節」五字。

[二] 仲尼曰　閩、監、毛本作「尼」，石經同，岳本同，嘉靖本同，衛氏集説同。此本「尼」作「𡰥」。案：上「尼父」，字不作「𡰥」，此歧出。

[三] 子張至三年　惠棟校宋本無此五字。

【衛氏集説】鄭氏曰：時人君無行三年之喪禮者，子張問有此與，怪之也。讙，喜悦也。言乃喜悦，則臣民望其言久。冢宰，天官卿貳王事者。三年之喪，使之聽朝。

孔氏曰：此一節論世子遭喪，冢宰聽政之事。無逸作「言乃雍」。

嚴陵方氏曰：天子之適子曰「太子」，諸侯之適子曰「世子」，得世國故也。于天子亦稱「世子」者，則以世天下言之耳，故稱「王」以别之。亦猶王制于諸侯亦稱「太子」，必稱羣后以别之也。周官天子之禮止曰「世子」者，亦以每繼王后言之故也。其實稱「太子」，則以天子爲正，稱「世子」則以諸侯爲正。

【吴氏纂言】鄭氏曰：讙，喜悦也。言乃喜悦，則民臣望其言久。問有此與，怪之也，時人君無行三年之喪禮者。冢宰，天官卿貳王事。三年之喪，使之聽朝。

孔氏曰：尚書無逸云「言乃雍」。「雍」「讙」字相近，義兩通。

朱子曰：聽於冢宰，故君得以三年不言也。子張疑人君三年不言，則臣下無所稟令，禍亂或由以起。孔子告以聽於冢宰，則禍亂非所憂矣。

澄曰：此一節子張問，夫子答，即是論語憲問篇所記。但後人傳誦，所記問答之言各不同爾。論語云「君薨」，蓋兼諸侯言，此云「天子崩」，則專主高宗而答。論語云「百官揔己」，而此云「王世子」，見非特羣臣就冢宰代王聽朝，王世子實委之代己聽朝也。古之冢宰，執國柄者，皆伊尹、周公，其人使之聽朝，何憂於禍亂？若後世漢、魏孱君，操、懿爲冢宰，則雖一日聽朝之權，亦不可託，況三年之久乎？

【陳氏集説】「言乃讙」者，命令所布，人心喜悦也。

【郝氏通解】言，號令也。讙，猶歡也。令出而人心悦，謂三年喪畢之後也。王世子，嗣王也。在喪稱「子」。當時三年之喪不行，子張所疑在不言，夫子所然在喪。解者以黔默附會，非也。儻宰匪人三月聽不可，況三年乎！必若斯禮，伊、周爲宰而後可。

【欽定義疏】正義 鄭氏康成曰：時人君無行三年之喪禮者，子張問有此與，怪之也。讙，喜悦也。言乃喜悦，則民臣望其長久。冢宰，天官卿貳王事者。三年之喪，使之聽朝。

孔氏穎達曰：此論世子遭喪，冢宰聽政之事。無逸作「言乃雍」，「雍」「讙」，字相近，義得兩通。

方氏慤曰：天子之適子曰「太子」。於天子亦稱「世子」者，則以世天下言之耳，故稱「王」以別之。

陳氏澔曰：「言乃讙」者，命令所布，人心喜悦也。

【杭氏集説】陳氏澔曰：「言乃讙」者，命令所布，人心喜悦也。

姚氏際恒曰：倣論語，無謂。

【孫氏集解】鄭氏曰：時人君無行三年之喪禮者，子張問有此與，怪之也。讙，喜悦也。冢宰，天官卿貳王事者。三年之喪，使之聽朝。

胡氏曰：三年之喪，自天子達於庶人。子張非不知也，蓋以爲人君三年不言，則臣下無所禀令，禍亂或從而生耳。夫子告以聽於冢宰，則禍亂非所憂矣。

【朱氏訓纂】子張問曰：「書云：『高宗三年不言，言乃讙。』有諸？」注：時人君無行三年之喪禮者，問有此與，怪之也。讙，喜説也。言乃喜悦，則民臣望其言久。**仲尼曰：「胡爲其不然也？古者天子崩，王世子聽於冢宰三年。」**注：冢宰，天官卿貳王事者。三年之喪，使之聽朝。　正義：尚書無逸云「言乃雍」，「雍」「讙」，字相近。

【郭氏質疑】古者天子崩，王世子聽於冢宰三年。

鄭注：時人君無行三年之喪禮者，子張問有此與，怪之也。

嵩燾案，論語：「何必高宗，古之人皆然。」古者謂殷以前，亮陰之禮，自殷猶然。周公之攝政，蓋行殷禮也。既定周禮，建六官，政統於君，遂廢亮陰之禮。康王即位而朝諸侯，史臣記之，以是爲周公之創制也。世降而文，不能以天下大政一聽之冢宰，周公因時制宜，以定萬世之法，誠有不得已也，聖人於此蓋拳拳焉。周制之文也，所以嚴君臣之分也。聖人繼周公而起，承文之敝而返之於仁孝，其於周制必更有損益，而其道終以不能行，亦時爲之也。與論語所記同旨。

四·五〇 〇**知悼子卒，未葬，**悼子，晉大夫荀盈，魯昭九年卒。〇知，音智，下同。**平公飲酒，**與羣臣燕。平公，晉侯彪。〇彪，彼虯反。**師曠、李調侍，**侍，與君飲也。燕禮記曰：「請旅侍臣。」〇李調，如字。左傳作「外嬖嬖叔」。**鼓鐘。**樂作也。燕禮賓入門，奏肆夏，既獻而樂闋。獻君亦如之。〇闋，古穴反，止也。**杜蕢自外來，聞鐘聲，曰：「安在？」**怪之也。杜蕢，或作屠蒯。〇蕢，古怪反，注「蒯」同。屠，音徒。**曰：「在寢！」**燕於寢。**杜蕢入寢，歷階而升，酌曰：「曠，飲斯！」又酌曰：「調，飲斯！」又酌，堂上北面坐飲之，降，趨而出。**三酌皆罰。〇曠飲，於鴆反，下「飲斯」「飲之」「飲曠」「飲調」「飲寡人」皆同。**平公呼而進之，曰：「蕢，曩者爾心或開予，是以不與爾言。**曩，曏也，謂始來入時。開，謂諫争，有所發起。〇曩，乃黨反。鄉，本亦作「曏」，同許亮反。争，「争鬭」之争。**爾飲曠何也？」曰：「子卯不樂。**紂以甲子死，桀以乙卯亡，王者謂之疾日，不以舉樂爲吉事，所以自戒懼。〇子卯不樂，如字。賈逵云：「桀以乙卯日死，受以甲子日亡，故以爲戒。」鄭同。漢書翼奉説則不然。張晏云：「子刑卯，卯刑子，相刑之日，故以爲忌。」而云夏、殷亡日，不推湯、武以興乎！」疾日，人一反。**知悼子在堂，斯其爲子卯也，大矣。**言大臣喪重於疾日也。雜記曰：

「君於卿大夫，比葬不食肉，比卒哭不舉樂。」○比，必利反，下同。○**曠也，大師也，不以詔，是以飲之也。」**詔，告也。大師，典奏樂。**「爾飲調何也？」曰：「調也，君之褻臣也，爲一飲一食，亡君之疾，是以飲之也。」**言調貪酒食。褻，嬖也。近臣亦當規君。疾，憂。○爲，于僞反。嬖，必計反。**「爾飲何也？」曰：「蕢也，宰夫也，非刀匕是共，又敢與知防，是以飲之也。」**防，禁放溢。○匕，必李反。共，音供。與，音預。防，音房，又扶放反。**平公曰：「寡人亦有過焉，酌而飲寡人。」**聞義則服。**杜蕢洗而揚觶。**舉爵於君也。禮「揚」作「騰」[一]。揚，舉也。騰，送也。揚近得之。○觶，之豉反，字林音支，又云「酒器」。近，「附近」之近，下「聲相近」同。**公謂侍者曰：「如我死，則必無廢斯爵也。」**欲後世以爲戒。**至于今，既畢獻，斯揚觶，謂之「杜舉」。**此爵遂因杜蕢爲名。畢獻，獻賓與君。

【疏】「知悼」至「杜舉」[二]。○正義曰：此一節論君有大臣之喪，不得有作樂飲酒之

[一] 禮揚作騰　宋監本、岳本、嘉靖本、惠棟校宋本同。閩、監、毛本「騰」作「媵」，衛氏集説同，下「騰送也」同。段玉裁云：「説文『㑞，送也』，『㑞』即『媵』字，『騰』非是。」○鍔按：「禮揚」上，阮校有「知悼子卒節」五字。

[二] 知悼至杜舉　惠棟校宋本無此五字。

事，各依文解之。

○注「悼子」至「年卒」。○正義曰：並左傳文。下注云「平公，晉侯彪」，亦春秋文。

○注「燕禮記曰：請旅侍臣」。○正義曰：案：燕禮記云：「凡公所酬，既拜，請旅侍臣。」謂公既酬臣，臣受酬者既拜謝公恩，請行旅酬於侍臣。引之者，證師曠、李調是侍飲之臣也。

「鼓鐘」，鼓，猶奏也。謂燕奏鐘樂也。

○注「燕禮」至「如之」。○正義曰：案燕禮記云：「若以樂納賓，則賓及庭，奏肆夏。賓拜酒，主人答拜而樂闋。」是「賓入門，奏肆夏，既獻而樂闋」。燕禮記又云：「公拜受爵而奏肆夏。公卒爵，主人升受爵以下而樂闋。」是「獻君亦如之」。經唯云「鼓鐘」，燕禮云「若舞則勺」，知非工入升歌。下管間歌，合樂之後，無時奏鐘。必以爲賓初入門奏肆夏者，以鐘師云「以鐘鼓奏九夏」，故知聞鐘是初奏肆夏也。

○注「杜蕢，或作屠蒯」。○正義曰：春秋作屠蒯，故云「或作屠蒯」。杜蕢、屠蒯，聲相近，故禮、傳不同也。

○注「燕於寢」。○正義曰：燕禮記云「燕，朝服於寢」。故知燕於寢也。

○「曰蕢」至「爾言」。曩，曏也，平公呼蕢而進之，呼其名曰：「蕢，曏者汝酌三酌，是汝之心，或開發於予，予望汝有諫，是以不與汝言。」

○注「紂以甲子死，桀以乙卯亡」。○正義曰：案尚書：「時甲子昧爽，武王朝至于商郊。」又史記云：「兵敗，紂自焚而死。」是紂甲子死也。案昭十八年二月乙卯，周毛得殺毛伯過而代之，萇弘曰：「毛得必亡。是昆吾稔之日也。」詩云：「韋顧既伐，昆吾夏桀。」同誅，昆吾既乙卯而亡，明桀亦以乙卯被放也。鄭司農注春秋以爲五行子卯自刑，非鄭義也，今所不用也。

○「斯其爲子卯也，大矣」者，言悼子喪在堂，此比其爲子卯之忌大矣。言悼子之喪大於子卯。

○「爲一飲一食，忘君之疾，是以飲之也」者，調是君之嬖褻之臣，臣當規正君過，唯欲行燕會，貪求一飲一食，忘君違禮之疾而不諫，是以飲之。

○「非刀匕是供，又敢與知防」者，蕢言調是君之嬖褻臣也，當規正君憂疾。言己身是宰夫，亦當規正於君，若非因刀匕是共，又敢與知防諫之事。皇氏云：「非，不也。杜蕢言各憂其事，宰夫不以刀匕是共，乃又敢與諫争，越官侵職，是以飲也。」

○注「舉爵」至「得之」。○正義曰：知「揚觶」是舉爵於君，以上云「平公曰：『寡人亦有過焉，酌而飲寡人』」即云「杜蕢洗而揚觶」，故知「舉爵於君」。案燕禮獻君之後，行酬之初，「媵爵者洗象觶，升實之，序進坐奠于薦南」，是「舉爵於君」也。「揚」作

「騰」者[一]，謂燕禮、大射凡舉爵皆爲「媵」。此云「揚觶」，鄭云：「揚，舉也。」燕禮云「媵」，故鄭云「媵，送也」。揚、騰義得兩通。但此云「杜舉」，「揚」訓爲「舉」，故「揚」近得之。此謂「舉」爲得也。

○「公謂」至「杜舉」。○公謂侍者云：「我死之後，則必無廢棄此爵，恒當留之爲後鑒戒[二]。」當時在未獻之前，故又語侍者云「至于今，既畢獻之後，此所揚之觶，是謂之『杜舉』」，表明此爵實杜蕢所舉。

○注「畢獻，獻賓與君」。○正義曰：知「獻君與賓」者，與杜蕢此事[三]，舉爵在燕禮之初，賓主既入，得杜蕢之言，不可即廢。唯獻君與賓，燕事則止。皇氏以爲：「至於今，謂記録之人至於今爲記之時，謂之杜舉。」春秋云：「晉侯飲酒，樂[四]。膳宰屠蒯趨入，請佐公使尊，許之。而遂酌以飲工，曰：『女爲君耳，將司聰也。辰在子卯，謂之疾日。君徹宴樂，學人舍業，爲疾故也。君之卿佐，是謂股肱。股肱或虧，何痛如之！女弗

[一] 揚作騰者　考文引宋板同。閩、監、毛本「騰」作「媵」，是也。下「揚騰義得兩通」同，餘俱不作「騰」。
[二] 爲後鑒戒　閩、監、毛本同。惠棟校宋本「後」下有「世」字，續通解同。
[三] 與杜蕢此事　閩、監、毛本同，惠棟校宋本「與」作「以」。
[四] 春秋云晉侯飲酒樂　閩、監、毛本同，惠棟校宋本「秋」下有「傳」字。

聞而樂，是不聽也。』又飲外嬖嬖叔，曰：『女爲君目，將司明也。服以旌禮，以行事[一]，事有其物，物有其容。今君之容，非其物也，而女不見，是不明也。』亦自飲，曰：『味以行氣，氣以實志，志以定言，言以出令。臣實司味，二御失官，而君弗命，臣之罪也。』」案春秋與此小異，亦所聞不同，或二文互相足也。

【衛氏集説】鄭氏曰：悼子，晉大夫荀盈，魯昭公九年卒。平公，晉侯彪也。飲酒，與羣臣燕也。侍，與君飲也。燕禮記曰：「請旅侍臣。」鼓鍾，樂作也。燕禮賓入門，奏肆夏，既獻而樂闋。獻君亦如之。曰「安在？」，怪之也。在寢，謂燕于寢。杜蕢三酌皆罰。紂以甲子死，桀以乙卯亡，王者謂之疾日，不以舉樂爲吉事，所以自戒懼。雜記曰：「君于卿大夫，比葬不食肉，比卒哭不舉樂。」是大臣喪重于疾日。大師，典奏樂。詔，告也。近臣當規君。疾，憂。爲一飲一食，言調貪酒食。褻，嬖也。與知防，防，禁放溢也。平公聞義則服。揚觶，舉爵于君也。禮「揚」作「媵」。揚，舉也。媵，送也。「揚」近得之。毋廢斯爵，欲後世以爲戒。畢獻，獻賓與君也。此爵遂因杜蕢爲名。杜蕢，或作「屠蒯」。

孔氏曰：此一節論君有大臣之喪，不得有作樂飲酒之事。鼓，猶奏也。謂燕奏鍾樂，此賓初入門奏肆夏也。燕禮記云：「燕，朝服于寢。」故知燕于寢也。平公呼蕢而進之，

[一] 服以旌禮禮以行事　閩、監、毛本如此，此本脱一「禮」字。

曰：「向者汝酌三酌，是汝之心，或開發于予，予望汝有諫，是以不與汝言也。」尚書云：「甲子昧爽，至于殷郊。」又史記云「兵敗，紂自焚死」。是紂甲子死也。左傳昭十八年二月乙卯，周毛得殺毛伯過而代之，萇弘曰：「毛得必亡。是昆吾稔之日也。」詩云：「韋顧既伐，昆吾夏桀。」二者同誅。昆吾既乙卯亡，明桀亦乙卯被放也。調是嬖褻之臣，唯欲行燕會，貪求一飲一食，忘君違禮之疾而不諫，是以飲之也。謂之「杜舉」，表明此爵實杜蕢所舉也。案左傳昭公九年文與此小異，亦所聞不同，或二文互相足也。

皇氏曰：非刀匕是共，非，不也。杜蕢言各憂其事，宰夫不以刀匕是共，乃又敢與諫争，越官侵職，是以飲也。至于今，謂記録之人至于今爲記之時。

長樂陳氏曰：先王制爲喪臣之禮，于服則衰絰，于膳則不舉，于樂則弛縣。以至與斂往弔，莫不盡禮。是以柳莊之卒，衛獻公不釋祭服而往襚；衆仲之卒，隱公不與斂；仲遂之卒，宣公猶繹而萬入，君子非之。然則悼子之未葬，平公飲酒，至于鼓鍾，其可乎？此杜蕢所以升酌而譏之也。非杜蕢不能改平公之過于羣臣不言之際，非平公不能彰杜蕢之善于後世矣。蓋杜蕢之所存者忠也，所敢爲者勇也，平公之知悔者智也，不掩善者義也，皆禮之所與也。然平公賢孟子而終于不可見，尊亥唐而終不與共治，則所謂智而且義者，蓋亦勉强之而已。左傳謂杜蕢責樂工以不聰，責嬖叔以不明，責己以不善味。其言雖不同，其實一也。噫！三代之季，賢者陸沈多矣，及不得已，然後出而見于世。故讓爵見于屠羊，非書見于斲輪，守官見于虞人，商歌見于飯牛，則善諫見于宰夫，不爲過矣。

李氏曰：先王之于事，無非教也。子卯不樂，以桀、紂之所以亡。子卯不哭，以湯、武之所以興。以爲哀樂之戒也。

【吴氏纂言】鄭氏曰：悼子，晉大夫荀盈，魯昭九年卒。平公，晉侯彪也。飲酒，與羣臣燕。侍，與君飲也。曰「安在？」怪之也。在寢，謂燕於寢。杜蕢三酌皆罰。曩，鄉也，謂始來入時。開，謂諫争，有所發起。紂以甲子死，桀以乙卯亡，王者謂之疾日，不舉樂爲吉事，所以自戒懼。雜記曰「君於卿大夫，比葬不食肉，比卒哭不舉樂」，是大臣喪重於疾日。大師，典奏樂。詔，告也。褻，嬖也。爲一飲一食，言調貪飲食。忘君之疾，言近臣當規君。疾，憂也。防，禁放溢也。平公聞義則服。揚，舉也。揚觶，舉爵於君。禮「揚」作「騰」。毋廢斯爵，欲後世以爲戒。畢獻，獻賓與君也。此爵遂因杜蕢爲名，謂之「杜舉」。杜蕢，或作「屠蒯」。

孔氏曰：君有大臣之喪，不得有作樂飲酒之事。鼓，猶奏也，謂奏鐘樂。平公呼蕢而進之，曰：「汝鄉者酌三酌，是汝之心，或開發於予，予望汝有諫，是以不與汝言。」蕢言悼子之喪在堂，此其比子卯之忌爲大。調是嬖褻之臣，當規君過，唯欲燕會，貪求一飲一食，忘君違禮之疾而不諫。非刀匕是共，非猶不也。蕢是宰夫，不以共刀匕是職，乃敢侵官，又與知防諫之事，是以皆飲。平公曰：「寡人亦有過，酌而飲寡人。」杜蕢即洗而舉爵於君，當時此事在燕禮之初，唯獻賓與君，得杜蕢之言，燕事即止。公謂侍者云：「我死之後，必無廢此爵，恒留之爲鑒戒。」故至今燕禮獻賓、獻君既畢之後，於此揚觶謂之杜舉，表明此爵實杜蒯所舉也。左傳杜蕢作「屠蒯」，杜屠、蕢蒯，聲相近也。左傳文與此小異，亦所聞不同，或互相足也。

澄曰：與知防，言與知防閑非禮之事。長樂陳氏曰：先王制爲喪臣之禮，與服則衰絰，於膳則不舉，於樂則弛縣，與斂往弔，莫不盡禮。悼子未葬，平公飲酒鼓鐘，可乎？此杜蕢所以譏也。非杜蕢不能改平公之過於羣臣不言之際，非平公不能彰杜蕢之善於後世矣。

【陳氏集説】知悼子卒，未葬，平公飲酒，師曠、李調侍，鼓鐘。杜蕢自外來，聞鐘聲，曰：「安在？」曰：「在寢！」杜蕢入寢，歷階而升，酌曰：「曠，飲斯！」又酌曰：「調，飲斯！」又酌，堂上北面坐飲之，降，趨而出。知悼子，晉大夫，名罃。平公，晉侯彪也。凡三酌者，既罰二子，又自罰也。**平公呼而進之，曰：「蕢，曩者爾心或開予，是以不與爾言。爾飲曠何也？」曰：「子卯不樂。知悼子在堂，斯其爲子卯也，大矣。曠也，大師也，不以詔，是以飲之也。」**言爾之初入，我意爾必有所諫，教開發於我，我是以不先與爾言。乃三酌之後，竟不言而出。爾之飲曠，何説也？蕢言桀以乙卯日死，紂以甲子日死，謂之疾日，故君不舉樂。在堂，在殯也。況君於卿大夫，比葬不食肉，比卒哭不舉樂，悼子在殯而可作樂燕飲乎！桀、紂，異代之君。悼子，同體之臣，故以爲大於子卯也。詔，告也，罰其不告之罪也。**「爾飲調何也？」曰：「調也，君之褻臣也，爲一飲一食，亡君之疾，是以飲之也。」**言調爲近習之臣，貪於一飲一食而忘君違禮之疾，故罰之也。**「爾飲何也？」曰：「蕢也，宰夫也，非刀匕是共，又敢與知防，是以飲之也。」**非，猶不也。宰夫職在刀匕，今乃不專供刀匕之職，而敢與知諫争防閑之事，是侵官矣，故自罰也。**平公曰：「寡人亦有過焉，酌而飲寡人。」杜蕢洗而揚觶。公謂侍者曰：「如我死，則必無廢斯爵也。」至于今，既畢獻，斯揚觶，謂之「杜舉」。**揚觶，舉觶也。盥洗而後舉，致潔敬也。平公自知其過，既命蕢以酌，又欲以此爵爲後世戒，故記者云至今晉國行燕禮之終，必舉此觶。謂之「杜舉」者，言此觶乃昔者杜蕢所舉也。春秋傳作「屠蒯」，文亦不同。

【納喇補正】知悼子卒。

集説 知悼子，晉大夫，名罃。

竊案 知悼子名盈，若罃自是武子，非悼子也。左傳昭公九年「夏四月，晉荀盈如齊逆女，還，六月，卒于戲陽，殯於絳。未葬，晉侯飲酒樂，膳宰屠蒯趨入云云，公説，徹酒。初，公欲廢知氏而立其外嬖，爲是悛而止。秋八月，使荀櫟佐下軍以説焉。」則知悼子爲荀盈明矣。故鄭注云：「悼子，晉大夫荀盈，魯昭公九年卒。」今集説之「名罃」，以悼子爲武子，不應紕繆至此。

子卯不樂。

集説 蕢言桀以乙卯日死，紂以甲子日死，謂之疾日，故君不舉樂。

竊案 鄭注：「紂以甲子死，桀以乙卯亡，王者謂之疾日，不以舉樂爲吉事，所以自戒懼。」孔氏疏之曰：「案尚書『時甲子昧爽，武王朝至於商郊』。又史記云『兵敗，紂自焚而死』，是紂甲子死也。案昭十八年二月乙卯，周毛得殺毛伯過而代之，萇弘曰：『毛得必亡，是昆吾稔之日也。』詩云：『韋顧既伐，昆吾夏桀。』昆吾與桀同誅。昆吾既乙卯而亡，明桀亦以乙卯被放。」此集説所本也。然鄭謂桀以乙卯亡，孔謂桀以乙卯被放，非言其死於乙卯也。集説改爲桀以乙卯死，誤矣。又案漢書翼奉説與賈逵異，張晏云：「子刑卯，卯刑子，相刑之日，故以爲忌。而云夏、殷亡日，不推湯、武以興乎？」鄭司農注春秋亦云「五行，子卯自刑。」

至於今，既畢獻，斯揚觶，謂之「杜舉」。

集説 故記者云「至今晉國行燕禮之終，必舉此觶」。

竊案 鄭氏云：「畢獻，獻賓與君。」孔氏云：「知獻賓與君者，蓋杜蕢此事主爵在燕禮之初，賓主既入，得杜蕢之言，不可即廢。唯獻君與賓，燕事則止。」然則所謂「既畢獻，斯揚觶」者，燕禮獻君、獻賓之後，於斯揚觶，非燕禮既終也。集説不免考之未審也。

【郝氏通解】知悼子，晉大夫荀罃也。平公，晉侯彪也。開予，猶言起予，謂爾酌不言，心或欲開示我也。桀以乙卯日亡，紂以甲子日死，此二日君不舉樂，致戒也。在堂，殯未葬也。雜記曰：「君於卿大夫，比葬不食肉，比卒哭不舉樂。」太師，樂官。不詔，不告也。褻臣，近臣。君疾，猶君過也。宰夫職在刀匕，不專供己職，而敢與知諫諍防閑之事，是侵官也。觶，飲酒之器。揚，舉也。洗，致潔也。爵，即觶也。

【欽定義疏】正義　鄭氏康成曰：悼子，晉大夫荀盈，案：陳澔集説作「荀罃」，誤。罃，知武子，非悼子也。魯昭公九年卒。平公，晉侯彪也。侍，與君飲也。鼓鐘，樂作也。杜蕢，或作「屠蒯」。安在，怪之也。杜蕢三酌皆罰。紂以甲子死，桀以乙卯亡，孔疏：尚書云：「甲子昧爽，至於殷郊。」又史記云「兵敗，紂自焚死」，是紂甲子死也。左傳昭十八年二月乙卯，周毛得殺毛伯過而代之。萇弘曰：「毛得必亡，是昆吾稔之日也。」詩云：「韋顧既伐，昆吾夏桀。」二者同誅，昆吾既乙卯亡，明桀亦乙卯被放也。　案：亡，亡國也。陳澔以爲死，亦非也。王者謂之疾日，不以舉樂爲吉事，所以自戒懼。雜記曰：「君於卿大夫，比葬不食肉，比卒哭不舉樂。」是人臣喪重於疾日。大師，典奏樂。詔，告也。近臣當規君。疾，憂。爲一飲一食，言調貪飲食。褻，嬖也。防，禁放溢也。平公聞義則服。揚觶，舉爵於君也。毋廢斯爵，欲後世以爲戒，此爵遂因杜蕢爲名。

皇氏侃曰：非刀匕是共，非，不也。杜蕢言各憂其事，宰夫不以刀匕是共，乃又敢與諫爭，越官侵職，是以飲也。至于今，爲記之時。

孔氏穎達曰：此論君有大臣之喪，不得有作樂飲酒之事。鼓，猶奏也。調是嬖褻之臣，唯貪求一飲一食，忘君違禮之疾而不諫，是以飲之也。謂之「杜舉」，表明此爵實杜蕢所舉也。案左傳昭公九年文與此小異。

聶氏崇義曰：三升曰觶。

陳氏澔曰：桀、紂，異代之君。悼子，同體之臣，故以爲大於子卯。詔，告也，罰其不告之罪也。至今，晉國行燕禮之終，必舉此觶。

秦氏繼宗曰：坐，跪也。

【通論】陳氏祥道曰：先王制爲喪臣之禮，於服則衰絰，於膳則不舉，於樂則弛縣，以至與斂往弔，莫不盡禮。是以叔弓之卒，隱公不與斂；仲遂之卒，宣公猶繹而萬入，君子非之。然則悼子之未葬，平公飲酒，至於鼓鐘，其可乎？此杜蕢所以升酌而譏之也。非杜蕢不能改平公之過於羣臣不言之際，非平公不能彰杜蕢之善於後世。皆禮之所與也。

【存異】鄭氏康成曰：飲酒，與羣臣飲也。燕禮記曰「請旅侍臣」。燕禮，賓入門，奏肆夏。既獻而樂闋，獻君亦如之。在寢，謂燕於寢。孔疏：賓初入門，奏肆夏也。燕禮記云「燕，朝服於寢」，故知燕於寢。禮「揚」作「媵」。揚，舉也。媵，送也。「揚」近得之。孔疏：燕禮獻君之後，行酬之初，「媵爵者洗象觶，升實之，序進坐奠於薦南」，是「舉爵於君」也。揚、媵義得兩通。畢獻，獻君與賓也。

【案】此特偶然飲酒，注、疏以燕禮言，非也。燕飲羣臣，無二人獨侍之理。燕禮，賓主獻酢後，小臣請媵爵者，公命長，小臣作下大夫二人媵爵，此燕禮之正。非因杜蕢揚觶而後有此。只晉國君常燕之終耳，不必以燕禮附合。

【杭氏集説】聶氏崇義曰：三升曰觶。

陳氏澔曰：桀、紂，異代之君。悼子，同體之臣，故以爲大於子卯。詔，告也，罰其不告之罪也。至今晉國行燕禮，禮之終必舉此觶。

萬氏斯大曰：注、疏取桀、紂死日爲説。漢書張晏曰：「子刑卯，卯刑子，相刑之日故以爲忌。而云夏、殷亡日，不推湯、武以興乎？」愚謂二説當相備，十二支相刑，不但子卯，獨忌子卯者，更值夏、殷亡日也。若專指夏、殷亡日，不應因甲子、乙卯兩日盡子卯而忌之也。

顧氏炎武曰：古先王之爲後世戒也，至矣。欲其出而見之也，故亡國之社以爲廟屏。欲其居而思之也，故子卯不樂，稷食菜羹，而太史奉之以爲諱惡。此君子安而不忘危，存而不忘亡之義也。又曰：甲子、乙卯，但言子卯，古人省文。翼奉乃謂子爲貪狼，卯爲陰賊，是以王者忌子卯，禮經避之，春秋諱焉。此術家之説，非經義也。

姚氏際恒曰：知悼子，鄭氏謂晉大夫荀盈是也。盈，荀罃之子。陳可大謂「荀罃」，誤。徐伯魯謂「盈」亦作「罃」，尤欠分曉。

陸氏奎勳曰：此條乃録晉乘之語，觀「至今」可見。又曰：荀盈也，陳氏誤爲武子罃。

齊氏召南曰：按士喪禮曰「朝夕哭，不辟子卯」，注：「子卯，桀、紂亡日，凶事不避，吉事避焉。」

【孫氏集解】知悼子卒，未葬，平公飲酒，師曠、李調侍，鼓鐘。杜蕢自外來，聞鐘聲，曰：「安在？」曰：「在寢！」杜蕢入寢，歷階而升，酌曰：「曠，飲斯！」又酌曰：「調，飲斯！」又酌，堂上北面坐飲之，降，趨而出。

鄭氏曰：悼子，晉大夫荀盈，魯昭九年卒。飲酒，與群臣燕。平公，晉侯彪。侍，與君飲也。燕禮記曰：「請旅侍臣。」鼓鐘，樂作也。燕禮，賓入門，奏肆夏，既獻而樂闋。獻君亦如之。曰「安在」，怪之也。杜蕢，或作「屠蒯」。三酌皆罰。

愚謂飲酒，私燕也。鄭氏引燕禮解此，非也。燕禮當立賓主，卿、大夫、士、庶子皆與，此惟師曠、李調二人獨侍，而杜蕢聞鐘聲乃知，非燕禮之正明矣。鼓，擊也，人君飲食皆奏樂。杜蕢，左傳作「屠蒯」。寢，路寢也。歷階，即栗階，謂升階不聚足也。

平公呼而進之，曰：「蕢，曩者爾心或開予，是以不與爾言。爾飲曠何也？」曰：「子卯不樂。知悼子在堂，斯其爲子卯也，大矣。曠也，大師也，不以詔，是以飲之也。」「爾飲調何也？」曰：「調也，君之褻臣也，爲一飲一食，亡君之疾，是以飲之也。」「爾飲何也？」曰：「蕢也，宰夫也，非刀匕是共，又敢與知防，是以飲之也。」

鄭氏曰：開，謂諫争，有所發起。紂以甲子死，桀以乙卯亡，王者謂之疾日，不以舉樂爲吉事，所以自戒懼。大臣喪重於疾日。雜記曰：「君爲卿大夫，比葬不食肉，比卒哭不舉樂。」詔，告也。大師，典奏樂。褻，嬖也。近臣亦當規君。防，禁放溢。

愚謂平公見蕢三舉罰爵，意其必有以開發之，故不與之言。蕢不言即出者，以公之必將怪而問之也。在堂，謂殯於堂上西序也。與知防，預知防閑諫争之事也。蕢言平公飲酒非禮，二子當言而不言，己不當言而言，所以皆罰之，蓋用此以諷公也。

平公曰：「寡人亦有過焉，酌而飲寡人。」杜蕢洗而揚觶。公謂侍者曰：「如我死，則必毋廢斯爵也。」至于今，既畢獻，斯揚觶，謂之「杜舉」。

鄭氏曰：平公聞義則服。揚觶，舉爵於君也。揚，舉也。毋廢斯爵，欲後世以爲戒。謂之「杜舉」，因杜蕢以爲名也。

愚謂平公自知其過，故命爵而自飲，又命毋廢斯爵以爲後世戒也。畢獻，謂燕禮獻賓，獻君，獻卿、大夫、士、庶子皆畢也。平公飲酒，私燕也。自平公命毋廢斯爵，於是晉國正燕之禮，於畢獻之後，特舉觶於君，謂之「杜舉」。言此爵自杜蕢始也。

○鄭氏以燕禮大夫媵觶於公爲揚觶，非也。燕禮揚觶，由來久矣。豈自杜蕢始乎？

【朱氏訓纂】知悼子卒，未葬，注：悼子，晉大夫荀盈，魯昭九年卒。**平公飲酒，**注：與羣臣燕。平公，晉侯彪。**師曠、李調侍，**注：侍，與君飲也。燕禮記曰：「請旅侍臣。」**鼓鐘。**注：樂作也。燕禮賓入門，奏肆夏，既獻而樂闋。獻君亦如之。正義：鼓，猶奏也。**杜蕢自外來，聞鐘聲，曰：「安在？」**注：怪之也。杜蕢，或作「屠蒯」。**曰：「在**

寢！」注：燕於寢。**杜蕢入寢，歷階而升，酌曰：「曠，飲斯！」又酌曰：「調，飲斯！」又酌，堂上北面坐飲之，降，趨而出。**注：三酌皆罰。**平公呼而進之，曰：「蕢，曩者爾心或開予，是以不與爾言。**注：曩，曏也，謂始來入時。開，謂諫争，有所發起。**爾飲曠何也？」曰：「子卯不樂。**注：紂以甲子死，桀以乙卯亡，王者謂之疾日，不以舉樂爲吉事，所以自戒懼。釋文：賈逵云：「桀以乙卯日死，受以甲子日亡，故以爲戒。」鄭同。漢書翼奉説則不然。張晏曰：「子刑卯，卯刑子，相刑之日，故以爲忌，而云夏、殷亡日，不推湯、武以興乎？」顧氏炎武曰：子，甲子也。卯，乙卯也。古人省文，但言子卯。翼奉乃謂子爲貪狼，卯爲陰賊，此術家之説，非經義也。彬謂日刑不止子卯，張晏説亦非。**知悼子在堂，斯其爲子卯也，大矣。**注：言大臣喪重於疾日也。雜記曰：「君於卿大夫，比葬不食肉，比卒哭不舉樂。」**曠也，大師也，不以詔，是以飲之也。」**注：詔，告也。大師，典奏樂。**「爾飲調何也？」曰：「調也，君之褻臣也，爲一飲一食，亡君之疾，是以飲之也。」**注：言調貪酒食。褻，嬖也。近臣亦當規君。疾，憂。正義：臣當規正君過，唯欲行燕會，貪一飲一食，忘君違禮之疾而不諫。**「爾飲何也？」曰：「蕢也，宰夫也，非刀匕是供，又敢與知防，是以飲之也。」**注：防，禁放溢。正義：皇氏云：「非，不也。宰夫不以刀匕是共，乃又敢與諫争，越官侵職，是以飲也。」**平公曰：「寡人亦有過焉，酌而飲寡人。」**注：聞義則服。**杜蕢洗而揚觶。**注：舉爵於君也。禮「揚」作「騰」。揚，舉也。騰，送也。「揚」近得之。　説文：觶，鄉飲酒「角」也。禮曰：「一人洗舉觶。」觶受四升。觗，觶或从辰。觗，禮經「觶」。**公謂侍者曰：「如我死，則必毋廢斯爵也。」**注：欲後世以爲戒。**至于今，既畢獻，斯揚觶，謂之「杜舉」。**注：此爵遂因杜蕢爲名。畢獻，獻賓與君。　正義：按春秋傳與此不同，或二文互相足也。春秋昭九年，左傳：「晉侯飲酒，樂，膳宰屠蒯趨入，請佐公使尊，許之。而遂酌以飲工，曰：『女爲君耳，將司聰也。辰在子卯，謂之疾日，君徹宴樂，學人舍業，爲疾故也。君之卿佐，是謂股肱，股肱或虧，何痛如之？女弗聞而樂，是不聰也。』又飲外嬖嬖叔，曰：『女爲君目，將司明也。服以旌禮，禮以行事，事有其物，物有其容。今君之容，非其物也，而女不見，是不明也。』亦自飲也，曰：『味以行氣，氣以實志，志以定言，言以出令。臣實司味，二御失官，而君弗命，臣之罪也。』公説徹酒。」

【郭氏質疑】至于今，既畢獻，斯揚觶，謂之「杜舉」。

鄭注：畢獻，獻賓與君。禮「揚」作「媵」。

孔疏：杜蕢此事在燕禮之初，賓主既入，得杜蕢之言，獻君與賓，燕事則止。

嵩燾案，燕禮，主人獻賓，賓酢主人，次獻公，受公酢，遂媵觚於賓以酬賓。小臣自阼階下請媵爵者，作下大夫二人媵爵，公坐，取所媵觶酬賓，賓以旅酬於西階上。似獻賓與公而媵爵，乃燕禮之正文。賓舉旅畢，而後獻卿；又媵爵，爲卿舉旅，而後獻大夫；又奠觶，爲大夫舉旅，而後獻士。孔疏「獻君與賓，燕事則止」，尤爲無據。燕禮，媵爵者序進，洗角觶，酌散，交於楹。似所謂媵爵者，有從爵也，與揚觶「揚」字義别。左氏傳稱平公欲廢知氏，知悼子卒，而飲酒樂，所以快之。天子、諸侯月一舉，皆有樂。杜蕢所飲者，一工一嬖臣，必非燕禮可知。畢獻而揚觶，乃推行之於燕禮，疑所謂「揚觶」者，直酌以飲公，無拜送爵之文。燕禮，凡獻，祭酒、啐酒、奠爵、告旨而後卒爵揚觶。若加爵飲公，在燕禮媵爵舉旅之外。鄭注疑未合。案儀禮周初文，昭公九年，荀盈卒。左傳載其事在春秋之季，未宜援儀禮爲證。

四·五一 **公叔文子卒，**文子，衛獻公之孫，名拔，或作發。○拔，蒲八反。**其子戍**[一]**請謚於君，曰：「日月有時，將葬矣，請所以易其名者。」**謚者，行之迹。有時，猶言有數也。大夫、士三月而葬。○行，下孟反。**君曰：「昔者衛國凶饑，夫子爲粥與國之餓者，是不亦『惠』乎？**君，靈公也。○粥，音祝。**昔者衛國有難，夫子以其死衛寡人，不**

[一] 其子戍 石經同，嘉靖本同。閩、監、毛本「戍」作「戌」，岳本同，衛氏集説同。浦鏜校云：「『戍』誤『戌』」。○鍔按：「其子戍」上，阮校有「禮記注疏卷十校勘記」「阮元撰盧宣旬摘録」「檀弓下」「公叔文子卒節」二十六字。

亦『貞』乎？難，謂魯昭公二十年盜殺衛侯之兄縶也。時齊豹作亂，公如死鳥。○難，乃旦反，注同。**夫子聽衛國之政，脩其班制，以與四鄰交，衛國之社稷不辱，不亦『文』乎？**班制，謂尊卑之差。**故謂夫子『貞惠文子』。**」後不言「貞惠」者，「文」足以兼之。

【疏】「公叔」至「文子」[一]。○正義曰：此一節論謂君誄臣之謚法[二]，各依文解之。

○注「文子」至「作發」。○正義曰：案世本：「衛獻公生成子當，當生文子拔。」拔是獻公孫也。「或作發」者，以春秋左氏傳作「發」，故云「或作發」。

○「請所以易其名」者，生存之日，若呼其名[三]。今既死將葬，故請所以誄行，爲之作謚，易代其名者。

○注「難謂」至「死鳥」。○正義曰：案昭二十年左傳云：「衛公孟縶狎齊豹，奪之司寇與鄄。公孟惡北宮喜、褚師圃，欲去之。公子朝通于襄夫人宣姜，懼，而欲以作亂。故齊豹、北宮喜、褚師圃、公子朝作亂。丙辰，衛侯在平壽，公孟有事於蓋獲之門外。」又云：「齊氏用戈擊公孟，宗魯以背蔽之，斷肱，以中公孟之肩，皆殺之。公聞亂，乘驅自閱

[一] 公叔至文子　惠棟校宋本無此五字。
[二] 此一節論謂君誄臣之謚法　閩、監、毛本同。惠棟校宋本「謂」作「請」，是也，衛氏集説同。
[三] 若呼其名　閩、監、毛本同。惠棟校宋本「若」作「君」，衛氏集説同。

門入，載寶以出。」又云：「公如死鳥。」注云：「死鳥，衛地。」

〇「故謂」至「文子」者[一]，案謚法：「愛民好與曰惠，外内用情曰貞，道德博聞曰文[二]。」既有道德，則能惠能貞，故鄭云：「後不言『貞惠』者，『文』足以兼之。」案文次，先「惠」後「貞」，此先云「貞」者，以其致死衛君事重，故在前。上先言「惠」者，據事先後言之。

【衛氏集説】鄭氏曰：文子，衛獻公之孫，名拔，或作發。謚者，行之迹。有時，猶言有數也。大夫、士三月而葬。君，靈公也。衛國有難，謂魯昭公二十年盜殺衛侯之兄縶也。時齊豹作亂，公如死鳥。班制，謂尊卑之差也。後不言「貞惠」者，「文」足以兼之。

孔氏曰：此一節論請君誄臣之謚法。生存之日，君呼其名。今死將葬，故請所以誄行，爲之作謚，易代其名者。案謚法：「愛民好與曰惠，外内用情曰貞，道德博聞曰文。」既有道德，則能惠能貞，故鄭云「『文』足以兼之」。

嚴陵方氏曰：脩其班制，以與四鄰交。非博聞者不能，故曰「不亦文乎」？班制者，班言上下之序，制言多寡之節。脩其班制，故可以與四鄰交，故衛之社稷得以不辱。班

[一] 故謂至文子者　閩、監、毛本同，惠棟校宋本無「者」字。
[二] 道德博聞曰文　閩、監本同，衛氏集説同，毛本「聞」誤「文」。

制，古所有也，文子特因其壞而脩之耳。

廬陵胡氏曰：春秋書「歸粟」，譏人臣私惠作福，文子不佐其君賑窮，而私爲粥，不可也。以死衛君，于經傳不見。據史鰌勸文子執臣禮，則文子嘗不臣矣。文子欲葬瑕丘，恐不能脩班制。

【吴氏纂言】孔氏曰：衛獻公生成子當，當生文子拔。生存之日，君呼其名，今既死將葬，故請爲之作謚，易代其名。按謚法：「愛民好與曰惠，外内用情曰貞，道德博聞曰文。」

鄭氏曰：謚者，行之迹。有時，猶言有數也。大夫、士三月而葬。君，靈公也。衛國有難，謂魯昭公二十年盜殺衛侯之兄縶也。時齊豹作亂，公如死鳥。班制，謂尊卑之差。後不言「貞惠」者，「文」足以兼之。

方氏曰：班制古所有，文子特修其壞爾。班言上下之次，制言多少之節。班制修，故可與四鄰交，社稷所以不辱。

廬陵胡氏曰：春秋書「歸粟」，譏人臣私惠作福。文子不佐其君振窮，而私爲粥，不可也。死衛君，於經傳不見。據史鰌勸文子執臣禮，則文子嘗不臣矣。文子欲葬瑕丘，恐不能修班制。

【陳氏集説】公叔文子卒，其子戍請謚於君，曰：「日月有時，將葬矣，請所以易其名

者。」文子，衛大夫，名拔。君，靈公也。大夫、士三月而葬。有時，猶言有數也。死則諱其名，故爲之謚，所以代其名也。**君曰：「昔者衛國凶饑，夫子爲粥與國之餓者，是不亦『惠』乎？昔者衛國有難，夫子以其死衛寡人，不亦『貞』乎？夫子聽衛國之政，脩其班制，以與四鄰交，衛國之社稷不辱，不亦『文』乎？故謂夫子『貞惠文子』。」**魯昭公二十年盜殺衛侯之兄縶，時齊豹作亂，公如死鳥，此衛國之難也。班者，尊卑之次。制者，多寡之節。因舊典而脩舉之也。據先後則「惠」在前，論小大則「貞」爲重，故不曰「惠貞」，而曰「貞惠」也。此三字爲謚而惟稱「文子」者，鄭云「『文』足以兼之」。

【郝氏通解】公叔文子，衛獻公之孫，名拔。大夫、士三月而葬。君按其生平而賜之謚，以代名也。君，衛靈公也。魯昭公二十年，衛有齊豹之難，靈公避于死鳥。班謂尊卑之次，制謂多寡之節，皆所以交鄰之禮也。

按公叔文子之爲「文」，孔子不滿之，僅取其薦家臣僎一事，與論孔文子之文正同，則其生平碌碌可知。靈公雖極標榜，而大臣不能佐君賑民，爲粥與餓者，市私恩耳。齊豹之亂，以死衛君，事亦無聞。春秋諸侯卑，禮事盟主，其何國不然？孟子所謂「人役」也。何不辱之有？皆不可爲訓。

【江氏擇言】故謂夫子「貞惠文子」。

廬陵胡氏云：春秋書「歸粟」，譏人臣私惠作福，文子不佐其君振窮，而私爲粥，不可也。死衛君，於經傳不見。據史鰌勸文子執臣禮，則文子嘗不臣矣。文子欲葬瑕丘，恐不能修班制。

按，胡氏責文子太過矣。謚者節取人善，觀孔文子可見。

【欽定義疏】正義　鄭氏康成曰：文子，衛獻公之孫，名拔，或作發。案：世本：「衛獻公生成子當，當生文子拔。」左傳作「公叔發」，「拔」字音之似。今論語注作「公孫枝」，又「拔」字之訛也。謚者，行之迹。有時，猶言有數也，大夫、士三月而葬。君，靈公也。衛國有難，謂魯昭公二十年盜殺衛侯之兄縶也。時齊豹作亂，公如死鳥。班制，謂尊卑之差也。後不言「貞惠」者，「文」足以兼之。

孔氏穎達曰：此論請君誄臣之謚法。生存之日，君呼其名，今死將葬，故請所以誄行，爲之作謚，易代其名者。按謚法：「愛民好與曰惠，外内用情曰貞，道德博聞曰文。」既有道德，則能惠能貞，故鄭云「『文』足以兼之」。

方氏慤曰：修其班制，以與四鄰交，非博聞者不能，故曰「不亦文乎」？班制者，班言上下之序，制言多寡之節。修其班制，故可以與四鄰交，衛之社稷得以不辱。班制，古所有也，文子特因其壞而修之耳。

陳氏澔曰：據先後則「惠」在前，論大小則「貞」爲重。故不曰「惠貞」，而曰「貞惠」。

秦氏繼宗曰：修其班制，修内之政也；與四鄰交，修外之政也。社稷不辱，總承上二項。班者，列國往來盟會，尊卑之班次也，以侯國之爵言。制者，列國用物行禮，多寡之數也，以朝聘之幣言。脩班制何等？國體燦然。交四鄰何等？儀則詳明。皆由他心中經緯發出來，故曰「文」。

【餘論】胡氏銓曰：春秋書「歸粟」，譏人臣私惠作福。文子不佐其君賑窮，而私爲粥，不可也。以死衛君，於經傳不見。據史鰌勸文子執臣禮，則文子嘗不臣矣。文子欲葬瑕丘，恐不能脩班制。

【案】古無二謚。論語公叔文子，子言「可以爲文」，未嘗謚「貞惠」。春秋左傳無以二字謚者。戰國時，周乃有威烈王、慎靚王，楚有頃襄王，秦有孝文王、莊襄王，一字不足，加以二字，周之末失也，不應此時有以三字謚者。又考公子荆，字南楚。死鳥之難，荆衛公，以肩受矢，後謚曰「貞」。或易名同一時，而記者得之傳聞，并以屬之文子與？文子實無以死衛君事也。

【杭氏集説】陳氏澔曰：據先後則「惠」在前，論大小則「貞」爲重，故不曰「惠貞」而曰「貞惠」。

秦氏繼宗曰：修其班制，修内之政也；與四鄰交，修外之政也。社稷不辱，總承上二項。班者，列國往來盟會，尊卑之班次也，以侯國之爵言。制者，列國用物行禮，多寡之數也，以朝聘之幣言。修班制何等？國體燦然。交四鄰何等？儀則詳明。皆由他心中經緯發出來，故曰「文」。

姚氏際恒曰：文子以死衛君，經傳不見，其餘之説，悉不足据可知矣。

任氏啟運曰：古無二謚，周末威烈王、貞靚王，楚頃襄王始有二謚，不應此時大夫有三謚也。考死鳥時，公子荆字南楚，以肩受矢，所稱「以其死衛寡人」者，子荆也。或同時謚荆爲「貞子」，而傳聞之誤，并屬之歟？

【孫氏集解】鄭氏曰：謚者，行之迹。有時，猶言有數也。大夫、士三月而葬。君，靈公也。難，謂魯昭公二十年盜殺衛侯之兄縶也。時齊豹作亂，公如死鳥。班制，謂尊卑之差。後不言「貞惠」者，「文」足以兼之。

方氏慤曰：脩其班制，以與四鄰交，非博聞者不能，故曰「文」。班言上下之序，制言多寡之節。

愚謂謚起於周公，皆取其行之至大者，一字以爲謚，所謂節以壹惠也。至戰國時，周有威烈王、慎靚王，秦有惠文、莊襄等王，而二謚始此。然據檀弓，則趙武在春秋時已有獻文之稱，而公孫拔謚至三字，尤古今所未有也。左傳叙齊豹作亂事甚詳，當時從公者爲公南楚、析朱鉏諸人，平亂者爲北宫喜。衛侯賜喜謚「貞子」，朱鉏謚「成子」，初不言拔有衛君之事，豈後人因喜及朱鉏賜謚事而誤以爲拔歟？

【朱氏訓纂】公叔文子卒，注：文子，衛獻公之孫，名拔，或作發。正義：案世本

「衛獻公生成子當，當生文子拔」，拔是獻公孫也。**其子戌請謚於君，曰：「日月有時，將葬矣，請所以易其名者。」**注：謚者，行之迹。有時，猶言有數也。大夫、士三月而葬。**君曰：「昔者衛國凶饑，夫子爲粥與國之餓者，是不亦『惠』乎？**注：君，靈公也。**昔者衛國有難，夫子以其死衛寡人，不亦『貞』乎？**注：難，謂魯昭公二十年盜殺衛侯之兄縶也。時齊豹作亂，公如死鳥。**夫子聽衛國之政，脩其班制，以與四鄰交，衛國之社稷不辱，不亦『文』乎？**注：班制，謂尊卑之差。**故謂夫子『貞惠文子』。」**注：後不言「貞惠」者，「文」足以兼之。　正義：案謚法：「愛民好與曰惠，外内用情曰貞，道德博文曰文。」既有道德，則能惠能貞。　方性夫曰：班言上下之序，制言多寡之節。修其班制，故可與四鄰交。

四·五二　○**石駘仲卒，**駘仲，衛大夫，石碏之族。○駘，大來反。碏，七略反。**無適子，有庶子六人**[一]**，卜所以爲後者。**莫適立也。○適，丁歷反，注同。**曰：「沐浴佩玉則兆。」**言齊絜則得吉兆。○齊，側皆反。**五人者皆沐浴佩玉。石祁子曰：「孰有執親**

[一]　有庶子六人　閩、監本同，石經同，岳本同，嘉靖本同，衛氏集説同，考文引宋板同，毛本「子」誤「人」。○鍔按：「有庶」上，阮校有「石駘仲卒節」五字。

之喪，而沐浴佩玉者乎？」不沐浴佩玉。心正且知禮。**石祁子兆，衛人以龜爲有知也。**

【疏】「石駘」至「知也」[一]。○正義曰：此一節論龜兆知賢知之事[二]，各依文解之。

「卜所」至「則兆」。既有庶子六人，莫適立也，故卜所以堪爲後者。其掌卜之人謂之曰：「若沐浴佩玉，則得吉兆。」所以須有卜者，春秋左氏之義。故昭二十六年云：「年鈞以德，德鈞以卜。王不立愛，公卿無私。」若公羊隱元年云：「立適以長不以賢，立子以貴不以長。」何休云：「適夫人無子，立右媵；右媵無子，立左媵；左媵無子，立嫡姪娣；嫡姪娣無子，立右媵姪娣；右媵姪娣無子，立左媵姪娣。質家親親，先立娣。文家尊尊，先立姪。嫡子有孫而死，質家親親先立弟，文家尊尊先立孫。其雙生也，質家据見，立先生；文家据本意，立後生。」何休作膏肓難左氏云：「若其以卜，隱、桓以禍，皆由此作，乃曰古制，固亦謬矣。」鄭箴之云：「立長以嫡不以賢，固立長矣。立子以貴不以長，固立貴矣。若長均貴均，何以別之？故須卜。禮有『詢立君[三]，卜立君』，是有卜也。」

[一] 石駘至知也　惠棟校宋本無此五字。
[二] 此一節論龜兆知賢知之事　閩、監、毛本同，衛氏集説脱下「知」字。
[三] 禮有詢立君　惠棟校宋本作「詢」。此本「詢」誤「詣」，閩、監、毛本同。

是從左氏之義。

○「孰有」至「者乎」。○居親之喪，必衰絰憔悴，安有居親之喪而沐浴佩玉者乎？言不可。鄭云「心正且知禮」者，不信邪言是心正，居喪不沐浴佩玉是知禮也。

【衛氏集説】鄭氏曰：駘仲，衛大夫，石碏之族。六人莫適立，故卜爲後者。沐浴佩玉則兆，言齊潔則得吉兆也。石祁子心正，且知禮。

孔氏曰：此一節論龜兆知賢之事。沐浴佩玉則兆，其掌卜之人謂之也。所以有卜者，昭公二十六年左傳云：「年鈞以德，德鈞以卜。王不立愛，公卿無私。」居親之喪，必衰絰憔悴，安有沐浴佩玉者乎？言不可。

長樂陳氏曰：五人者有意于得而不兆，祁子無意于得而兆，故衛人以龜爲有知。蓋溺于利而忘義，蔽于情而忘禮者，人謀之所不與，而鬼謀之所違。篤于義而不謀利，專于禮而不徇情者，人謀之所與，而鬼謀之所從。豈非所謂天地自然之道，人事必然之理哉！

嚴陵方氏曰：曲禮曰：「居喪之禮，頭有創則沐，身有瘍則浴。」非有創瘍，固不可以沐浴矣。玉藻曰：「凡帶必有佩玉，唯喪否。」非去喪，固不可以佩玉矣。若夫執親之喪而沐浴佩玉，是上忘孝于親，下忘禮于身也，其可乎？唯石祁子不忍爲之，宜乎龜之獨兆也。龜之獨兆于祁子，非龜爲有知也，以人情願其爲卿，故鬼神依人而行耳。所謂兆，言得吉兆也。若周官大卜之「三兆」，卜師之「四兆」是矣，蓋謂灼師龜鑴也。然兆亦有凶，卜者以求吉爲主，故經以兆言吉也。

【吴氏纂言】鄭氏曰：駘仲，衛大夫，石碏之族。六人莫適立，故卜爲後者。沐浴佩玉則兆，言齊潔則得吉兆也。石祁子不沐浴佩玉，心正且知禮也。

孔氏曰：沐浴佩玉則得吉兆，其掌卜之人謂之也。居親之喪，必衰絰憔悴，安有沐浴佩玉者乎？言不可。

長樂陳氏曰：五人者有意於得而不兆，祁子無意於得而兆。蓋溺利忘禮者，人謀所不與，而鬼謀之所違也。專禮不謀利者，人謀所與，而鬼謀之所從也。

方氏曰：曲禮云：「居喪之禮，頭有創則沐，身有瘍則浴。」非有創瘍，固不可以沐浴矣。玉藻云：「凡帶必有佩玉，唯喪否。」非去喪，固不可以佩玉矣。執親之喪而沐浴佩玉，是忘孝忘禮也。唯石祁子不爲之，龜之獨兆於祁子，爲有知也。

【陳氏集説】駘仲，衛大夫。曰沐浴佩玉則兆，卜人之言也。方氏曰：兆亦有凶，卜者以求吉爲主，故經以兆言吉也。

【郝氏通解】駘仲，衛大夫。沐浴佩玉，穆卜之禮，如是龜乃肯兆。兆謂吉凶之象，此卜人之言也。親喪不容飾，沐浴佩玉非禮，故石祁子不肯違禮求福，而鬼神從之，此所謂龜有知也。石祁子兆，謂兆與石祁子也。

【欽定義疏】正義　鄭氏康成曰：駘仲，衛大夫，石碏之族。六人莫適立，故卜爲後者。沐浴佩玉則兆，言齊潔則得吉兆。孔疏：掌卜之人謂之也。石祁子，心正且知禮。案：祁子，衛懿公時人。左傳「公與石祁子玦，曰『以此贊國』」。謚法：「治典不殺曰祁。」

孔氏穎達曰：此論兆龜知賢知之事。所以有卜者，昭公二十六年左傳云：「年鈞以德，德鈞以卜。王不立愛，公卿無私。」居親之喪，必衰絰憔悴，安有沐浴佩玉者乎？言不可。

方氏慤曰：曲禮曰：「居喪之禮，頭有創則沐，身有瘍則浴。」是非有創瘍不可沐浴。玉藻曰：「凡帶必有佩玉，惟喪否。」是非去喪不可佩玉矣。沐浴佩玉，是忘親忘禮也，惟石祁子不忍爲之。卜者以求吉爲主，故經以兆言吉也。

陳氏祥道曰：五人者有意於得而不兆，祁子無意於得而兆，故衛人以龜爲有知。

【杭氏集説】姚氏際恒曰：此與左傳昭十三年楚共王埋璧事相類。又昭二十六年左傳云：「王后無適，則擇立長。年鈞以德，德鈞以卜。」故後世凡適死，即立庶之長者，此循古制，必年鈞始以德，德鈞始以卜耳。今觀楚共王、石駘仲未聞年德之鈞，而輒鬼神用卜，疑皆非古制矣。此石駘仲事，於卜之中而見其德，固甚奇。然石祁子不沐浴佩玉而卜者，何以必先謂沐浴佩玉則兆，此處恐難通，當是寓言耳。又後以龜有知，以其能知吉凶，非以其能知邪正也。義亦未確。

姜氏兆錫曰：方氏曰：「兆有吉有凶，卜以求吉爲主，故以兆言吉也。」陳氏曰：「有意于得而不兆，無意于得而兆，故衛人以龜爲有知。蓋溺于利而忘義，蔽于情而忘禮者，人謀所不與，而鬼謀違之。此天地自然之道，人事當然之理也。」愚按庶子六人宜立長，不宜卜也。引此以見石祁子不違禮以求福之意耳。

【孫氏集解】鄭氏曰：石駘仲，衛大夫，石碏之族。庶子六人，莫適立也。石祁子不沐浴佩玉，心正且知禮。

愚謂左傳言立子之法「年鈞以德，德鈞以卜」。駘仲庶子六人，未必皆同年，蓋既皆庶子，故不論長幼，直以卜決之，蓋駘仲之遺命也。兆，謂得吉兆。沐浴佩玉則兆，掌卜者謂之之辭。石祁子不沐浴佩玉，守禮而不惑於禍福也。以龜爲有知者，所卜得其人也。

【朱氏訓纂】石駘仲卒，注：駘仲，衛大夫，石碏之族。**無適子，有庶子六人，卜所以爲後者。**注：莫適立也。　正義：左氏昭二十六年傳云：「年鈞以德，德鈞以卜。王不立愛，公卿無私。」**曰：「沐浴佩玉則兆。」**注：言齊絜則得吉兆。**五人者皆沐浴佩玉。石祁子曰：「孰有執親之喪，而沐浴佩玉者乎？」不沐浴佩玉。**注：心正且知禮。　正義：居親之喪，必衰絰憔悴，安有沐浴佩玉者乎？**石祁子兆，衛人以龜爲有知也。**

四·五三　○**陳子車死於衛，其妻與其家大夫謀以殉葬，**子車，齊大夫。**定而后陳子亢至。以告曰：「夫子疾，莫養於下，請以殉葬。」**子亢，子車弟，孔子弟子。下，地下。○亢，音剛，又苦浪反。養，羊尚反，下皆同。**子亢曰：「以殉葬，非禮也。雖然，則彼疾當養者，孰若妻與宰？得已，則吾欲已；不得已，則吾欲以二子者之爲之也。」**度諫之不能正[一]，以斯言拒之。已，猶止也。○度，大洛反。**於是弗果用。**果，決。

【疏】「陳子」至「果用」[二]。○正義曰：此一節論殉葬非禮之事，各依文解之。

○注「子亢」至「弟子」。○正義曰：知「孔子弟子」者，以論語：「陳亢問於伯魚。」與伯魚相問，故知孔子弟子。又知「子車，齊大夫」者，昭二十六年左傳：「齊師圍成，魯師及齊師戰于炊鼻。魯人將擊子車，子車射之，殪。」鄭蓋據此謂齊大夫。知「亢是子車弟」者，以子車之妻謀欲殉葬子車，子亢不能止之。若是子車之兄，當處分由己，故知是子車弟也。

「子亢」至「之也」。○子亢既見兄家謀殉葬非禮之事，自度不能止，故云「殉葬，非禮也」。又云雖非禮，彼疾當養者，彼死者疾病當須養侍於下者，以外人疏，誰若妻之與

[一] 度諫之不能正　閩、監、毛本同。惠棟校宋本「正」作「止」，宋監本、岳本、嘉靖本同，衛氏集説同，考文引古本、足利本同。案：正義云「子亢不能止之」，又云「自度不能止」，據此則作「止」者爲是。○鍔按：「度諫」上，阮校有「陳子車死於衛節」七字。

[二] 陳子至果用　惠棟校宋本無此五字。

宰？言妻、宰最親，當須侍養。若得休已，不須侍養，吾意欲休已。若其不止，必須爲殉葬，則吾欲以妻之與宰二子爲之。

【衛氏集説】鄭氏曰：子車，齊大夫。子亢，子車弟，孔子弟子。莫養於下，謂地下也。子亢度諫之不能止，以言拒之。已，猶止也。果，決也。

孔氏曰：此一節論殉葬非禮之事。

嚴陵方氏曰：以生者而從之于死，則傷乎不仁；于死者而養之以生，則傷乎不知。非君子之所當爲也。子亢以義拒之，不亦宜乎？宰，即家大夫也。

【吴氏纂言】鄭氏曰：子車，齊大夫。亢，子車弟。莫養於下，謂地下也。子亢度諫之不能止，以言拒之也。已，猶止也。果，決也。

孔氏曰：子亢見兄家謀殉葬非禮，自度不能止，故云殉葬雖非禮，然外人疏，最親誰若妻與宰。若得休已，吾欲休已。若其不止，必須侍養，則吾欲以妻與宰殉葬。

澄曰：彼妻與宰不明公義，不知正禮，以其私情邪念愛夫、愛主而謀殉葬。子亢託言，欲以二人之身殉。彼既愛身不肯死，則其愛夫、愛主之私情邪念自息矣。

【陳氏集説】陳子車死於衛，其妻與其家大夫謀以殉葬，定而后陳子亢至。以告曰：「夫子疾，莫養於下，請以殉葬。」子車，齊大夫。子亢，其兄弟，即孔子弟子子禽也。疾時不在家，家人不得以致其養，故云莫養於下也，於是欲殺人以殉葬。定，謂已議定所殺之人也。**子亢曰：「以殉葬，非禮也。雖然，則彼疾當養者，孰若妻與宰？得已，則吾欲已；不得已，則吾欲以二子者之爲之也。」於是弗果用。**宰，即家大夫也。二子，謂妻與宰也。子亢若但言非禮，未必能止之。今以當養者爲當殉，則不期其止而自止矣。

【郝氏通解】陳子車，齊大夫。子亢，即子禽，孔子弟子，子車昆弟也。家大夫即宰也。殺人送死曰殉。定，謂已定所殺之人。下，謂臣僕之屬，生不得受下人之養，故死欲以下人從葬。妻與宰，主殉葬之謀者也，故子亢危言以懼之。士君子能以人之痛癢譬諸身，則害人之事息矣。若子亢者殆遊于聖人之門而聞禮者與？

【方氏析疑】**夫子疾，莫養於下，請以殉葬。**

謂方疾時所以養疾者未備，故請使人殉，以致其厚也。曰「下」，對尊者之辭，猶云在下之人，集説誤。

【欽定義疏】正義　鄭氏康成曰：子車，齊大夫。孔疏：左傳昭二十六年，及齊師戰於炊鼻，魯人将擊子車。子亢，子車弟，孔子弟子。下，謂地下。子亢度諫之不能止，以斯言拒之。已，猶止也。果，決也。

孔氏穎達曰：此論殉葬非禮之事。子亢既云殉葬非禮也，又云妻、宰最親，當須侍養。若得休已，不須侍養，吾意欲休已。若必須爲殉葬，則吾欲以妻與宰二子爲之。

陳氏澔曰：宰，即家大夫也。但言非禮，未必能止之。今以當養者爲當殉，則不期止而自止矣。

方氏慤曰：以生者而從之於死則不仁，於死者而養之以生則不知，非君子之所當爲也。子亢以義拒之，不亦宜乎？

【杭氏集説】孔氏穎達曰：此論殉葬非禮之事。子亢既云殉葬非禮也，又云妻、宰最親，當須侍養。若得休已，不須侍養，吾意欲休已。若必須爲殉葬，則吾欲以妻與宰二子爲之。

陳氏澔曰：宰即家大夫也。但言非禮，未必能止之。今乃以當養者爲當殉，則不期止而自止矣。

陸氏奎勳曰：劫語甚妙，則魯論所云：「子亦有異聞，君子遠其子。」「求之與，抑與之與？」「仲尼豈賢於子？」陳亢非不知之，故作滑稽語耳。

姜氏兆錫曰：按此與「西門豹止河伯娶婦」其事正相類。記者蓋嘉其能守正而善處變也。

方氏苞曰：謂方疾時所以養疾者未備，故請使人殉，以致其厚也。曰「下」，對尊者之辭，猶云在下之人，集説誤。

【孫氏集解】鄭氏曰：子車，齊大夫。子亢，子車弟，孔子弟子。下，地下也。子亢度諫之不能止，以斯言拒之。已，猶止也。

孔氏曰：論語「陳亢問於伯魚」，與伯魚相問，故知孔子弟子。又昭二十六年左傳「齊師圍成，魯師及齊師戰於炊鼻，魯人將擊子車，子車射之，殪」。故知是齊大夫。

愚謂家大夫即宰也。子亢度二人不可以理爭，故言欲以二人爲殉，所以使其懼而自止。

【朱氏訓纂】陳子車死於衛，其妻與其家大夫謀以殉葬，定而后陳子亢至。以告曰：「夫子疾，莫養於下，請以殉葬。」注：子車，齊大夫。子亢，子車弟，孔子弟子。下，地下。**子亢曰：「以殉葬，非禮也。雖然，則彼疾當養者，孰若妻與宰？得已，則吾欲已；不得已，則吾欲以二子者之爲之也。」**注：度諫之不能止，以斯言拒之。已，猶止也。**於是弗果用。**注：果，决。

【郭氏質疑】夫子疾，莫養於下，請以殉葬。

鄭注：下，謂地下。

嵩燾案，玉篇：「殉，用人送死也。」春秋諸侯通用之。文六年，秦穆公卒，以子車氏之三子爲殉。成三年，宋文公卒，始用殉。成十年，晉景公卒，小臣有晨夢，負公以登天，遂以爲殉。昭十三年申亥，以其二女殉楚靈王而葬之。定三年，葬莒莊公，殉五人。宣十五年，魏武子有嬖妾，無子，疾病，命顆曰「必以爲殉」，是大夫亦有用殉者。此云「夫子疾，莫養於下」，蓋憤侍疾者之無狀，醫藥飲食不得其和，因以致死。下，謂内豎之侍疾者。以殉葬，即以此侍疾者爲殉也。與下「彼疾當養者，孰若妻與宰」緊相呼應，鄭注非也。陳氏集説乃云疾時不在家，家人不得以致其養，故曰「莫養於下」。於事無徵，於文亦爲不類矣。

四·五四　○子路曰：「傷哉，貧也！生無以爲養，死無以爲禮也。」孔子曰：「啜菽飲水，盡其歡[一]，斯之謂孝。斂手足形[二]，還葬而無槨，稱其財，斯之謂禮。」還，猶疾也，謂不及其日月。○啜，昌劣反。叔，或作「菽」，音同，大豆也。王云：「熬豆而食曰啜菽。」斂，力檢反。還，音旋，後同。稱，尺證反，下注「之稱」同。

【疏】「子路」至「謂禮」[三]。○正義曰：此一節論孝子事親稱家之有無之事。

「孔子」至「謂禮」。○孔子以子路傷貧，故答之云「啜菽，飲水」，以菽爲粥，以常啜之。飲水更無餘物，以水而已。雖使親啜菽飲水，盡其歡樂之情，謂使親盡其歡樂，此之謂孝。答上「生無以爲養」。

[一] 啜菽飲水盡其歡　閩、監、毛本同，石經同，岳本同，嘉靖本同，衛氏集說同，正義亦作「菽」。釋文出「啜叔」云：「『叔』或作『菽』。」○鍔按：「啜菽」上，阮校有「子路曰傷哉貧也節」八字。

[二] 斂手足形　閩、監、毛本同，石經同，岳本同，嘉靖本同，衛氏集說同。釋文出「斂手」。案：正義云「斂其頭首及足，形體不露」，是正義本經文當作「首」。今作「手」，與疏標經句合，與疏說經義不合。盧文弨云：「『首足』見上篇，此疏內亦以『頭首』爲言，知『手』字誤，秦板作『首』，是也。」

[三] 子路至謂禮　惠棟校宋本無此五字。

○「斂手足形」者[一]，親亡，但以衣棺斂其頭首及足，形體不露，還速葬而無椁材，稱其家之財物所有以送終，此之謂禮。答上「死無以爲禮」。

【衛氏集說】鄭氏曰：還，猶疾也，謂不及其日月。

孔氏曰：此一節論孝子事親稱家有無之事。啜菽，以菽爲粥而啜之。飲水更無餘物也。雖速葬，無椁材，但以衣棺斂其頭首及足，形體不露，此之謂禮。

唐陸氏曰：菽，大豆也。王云：「熬豆而食曰啜菽。」

長樂陳氏曰：君子之于親，以其所以養，則養在志不在體；以其所以葬，則葬在誠不在物。苟養在體不在志，則雖三牲不足以爲孝。在物不在誠，則雖醢醢百甕不足以爲禮。若然則富者不足矜，貧者不足傷，要在自盡而已。

嚴陵方氏曰：子路于生曰養，于死曰禮。則知所謂禮者，喪葬之禮。言喪葬，則知所謂養者，亦無非禮矣。語云「生，事之以禮。死，葬之以禮」是矣。孔子又變養言孝者，主盡其歡言之也。盡其歡者存乎情，故以孝言。稱其財者存乎物，故以禮言。啜飲止以菽水言之者，菽不若稻粱之甘，水不若酒醴之美，則以見盡其歡者在乎養志，不在養口體而已。

[一] 斂手足形者 閩、監、毛本同，盧文弨校「手」改「首」。

孝。但以衣棺斂其手足形體，速葬而無椁，稱其家所有之財以送終，此之謂禮。

【吴氏纂言】孔氏曰：以菽爲粥啜之，飲以水而已，更無餘物，使親盡其歡樂，此之謂孝。但以衣棺斂其手足形體，速葬而無椁，稱其家所有之財以送終，此之謂禮。澄曰：菽者，諸種大小豆之總名。豆有實在莢中者，黄豆、黑豆之類是也。亦有實在角中者，赤豆、菉豆之類是也。孔疏謂以豆爲粥，非也。澄嘗食於北方至貧者之家，不惟無飯亦無粥，但以豆煮湯，每人所食約豆一掌所掬，雜以米一二十粒，煮湯一盂，攪起啜之而以療饑，始悟古之所謂啜菽者蓋如此。無蔬菜可羹，但煮熟白水飲之，故啜菽飲水爲至貧者之家。然能使親之心志常極盡其歡樂而無憂愁，故亦可謂之孝。斂無多衣，僅可掩其形體，使不露見。葬不俟日期，又無外椁，然非家有其財而固爲是儉也，隨其家財，僅能若此而已，故亦可謂之禮。

【陳氏集説】世固有三牲之養而不能歡者，亦有厚葬以爲觀美而不知陷於僭禮之罪者。知此，則孝與禮可得而盡矣，又何必傷其貧乎。還葬，説見上篇。

【納喇補正】啜菽飲水，盡其歡。

集説 無解。

竊案 陸氏釋文：「菽，大豆也。王云熬豆而食曰啜。」孔氏疏云：「以菽爲粥，以常啜之。飲水，更無餘物，以水而已。」集説於王、孔之義未有折衷，故畧之與？又案臨川吴氏云：「澄嘗食於北方至貧者之家，不惟無飯，亦無粥，但以豆煮湯，每人所食約豆一掌所掬，雜以米一二十粒，煮湯一盂，攪起啜之而以療饑，始悟古所謂啜菽者蓋如此。無蔬菜可羹，但熟煮白水飲之，故啜菽飲水爲至貧者之家。孔疏謂以豆爲粥，非也。」

【又案】家語載子路親在之時，嘗食藜藿之食，爲親負米二百里之外，孔子稱其生事盡力。則於菽水盡歡之孝，蓋克允蹈之矣。

【郝氏通解】還、旋通，便也。言死便葬，不待三月之期也。無以爲禮，無財以爲衣衾、棺椁、明器薦送之禮也。此子路食藜藿、百里負米之時，觀夫子所謂禮，則禮之義亦可知也。

【欽定義疏】【正義】鄭氏康成曰：還，猶疾也，謂不及其日月。

孔氏穎達曰：此論孝子事親稱家有無之事。啜菽，以菽爲粥而啜之。吴氏澄曰：至貧之家，以菽一掬，米一二十粒，煮湯一盂，謂之啜菽。飲水，更無餘物也。速葬無椁材，但以衣冠斂首及足，形體不露，此之謂禮。

陳氏祥道曰：君子之於親，養在志不在體，葬在誠不在物。苟養在體不在志，則雖三牲不足以爲孝。在物不在誠，則雖醯醢百甕不足以爲禮。

方氏慤曰：子路於生曰養，於死曰禮，則知所謂禮者，喪葬之禮。孔子變養言孝，主盡其歡言之也。盡其歡者存乎情，故以孝言；稱其財者存乎物，故以禮言。

【杭氏集説】吴氏澄曰：啜菽，以豆一掬入米少許，煮粥食之，極貧者之食也。生事盡愛，死事盡敬，貧非所憂也。

姚氏際恒曰：按啜菽飲水盡其歡，斯謂之孝，此非聖人之言。孟子稱墨爲「以薄爲道」，斯其殆類之矣。王制云：「五十異粻，六十宿肉，七十貳膳，八十常珍，九十飲食不違寢。膳飲從於游可也。」又云：「六十非肉不飽。」孟子曰：「七十非肉不飽。」觀此，則菽水之不可爲飽也明矣。孝親以養志爲上，然而曾子養志必有酒肉，曾元養口體亦必有酒肉，則菽水非養親之食具又明矣。夫養口體者此酒肉，養志者亦此酒肉，可曰吾養志也而遂不需此哉？苟養志而不需此，是反不若養口體者之爲愈也。彼將曰我以菽水盡其歡，較勝于以三牲之養而不盡其歡者，然而歡則盡矣，其如親之腹餒何？親之腹餒而猶曰吾能盡其歡，吾不信也。按内則所詳「旨甘柔滑」諸食具，皆所以詔人子養親者，此豈獨爲富者設，而貧者固無與乎？彼漢之茅容非貧者乎？後世之士有家貧無以養親，志氣衰惰，輒用此語以藉口，不知古人正不然。家貧親老不擇官而仕，如三釜心樂、捧檄色喜，此皆爲人子之恒理。蓋孟子謂「仕有時乎爲貧」，則父母在益可知矣。大抵貧而負高隱之志者，親没，爲之可也。親在，故降志以求之。一介不取，立身之大節也，使親而饑餓，亦當稍貶以遇之。後漢嗇夫孫姓，賦民錢，市衣與父。吴祐謂「掾以親故，受汙辱之名，所謂觀過知仁是也」，此足見一班。則庶乎親之志與體皆獲所養，斯乃謂之孝矣。記文偏而有弊，殊非吾儒中正之道，特爲拈出以破從來之惑焉。又傳稱子路自食藜藿，爲親負米二百里之外。

然則雖以子路之貧，固未嘗以菽水養也。王子雍曰：「熬而食曰啜。」孔子曰：「以菽水爲粥，以常啜之，飲水更無餘物，以水而已。」吴幼清曰：「澄嘗食于北方至貧者之家，不惟無飯，亦無粥，但以豆煮湯，每人所食約豆一掌所掬，雜以米一二十粒，煑湯一盂，攪起啜之而以療飢，始悟古所謂啜菽蓋如此。無蔬菜可羹，但熟煮白水飲之，故啜菽飲水爲至貧者之家。孔疏謂以豆爲粥，非也。」觀此上諸説其解「菽」「水」者若此，嗚呼，此其以爲養親之食具乎哉？仁人孝子當必有惻然于心者矣。

任氏啟運曰：世固有三牲之養而不能歡，厚葬爲觀美而陷於非禮者，亦有處於貧而托此以自解者，必實盡其歡、稱其財，方無愧於心。

【孫氏集解】鄭氏曰：還，猶疾也，謂不及其日月。

孔氏曰：啜菽，以菽爲粥而常啜之。

愚謂食有黍稷之屬，今但啜菽而已，食之貧也。飲有漿醴之屬，今但飲水而已，飲之貧也。養而能盡其歡，則先意承志，雖薄而無害於孝。葬而能稱其財，則必誠必信，雖儉而無歉於禮。夫所謂孝與禮者，亦務乎其本而已，不然雖日用三牲，備飾牆翣，奚當焉？

【朱氏訓纂】注：還，猶疾也，謂不及其日月。釋文：菽，大豆也。王云：「熬豆而食曰啜菽。」正義：以菽爲粥而啜之。飲水，更無餘物。使親盡其歡樂，此之謂孝。斂首及足，速葬而無椁，稱其家之所有以送終，此之謂禮。

四·五五　○**衛獻公出奔，反於衛，及郊，將班邑於從者而后入。**欲賞從者，以懼居者。獻公以魯襄十四年出奔齊[一]，二十六年復歸於衛。○從，才用反，注下同。**柳莊曰：「如皆守社稷，則孰執羈靮而從？如皆從，則孰守社稷？**言從、守若一。靮，紖也。○羈，音基。靮，丁歷反。紖，陳忍反。**君反其國而有私也，毋乃不可乎？」**言有私則生怨。**弗果班。**

【疏】「衛獻」至「果班」[二]。○正義曰：此一節論衛君歸國，不合私賞從者之事。

○注「欲賞」至「於衛」。○正義曰：經有云「班邑於從者」，鄭知「以懼居者」，見下柳莊云「如皆從，則孰守社稷」，爲居者而言，明知獻公欲懼居者也。故左傳云「獻公反國，使人責大叔儀」是也。

知「獻公以魯襄公十四年出奔齊」者，案襄十四年左傳云，「衛獻公戒孫文子、甯惠子食，二子皆朝服而朝，日旰不召[三]。公射鴻於囿，二子從之。公不釋皮冠而與之言。

[一] 獻公以魯襄十四年出奔齊　閩、監、毛本同，岳本同，嘉靖本同。衛氏集説「襄」下有「公」字，考文引古本、足利本同。案：正義云「知『獻公以魯襄公十四年出奔齊』者」，又云「是獻公以魯襄公十四年出奔」，據是，正義本當有「公」字。○鍔按：「獻公」上，阮校有「衛獻公出奔節」六字。

[二] 衛獻至果班　惠棟校宋本無此五字。

[三] 日旰不召　惠棟校宋本作「旰」，監本同。此本「旰」誤「旴」，閩、毛本同。

二子怒，故攻公，公出奔齊」。二十六年傳云，甯惠子之子甯喜以父言攻孫氏而納衛侯，二十六年復歸于衛。是獻公以魯襄公十四年出奔，二十六年復歸于衛也。

【衛氏集説】鄭氏曰：獻公以魯襄公十四年出奔齊，二十六年復歸于衛。欲賞從者，以懼居者。柳莊言從、守若一，言有私則生怨。靮，紖也。

孔氏曰：此一節論衛君歸國，不合私賞從者之事。左傳云：「獻公反國，使人責大叔儀。」故鄭言懼居者。獻公出奔、復歸並見左傳。

長樂陳氏曰：楚昭王之賞從亡而及于屠羊説，晉文公之賞從亡而辭見守藏者，衛獻公之厚從亡而及郊將班邑，是皆徇于私而不知公，蔽於邇而不知遠也。蓋居者守君之社稷，行者執君之羈靮，其勞逸雖殊，而功之所施則一，其可厚此而薄彼哉！此柳莊所以諫獻公也。臧武仲曰：「衛君之奔，有大叔儀以守，有母弟鱄以出。或撫其内，或營其外，能無歸乎？」是内外之功一也。

嚴陵方氏曰：獻公之反國，將班邑於從者而後入，則是私于從己之昵而忘保國之大矣，豈所以合天下之公義哉！羈以絡馬，靮以控馬，以其從君而奔，故以「執羈靮」言之。

【吴氏纂言】鄭氏曰：獻公以魯襄十四年出奔齊，二十六年復歸於衛。欲賞從者，以懼居者。柳莊言從、守若一，有私則生怨。靮，䩙也。

孔氏曰：左傳云「獻公反國，使人責太叔儀」，故鄭言懼居者。

長樂陳氏曰：晉文公之賞從亡而辭見守藏者，楚昭王之賞從亡而及於屠羊說，衛獻公之厚從亡而及郊將班邑，皆徇於私而不知公，蔽於近而不知遠也。蓋居者守君之社稷，行者執君之羈紲，勞逸雖殊而功則一，其可厚此而薄彼哉！此柳莊所以諫獻公也。臧武仲曰：「衛君之奔，有太叔儀以守，有母弟鱄以出。或撫其内，或營其外，其無歸乎？」是内外之功一也。

方氏曰：羈以絡馬，靮以鞚馬，以其從君而奔，故以「執羈靮」言之。

澄曰：此一節非言喪禮，當在附記雜事、雜辭章内，以其爲下文獻公往襚起義，故依舊本連下一節而不易其次。

【陳氏集説】獻公以魯襄十四年奔齊，二十六年歸衛。羈所以絡馬，靮所以鞚馬。莊之意謂居者、行者均之爲國，不當獨賞從者以示私恩。

【郝氏通解】魯襄公十四年，衛獻公以孫林父、甯殖之亂出奔。至二十六年始反國。

【欽定義疏】正義　鄭氏康成曰：獻公以魯襄公十四年出奔齊，二十六年復歸於衛。絡馬曰羈，鞚馬曰靮。言居者、從者均之爲國，不宜私賞也。孔疏：事並見左傳。欲賞從者，以懼居者。柳莊言從、守若一，有私則生怨。靮，紖也。孔疏：左傳云「獻公使人責太叔儀」，故鄭知以懼居者。

孔氏穎達曰：此論衛君歸國不合私賞從者之事。

方氏慤曰：羈以絡馬，靮以控馬，從君而奔，故以「執羈靮」言之。

通論 陳氏祥道曰：楚昭王賞從亡而及於屠羊說，晉文公賞從亡而辭見守藏者，衛獻公厚從亡而及郊將班邑，是皆徇於私而不知公，蔽於邇而不知遠也。蓋居者守君之社稷，行者執君之羈靮。勞逸雖殊，而功之所施則一，其可厚此而薄彼哉？此柳莊所以諫獻公也。

【孫氏集解】鄭氏曰：獻公以魯襄十四年出奔齊，二十六年復歸於衛。靮，紖也。莊言從、守若一，有私則生怨。

愚謂反國而偏賞從者，則居者之心懼矣。莊諫公以弗班，所以安反側之心。甯武子宛濮之盟曰「行者無保其力，居者無懼其罪」，正此意也。獻公行事，備見於左傳，蓋無道之君也。然觀於此，則猶聽用忠言，其所以被出而卒能反國者，蓋亦有由與？

【朱氏訓纂】衛獻公出奔，反於衛，及郊，將班邑於從者而后入。注：欲賞從者，以懼居者。獻公以魯襄十四年出奔齊，二十六年復歸於衛。**柳莊曰：「如皆守社稷，則孰執羈靮而從？如皆從，則孰守社稷？**注：言從、守若一。靮，紖也。方性夫曰：羈以絡馬，靮以控馬，從君而奔，故以「執羈靮」言之。**君反其國而有私也，毋乃不可乎？」**注：言有私則生怨。**弗果班。**

檀弓注疏長編卷二十五

四·五六 ○**衛有大史曰柳莊，寢疾。公曰：「若疾革，雖當祭必告。」**革，急也。○革，本又作「亟」，居力反，注同。**公再拜稽首，請於尸曰：「有臣柳莊也者，非寡人之臣，社稷之臣也，聞之死，請往。」**急弔賢者。**不釋服而往，遂以襚之。**脱君祭服以襚臣，親賢也。所以此襚之者[一]，以其不用襲也。凡襚以斂。○襚，音遂。脱，本亦作「説」，又作「税」，同他活反。**與之邑裘氏與縣潘氏，書而納諸棺曰：「世世萬子孫無變也。」**所以厚賢也。裘、縣潘，邑名。○縣，音玄，注同。潘，普干反。

【疏】「衛有」至「變也」[二]。○正義曰：此一節論君急弔臣之事。柳莊爲衛大史，今

[一] 所以此襚之者 閩、監、毛本同，岳本同，嘉靖本同。衛氏集説「以」下又有「以」字，考文引古本、足利本作「所以可以此襚之者」。○鍔按：「所以」上，阮校有「衛有大史曰柳莊節」八字。

[二] 衛有至變也 惠棟校宋本無此五字。

寢疾，其家自告[一]。公報之曰：「若疾急困，雖當我祭，必須告也。」其後柳莊果當公祭之時卒，而來告公。公祭事雖了，與尸爲禮未畢。

○公再拜稽首[二]，請於尸曰：「有臣柳莊也者，才能賢異，非唯寡人之臣，乃是社稷之臣。今聞之身死，請往赴之。」又不釋祭服即往哭，遂以所著祭服脱而襚之，又與之采邑曰裘氏及縣潘氏。與二邑，又書録其賞辭而納之棺，云「世世恒受此邑，至萬世子孫，無有改變」。案禮，君入廟門，全爲臣，請尸得言「寡人」者，是後人作記者之言也。

○注「脱君」至「以斂」。○正義曰：案士喪禮「君使人襚」，不云祭服襚臣，今君以祭服襚，故云「親賢也」。得以祭服襚之者，禮，諸侯玄冕祭廟，大夫自玄冕而下，以其俱是玄冕，故得襚也。祭服既尊，得以襚臣者，以其臣卑，不敢用君襚衣而襲之也。所以不用襲者，襲是近尸形體，事褻惡，故不敢用君之襚衣也。案士喪禮云，君襚衣，及親者及庶兄弟之襚，皆不用襲。故士喪禮云：「庶襚繼陳，不用。」注云：「不用，不用襲也。」至小斂則得用庶襚，故士喪禮小斂「凡十有九稱，陳衣繼之，不必盡用」，鄭云：「陳衣，庶襚也。」既云「不必盡用」，明有用者，至大斂，得用君襚。故士喪禮大斂「君襚、祭服、

[一] 其家自告　閩、監、毛本同，衛氏集説「自」作「以」。
[二] 爲禮未畢公再拜稽首　監、毛本如此。此本「畢」下衍一「○」，閩本同。

散衣、庶襚，凡三十稱」，又云「君襚不倒」，是大斂得用襚也[一]。云「凡襚以斂」者，謂庶襚以小斂，君襚以大斂也。鄭言此者，明襚衣不用襲也。

【衛氏集説】鄭氏曰：革，急也。請於尸，急弔賢者也。脱祭服以襚臣，親賢也。所以以此襚之者，以其不用襲也。凡襚以斂。裘、縣潘，邑名。所以厚賢也。

孔氏曰：此一節論君急弔臣之事。柳莊寢疾，其家以告，公報之曰：「若疾急，雖當我祭，必須告也。」其後柳莊果當公祭之時卒，而來告。公祭事雖了，與尸爲禮未畢，故再拜稽首，請于尸也。案禮，君入廟門，全爲臣，請尸得言「寡人」者，是作記者之言也。案士喪禮，君使人襚，不云祭服襚臣。今以祭服襚，故鄭云「親賢也」。得以祭服襚者，諸侯玄冕祭廟，大夫自玄冕以下，以其俱是玄冕，故得襚也。又士喪禮，君襚衣，不用襲，爲近尸事褻。大斂得用君襚。鄭云「凡襚以斂」者，謂庶襚以小斂，君襚以大斂也。

廬陵胡氏曰：春秋書衛遣弑而後入，罪其黨寧喜與弑也，豈弑逆之人能親賢如此乎？必不能也。

【吴氏纂言】鄭氏曰：革，急也。請於尸，急弔賢者也。脱祭服以襚臣，親賢也。以

[一]是大斂得用襚也　閩、監、毛本同，惠棟校宋本「襚」上有「君」字。

此襚之者，以其不用襲也。凡襚以斂。裘、縣潘，邑名。所以厚賢也。

孔氏曰：柳莊爲衛太史，寢疾，其家以告，公報之曰：「若疾急，雖當我祭，必須告也。」其後柳莊果當公祭之時卒，而來告。公祭事雖了，與尸爲禮未畢，故再拜稽首，請於尸而往弔也。按禮，君入廟門，全爲臣，得言「寡人」者，記禮者之言也。

澄曰：獻公不得爲衛之賢君，何能親賢厚賢如鄭注所云哉？柳莊唯有諫班邑於從者一事可取爾，它無事實，不見其賢否何如，其果可與吴季札所善蘧瑗、史鰌、公子荆之諸賢爲儔乎？觀獻公與公孫壽餘邑六十，豈可謂厚賢也？私意而已矣。然則柳莊之爲獻公所親厚，安知其非以從亡之私愛而然歟？

【陳氏集説】以衣服贈死者曰襚。裘、縣潘，二邑名。萬子孫，謂莊之後世也。莊之疾，公嘗命其家，若當疾亟之時，我雖在祭事，亦必入告。及其死也，果當公行事之際，遂不釋祭服而往，因釋以襚之，又賜之二邑。此雖見國君尊賢之意，然棄祭事而不終，以諸侯之命服而襚大夫，書封邑之券而納諸棺，皆非禮矣。

【郝氏通解】以衣服贈死曰襚。裘氏、潘氏，二邑名。屬邑曰縣。

按柳莊於衛果社稷臣？未聞與文子、伯玉諸人俱稱也。當祭而告疾亟，不已遽乎？喪禮斂用祭服，不釋祭服往襚，不已重死者而輕神乎？賜封券，納諸棺，死者其能食兹土乎？皆非禮也。

【方氏析疑】衛有大史曰柳莊，寢疾。公曰：「若疾革，雖當祭必告。」公再拜稽首，請於尸曰：「有臣柳莊也者，非寡人之臣，社稷之臣也，聞之死，請往。」不釋服而往，遂以襚之。

先儒多美衛獻公能親賢，廬陵胡氏謂「獻公與弒，未必能親賢」，如此皆未得其實。衛獻之親柳莊，以從出之私耳。諸侯祭服，豈得私襚其臣，以干王章？且莊已死，何妨終祭往弔？若欲請其遺言，當於寢疾時，不當於疾革也。時君驕汰，故記禮者以爲盛德之事而録之，其實皆遠於禮，未可以訓。

【江氏擇言】不釋服而往，遂以襚之，與之邑裘氏與縣潘氏。

鄭注：脱君祭服以襚臣，親賢也。與之邑，厚賢也。

吴氏云：獻公不得於衛之賢君，何能親賢厚賢？柳莊唯有諫班邑一事可取爾，它無事實，不見其賢否何如。觀獻公與公孫壽餘邑六十，豈可謂厚賢也？私意而已矣。然則柳莊之爲公所親厚，安知其非以從亡之私愛而然歟？

按，吴氏説是。

【欽定義疏】正義　鄭氏康成曰：革，急也。請於尸，急弔賢者也。脱祭服以襚臣，親賢也。所以以此襚之者，以其不用襲也，孔疏：士喪禮君襚衣，不用襲，爲近尸事褻也。凡襚以斂。孔疏：庶襚以小斂，君襚以大斂。與之邑與縣，所以厚賢也。裘、縣潘，邑名。孔疏：裘氏及縣潘氏，二邑也。

孔氏穎達曰：此論君急弔臣之事。柳莊寢疾，其家以告，公報之曰：「若疾急，雖當我祭，必須告也。」其後柳莊果當公祭之時卒，而來告。公祭事雖了，與尸爲禮未畢，故再拜稽首，請於尸也。按禮，君入廟門，全爲臣，請尸得言「寡人」者，是作記者之言也。按士喪禮，君使人襚，不云祭服。今得以祭服襚者，諸侯玄冕祭於廟，大夫自玄冕以下。以俱是玄冕，故得襚也。

黄氏震曰：當祭而告疾急，則失之遽；不釋服而往襚，則近乎褻。獻公爲之，君子不以爲非者，恕其有尊賢之心也。

餘論 吴氏澄曰：柳莊惟有諫班邑於從者一事可取，他無事，寔不見其賢否何如。其爲獻公所親厚，安知非以從亡之私愛而然與？

陳氏澔曰：此雖見國君尊賢之意，然棄祭事而不終，以諸侯之命服而襚大夫，書封邑之券而納諸棺，皆非禮矣。

案 曾子問大夫之祭廢者九，外喪自齊衰以下皆行，以準君禮，則臣既無服，其視外喪齊衰何如，乃廢祭而往乎？據孔疏云，祭事已了，與尸爲禮未畢，則繹祭也。正祭後又有繹祭，繹而賓尸，則專與尸爲禮。孔云祭事已了，豈繹祭畢而賓尸，故稱寡人且可徹之而往乎？

【杭氏集説】黄氏震曰：當祭而告病急，則失之遽；不釋服而往襚，則近乎褻。獻公爲之，君子不以爲非者，恕其有尊賢之心也。

吴氏澄曰：柳莊惟有諫班邑於從者一事可取，他無實事，不見其賢否何如。其爲獻公所親厚，安知非以從亡之私愛而然與？

陳氏澔曰：此雖見國君尊賢之意，然棄祭事而不終，以諸侯之命服而襚大夫，書封邑之券而納諸棺，皆非禮矣。

萬氏斯大曰：縣，如字，不音玄，蓋裘氏邑名，潘氏縣名也。

姚氏際恒曰：柳莊於衛爲社稷之臣，經傳未見。當祭必告，非謂不釋祭服而往襚也。皆不足据。

姜氏兆錫曰：按「公再拜之」上脱「柳莊死」三字。

方氏苞曰：先儒多美衛獻公能親賢，廬陵胡氏謂「獻公與弒，未必能親賢」，如此皆未得其實。衛獻公之親柳莊，以從出之禮耳。諸侯祭服，豈得私襚其臣，以干王章？且莊已死，何妨終祭往弔。若欲請其遺言，當于寢疾時，不當於疾革也。時君驕汰，故記禮者以爲盛德之事而録之，其實皆遠于禮，未可以訓。

【孫氏集解】革，急也。不釋服而往，蓋使人攝祭以終事也。柳莊之事，不見於左傳，觀其諫勿班邑，固亦可以爲賢矣。然喪大記：「君於卿大夫，大斂焉。爲之賜，小斂焉。」

莊方祭而卒，祭畢而往，猶在小斂之前。今乃輟祭而往，則非禮矣。侯伯祭服鷩冕，而以襚其臣，其紊亂王章，與曲縣、繁纓之賜何異？裘氏，邑名。潘氏，縣名。書，謂書之於券。書券而納之於棺，所以要言於死者，亦非禮也。

陳氏澔曰：此雖有尊賢之心，然棄祭祀而不終，以諸侯命服而襚大夫，書封邑之券而納諸棺，皆非禮矣。

【朱氏訓纂】衛有大史曰柳莊，寢疾。公曰：「若疾革，雖當祭必告。」注：革，急也。**公再拜稽首，請於尸曰：「有臣柳莊也者，非寡人之臣，社稷之臣也，聞之死，請往。」**注：急弔賢者。**不釋服而往，遂以襚之，**注：脱君祭服以襚臣，親賢也。所以以此襚之者，以其不用襲也。凡襚以斂。正義：得以祭服襚之者，諸侯玄冕祭廟，大夫自玄冕而下，以俱是玄冕，故得襚也。祭服既尊，得以襚臣者，以臣卑不敢用君襚衣而襲也。**與之邑裘氏與縣潘氏，書而納諸棺曰：「世世萬子孫毋變也。」**注：所以厚賢也。裘、縣潘，邑名。

王氏懋竑曰：裘氏、潘氏，兩邑名。

【郭氏質疑】與之邑裘氏與縣潘氏。

鄭注：裘、縣潘，邑名。

孔疏：裘氏與縣潘氏，二邑也。

陸氏釋文：縣，音玄。

嵩燾案，周禮小司徒：「九夫爲井，四井爲邑，四邑爲丘，四丘爲甸，四甸爲縣。」邑與縣别，邑方二里，縣方二十里。而載師職云：「以公邑之田任甸地，以家邑之田任稍地，以小都之田任縣地，以大都之田任畺地。」又似邑與縣以地廣狹相乘，而各異地。地遠則益廣，故六遂之縣又與六鄉之縣異制。左氏傳：「凡邑，有宗廟曰都，無曰邑。」都、邑二字，三代通稱。尚書言「夏邑」，言「商邑」，言「宅新邑」，言「用附我大邑周」，言「作新大邑於東國洛」。凡國都通謂之邑，春秋以後始有稱縣者。僖三十三年晉襄公「以再命命先茅之縣賞胥臣」，宣十五年「賞士伯以瓜衍之縣」，襄二十六年蔡聲子曰「晉人將與之縣」，昭三年趙文子曰「温，吾縣也」，哀三年趙簡子誓曰「上大夫受縣」，晏子春秋「桓公與管仲狐與穀，其縣七十」。案狐與穀即縣也，其縣七十，謂狐、穀二縣盡七十里之地。此仿左氏傳「與之邑六十」爲文而義各别。説苑：「景公致千家之縣一於晏子。」史記吴世家：「予慶封朱方之縣。」而成二年「仲叔于奚救孫桓子，衛人賞之以邑」，襄二十一年「庶其竊邑於邾以來，而與之邑」，襄二十七年「皆取其邑而歸諸侯」，襄二十九年「説晏平仲納邑與政」，哀三十一年「子皮使尹何爲邑」。「邑」與「縣」錯舉爲文。據昭三年傳云「州縣，欒豹之邑也」，昭五年傳「韓賦七邑，皆成縣也」。「縣」「邑」二字通稱，而云「七邑皆成縣」，是縣固大於邑也。襄二十九年「賜子展先路三命之服，先八邑。賜子産次路再命之服，先六邑」，杜預注：「八邑，三十二井。」襄二十七年「與免餘邑六十。宋左師請賞，與之邑六十」，襄二十八年「與北郭佐邑六十」。疑左傳言「邑」，有與「縣」同者，有與「縣」異者。而古制邑皆度田爲之，田四井爲邑，所云賜之邑六十，皆以田計。昭二十八年「分祁氏之田以爲七縣，分羊舌氏之田以爲三縣」，是「縣」亦以田計，而「邑」實通大小言之。昭十年「與桓子莒之旁邑」。哀七年「宋伐曹，築五邑於其郊」。似壘土爲「聚」，通謂之「邑」。經云「邑裘氏、縣潘氏」，自當爲二事。水經注：「沙水東南徑陳留縣裘氏鄉裘氏亭西。」陳留，鄭地，西與衛接壤，其時地或屬衛。水經注又云：「漳水徑磻陽城北。」九域志，林慮縣有磻陽城，在淇水北。隋初分林慮，置淇陽縣。水經注，汲郡西北有磻溪。疑即潘陽城所由名，潘即磻也。潘，縣名。裘氏，邑名。邑小而縣大，邑近而縣遠，故於此分別言之，未宜併爲二邑也。

四·五七 ○**陳乾昔寢疾，屬其兄弟而命其子尊己曰：「如我死，則必大爲我棺，使吾二婢子夾我。」**婢子，妾也。○乾，音干。屬，之玉反。夾，古洽反。**陳乾昔死，其子曰：「以殉葬，非禮也，況又同棺乎！」弗果殺。**善尊己不陷父於不義。

【疏】「陳乾」至「果殺」[一]。○正義曰：此一節論人病時失禮也。

[一] 陳乾至果殺 惠棟校宋本無此五字。○鍔按：「陳乾」上，阮校有「陳乾昔寢疾節」六字。

○「屬其兄弟而命其子尊己」者，尊己，乾昔子名也。兄弟言「屬」，子云「命」，輕重之義也。

○曰「如我死」者，此所屬命辭也，欲言其死後事也。

○「則必大爲我棺，使吾二婢子夾我」者，婢子，妾也。屬命云，令大爲己棺，又使二婢夾己於棺中也。

○「陳乾昔死」者，陳乾昔既屬兄弟之後而死，且言「陳乾昔」者，謂亦久纓疾病[一]。或「陳乾昔」總是人名，但先儒無説，未知孰是。案春秋魏顆父病困，命使殺妾以殉。又晉趙孟、孝伯，並將死，其語偷[二]。又晉程鄭問降階之道，鄭然明以將死而有惑疾。此等並是將死之時，其言皆變常。而論語：「曾子曰：『人之將死，其言也善。』」但人之疾患，有深有淺。淺則神正，深則神亂。故魏顆父初欲嫁妾，是其神正之時。曾子云「其言也善」，是其未困之日。且曾子賢人，至困猶善。其中庸已下，未有疾病，天奪之魂魄，苟欲偷生，則趙孟、孝伯、程鄭之徒不足怪也。

[一] 且言陳乾昔者謂亦久纓疾病　閩本同。監、毛本「纓」作「嬰」，餘同。惠棟校宋本「且」作「上」、「謂亦」作「亦謂」。

[二] 又晉趙孟孝伯並將死其語偷　閩、監、毛本同。齊召南云：「按此引晉趙文子及魯孟孝伯兩事也，『孝伯』上脱『魯孟』二字。」

【衛氏集説】鄭氏曰：婢子，妾也。尊己不陷父于不義，記者善之也。孔氏曰：此一節論人病時失禮也。尊己，乾昔子名也。兄弟言「屬」，子云「命」，輕重之義也。

長樂陳氏曰：君子將死，不忘乎利人；小人將死，不忘乎利己。故成子高之寢疾，則擇不食之地以自葬；孟僖子之將死，則明仲尼之道以教子；曾子之將死，則稱君子之道以教人。此不忘乎利人者也。魏顆之病，欲以妾爲殉；陳乾昔之病，欲以婢夾己。此不忘乎利己者也。乾昔之子終不從其亂命，其過秦康公遠矣。

【吴氏纂言】鄭氏曰：婢子，妾也。尊己不陷父於不義，記者善之。孔氏曰：尊己，乾昔子名。兄弟言「屬」，子云「命」，輕重之義也。

長樂陳氏曰：君子將死，不忘乎善；小人將死，不忘乎惡。成子高寢疾，擇不食之地以自葬；孟僖子將死，明仲尼之道以教子；曾子將死，稱君子之道以教人。此不忘乎善者也。魏顆之病，欲以妾爲殉；陳乾昔之病，欲以婢夾己。此不忘乎惡者也。乾昔之子不從其亂命，其過秦康公遠矣。

【陳氏集説】屬，如周禮「屬民讀法」之屬，猶合也，聚也。記者善尊己守正，而不從其父之亂命。

【郝氏通解】尊己，陳乾昔子也。父亂命不從，不陷其親于惡也。

按殺人殉葬，戎狄之惡俗。秦武公爲之，其後穆公效之，中諸侯惟宋文公亦效之，然猶國君也。陳子車、陳乾昔以人臣亦欲爲此，王政不綱，殺人無忌憚，一至于此。尚可與言禮乎！

【欽定義疏】正義　鄭氏康成曰：婢子，妾也。尊己不陷父於不義，記者善之。

孔氏穎達曰：此論人病時失禮也。尊己，乾昔子名。兄弟言「屬」，子云「命」，輕重之義也。

通論　陳氏祥道曰：成子高寢疾，擇不食之地以自葬；孟僖子將死，明仲尼之道以教子；曾子將死，稱君子之道以教人。皆治命也。魏顆之病，欲以妾爲殉；陳乾昔之病，欲以婢夾己。此亂命也。乾昔之子終不從其亂命，過秦康公遠矣。

【孫氏集解】鄭氏曰：婢子，妾也。善尊己不陷父於不義。

【朱氏訓纂】陳乾昔寢疾，屬其兄弟而命其子尊己曰：「如我死，則必大爲我棺，使吾二婢子夾我。」注：婢子，妾也。**陳乾昔死，其子曰：「以殉葬，非禮也，況又同棺乎！」弗果殺。**注：善尊己不陷父於不義。

四·五八　**○仲遂卒于垂，壬午猶繹，萬入去籥。**春秋經在宣八年。仲遂，魯莊公之子東門襄仲。先日辛巳，有事於太廟[一]，而仲遂卒。明日而繹，非也。萬，干舞也。籥，籥舞也。傳曰：「去其有聲者，廢其無聲者。」○繹，音亦。去，羌吕反，注同。籥，羊勺反。**仲尼曰：「非禮也，卿卒不繹。」**

【疏】「仲遂」至「不繹」[二]。○正義曰：此一節論卿卒重于繹祭之事。

○注「春秋」至「聲者」。○正義曰：此經所云者，春秋經文。案宣八年六月「辛巳，有事於大廟，仲遂卒於垂」是也。云「仲遂，魯莊公之子東門襄仲」者，世本及左傳文也。云「萬，干舞也。籥，籥舞也」者，案宣八年公羊傳云：「萬者何？干舞也；籥者何？籥舞也。」萬是執干而舞，武舞也，即文王世子云「春夏學干戈」是也。籥舞，執羽吹籥而舞，文舞也，文王世子云「秋冬學羽籥」是也。

云「傳曰：『去其有聲者，廢其無聲者』」，亦宣八年公羊傳文。云「去其有聲」謂去籥舞，以吹籥有聲故也。「廢其無聲」，謂廢留萬舞而不去，以萬舞無聲故也。鄭志答張逸云：「廢，置也。於去聲者爲廢，謂廢留不去也。」然鄭引「萬，干舞。籥，籥舞」，雖是

[一] 有事於太廟　閩、監、毛本同。惠棟校宋本「太」作「大」，宋監本、岳本同，嘉靖本同，「廟」作「庿」。衛氏集説作「有事于大廟」。○鍔按：「有事」上，阮校有「仲遂卒于垂節」六字。

[二] 仲遂至不繹　惠棟校宋本無此五字。

傳文，鄭翦略其事，不全寫傳文，故於後始稱「傳曰〔一〕：去其有聲，廢其無聲」，以二句全是傳文也。

【衛氏集説】鄭氏曰：春秋經在宣八年。仲遂，魯莊公之子東門襄仲。先日辛巳，有事于大廟，而仲遂卒。明日而繹，非也。萬，干舞也。籥，籥舞也。傳曰：「去其有聲者，廢其無聲者。」

孔氏曰：此一節論卿卒重于繹祭之事。去其籥舞，以吹籥有聲也。廢留萬舞而不去，以萬舞無聲也。廢，置也。鄭引宣八年公羊傳文。

長樂陳氏曰：春秋之法，當祭而卿卒，則祭之日不可以用樂，祭之明日不可以繹。故叔弓之卒，昭公去樂卒事，君子以爲禮。仲遂之卒，宣公猶繹，而萬入去籥，君子以爲非禮。

嚴陵方氏曰：正祭之明日又祭，謂之繹。繹者如繹絲然，以其續之而不絶故也。祭禮爲吉，卿卒爲凶，然正祭不可廢也，故卿卒不繹而已。「猶」者，可以已之詞。

廬陵胡氏曰：此一節全録春秋。知記禮者駁雜。

【吴氏纂言】鄭氏曰：春秋經在宣八年。仲遂，魯莊公之子東門襄仲。先日辛巳，有

〔一〕故於後始稱傳曰　閩、監、毛本作「始」，此本「始」誤「如」。

事于太廟，而仲遂卒，明日而繹，非也。萬，干舞也。籥，籥舞也。傳曰：「去其有聲者，廢其無聲者。」

孔氏曰：干舞，武舞也。籥舞，文舞也。鄭引公羊傳曰「廢」者，廢，置也，謂置留之而不去也。去籥舞以有聲故，留萬舞以無聲故。

澄曰：注、疏依公羊傳以萬爲干舞武舞，以籥爲籥舞文舞。按詩言「公庭萬舞」而下云「左手執籥」，是萬舞亦用籥也。蓋萬者，武舞文舞之總名。武舞用干，文舞用籥。萬入去籥者，言文、武二舞皆入就萬舞中，去其文舞吹籥之有聲者，但存其武舞執干之無聲者爾。方氏曰：「卿卒不繹。『猶』者，可以已之辭。」

長樂陳氏曰：春秋之法，當祭而卿卒，則祭之日不用樂，祭之明日不可以繹。故叔弓之卒，昭公去樂卒事，君子以爲禮。仲遂之卒，宣公猶繹，而萬入去籥，君子以爲非禮也。

【陳氏集説】仲遂，魯莊公子東門襄仲也，爲魯卿。垂，齊地名。祭宗廟之明日，又設祭禮，以尋繹昨日之祭，謂之「繹」，殷謂之「肜」。言「壬午」，則正祭辛巳日也。萬舞，執干以舞也。籥舞，吹籥以舞也。「萬入去籥」者，言此繹祭時，以仲遂之卒，但用無聲之干舞以入，去有聲之籥舞而不用也。陳氏曰：春秋之法，當祭而卿卒，則不用樂，明日則不繹。故叔弓之卒，昭公去樂卒事，君子以爲禮。仲遂之卒，宣公猶繹，而萬入去籥，聖人以爲非禮。詩記曰：萬舞，二舞之總名也。干舞者，武舞之別名。籥舞者，文舞之別名。文舞，又謂之羽舞。鄭氏據公羊，以萬舞爲干舞，誤也。春秋書「萬入去籥」，言文、武二舞皆入，去其有聲者，故去籥焉。公羊乃以萬舞爲武舞，與籥舞對言之，失經意矣。若萬舞止爲武舞，則此詩何爲獨言萬舞而不及文舞？左傳「考仲子之宫，將萬焉」，婦人之廟亦不應獨用武舞也。然則萬舞爲二舞之總名明矣。出詩緝簡兮注。愚按左傳，「楚令尹子元欲蠱文夫人，爲館於其宫側，而振萬焉。夫人聞之，泣曰：『先君以是舞也，習戎備也。今令尹不尋諸仇讎，而於未亡人之側，不亦異乎！』」據此則萬舞信爲武舞矣。吕氏豈偶忘之耶？

【郝氏通解】仲遂，魯大夫。垂，齊地名。繹者，祭明日，重尋祭禮以賓尸，即商書「肜日」也。壬午繹，則辛巳祭。萬者，舞之總名。籥，管屬，舞者吹籥。去籥，無聲舞也。卿卒則不繹，既繹則不得廢樂，故夫子非之。

【方氏析疑】仲遂卒于垂，壬午猶繹，萬入去籥。陳氏駁吕氏説，尚未安。魯頌「萬舞洋洋」，宗廟之樂未有不兼文舞者。春秋傳所稱以習戎備，疑楚之先世，未嘗賜樂，至熊貲始作萬舞，亦文、武二舞皆具，而其爲此之意，則主於習戎備耳。

【江氏擇言】萬入去籥。

鄭注：萬，干舞也。籥，籥舞也。

呂氏詩記云：萬舞，二舞之總名也。干舞者，武舞之别名。籥舞者，文舞之别名。文舞，又謂之羽舞。鄭氏據公羊，以萬舞爲干舞，誤也。春秋書「萬入去籥」，言文、武二舞皆入。去其有聲者，故去籥焉。公羊乃以萬舞爲武舞，與籥舞對言之，失經意矣。若萬舞止爲武舞，則此詩何爲獨言萬舞而不及文舞？左傳「考仲子之宫，將萬焉」，婦人之廟亦不應獨用武舞也。

吴氏云：按詩言「公庭萬舞」，而下云「左手執籥」，是萬舞亦用籥也。

陳氏説見集説。

按，春秋「初獻六羽」，而左傳云「考仲子之宫，將萬焉」，又云「禘於襄公，萬者二人，其衆萬於季氏」，萬中當亦有羽舞，則萬爲文、武二舞之總名者信矣。以其爲總名也，是以楚令尹子元欲蠱文夫人，爲館於其宫側而振萬焉。雖習戎備之舞，亦得稱萬也。東滙陳氏乃泥於習戎備之語，引之以駁呂氏，誤矣。

【欽定義疏】正義 鄭氏康成曰：春秋在宣八年。仲遂，魯莊公之子東門襄仲。先日辛巳，有事於大廟，而仲遂卒，明日而繹，非也。萬入去籥，傳曰：「去其有聲者，廢其無聲者。」孔疏：去其籥舞，以吹籥有聲也。廢，置也。留萬舞而不去，以萬舞無聲也。鄭引宣八年公羊傳文。左氏傳曰：「有事於大廟，襄仲卒而繹，非禮也。」公羊傳曰：「繹者，祭之明日也。其言萬入去籥何？

存其心焉爾，知其不可而爲之。猶者何？通可以已也。」

孔氏穎達曰：此論卿卒重於繹祭之事。

吕氏祖謙曰：萬舞，文、武二舞之總名。籥舞，文舞之别名。文舞，又謂之羽舞，蓋文舞吹籥秉翟也。「萬入去籥」者，文、武二舞俱入，於二舞中去吹籥者。

方氏慤曰：正祭之明日又祭謂之「繹」。繹者，如繹絲不絶故也。祭禮爲吉，卿卒爲凶，正祭不可廢，故卿卒不繹而已。

陳氏澔曰：垂，齊地名。周謂之「繹」，殷謂之「肜」。言壬午，則正祭辛巳日也。

通論　陳氏祥道曰：春秋之法，當祭而卿卒，則祭之日不可以用樂，祭之明日不可以繹，故叔弓之卒，昭公去樂卒事，君子以爲禮。仲遂之卒，宣公猶繹，而萬入去籥，君子以爲非禮。

李氏廉曰：遂之生，不當賜氏而賜氏；遂之卒，不當繹而繹。或進或退，一則謹世臣之始，一則重大臣之終，並行不悖也。

存異　鄭氏康成曰：萬，干舞也。籥，籥舞也。

辨正　朱子曰：萬者，舞之總名。武用干戚，文用羽籥。

案　左傳「考仲子之宫，將萬」，先儒謂婦人之廟不宜獨用武舞，是萬兼文武矣。左傳「楚子元欲蠱文夫人，振萬。夫人泣曰『先君以是舞習戎備也』」，則萬舞又似專爲武舞者。按諸經言萬，惟楚言「振萬」，或楚去羽用干，惟有發揚蹈厲之意，故加「振」字以別之，而文夫人亦以戎備爲説乎。據簡兮詩，言「萬舞」，言「執籥」「秉翟」，則萬舞兼文舞可知。

【杭氏集説】吕氏祖謙曰：萬舞，文、武二舞之總名。籥舞，文舞之别名。文舞，人謂之羽舞，蓋文舞吹籥秉翟也。「萬入去籥」者，文、武二舞俱入，於二舞中去吹籥者。

朱子曰：萬者，舞之總名。武用干戚，文用羽籥。

陳氏埴曰：當祭而卿卒，則去樂，明日不繹。故叔弓卒，昭公去樂卒事，君子以爲禮。仲遂卒，宣公猶繹去籥，聖人以爲非禮。

陳氏澔曰：垂，齊地名。周謂之「繹」，殷謂之「肜」。言壬午，則正祭辛巳日也。

李氏廉曰：遂之生，不當賜氏而賜氏；遂之卒，不當繹而繹。或進或退，一則謹世臣之始，一則重大臣之終，並行不悖也。

姚氏際恒曰：述春秋事不誤，但謂仲尼謂非禮，則不然。此循漢人之説也。

陸氏奎勳曰：此魯之春秋，所謂其文則史也。下文「卿卒不繹」，乃孔子春秋所謂義也。

姜氏兆錫曰：按陳注引左傳子亢事爲據，似得之。然萬兼文武二舞，其于習戎備之説，本不相礙，而乃借以右鄭注，而左詩紀，益惑矣，正國策所謂「以不悖爲悖」也。

方氏苞曰：陳氏駁呂氏説，尚未安。魯頌「萬舞洋洋」，宗廟之樂未有不兼文舞者。春秋傳所稱以習戎備，疑楚之先世，未嘗賜樂，至熊貲始作萬舞，亦文、武二舞皆具，而其爲此之意，則主於習戎備耳。

【孫氏集解】「仲遂卒于垂，壬午猶繹，萬入去籥」，此春秋宣八年經文也。仲遂，魯大夫東門襄仲也。垂，齊地。繹，祭之明日又祭也。「猶」者，可已而不已之辭也。萬者，文、武二舞之總名。籥，文舞也。舞以武舞爲重，文舞爲輕，祭統「舞莫重于武宿夜」是也。萬入去籥，言文、武二舞皆入，去文舞而獨用武舞。蓋但去其輕者，以示殺樂之意，而其重者猶不去也。「卿卒不繹」者，繹祭輕於正祭，而公卿，君之股肱，故卿卒則不繹。今宣公既不廢繹，於樂又但去其輕者，則其無恩於大臣甚矣。宣公立，於仲遂生則賜氏以重其寵，没則不廢繹以薄其恩。蓋但以權勢爲重輕，而實未嘗有手足腹心之誼也。然則人臣之欲擅權以固寵者，其亦可以鑒矣。

○夏小正、公羊傳皆以萬爲武舞，東萊呂氏以爲文、武二舞之總名，朱子從呂氏之説。今以經傳考之，詩簡兮言「公庭萬舞」，而下言「執籥」「秉翟」，此萬爲文舞也。左傳「楚公子元爲宫振萬，文夫人曰『先君以是舞也，習戎備也』」，此萬爲武舞也。惟萬兼文、武，故或用其文，或用其武，而皆謂之萬也。文舞爲大夏，武舞爲大武，舞以大武爲重。萬入去籥，蓋但去其輕者而已。公羊傳謂「去其有聲者，廢其無聲者」，非也。正樂四節，合舞之前有升歌、下管、間歌，皆有聲者也。但曰「萬入去籥」，則於前三節皆不去矣，則去籥之意豈以其有聲耶？

【朱氏訓纂】注：春秋經在宣八年。仲遂，魯莊公之子東門襄仲。先日辛巳，有事於太廟，而仲遂卒。明日而繹，非也。萬，干舞也。籥，籥舞也。傳曰：「去其有聲者，廢其無聲者。」　正義：萬是執干而舞，武舞也，即文王世子云「春夏學干戈」是也。籥舞，執羽吹籥而舞，文舞也，「秋冬學羽籥」是也。　呂氏讀詩記曰：萬舞，二舞之總名。干舞者，武舞之别名。籥舞者，文舞之别名。文舞又謂之羽舞。鄭氏據公羊以萬舞爲干舞，誤也。春秋書「萬入去籥」，言文、武二舞皆入，去其有聲者，故去籥焉。若萬舞止爲武舞，則詩何爲獨言萬舞而不及文舞？左傳「考仲子之宫，將萬焉」，婦人之廟，亦不應獨用武舞也。　吴幼清曰：按詩言「公庭萬舞」，下云「左手執籥」，是萬舞亦用籥也。春秋昭十五年經「有事於武宫，籥入，叔弓卒，去樂卒事」。公羊傳「其言去樂卒事何？禮也。君有事於廟，聞大夫之喪，去樂卒事。大夫聞君之喪，攝主而往。大夫聞大夫之喪，尸事畢而往。」

四·五九　○**季康子之母死，公輸若方小。**公輸若，匠師。方小，言年尚幼，未知禮也。

斂，般請以機封。斂，下棺於槨[一]。般，若之族，多技巧者[二]，見若掌斂事而年尚幼，請代之，而欲嘗其技巧。○般，音班，注及下同。封，彼驗反。技，其綺反，下同。**將從之。**時人服般之巧。**公肩假曰：「不可。夫魯有初：**初謂故事。**公室視豐碑，**言視者，時僭天子也。豐碑，斲大木爲之，形如石碑，於槨前後四角樹之，穿中，於間爲鹿盧，下棺以繂繞。天子六繂四碑，前後各重鹿盧也。○碑，彼皮反。僭，子念反，後皆同。斲，丁角反。繂，音律。繞，而沼反。重，直龍反。**三家視桓楹。**時僭諸侯。諸侯下天子也，斲之形如大楹耳。四植謂之桓。諸侯四繂二碑，碑如桓矣。大夫二繂二碑，士二繂無碑。○下，户嫁反。植，時力反。**般，爾以人之母嘗巧**[三]**，則豈不得以？**以，「已」字。言寧有强使女者與[四]？僭於禮，有似。作機巧，非也。「以」

[一] 斂下棺於槨　閩本同，衛氏集説亦作「槨」。監、毛本「槨」作「椁」，岳本同，嘉靖本同。下同。○按：依説文，當作「⿰木𩫏」，從木，𩫏亦聲。○鍔按：「斂下」上，阮校有「季康子之母死節」七字。

[二] 多技巧者　閩、監、毛本作「技」，岳本同，嘉靖本同，衛氏集説同。此本「技」誤「枝」。下「嘗其技巧」同。釋文出「多技」云：「下同。」

[三] 般爾以人之母嘗巧　閩、監、毛本同，石經同，岳本同，嘉靖本同，衛氏集説同。釋文出「爾㠯」云：「古『以』字。」

[四] 言寧有强使女者與　惠棟校宋本作「寧」，宋監本、岳本、嘉靖本同。此本「寧」誤「强」，閩、監、毛本作「誰」，亦非。考文云：「古本、足利本作『寧』。」

與「已」字本同。○爾𠯑，古「以」字。强，其丈反。女，音汝。與，音餘，下「苦與」同。○**其母以嘗巧者乎**[一]？**則病者乎？**毋，無也。於女寧有病苦與？止之。○毋，音無。**噫！**」不瘖之聲。○噫，於其反。**弗果從。**

【疏】「季康」至「果從」[二]。○正義曰：此一節論非禮嘗巧，不從之事。○季康子母死，公輸若爲匠師之官，年方幼小，主掌窆事，欲下棺斂於壙中。其若之族人公輸般，性有技巧，請爲以轉動機關窆而下棺，時人服般之巧○將從之[三]。時有公肩假，止而不許，曰：不可爲機窆之事。夫魯有初始舊禮，公室之喪視豐碑。豐，大也，謂用大木爲碑。三家之葬視桓楹也。桓，大也。楹，柱也。其用之碑，如大楹柱。言之舊事，其法如此。遂呼般之名：般！女得以人之母而嘗巧乎？嘗，試也。欲以人母試己巧事，誰有强偪於女而爲此乎？豈不得休已者哉！又語之云：其無以人母嘗試己巧，則於女病者乎？言

[一] 其毋以嘗巧者乎　惠棟校宋本、宋監本、閩本、石經、岳本同，衛氏集説同。監、毛本「毋」誤「母」，嘉靖本同。釋文出「其毋」云：「音無。」注亦云「毋，無也」，則經不作「母」，明甚。盧文弨校云：「依注當作『毋』，下放此。」又禮記音義考證云：「近人所讀『則豈不得以其母以嘗巧者乎』爲一句，改『母』爲『毋』，與鄭注不合，失之矣。」○按：當作「母」，故陸德明音無，今釋文作「毋」，亦非。

[二] 季康至果從　惠棟校宋本無此五字。

[三] 時人服般之巧將從之　閩、監、毛本同，此本「將」上衍一「○」。

不得嘗巧，豈於女有病？公肩假既告般爲此言，乃更噫而傷歎，於是衆人遂止，不果從般之事。

○注「公輸若，匠師」。○正義曰：以匠師主窆，故鄉師云「及窆，執斧以涖匠師」是也[一]。

○注「言視」至「盧也」。○正義曰：凡言「視」者，不正相當，比擬之辭也[二]。故王制云「天子之三公視公侯，卿視伯，大夫視子男」是也。故云「言視，僭天子也」。

云「斲大木爲之，形如石碑」者，以禮廟庭有碑[三]，故祭義云「牲入，麗于碑[四]」，儀禮每云「當碑揖」。此云「豐碑」，故知斲大木爲碑也。

云「於椁前後四角樹之」者，謂椁前後及兩旁樹之，角落相望，故云「四角」，非謂正當椁四角也。云「穿中，於間爲鹿盧」，所[五]謂穿鑿去碑中之木，令使空，於此空間著鹿

[一] 執斧以涖匠師是也　閩、監、毛本作「涖」，此本「涖」字闕。

[二] 不正相當比擬之辭也　閩、監、毛本作「比擬」，衛氏集説同。此本「比擬」二字闕。

[三] 以禮廟庭有碑　惠棟校宋本作「以禮」，續通解同。此本「以禮」二字闕，閩、監、毛本作「儀禮」。按：「儀」字非也。

[四] 牲入麗于碑　各本如是。此本「牲」作「性」，誤也。

[五] 云穿中於間爲鹿盧所　閩、監、毛本作「者」，此本作「所」，屬下讀。

盧，鹿盧兩頭各入碑木[一]。

云「下棺以繂繞」者，繂即紼也。以紼之一頭繫棺緘，以一頭繞鹿盧，既訖，而人各背碑負紼末頭，聽鼓聲以漸卻行而下之[二]。

云「天子六繂四碑」者，案周禮「大喪，屬其六引」，故知天子六繂也。喪大記云：「君四繂二碑。」諸侯既二碑，故知天子四也。

云「前後各重鹿盧也」者，以六繂四碑，明有一碑兩紼者，故知一碑上下重著鹿盧。知唯前後碑重鹿盧者，以棺之入椁，南北竪長，前後用力深也。案春秋天子有隧，以羨道下棺。所以用碑者，凡天子之葬，掘地以爲方壙，漢書謂之「方中」。又方中之内先累椁，於其方中南畔爲羨道，以蜃車載柩至壙，説而載以龍輴，從羨道而入。至方中，乃屬紼於棺之緘，從上而下棺入於椁之中，於此之時，用碑繂也。

○注「諸侯下天子也，斲之形如大楹耳」。○正義曰：以言「視桓楹」，不云「碑」，知不似碑形，故云如大楹耳。通而言之，亦謂之碑也。故喪大記云諸侯、大夫二碑是也。

云「四植謂之桓」者，案説文：「桓，亭郵表也。」謂亭郵之所而立表木，謂之桓，即

[一] 鹿盧兩頭各入碑木　閩、監、毛本作「各」，衛氏集説同。此本「各」誤「名」。
[二] 聽鼓聲以漸卻行而下之　閩、監、毛本作「漸」，衛氏集説同。此本「漸」誤「斬」。

今之橋旁表柱也。今諸侯二碑，兩柱爲一碑而施鹿盧，故云「四植謂之桓也」[一]。周禮桓圭而爲雙植者，以一圭之上不應四柱，但瑑爲二柱，象道旁二木，又宮室兩楹，故雙植謂之桓也。大夫亦二碑[二]，但柱形不得麤大，所以異於諸侯也。

○注「以已」至「本同」。正義曰：言經中以用之「以」，義是「休已」之字。所以用之「以」得爲「休已」之字者[三]，以其本同，謂古昔之本，用字本同，乃得通用。謂用[四]，謂其兩字本昔是同，故得假借而用，後世始「以」「已」義異也。

云「僭於禮，有似。作機巧，非也」者，皇氏解云：「僭濫之事，於禮猶有所似。作機巧之事，全非也。」

○注「毋無」至「止之」。○正義曰：依説文止毋是禁辭[五]，故説文「毋」字從女，有人從中欲干犯，故禁約之，故鄭注論語云：「毋，止其辭讓也[六]。」故曲禮上篇多言

［一］故云四植謂之桓也　監、毛本作「植」，衛氏集説同。此本「植」誤「桓」，閩本同。
［二］大夫亦二碑　閩、監、毛本作「二」，此本「二」誤「三」。
［三］所以用之以得爲休已之字者　閩、監、毛本同，惠棟校宋本「所以」下又有「以」字。
［四］乃得通用謂用　閩、監、毛本同，惠棟校宋本無「謂用」二字。
［五］依説文止毋是禁辭　閩、監、毛本同，惠棟校宋本「止」作「上」。
［六］毋止其辭讓也　惠棟校宋本、閩、監、毛本「讓」作「議」。

「毋」，「毋」猶勿也，謂勿得如此。下「無」是有無之無，此經中之義，是有無之無，故轉「毋」作「無」也。

○注「不瘖之聲」。○正義曰：公肩假唱「噫」，是歎公輸般不能瘖於禮，故傷之而爲此聲也[一]。

【衛氏集説】鄭氏曰：公輸若，匠師。方小，言年尚幼，未知禮也。斂，謂下棺于椁。般，若之族，多技巧者，見若掌斂事而年尚幼，請代之，而欲嘗其技巧也。時人服般之巧。魯有初，初謂故事也。豐碑，斲大木爲之，形如石碑，于椁前後四角樹之，穿中間爲鹿盧，下棺以綍繞。天子六綍四碑，前後各重鹿盧也。言視豐碑者，時公室僭天子也。三家時僭諸侯。諸侯下天子，斲之形如大楹耳。四植謂之桓。諸侯四綍二碑，碑如桓矣。大夫二綍二碑，士二綍無碑。以，與「已」字本同。毋，無也。噫，不瘖之聲。

孔氏曰：此一節論非禮嘗巧，不從之事。公輸若之族人公輸般請爲轉動機關窆而下棺，將從之。時有公肩假，止而不許，曰魯有初始舊禮。凡言「視」者，不正相當，比擬之辭，王制「視公侯」「視伯」「視子男」是也。豐，大也。案禮廟庭有碑，故祭義云：「牲入，麗于碑。」儀禮每云「當碑揖」。今謂用大木爲碑。穿鑿去碑中之木，令使空，于此空

[一] 故傷之而爲此聲也　惠棟校宋本此下標「禮記正義卷第十三終」。

閒著鹿盧，鹿盧兩頭各入碑木。繂即紼也，以紼之一頭繫棺緘，以一頭繞鹿盧，既訖，而人各背碑負紼末頭，聽鼓聲以漸卻行而下之也。周禮「大喪，屬其六引」，故鄭知天子六繂。又喪大記云「君四繂二碑」，故知天子四碑也。既云六繂四碑，明有一碑兩紼者，故知上下重著鹿盧。止言前後重鹿盧者，以棺之入槨，前後用力深也。案春秋天子有隧，以羨道下棺。所以用碑者，凡天子之葬，掘地以爲方壙，漢書謂之「方中」。又方中之内先累槨，于其方中南畔爲羨道，以蜃車載柩至壙，説而載以龍輴，從羨道而入。至方中，乃屬紼于棺之緘，從上而下棺入于槨之中，於此之時，用碑繂也。三家言視桓楹，不云碑，知不似碑形，故云如大楹耳。通而言之，亦謂之碑。故喪大記云諸侯、大夫二碑也。案説文：「桓，亭郵表也。」謂亭郵所立表木，即今之橋旁表柱也。諸侯二碑，兩柱爲一碑而施鹿盧，故鄭云「四植謂之桓」。古者「以」「已」二字本同，故得假借而用，後世二字之義始異。嘗，試也。言般欲以人母嘗試己巧事，誰有强偪于汝而爲此乎？豈不得休已者哉！又語之曰：其毋以人母嘗試己巧，則于汝病者乎？言不得嘗巧，豈於汝有病？公肩假乃更噫而傷嘆，於是衆人遂止。

嚴陵方氏曰：斂其尸謂之斂，斂其壙亦謂之斂。此所言斂，即斂其壙而已。封其墳謂之封，封其坎亦謂之封。此所言封，即封其坎而已。

臨川王氏曰：言公室視豐碑，見下陵上僭成俗，人不復以僭爲非矣。

【吴氏纂言】鄭氏曰：公輸若，匠師。方小，言年尚幼，未知禮也。斂，謂下棺於椁。般，若之族，多技巧，見若掌斂事而年尚幼，請代之，而欲嘗其技巧也。時人服般之巧，故將從之。魯有初，初謂故事也。豐碑，斲大木爲之，形如石碑，於椁前後四角樹之，穿中間爲鹿盧，下棺以繂繞。天子六繂四碑，前後各重鹿盧也。言視豐碑者，時公室僭天子也。諸侯下天子，斲之形如大楹。四植謂之桓。諸侯四繂二碑，碑如桓矣。言視桓楹者，時三家僭諸侯也。大夫二繂二碑，士二繂無碑。

孔氏曰：公輸若之族人公輸般請爲轉動機關窆而下棺，將從之時，有公肩假止而不許，曰魯有初始舊禮。凡言視者，不正相當，比擬之辭，王制「視諸侯」「視伯」「視子男」是也。豐，大也。按禮廟庭有碑，今用大木爲碑，穿鑿碑中之木，令空，於此空間著鹿盧，鹿盧兩頭各入碑木。繂即紼也。以紼之一頭繫棺緘，以一頭繞鹿盧，繞訖，人各背碑負紼末頭，聽鼓聲以漸卻行而下之也。天子六繂四碑，有一碑兩紼者，故上下重著鹿盧。止前前後重鹿盧者，以棺之入椁，前後用力深也。天子有隧，以羨道下椁。所以用碑者，凡天子之葬，掘地爲方壙，漢書謂之「方中」。方中之内先累椁，於其方中南畔爲羨道，以蜃車載柩至壙，説而載以龍輴，從羨道而入。至方中，乃屬紼於棺之緘，從上而下棺入於椁之中，於此之時，用碑繂也。三家言視桓楹，不云碑，但如大楹，不似碑形故爾，通而言之，亦謂之碑。按説文「桓，亭郵表也」，謂亭郵所立表木，即今之橋旁表柱也。諸侯二碑，兩柱一碑而施鹿盧，故云「四植謂之桓」也。

臨川王氏曰：言公室視豐碑，三家視桓楹，見下陵上僭成俗，人不復以僭爲非矣。

方氏曰：斂其尸謂之斂，斂於壙亦謂之斂。此所言斂，斂於壙也。

澄曰：嘗，猶試也。「得」字句絶。自快足爲得，有虧歉爲病。上二句責般，謂爾以人之母試巧，則爾工人之心，豈不快足而自得？下二句憫季孫，謂以其母以試爾之巧者，彼孝子之心，其亦有虧歉而病者矣。季孫之母雖是妾母，然國卿之母，豈工人嘗巧之具？惡乎，不爲季孫病哉！二「者」字下俱有「乎」字，疑惑之之辭，而不質言也。噫，嗟嘆聲。既責般閔季孫，而又嗟嘆，蓋深以爲不可也。

【陳氏集説】季康子之母死，公輸若方小。斂，般請以機封。將從之。公肩假曰：「不可。夫魯有初：公輸，氏。若，名。爲匠師。方小，年尚幼也。斂，下棺於椁也。般，若之族，素多技巧，見若掌斂事而年幼，欲代之而試用其巧技也。機窆，謂以機關轉動之器下棺，不用碑與繂也。魯有初，言魯國自有故事也。**公室視豐碑，三家視桓楹。**豐碑，天子之制。桓楹，諸侯之制。疏曰：凡言「視」者，比擬之辭。豐，大也。謂用大木爲碑，穿鑿，去碑中之木，使之空，於空間著鹿盧，兩頭各入碑木，以綍之一頭係棺緘，以一頭繞鹿盧。既訖，而人各背碑負綍末頭，聽鼓聲以漸却行而下之也。桓楹不似碑形，如大楹耳，通而言之，亦曰碑。説文：「桓，郵亭表也。」如今之橋旁表柱也。諸侯二碑，兩杜爲一碑而施鹿盧。故鄭云「四植也」。**般，爾以人之母嘗巧，則豈不得以？其母以嘗巧者乎？則病者乎？噫！」弗果從。**疏曰：嘗，試也。言爾欲以人母嘗試己之巧事，誰有强逼於爾而爲此乎！豈不得休已者哉！又語之云：其無以人母嘗試己巧，則於爾病者乎？言不得嘗巧，豈於爾有所病？假言畢乃更噫而傷嘆，於是衆人遂止。一說則「豈不得以其母以嘗巧者乎」作一句，言爾以他人母試巧而廢其當用之禮，則亦豈不得自以己母試巧而不用禮乎，則於爾心亦有所病而不安乎？蓋使之反求諸心，以己度人，而知其不可也。應氏曰：周衰禮廢，而諸侯僭天子，故公室之窆棺視豐碑；大夫僭諸侯，故三家之窆棺視桓楹。其陵替承襲之弊，有自來矣。

【納喇補正】季康子之母死，公輸若方小。斂，般請以機封。

集說 公輸，氏。若，名。爲匠師。方小，年尚幼也。斂，下棺於椁也。般，若之族，素多技巧，見若掌斂事而年幼，欲代之而試用其巧技也。

竊案 此注疏說也。郝氏則云：「般，公輸若名。稱般者，自請之辭。若方與小斂，因自請他日葬時己爲機以封，不用碑繂也。乃以公輸若、般爲兩人，以『方小』爲句，謂若爲匠師，年幼，般爲若族人，而掌窆事者，非也。」

【郝氏通解】此言大事當用舊典。公輸若，魯之巧匠。若，字。般，名也。與於小斂之事，因請他日葬，己爲機以封。般請，自稱其名請也。機封，謂爲機關轉動下棺，不用碑繂也。將從，謂許至葬時用之也。公肩假，人姓名。有初，猶言有故典。豐，大也。豐碑，天子之制也。桓楹，諸侯之制也。視，猶比也。豐碑，斲大木爲碑形，豎椁四隅，中施鹿盧，以紼下端繫棺，上端繞鹿盧，使人負碑拽紼，聽鼓聲却行而漸下也。桓楹，制如今橋傍華表。四植爲桓。楹，柱也。通言之，亦謂之碑。公室僭天子，三家僭諸侯，以爲故典，亦不自知其非矣。般以人之母嘗試己巧，於爲匠之術得矣，爲人子者以其母以嘗匠之巧乎，於心不病乎？噫，歎辭。鄭解若、般爲兩人，斷「方小」爲句，謬也。

【方氏析疑】則豈不得以其母以嘗巧者乎？則病者乎？

疏以「母」爲「無」，陳氏集説以「其母」爲「己之母」，皆不可通。「其母」即謂康子之母也。記文本平易明白，解者乃以艱深失之。

【江氏擇言】爾以人之母嘗巧，則豈不得以其母以嘗巧者乎？則病者乎？

按，注、疏讀「則豈不得以」爲句，「其母以嘗巧者乎」爲句，「其母」之母音無。吴氏讀「得」字句絶，「其母」之母，亦讀爲「父母」之母，謂自快足爲得，有虧歉爲病，上二句責般，下二句閔季孫。陳氏集説云：「一説『則豈不得以其母以嘗巧者乎』作一句，言爾以他人之母試巧而廢其當用之禮，則亦豈不得以己之母試巧而不用禮乎？則於爾心亦有所病而不安乎？蓋使之反求諸心，以己度人，而知其不可也。」按此説最優，當從之。

【欽定義疏】以，鄭作「已」，陳如字。其「母」，鄭讀無，吴、陳如字。又鄭「以」字句絕，吴「得」字句絕，陳通爲一句。

正義 鄭氏康成曰：公輸若，匠師。方小，言年尚幼，未知禮也。斂，謂下棺於椁。般，若之族，多技巧者，見若掌斂事而年尚幼，請代之，而欲嘗其技巧也。時人服般之巧。魯有初，初謂故事也。豐碑，斲大木爲之，形如石碑，於椁前後四角樹之，孔疏：四碑於椁前後及兩旁樹之，角落相望，非在椁四角也。穿中間爲鹿盧，孔疏：鑿木使空，中著鹿盧。下棺以繞繂。孔疏：繂，即紼也。以一頭繫棺緘，一頭繞鹿盧。訖，人各背碑負紼末頭，聽鼓聲以漸却行而下棺。天子六繂四碑，孔疏：周禮「大喪，屬其六引」，喪大記「君四繂二碑」，故知天子六繂四碑。前後各重鹿盧也。孔疏：以六繂四碑，知有一碑兩紼，必上下重加鹿盧。知惟前後，以南北竪長，前後用力深也。言視豐碑者，時公室僭天子也。三家前僭諸侯，諸侯下天子，斲之形如大楹耳。孔疏：不似碑形，故云「如大楹」，通而言亦謂之碑，故喪大記云「諸侯、大夫二碑也」。四植，謂之桓。孔疏：説文「桓，亭郵表木」，今橋旁表柱也。諸侯二碑，兩柱爲一碑而施鹿盧，又雙植謂之桓。諸侯四繂二碑，碑如桓矣。大夫二繂二碑，士二繂無碑。「以」與「已」字本同。孔疏：「以」「已」二字本同，故得假借而用，後世二字之義始異。毋，無也。噫，不寤之聲。孔疏：歎般不曉禮意。

孔氏穎達曰：此論非禮嘗巧不從之事。公輸若之族人公輸般請爲轉動機關窆而下棺，人將從之時，公肩假止而不許，曰魯有初始舊禮。凡言視者，不正相當，比擬之辭，王制「視公侯」「視伯」「視子男」是也。豐，大也。按禮廟庭有碑，故祭義云：「牲入，麗於碑。」儀禮每云「當碑揖」。按春秋天子有隧，以羨道下棺。所以用碑者，凡天子之葬，掘地以爲方壙，漢書謂之「方中」。先累椁於其方中，南畔爲羨道，龍輴從羨道而入。至方中，乃屬紼於棺之緘，從上而下棺入於椁之中，於此之時，用碑繂也。嘗，試也，言般欲以人母嘗試己巧事。誰有强逼於汝而爲此乎？豈不得休已者哉？又語之曰：其毋以人母嘗試己巧，則於汝病者乎？言不得嘗巧，豈於汝有病？公肩假乃更噫而傷歎。於是衆人遂止。皇氏云：「僭濫之事，於禮猶有所似。作機巧，非也。」

【存疑】吴氏澄曰：「得」字句絶。上二句責般，謂爾以人之母試巧，則爾工人之心豈不快足而自得？下二句憫季孫，謂其母以試爾之巧者，彼孝子之心其亦有虧歉而病者矣。二「者」字下俱有「乎」字，疑惑之辭而不質言也。案：吴説「得」字斷，「其母」起，「得」下「以」字無著。

陳氏澔曰：一説「則豈不得以其母以嘗巧者乎」作一句，言爾以他人母試巧而廢其當用之禮，則亦豈不得自以己母試巧而不用禮乎？則於爾心亦有所病而不安乎？蓋使之反諸心，以己度人，而知其不可也。

【案】墨子及國策，則般乃戰國時人，不應康子時已能機封，大約此亦傳聞之辭也。或曰豐碑，文王廟碑；桓楹，桓宫廟柱。

【杭氏集説】皇氏曰：僭濫之事，於禮猶有所似。作機巧，非也。

王氏安石曰：公室視豐碑，則僭天子。三家視桓楹，則僭諸侯。下僭上陵，習久成俗，不復自知其爲非。

吴氏澄曰：「得」字句絶，上二句責般，謂爾以人之母試巧，則爾工人之心豈不快足而自得？下二句憫季孫，謂其母以試爾之巧者，彼孝子之心其亦有虧歉而病者矣。二「者」字下俱有「乎」字，疑惑之辭，而不質言也。按吴説「得」字斷，「其母」起，「得」下「以」字無著。

陳氏澔曰：一説則「豈不得以其母以嘗巧者乎」作一句，言爾以他人母試巧而廢其當用之禮，則亦豈不得自以己母試巧而不用禮乎？則於爾心亦有所病而不安乎？蓋使之反諸心，以己度人，而知其不可也。

萬氏斯大曰：公肩假謂般，爾欲以人之母試巧，則豈不得以人之母試己之巧，即有病於爾乎。諸説未合。

姚氏際恒曰：公輸若，名般，與于小斂之事。鄭氏解若、般爲兩人，斷「方小」爲句，謬也。「般，爾以人之母嘗巧」至「病者乎」，謂爾以他人之母試巧，則何不如己母試巧乎？不以己母試巧，則亦有所病之乎？鄭氏又斷「則豈不得已」爲句，謂「以」「已」字同，解爲「豈不得休已」，亦謬也。

姜氏兆錫曰：按此章假之論固嚴矣，而其所稱引則失也。禮，天子六綍四碑，諸侯四綍二碑，大夫二綍二碑，士二綍無碑。大夫之不可僭桓楹，猶諸侯之不可僭豐碑也。

假不欲以巧廢禮，其意是，而不免以習混禮，其見非。孔子云：「魯之郊禘，非禮也，周公其衰矣。」以此推之，則知明堂位及此類所稱之誣，而可以識禮之正矣。應氏謂周衰禮廢而成陵替之弊，亦以此也。

方氏苞曰：疏以「母」爲「無」，陳氏集説以「其母」爲「己之母」，皆不可通。「其母」，即謂康子之母也。記文本平易明白，解者乃以艱深失之。

任氏啟運曰：舊説豐，朝廷之碑；桓楹，郵表之柱。鄭謂宫廟碑以石，窆碑以木。朱子謂禹窆碑今存，石高五六尺，廣二尺，厚尺餘，中有竅以受索引棺。愚謂當是天子、諸侯用石，故名碑。大夫、士用木，故名楹也。又鄭讀「得以」爲「得已」，「其母」爲「其毋」。或曰快足爲得，虧歉爲病，相對爲句，未知是否。

齊氏召南曰：鄭讀「不得以，其母以嘗巧者乎，則病者乎」。今讀「則豈不得以其母以嘗巧者乎」。据鄭則「母」字爲「毋」字，而今讀作「母」字也。又讀「則豈不得，以其母嘗巧者乎」。

【孫氏集解】季康子之母死，公輸若方小。斂，般請以機封。將從之。公肩假曰：「不可。夫魯有初：公室視豐碑，三家視桓楹。

鄭氏曰：公輸若，匠師。方小，言年尚幼。斂，下棺於椁也。般，若之族，多技巧者，見若掌斂事而年尚幼，請代之，而欲嘗其技巧。初謂故事。言「公室視豐碑」者，時僭天子也。豐碑，斲大木爲之，形如石碑，於椁前後四角樹之，穿中，於間爲鹿盧，下棺以繂繞。天子六繂四碑，前後各重鹿盧也。三家視桓楹，時僭諸侯，諸侯下天子也。桓楹，斲之，形如大楹。四植謂之桓。諸侯四繂二碑，碑如桓矣。大夫二繂二碑，士二繂無碑。

孔氏曰：豐碑，斲大木爲碑，於椁之前後及兩旁樹之，穿鑿去碑中之木使空，於空中著鹿盧，以紼之一頭繫棺緘，以一頭繫鹿盧，人各背碑負紼，聽鼓聲以漸卻行而下之。知前後重鹿盧者，以棺之入椁，南北豎長，用力深也。凡天子之葬，掘地爲方壙，漢書謂之「方中」。方中之内，先累椁，於南畔爲羨道，謂之隧。以蜃車載柩至壙，説而載以龍輴，從羨道而入。至方中，乃屬紼於棺之緘，從上下棺入椁中，於此時用碑繂也。桓楹不似碑形，故云如大楹，通而言之，亦謂之碑。喪大記云「諸侯、大夫二碑」是也。桓，即今之橋旁表柱也。諸侯二碑，兩柱爲一碑而施鹿盧。大夫亦二碑，但柱形不得麤大，所以異於諸侯也。

愚謂公肩假亦魯人。史記孔子弟子有公肩定。豐碑，天子下棺所用，而魯君用之，故曰「視豐碑」。桓楹，諸侯下棺所用，而三家用之，故曰「視桓楹」。此皆僭禮而假以爲故事者，僭竊已久故也。案天子、諸侯之葬，以輴車先從羨道入壙，柩車至壙側，説載除飾，用碑繂下棺輴上。觀繂之屬於棺緘而不屬於輴，亦可見矣。遂師注「蜃車至壙乃説，更載以龍輴」，謂在壙中載之，非載以入壙也。既夕禮疏謂「葬用輁軸者，先以輁軸從羨道入，乃加茵於其上，乃下棺於其中」，最爲明析。孔疏謂「蜃車至壙，説而載以龍輴，從羨道入」，非也。

般，爾以人之母嘗巧，則豈不得以？其母以嘗巧者乎？則病者乎？噫！」弗果從。

鄭氏曰：僭於禮，有似。作技巧，非也。「以」與「已」字本同。噫，不寤之聲。

孔氏曰：嘗，試也。言般以人母試己巧，誰有强逼於女，豈不得休已？其無以人母嘗巧，則於女豈有病乎？假既告般爲是言，乃更噫而傷歎，於是衆人遂止，不果從般之言。

【朱氏訓纂】**季康子之母死，公輸若方小。**注：公輸若，匠師。方小，言年尚幼，未知禮也。

劉氏台拱曰：若，疑即般之字。**斂，般請以機封。**注：斂，下棺於椁。般，若之族，多技巧者，見若掌斂事而年尚幼，請代之，而欲嘗其技巧。**將從之。**注：時人服般之巧。**公肩假曰：「不可。夫魯有初：**注：初，謂故事。**公室視豐碑，**注：言視者，時僭天子也。豐碑，斲大木爲之，形如石碑。於椁前後四角樹之，穿中，於間爲鹿盧，下棺以綍繞。天子六綍四碑，前後各重鹿盧也。**三家視桓楹。**注：時僭諸侯。諸侯下天子也，斲之形如大楹耳。四植謂之桓。諸侯四綍二碑，碑如桓矣。大夫二綍二碑，士二綍無碑。**般，爾以人之母嘗巧，則豈不得以？其母以嘗巧者乎？則病者乎？**注：「以」、「已」字。言寧有强使女者與？僭於禮，有似。作機巧，非也。「以」與「已」字本同。毋，無也。於女寧有病苦與？止之。**噫！」**注：不寤之聲。**弗果從。**陳可大載一説曰：「則豈不得以其母以嘗巧者乎」作一句，言爾以他人母試巧，而廢其當用之禮，則亦豈不得自以己母試巧，而不用禮乎？則於爾心亦有所病而不安乎？蓋使之反求諸心，以己度人，而知其不可也。　王氏念孫曰：當依鄭注斷「豈不得以」爲一句，「以」與「已」同。「其母」之母當作「毋」，此涉「人之母」而誤也。「毋」與「無」同。言爾以人之母嘗巧，則豈有所不得已而爲之乎？其無以嘗巧者乎？正是申明上意，故正義云：「言不得嘗巧，豈於女有病？」陳可大所引一說，非也。

【郭氏質疑】爾以人之母嘗巧，則豈不得以其母以嘗巧者乎？則病者乎？

鄭注：「以」與「已」字同，言誰有强使女者與？毋，無也。於女寧有病苦與？止之。

嵩燾案，鄭意以「則豈不得以」斷句，「其毋」作反揭語。阮氏校勘記云：「惠棟校宋本、宋監本、閩本、石經、岳本作『毋』，衛氏集説同。監、毛本『毋』誤『母』，嘉靖本同。釋文出『其毋』云『音無』，注亦云『毋，無也』，則經不作『母』明甚。盧文弨校云：『依注當作「毋」，下仿此。』」據鄭注士相見禮，古文「毋」爲「無」。爲「毋」「無」字異義，其注曲禮「毋不敬」竝不云「毋，無也」。此獨云然者，蓋經本「母」字，而注以「毋」釋之。陸德明音義從鄭注音無，諸本作無，承注義也。陳氏集説「則豈不得以其母以嘗巧者乎」作一句讀，極允。「其母」正對上「人之母」，以人之母嘗巧，則亦豈不得以己之母嘗巧，於心亦有病乎？否乎？語極分明。鄭注訓「其母」爲「其毋」，疏家直據以爲「無」字，而經義亦稍迂曲矣。

四·六〇　〇**戰于郎**[一]。郎，魯近邑也。哀十一年，「齊國書帥師伐我」是也。**公叔禺人遇負杖入保者息，**遇，見也。見走辟齊師，將入保，罷倦，加其杖頸上，兩手掖之休息者。保，縣邑小城。禺人，昭公之子，春秋傳曰：「公叔務人。」〇禺，音遇，又音務，注同。辟，音避。罷，音皮。倦，其卷反。頸，吉領反。掖，音亦。**曰：「使之雖病也，**謂時繇役。〇繇，本亦作「徭」，音遥。**任之雖重也，**謂時賦税。**君子不能爲謀也，士弗能死也，不可。**君子，謂卿大夫也。魯政既惡，復無謀臣，士又不能死難，禺人恥之。〇弗能，弗亦作「不」。爲，于僞反，下注「國爲」、下「爲懿」同。復，扶又反，下「復射」「謂不復」同。難，乃旦反。**我則既言矣。」**欲敵齊師，踐其言。**與其鄰重汪踦往，皆死焉。**奔敵死齊寇。鄰，鄰里也。重，皆當爲童。童，未冠者之稱。姓汪，名踦。鄰，或爲「談」。春秋傳曰：「童汪踦」。〇重，依注音童，下同。汪，烏黄反。踦，魚綺反。冠，古亂反。**魯人欲勿殤重汪踦，**見其死君事，有士行，欲以成人之喪治之。言魯人者，死君事，國爲斂葬。〇行，下孟反。**問於仲尼。仲尼曰：「能執干戈以衛社稷，**

[一] 戰于郎節　惠棟校宋本自此節起至「孔子曰」節止爲第十四卷，卷首題「禮記正義卷第十四」。

雖欲勿殤也，不亦可乎！」善之。

【疏】「戰于」至「可乎」[一]。○正義曰：此節論童子死難之事[二]。○「戰于郎」，哀十一年齊伐魯，魯與齊師戰于郎。郎者，魯之近邑也[三]。案哀十一年，魯人公叔禺人逢遇國人走辟齊師，兩手負杖於頸，走入城保，困而止息。禺人見而言曰：「國以徭役使此人，雖復病困，國以賦税責任人民，雖復煩重，若上能竭心盡力，憂恤在下，則無以負愧。今君子卿大夫不能爲謀，士又不能致死，是自全其身，不愛民庶，於理不可。」既嫌他不死，欲自爲致死之事，故云「我則既言矣」。既，已也。云我則已言之矣。乃踐其言，於是與隣之童子姓汪名踦往赴齊師而死焉。依禮，童子爲殤。魯人見其死寇，欲勿殤童汪踦，意以爲疑，問於仲尼。仲尼報之云：汪踦能執干戈以衛社稷，勿，猶不也，雖欲不以爲殤，不亦可乎？言其可爲不殤也。○注「郎魯」至「是也」。○正義曰：案桓十年，「齊、魯、衛侯、鄭伯來戰于郎」[四]，公羊傳云：「郎者何？吾近邑也。」哀十一年，「齊國書帥師伐我，戰于郊」，是郊頭郎

[一] 戰于至可乎　惠棟校宋本無此五字。
[二] 此節論童子死難之事　閩、監、毛本同。考文引宋板「節」上有「一」字，衛氏集説同。
[三] 郎者魯之近邑也　閩、監、毛本同，惠棟校宋本無「之」字。
[四] 案桓十年齊魯衛侯鄭伯來戰于郎　閩、監、毛本同。惠棟校宋本「魯」作「侯」，是也。

邑，故知近也。案春秋直云「戰于郊」，知與此「戰于郎」爲一事者，以其俱有童汪踦之事[一]，故爲一也。

○注「禺人」至「務人」。○正義曰：案哀十一年傳云：「公叔務人、僮汪踦死。」昭公傳云：「昭公子公爲逐季氏，公曰：『務人爲此禍？』」「務人」即公爲也，故云「昭公子」。此作「禺人」者，禺、務聲相近，聲轉字異也。

○注「重皆當爲童」。○正義曰：此云重汪踦，下云重汪踦，以重字有二，故云皆當爲「童」，以言魯人欲勿殤，故從春秋爲童也。

注「見其」至「斂葬」。○正義曰：案喪服「小功」章，「大夫爲昆弟之長殤」，注云「謂爲士者，若不仕者也」。以此言之，雖見爲士，猶以殤服服之，何以此云「死君事，有士行，欲以成人之喪治之」者，喪服所論，據尋常死者，雖見爲士，猶以殤服服之。汪踦能致死於敵，故以成人之喪治之。

云「國爲斂葬」者，以其經稱「魯人」，但指衆辭，汪踦非是家無親屬，但國家哀其死難，爲斂葬之。

【衛氏集説】鄭氏曰：郎，魯近邑。哀十一年「齊國書帥師伐我」是也。禺人，昭公

[一] 以其俱有童汪踦之事　閩、監、毛本同，惠棟校宋本「踦」作「錡」。○按：此引左氏傳作「錡」，不作「踦」也。

之子。春秋傳曰：「公叔務人。」遇，見也。君子，謂卿大夫。鄰重汪踦，鄰，鄰里也。重，皆當爲「童」。童，未冠者之稱。姓汪，名踦。鄰，或爲「談」。春秋傳曰：「童汪踦。」魯人見其死君事，有士行，欲以成人之喪治之。言魯人者，死君事，國爲斂葬。

孔氏曰：此一節論童子死難之事。魯人公叔禺人逢國人走辟齊師，以奔走之罷，兩手負杖于頸，走入城保，以辟齊師，困而止息。禺人言以徭役使人病困，以賦稅責民煩重，卿大夫不能爲謀，士又不能致死，是自全其身，於理不可。既言之矣，乃踐其言，與鄰之童子汪踦往赴齊師而死。依禮，童子爲殤。魯人見其死寇，欲勿殤，以成人之喪治之。意以爲疑，問於仲尼，仲尼言其可也。

臨川王氏曰：以此知先王制禮大爲之防，而事有常變，不可以常禮制之者，可變而從宜也，小德出入可也。

長樂陳氏曰：遇入保者息，則左傳「見保者泣」是也。使之雖病，則事充是也。任之雖重，則政重是也。使之病，任之重，則無以安民。君子不能爲謀，士不能死，則無以禦敵。無以安民，其害小；無以禦敵，其害大。此公叔禺人所以息而言之也。君子之於人，視其行，不視其年。年雖壯而無成，處之以童可也，鄭忽之狡童，昭公之童心是也。年雖穉而有成，處之以成人可也，汪踦之勿殤是也。

【吴氏纂言】鄭氏曰：郎，魯近邑。哀十一年「齊國書帥師伐我」是也。公叔禺人，昭公之子，春秋傳曰「務人」。遇，見也。保，縣邑小城。見走辟齊師，將入保，罷倦，加其杖頸上，兩手掖之休息者。使之病，謂時徭役。任之重，謂時賦稅。君子，謂卿大夫。魯政既惡，復無謀臣，士又不能死難，禺人恥之，欲敵齊師。鄰，鄰里也。重，皆當作「童」。童，未冠者之稱。姓汪，名踦。皆奔敵，死齊寇。言魯人者，死君事，國爲斂葬。見其死君事有士行，欲以成人之喪治之。

孔氏曰：按桓十年，齊侯、衞侯、鄭伯來戰于郎。哀十一年，「齊國書帥師伐我」，春秋直云「戰於郊」。此以爲「戰于郎」者，郎是郊頭近邑也。昭公子公爲，即務人，是作禺人者，禺、務聲相近，聲轉字異也。禺人見國人走避齊師，而言上以徭役使人雖疾困，以賦稅責任人雖煩重，若能竭心盡力，憂恤在下，猶可無負愧。今卿大夫不能爲謀，士又不能致死，自全其身，不愛民庶，於理不可也。既嫌它不死，欲自爲致死，云我已言之矣，乃踐其言，與鄰之童子汪踦往赴齊師而死焉。汪踦非是家無親屬，但哀其死難，魯國衆人爲斂葬。依禮，童子爲殤，魯人見其致死於敵，欲無殤之而喪以成人，意以爲疑，問於仲尼。仲尼謂其能執干戈以衞社稷，可爲不殤也。

【陳氏集說】戰于郎，魯哀公十一年，齊伐魯也。禺人，昭公子公爲也。遇魯人之避齊師而入保城邑者，疲倦之餘，負其杖而息于塗。禺人乃歎之曰：徭役之煩，雖不能堪也。稅斂之數，雖過於厚也。若上之人協心以禦寇難，猶可塞責也。今卿大夫不能畫謀策，士不能捐身以死難，豈人臣事君之道哉！甚不可也。我既出此言矣，可不思踐吾言乎？於是與其鄰之童子汪踦者，皆往鬬而死於敵。魯人以踦有成人之行，欲以成人之喪禮葬之，而孔子善其權禮之當也。

【郝氏通解】郎之戰，齊人伐魯，在魯哀公十一年。公叔禺人，昭公之子公爲也。遇魯人避寇入保城邑者。負杖，以杖荷物。息，休于途也。因歎徭役使人之困，賦稅責人之重。卿大夫不能爲之謀，士又不能致其死，於禮不可。既言之，遂欲行之。負杖，蓋老人也。與其鄰之童子名汪踦者共赴鬬死。童死曰殤，喪禮殺成人。魯人爲其死忠，欲勿殤，與禺人皆以成人禮葬。問於夫子，夫子以爲可。重，當作「童」。

【欽定義疏】正義 鄭氏康成曰：郎，魯近邑。哀十一年，「齊國書帥師伐我」是也。禺人，昭公之子。春秋傳曰「公叔務人」。孔疏：公叔務人，即公爲。遇，見也。保，縣邑小城。見走辟齊師，將入保，罷倦，加其杖頸上，兩手掖之休息者。使，謂時徭役。任，謂時賦稅。君子，謂卿大夫。魯政既惡，復無謀臣，士又不能死難，禺人恥之。欲敵齊師，踐其言。鄰，鄰里也。重，皆當爲「童」，未冠者之稱。姓汪，名踦。鄰，或爲「談」。案：左傳作「嬖僮」，此「談」字疑有譌。春秋傳曰「童汪踦」。魯人見其死君事，有士行，欲以成人之喪治之。言魯人者，死君事，國爲斂葬。仲尼善之。

孔氏穎達曰：此論童子死難之事。公叔禺人逢國人走辟齊師，困而止息。禺人言以徭役使人病困，以賦税責民煩重，若上能竭心盡力，憂恤在下，猶無以負愧。今卿大夫不能爲謀，士又不能致死，是自全其身，不愛民庶，於理不可。禺人欲自爲致死之事，我則既言之矣，乃踐其言，與鄰之童子汪踦往赴齊師而死。依禮，童子爲殤。魯人見其死寇，欲勿殤，以成人之喪治之。意以爲疑，問於仲尼，仲尼報之，言其可不爲殤也。

陳氏澔曰：禺人遇魯人之辟齊師而入保城邑者，疲倦之餘，負其杖而息於塗。禺人乃歎之曰：徭役之煩，雖不能堪也。税斂之數，雖過於厚也。若上之人協心以禦寇難，猶可塞責也。今卿大夫不能畫謀策，士不能捐身以死難，豈人臣事君之道哉？甚不可也。我既出此言矣，可不思踐吾言乎？於是與其鄰之童子汪踦者，皆往鬭而死於敵。魯人以踦有成人之行，欲以成人之喪禮葬之，而孔子善其權禮之當也。

通論 陳氏祥道曰：使之病、任之重，則無以安民。君子不能爲謀，士不能死，則無以禦敵。此公叔禺人所以歎息而言之也。君子之於人，視其人不視其年，年雖壯而無成，處之以童可也，鄭忽之狡童，昭公之童心是也。年雖稚而有成，處之以成人可也，汪踦之勿殤是也。

案 哀公時，政在季氏，三子離心，冉有「一子守、二子從公」之議已不行。迨冉子帥師，孟氏佐之，似乎一室敵車，優矣。然踰溝者樊遲，用矛者冉有，執干戈衛社稷者公爲及踦，而三家之徒無與焉者。公爲之死，殉國也。汪踦之死，亦以衛社稷也。而或謂踦無干戈之責，輕身赴敵，論過刻矣。考左傳戰於郊，非郎也。孔疏戰郊、戰郎爲一事，是郊頭郎邑也。

【杭氏集説】陳氏澔曰：禺人遇魯人之辟齊師而入保城邑者，疲倦之餘，負其杖而息於塗。禺人乃歎之曰：徭役之煩，雖不能堪也。税斂之數，雖過於厚也。若上之人協心以禦寇難，猶可塞責也。今卿大夫不能畫謀策，士不能捐身以死難，豈人臣事君之道哉？甚不可也。我既出此言矣，可不思踐吾言乎？於是與其鄰之童子汪踦者，皆往鬭而死於敵。魯人以踦有成人之行，欲以成人之喪禮葬之，而孔子善其權禮之當也。

萬氏斯大曰：「入保者」句斷，「息曰」二字連，蓋禺人太息而言也。「負杖入保」者，蓋老人避兵入保城邑者也。禺人見之，長嘘鼻息，而如今人胸中忿恨，嘘氣爲聲。聲從鼻出，故曰息。

【孫氏集解】鄭氏曰：郎，魯近邑也。哀十一年「齊國書帥師伐我」是也。遇，見也。見走辟齊師，將入保，罷倦，加其杖頸上，兩手掖之休息者。保，縣邑小城。禺人，昭公之子，春秋傳曰「公叔務人」。使之病，謂時繇役。任之重，謂時賦税。君子，謂卿大夫也。魯政既惡，復無謀臣，士又不能死難，禺人恥之，欲敵齊師，踐其言。鄰，里也。重，皆當爲「童」。童，未冠者之稱。姓汪，名踦，春秋傳曰「童汪錡」。魯人見其死君事，有士行，欲以成人之喪治之。孔子善之。言魯人者，死君事，國爲斂葬。

愚謂禺人言魯既無善政，大夫、士又不能盡忠，故無以禦寇而安民。不可者，非之之辭。禺人是士，既非當時士不能死，故赴敵而死，以踐其言也。魯人以汪踦能死國，故欲以成人禮治其喪。孔子善之者，以其變禮而得宜也。

【朱氏訓纂】戰于郎。注：郎，魯近邑也。哀十一年「齊國書帥師伐我」是也。**公叔禺人遇負杖入保者息，**注：遇，見也。見走避齊師，將入保，罷倦，加杖頸上，兩手掖之休息者。保，縣邑小城。禺人，昭公之子，春秋傳曰「公叔務人」。**曰：「使之雖病也，**注：謂時繇役。**任之雖重也，**注：謂時賦稅。**君子不能爲謀也，士弗能死也，不可。**注：君子，謂卿大夫也。魯政既惡，復無謀臣，士又不能死難，禺人恥之。**我則既言矣。」**注：欲敵齊師，踐其言。**與其鄰重汪踦往，皆死焉。**注：奔敵死齊寇。鄰，鄰里也。重，皆當爲「童」。童，未冠者之稱。姓汪，名踦，春秋傳曰「童汪踦」。**魯人欲勿殤重汪踦，**注：見其死君事，有士行，欲以成人之喪治之。言魯人者，死君事，國爲斂葬。**問於仲尼。仲尼曰：「能執干戈以衛社稷，雖欲勿殤也，不亦可乎！」**注：善之。春秋哀十一年左傳：「齊師伐我，及清。公爲與其嬖僮汪錡乘，皆死，皆殯。孔子曰：『能執干戈以衛社稷，可無殤也。』」

【郭氏質疑】使之雖病也，任之雖重也，君子不能爲謀也，士弗能死也。

鄭注：使，謂時徭役。任，謂時賦稅。

嵩燾案，左氏傳云「事充政重」，杜預注亦云事充謂「繇役煩」，政重謂「賦稅多」。疑此與左氏傳所載情事不同。傳云「公叔務人見保者而泣」，以師近在郊，徵民入保而無能一戰，何以能國，是以泣也。此云「見負杖入保者息」，則從征之士也。傳稱「冉有入齊軍，右師奔」，蓋孟孺子、邴洩之徒卒負其兵杖奔入保者，師次雩門之外，而戰于郊，距國爲近。負杖入保而息於途，抑何暇也？是時孟氏、叔氏皆不欲戰，孟孺子勉强一出，而士卒散亂如此，公叔禺人所爲憤激以死也。與左氏傳情事稍異而取義同，總以見魯政之無紀而已，似此所記爲得其實。左傳「見保者而泣」在師始出時，無因爲此憤激之言。哀、悼之世，季氏專政而以後無聞，郎之戰，其氣已索。聖人固曰「三桓之子孫微矣」，此其徵也。「任之重」屬下「君子」言，謂三家之專政者。「使之病」屬下「士」言，謂入保之士。任雖重而不能出一謀，使雖病而固當死，文氣緊相承接，與左氏傳都無役煩賦重之意。注家意爲之辭耳。

檀弓注疏長編卷二十六

四·六一 ○子路去魯，謂顏淵曰：「何以贈我？」贈，送。曰：「吾聞之也，去國則哭于墓而后行[一]，反其國不哭，展墓而入。」無君事，主於孝。哭，哀去也。展，省視之。謂子路曰：「何以處我？」處，猶安也。子路曰：「吾聞之也，過墓則式，過祀則下。」居者主於敬。

【疏】「子路」至「則下」[二]。○正義曰：此一節論禮敬祀墓之事，各依文解之。○注「無事君，主於孝」[三]。○正義曰：若有君事，去國則不得哭墓。故上曲禮云

[一] 去國則哭于墓而后行　閩、監、毛本作「國」，石經同，岳本同，嘉靖本同，衛氏集説同。此本「國」誤「同」。○鍔按：「去國」上，阮校有「子路去魯節」五字。

[二] 子路至則下　惠棟校宋本無此五字。

[三] 注無君事主於孝　閩、監、毛本作「君事」，此本「君事」二字倒。

「已受命，君言不宿於家」，是不哭於墓。

○「過墓則式，過祀則下」，曰「墓」謂他家墳壟[一]，「祀」謂神位有屋樹者。居無事，主於恭敬，故或「式」或「下」也。他墳尚式，則己先祖墳墓當下也。

【衛氏集説】鄭氏曰：贈，送也。無君事，主于孝。哭，哀去也。展，省視之。處，猶安也。居者主於敬。

孔氏曰：此一節論禮敬祀墓之事。若有君事去國，不得哭墓，故上曲禮云「君言不宿于家」。過墓，謂他家墳壟。祀，謂神位有屋樹者。居無事，主于恭敬，故或「式」或「下」也。

嚴陵方氏曰：去則哭墓，反則展墓，所以存乎愛，蓋行者之禮也。過墓則式，過祀則下，所以存乎敬，蓋居者之禮也。行者所適必遠，而易有所忘，故在存乎愛。居者于時爲久，而易有所怠，故在存乎敬。此二子之言，所以異乎，行故曰贈，居故曰處。凡物展之則可省而視，故省謂之展，與充人所謂「展牲」之展同。

【吴氏纂言】鄭氏曰：贈，送也。無君事，主於孝。哭，哀去也。展，省視也。處，猶知也。居者主於敬。

[一] 曰墓謂他家墳壟　閩、監、毛本同，考文引宋板「曰」字闕，盧文弨校云：「宋板無『曰』字，有空，疑當作圈。」浦鏜校云：「『曰』當『者』誤。」

孔氏曰：若有君事去國，則不得哭墓，故曲禮云「君言不宿於家」。過墓，謂它家墳壟。祀，謂神位有屋樹者。居無事，主恭敬，故或「式」或「下」也。它墳尚式，則己先祖墳墓當下也。

方氏曰：行故曰贈，居故曰處。哭墓、展墓，所以存愛，行者之禮也。式墓、下祀，所以存敬，居者之禮也。

【陳氏集説】哭墓，哀墓之無主也。不忍丘壟之無主，則必有返國之期，故爲行者言之。墓與祀，人所易忽也，而能加之敬，則無往而不用吾敬矣。敬則無適而不安，故爲居者言之也。

方氏曰：凡物展之則可省而視，故省謂之展。

【納喇補正】過墓則式，過祀則下。

集説　墓與祀，人所易忽，而能加之敬，則無往而不用吾敬矣。

竊案　孔氏謂墓，他家墳壟。祀，謂神位有屋樹者。居無事，主於恭敬，故或「式」或「下」也。他墳尚然，則己先祖墳墓當下也。集説不言墓祀爲他墳神位，失分曉矣。

【郝氏通解】行者問贈，居者問處。哭墓，哭其無主也。展，省謁也。不忘丘隴，去則必返，故爲行者言之。式墓、下祀，則州里鄉黨無往不敬矣，故爲居者言之。

【方氏析疑】子路去魯，謂顏淵曰：「何以贈我？」曰：「吾聞之也，去國則哭于墓而后行，反其國不哭，展墓而入。」

子路好勇，顏子必見其有輕身犯難之道，故動以祖宗丘墓之重，而望其復返也。與孔子以大昏之禮告哀公同意。

【欽定義疏】**正義** 鄭氏康成曰：贈，送也。無君事，主於孝。哭，哀去也。展，省視之。處，猶安也。居者主於敬。

孔氏穎達曰：此論禮敬祀墓之事。過墓，謂他家墳壟。祀，謂神位有屋樹者，居無事，主於恭敬，故或「式」或「下」也。他墓且式，則己墓當下。

方氏慤曰：去則哭墓，反則展墓，所以存乎愛，行者之禮。過墓則式，過祀則下，所以存乎敬，居者之禮。行故曰贈，居故曰處。

陳氏澔曰：哭墓，哀墓之無主也。不忍丘壟之無主，則必有返國之期，故爲行者言之。墓與祀，人所易忽也，而能加之敬，則無往而不用吾敬，故爲居者言之。

秦氏繼宗曰：所哭之墓，謂祖考之墓也。所過之墓祀，則謂古帝王、聖賢、忠臣、孝子之墓祀，及國家之正祀耳。古人重別，其以孝敬相勉也如此。

【杭氏集說】陳氏澔曰：哭墓，哀墓之無主也。不忍丘壟之無主，則必有反國之期，故爲行者言之。墓與祀，人所易忽也，而能加之敬，則無往而不用吾敬，故爲居者言之。

秦氏繼宗曰：所哭之墓，謂先考之墓也。所過之墓祀，則謂古帝王、聖賢、忠臣、孝子之墓，祀乃國家之正祀耳。古人重別，其以孝敬相勉也如此。

方氏苞曰：子路好勇，顏子必見其有輕生犯難之道，故勉以祖宗丘墓之重，而望其復返也。與孔子以大昏之禮告哀公同意。

【孫氏集解】鄭氏曰：贈，送也。哭，哀去也。展，省視之。處，安也。去國，無君事，主於孝。居者主於敬。

孔氏曰：有君事去國，則不得哭墓，故上曲禮云：「已受命，君言不宿於家。」過墓，謂他家墳壟。祀，謂神位有屋樹者。

愚謂由不忘墳墓之心推之，則必思不虧其體，不辱其先。由敬於墓祀者推之，則必思無慢於人，無惡於人。而所以修身而免患者，皆在是矣。

【朱氏訓纂】子路去魯，謂顏淵曰：「何以贈我？」注：贈，送。**曰：「吾聞之也，去國則哭于墓而后行，反其國不哭，展墓而入。」**注：無君事，主於孝。哭，哀去也。展，省視之。**謂子路曰：「何以處我？」**注：處，猶安也。**子路曰：「吾聞之也，過墓則式，過祀則下。」**注：居者主於敬。正義：墓，謂他家墳壟。祀，謂神位有屋樹者。居無事，主於恭敬，故或「式」或「下」也。他墳尚式，則已先祖墳墓當下也。

四・六二　○**工尹商陽與陳弃疾**[一]**追吴師，及之。**工尹，楚官名[二]。弃疾，楚公子弃疾也。以魯昭八年，帥師滅陳，縣之，楚人善之，因號焉。至十二年，楚子狩於州來，使蕩侯、潘子、司馬督[三]、囂尹午、陵尹喜圍徐以懼吴，於時有吴師。陳，或作「陵」，楚人聲。○馬裻，音篤，本亦作「督」。○**陳弃疾謂工尹商陽曰：「王事也。子手弓，而可手弓**[四]**。」「子**

[一] 與陳弃疾　閩、監本同，石經同，岳本、嘉靖本同，衛氏集説同。毛本「弃」作「棄」。下經、注及疏同。○鍔按：「與陳」上，阮校有「工尹商陽節」五字。

[二] 工尹楚官名　閩、監、毛本同，岳本同，嘉靖本同，衛氏集説同。惠棟校宋本「楚」作「是」。盧文弨校云：「宋本作『是』，不可從。」○按：盧文弨是也。疏云：「楚皆以尹爲官名，故知『工尹，楚官名』也。」

[三] 司馬督　閩、監、毛本同，岳本同，嘉靖本同，衛氏集説同。釋文出「馬裻」云：「本亦作『督』。」正義本作「督」。○按：依説文，當作「裻」，亦作「⿰衤毒」，「督」假借字。

[四] 子手弓而可手弓　閩、監、毛本同，岳本同，嘉靖本同，衛氏集説同。石經此處闕，考文云：「古本『可』下有『也』字」。案：正義作一句讀，則「可」下不得有「也」字。其讀至「可」字絶句者，家語分句之異也，正義所謂「附之以廣見聞」是也。

射諸。」商陽仁，不忍傷人[一]，以王事勸之[二]。○射，食亦反，下同。○射之，斃一人，韔弓。不忍復射。斃，仆也。韔，韜也。○斃，本亦作「獘」，婢世反，下同。韔，敕亮反。仆，蒲北反，又音赴。韜，吐刀反。又及[三]，謂之，又斃二人。每斃一人，揜其目。揜其目，不忍視之。○又及，本或作「又及一人」「又一人」，後人妄加耳。止其御曰：「朝不坐，燕不與，殺三人，亦足以反命矣。」朝，燕於寢，大夫坐於上，士立於下，然則商陽與御者皆士也。兵車參乘，射者在左，戈盾在右，御在中央。○朝，直遥反。與，音預。乘，繩證反。盾，食允反，又音允。孔子曰：「殺人之中，又有禮焉。」善之。

【疏】「工尹」至「禮焉」[四]。○正義曰：此一節論殺人有禮之事，各依文解之。

[一] 商陽仁不忍傷人　閩本同，惠棟校宋本、宋監本、岳本、嘉靖本同，衛氏集説同，足利本同。監、毛本「商」誤「謂」，「傷」作「殺」。

[二] 以王事勸之　閩、毛本同，岳本同，嘉靖本同，衛氏集説同。監本「王」誤「至」，考文引足利本「王」作「君」。

[三] 又及　閩、監、毛本同，石經同，岳本同，嘉靖本同，衛氏集説同。釋文出「又及」云：「本或作『又及一人』『又一人』，後人妄加耳。」考文引足利本作「又及一人」。案：正義云：「此謂吴師既走而後逐之，故云『又及一人』，則是不逐奔之義。」据是，疑正義本「及」下有「一人」二字。

[四] 工尹至禮焉　惠棟校宋本無此五字。

○注「工尹」至「人聲」。○正義曰：案春秋傳，楚皆以尹爲官名也，故知「工尹，楚官名」也。

云「弃疾，楚公子弃疾也」者，左傳文。是楚恭王之子，後立爲平王。

云「楚人善之，因號焉」者，案昭十三年左傳晉叔向云：「弃疾君陳、蔡，苛慝不作。」今此云陳棄疾[一]，故楚人善之，因號爲陳弃疾也。

云「十二年，楚子狩于州來」者[二]，是昭十二年左傳文。楚子，謂靈王，名虔，弃疾之兄也。使蕩侯一，潘子二，司馬督三，囂尹午四，陵尹喜五也，五大夫圍徐，以偪懼於吴也。案左傳直有圍徐，不見有吴師之事也。又弃疾不與圍徐。鄭必知有吴師及弃疾追之者，以弃疾昭八年縣陳，十三年自立爲王，於此之間，無與吴師相涉。今弃疾追吴師，復有圍徐懼吴之事，故鄭引以明之。

云「陳，或作陵，楚人聲」者，謂陳弃疾，餘本有作「陵弃疾」者，故云「陳，或作陵」。楚人呼「陳」及「陵」聲相似，故云「楚人聲」。

[一] 苛慝不作今此云陳棄疾　惠棟校宋本如此。此本「作今此云」四字闕，「陳」誤「棄」。閩本「作」字不闕，闕「今此云陳」四字，監本同。毛本「今此云陳」四字闕，補「盜賊伏隱」四字，非。

[二] 云十二年楚子狩于州來者　惠棟校宋本如此，此本「州來者」三字闕，閩、監、毛本補「州來使」三字。按：「使」字非也。

「子手弓，而可手弓」者，弃疾謂商陽射吳之奔者，云子是手弓之人，謂是能弓之手。「而可手弓」者，謂其堪可稱此能弓之手，謂宜須射也。又家語云：「楚伐吳，工尹商陽與弃疾追吳師[一]。及之。弃疾曰：『王事也，子手弓而可。』商陽手弓。弃疾曰[二]：『子射諸。』射之，斃一人，韔其弓。」則此分句爲異，解義亦別。言「手弓」者，令其彀弓而射之。未知孰是，故兩存焉，附之以廣聞見也。

○注「朝燕」至「中央」。○正義曰：朝之與燕，皆在於寢。若路門外正朝，則大夫以下皆立。若其燕朝，在於路寢。如孔子「攝齊升堂」，又詩傳云「不脱屨升堂謂之飫」，明脱屨升堂則坐也。是大夫坐於上。燕亦在寢，故燕禮云：「燕，朝服於寢。」案燕禮獻卿大夫及樂作之後，西階上獻士。士既得獻者，立於東階下，西面，無升堂之文，是士立於下。

云「兵車參乘，射者在左，戈盾在右，御在中央」者，謂兵車參乘之法，其事如此。若非兵車參乘，則尊者在左。故曲禮「乘君之乘車，不敢曠左」，鄭注云：「君存，惡空其位。」又月令載耒耜於御與車右之間，君在左也。知「兵車參乘，射者在左，戈盾在右」者，案宣十二年左傳云「楚許伯御樂伯，攝叔爲右。」於時樂伯主射，樂伯云「左射以菆」，

[一] 工尹商陽與弃疾追吳師　閩、監、毛本如此，此本「與疾」二字闕。
[二] 商陽手弓弃疾曰　閩、監、毛本作「疾」，此本「疾」字闕。

是射者在左。攝叔云「右入壘，折馘、執俘而還」，是戈盾勇力在右。自然御者在中央。此謂凡常戰士也。若是元帥，則在中央鼓下，御者在左，戈盾亦在右。故成二年鞌之戰，於時郤克爲中軍將，時流血及屨，未絶鼓音，是將居鼓下也。解張御郤克，解張云：「矢貫余手及肘，余折以御，左輪朱殷。」是御者在左，自然戈盾在右。若天子、諸侯親爲將，亦居鼓下，故戎右云「贊王鼓」。成二年，齊侯圍龍，齊侯親鼓之是也。若非元帥，則皆在左，御者在中。故成二年，韓厥自其車左，居中代御而逐齊侯。故杜預云：「其車，自非元帥，御者皆在中。」故熊氏以爲「雖非元帥，上軍、下軍之將，亦居鼓下」。故成十六年鄢陵之戰，子重將左，而云「子重鼓之」也，故爲將皆在鼓下也。以其親鼓，故以爲鼓下。案周禮：「諸侯執賁鼓，軍將執晉鼓，師帥執提，旅帥執鼙。」豈皆居鼓下也？其義恐非也。

「孔子曰：『殺人之中又有禮焉』」者，言其既殺人之中又有禮，則韔弓、揜目等是也。案左氏傳「戎昭果毅」「獲則殺之」。商陽行仁，而孔子善之。傳之所云，人[一]謂彼勍敵與我決戰，雖是胡耇，獲則殺之。此謂吴師既走而後逐之[二]，故云「又及一人」，則是不逐奔之義，故以爲有禮也。

[一] 傳之所云人　閩、監、毛本同。惠棟校宋本無「人」字，是也，衛氏集説同。

[二] 而後逐之　惠棟校宋本「逐之」下有「義」字，是也。

【衛氏集説】鄭氏曰：工尹，楚官名。弃疾，楚公子弃疾也。魯昭八年，帥師滅陳，縣之，楚人善之，因號焉。至十二年，楚子狩于州來，使蕩侯、潘子、司馬督、囂尹午、陵尹喜圍徐以懼吴，于時有吴師。陳，或作「陵」，楚人聲也。商陽仁，不忍傷人，弃疾以王事勸之。斃，仆也。韔，韜也。揜其目，不忍視之也。朝、燕于寢，大夫坐于上，士立于下，然則商陽與御者皆士也。兵車參乘，射者在左，戈盾在右，御在中央。孔子曰「有禮焉」，善之也。

孔氏曰：此一節論殺人有禮之事。案春秋傳，楚皆以尹爲官名。弃疾，楚共王之子，後立爲平王。案昭十三年左傳，叔向云：「弃疾君陳、蔡，苛慝不作。」楚人善之，因號陳弃疾也。家語：「『子手弓而可』，商陽手弓，弃疾曰：『子射諸。』」是可爲句也。朝之與燕，皆在乎寢。若路門外正朝，則大夫以下皆立。若其燕朝，在于路寢，則大夫坐于上，如孔子「攝齊升堂」是也，升堂則坐矣。燕亦在寢，故燕禮云「燕，朝服于寢」。又燕禮獻卿大夫之後，西階上獻士，無升堂之文，是士立于下也。鄭注「射者在左，戈盾在右，御在中央」，謂兵車參乘之法。案宣公十二年左傳「楚許伯御樂伯，攝叔爲右」，樂伯云「左射以菆」，是射在左。攝叔云「右入壘，折馘」，是戈盾勇力在右。自然御者在中。此謂凡戰士也。若是元帥，則在中央鼓下，御者在左，戈盾亦在右。故成二年鞌之戰，郤克爲中軍將，流血及屨，未絶鼓音，是將居鼓下也。解張御郤克，矢貫其肘，左輪朱殷，是御者在左，自然戈盾在右。若天子、諸侯親將，亦居鼓下，故戎右云「贊王鼓」。成二年齊侯親鼓之是也。若非元帥，則皆在左，御者在中。故成二年，韓厥自其車左，居中代御而逐齊侯。故杜預云「兵車，自非元帥，御者皆在中」。若非兵車參乘，則尊者在左，故曲禮「乘君之乘車，不敢曠左」，鄭注云：「君存，惡空其位。」又月令載耒耜于御與車右之間，君在左也。言殺人之中有禮，則韔弓、揜目等是也。案左傳，「戎昭果毅」「獲則殺之」。此謂吴商陽行仁，而孔子善之者。傳之所云，謂彼勍敵與我決戰，雖及胡耇，獲則殺之。此謂吴師既走而後逐之，故云「又及一人」，則是不逐奔之義，故以爲有禮。

臨川王氏曰：春秋末世，諸侯無義戰，士庶人不幸而在軍旅之間，聞君命既不可廢，爲之强戰則又爲愈于不仁。如商陽者，可也，是以孔子善之。

長樂陳氏曰：從君之大義而忘己之不忍，君子之所不爲。行己之不忍而廢君之命，君子之所不敢。楚工尹商陽追吴師而射之，每斃一人則揜其目。其所不忍，仁也；不廢君之命，義也。禮者，仁義而已。此孔子所以謂之有禮也。大夫于朝則坐，于燕則與，故其責重。士于朝則立，于燕則不與，故其責輕。商陽所殺止于三者，姑以成禮而已。然則朝坐、燕與爲商陽者如之何？曰彼必陳善以閉邪，引君以當道。有所不戰，戰之所以止戰；有所不殺，殺之所以止殺，庸有不義之舉哉？商陽以楚爲不義而不去，何也？君子去處有道，廢興有命。天下皆齊也，陳文子去齊，孔子不以爲仁。天下皆魯也，柳下惠不去魯，孟子不以爲非聖。然則天下皆楚也，商陽不去楚，君子豈以爲非禮哉！

嚴陵方氏曰：手弓，猶公羊傳所謂「手劍」，蓋以手執之。當手弓之職，則可以爲手弓之事，故曰「子手弓而可」。

廬陵胡氏曰：韔弓，不欲重傷。殺敵爲果，易之戮也。商陽殺敵不果，而云「朝燕不與」，又以私怨懟其君，安得爲有禮？蓋春秋無義戰，彼善於此而已。

【吴氏纂言】鄭氏曰：工尹，官名。棄疾，楚公子棄疾也。魯昭八年，楚師滅陳，縣之，因號焉。至十二年，楚子使蕩侯、潘子、司馬督、囂尹午、陵尹喜圍徐以懼吴，於時有吴師。商陽仁，不忍傷人，棄疾以王事勸之。斃，仆也。韔，韜也。韔弓，不忍復射也。掩其目，不忍視之也。朝燕於寢，大夫坐於上，士立於下，商陽與御者皆士也。兵車參乘，射者在左，戈盾在右，御在中央。孔子曰「有禮焉」，善之也。

方氏曰：手弓，謂以手執之，猶公羊傳所謂「手劍」也。

孔氏曰：按左傳，棄疾不與圍徐，又不見有吴師。手弓者，令其彀弓而射也。殺人之中有禮者，韔弓、掩目等是也。傳云「戎昭果毅」，商陽行仁，而孔子善之者。彼謂勍敵與我決戰，雖及胡耇，獲則殺之。此謂吴師既走而遂之，則不逐奔之義，故爲有禮也。

臨川王氏曰：春秋末世，諸侯無義戰，士庶人不幸而在軍旅之間，君命既不可廢，謂之强戰則又爲與於不仁。如商陽者，可也，是以孔子善之也。

長樂陳氏曰：從君之大義而忘己之不忍，君子之所不爲。行己之不忍而廢君之命，君子之所不敢。楚工尹商陽追吴師而射之，每斃一人則掩其目。其所不忍，仁也；不廢君命，義也。禮者，仁義而已。孔子所以謂之有禮也。大夫於朝則坐，於燕則與，故其責重。士於朝則立，於燕則不與，故其責輕。商陽所殺止於三者，姑以成禮而已。然則朝坐、燕與爲商陽者如之何？曰必陳善以閉邪，引君以當道。有所不戰，戰之所以止戰；有所不殺，殺之所以止殺，庸有不義之舉哉？商陽以楚爲不義而不去，何也？君子去處有道，廢興有命。天下皆齊也，陳文子去齊，孔子不以爲仁。天下皆魯也，柳下惠不去魯，孟子不以爲非聖。天下皆楚也，則商陽不去楚，君子豈以爲非禮哉？

廬陵胡氏曰：殺敵爲果，易之戮也。商陽殺敵不果，而云「朝燕不與」，以私怨懟其君，安得爲有禮？蓋春秋無義戰，彼善於此而已。

澄曰：商陽有不忍之仁，又頗知不逐奔之義。棄疾使之手弓，而後手弓使之射，而後射斃一人。韔其弓謂之者，棄疾復使之射也。而後再射，又斃二人，每殺必掩其目，殺人甚非其心也。故止御者，令勿更遠追。然己意非御所能知，又難以語之，故曰「朝不坐、燕不與，殺三人亦足以反命」。聊爲此言以止其御，非是忿其位卑而不盡力多殺也。胡邦衡以不果於殺罪之，又以怨懟其君入其罪，所見與孔子異矣，王、陳蓋合於春秋及孟子之意者哉。

【陳氏集説】工尹，楚官名。追吴師，事在魯昭公十二年。「子手弓而可」爲句，使之執弓也。手弓，商陽之弓在手也。韔，弓衣也。謂之，再告之也。掩目而不忍視，止御而不忍驅，有惻隱之心焉。商陽自言位卑禮薄，如此亦可以稱塞矣。孔子謂其有禮，以敗北之師本易窮，而商陽乃能節制其縱殺之心，是仁意與禮節並行，非事君之禮止於是也。特取其善於追敗者，亦非謂臨敵未決而不忍殺人也。疏曰：朝與燕皆在寢。若路門外正朝，則大夫以下皆立。若燕朝在於路寢，則大夫坐於上。如孔子「攝齊升堂」是也，升堂則坐矣。燕亦在寢，燕禮，獻卿大夫之後，西階上獻士，無升堂之文，是士立於下也。鄭注「射者在左，戈盾在右，御在中央」，謂兵車參乘之法。此謂凡常戰士。若是元帥，則在中央鼓下，御者在左，戈盾亦在右。若天子、諸侯親將，亦居鼓下。若非元帥，則皆在左，御者在中。若非兵車，則尊者在左。

【郝氏通解】工尹，楚官名。弃疾，楚公子弃疾，爲陳尹。追吴師，事在魯昭公十二年。手弓，商陽手執弓也。斃，仆死也。韔，韜弓也。揜其目，不忍視也。士于朝不坐，于燕不與，位卑而禮輕也。夫寇窮可以無追，君命又不可廢，酌而行之，所以爲禮。然以爲孔子之言乎，亦未似也。

【欽定義疏】正義　鄭氏康成曰：工尹，楚官名。孔疏：楚皆以「尹」爲官名。弃疾，楚公子弃疾也。孔疏：楚共王之子，後立爲平王。魯昭八年帥師滅陳，縣之，楚人善之，因號焉。孔疏：左傳晉叔向云：「弃疾君陳、蔡，苦慝不作。」人皆善之，因號爲陳弃疾。至十二年，楚子狩於州来，使蕩侯、潘子、司馬督、囂尹午、陵尹喜圍徐以懼吴，於時有吴師。陳，或作「陵」，楚人聲也。商陽仁，不忍殺人，弃疾以王事勸之。斃，仆也。韔，韜也。韔弓，不忍復射也。揜其目，不忍視之也。不坐、不與，然則商陽與御者皆士也。兵車參乘，射者在左，戈盾在右，御在中央。曰「有禮」，善之也。

孔氏穎達曰：此論殺人有禮之事。

陳氏澔曰：子手弓而可，使之執弓也。手弓，商陽之弓在手也。謂之，再告之也。揜目而不忍視，止御而不忍驅，有惻隱之心焉。商陽自言位卑禮薄，如此亦可以稱塞矣。孔子謂其有禮，以敗北之師本易窮追，而商陽乃能節制其縱殺之心也。

案 事載家語，後尚有子路怫然進曰：「人臣之節，當君大事，惟力所及，死而後已，夫子何善此乎？」孔子曰：「吾取其有不忍殺人之心而已。」視此較明。

通論 孔氏穎達曰：鄭注「射者在左，戈盾在右，御在中央」，此謂凡戰士也。若是元帥，則在中央鼓下，御者在左，戈盾亦在右。若天子、諸侯親將，亦居鼓下，故戎右云「贊王鼓」，成二年「齊侯親鼓之」是也。若非元帥，則皆在左，御者在中。若非兵車參乘，則尊者在左，故曲禮「乘君之乘車，不敢曠左」，鄭注云：「君存，惡空其位。」又月令載耒耜於御與車右之間，君在左也。

陳氏祥道曰：大夫於朝則坐，於燕則與，故其責重。士於朝則立，於燕則不與，故其責輕。商陽所殺，止於三人者，姑以成禮而已。

存疑 鄭氏康成曰：朝燕於寢，大夫坐於上，士立於下。孔疏：朝之與燕，皆在乎寢。若路門外正朝，則大夫以下皆立。若其燕朝在於路寢，則大夫坐於上，如孔子「攝齊升堂」是也。升堂則坐矣，燕亦在寢，故燕禮云「燕，朝服於寢」。又燕禮獻卿大夫之後，西階上獻士，無升堂之文，是士立於下也。

案 朝，雖大夫，無坐理，周官三朝之儀，可攷而知也。惟三公有坐論之理，故商陽言之。鄭氏第以「朝」爲「燕」，孔氏又以孔子升堂爲坐，亦曲説。

【杭氏集説】王氏肅曰：棄疾，楚平王名。常帥師伐陳，滅之，楚人善之，因號爲陳弃疾。

陳氏澔曰：子手弓而可，使之執弓也。手弓，商陽之弓在手也。謂之，再告之也。揜目而不忍視，止御而不忍驅，有惻隱之心焉。商陽自言位卑禮薄，如此亦可以稱塞矣。孔子謂其有禮，以敗北之師本易窮追，而商陽乃能節制其縱殺之心也。

姚氏際恒曰：按昭公二年左傳，楚子使蕩侯、潘子、司馬督、囂尹午、陵尹喜帥師圍徐以懼吳，未嘗有追吳師之事。又商陽臨敵不用命而以私怨其君，何禮之有？

齊氏召南曰：按左傳曰「蔡公」，不曰「陳公」，當是稱謂異耳。如以公叔務人爲禺人之官，宣公爲桓公，記者記事原與史文不核。

【孫氏集解】鄭氏曰：工尹，楚官名。棄疾，楚公子棄疾也。以魯昭八年帥師滅陳，縣之，楚人善之，因號焉。至十二年，楚子狩于州來，使蕩侯、潘子、司馬督、囂尹午、陵尹喜圍徐以懼吴，於時有吴師。棄疾謂商陽仁，不忍殺人，以王事勸之。韔，弢也。韔弓，不忍復射也。揜其目，不忍視之也。朝、燕於寢，大夫坐於上，士立於下，然則商陽與御皆士也。兵車參乘，射者在左，戈盾在右，御在中央。

孔氏曰：案左氏傳「戎昭果毅」，「獲則取之」。商陽行仁而孔子善之者。傳之所言，謂彼勍敵決戰。此是吴師既走而不逐奔，故以爲有禮也。

愚謂手弓，謂以手執弓也。子手弓而可，棄疾謂商陽可執弓以射也。「手弓」者，商陽從棄疾之言而執弓也。「子射諸」者，商陽既執弓，棄疾又使之射也。謂之，棄疾又謂商陽如前也。凡朝位，立於庭，三朝並無坐法，此云「朝不坐」，似大夫以上得坐者。蓋君既視朝，退適路寢聽政，卿大夫入與君圖事，則升路寢之堂，孔子「攝齊升堂」是也。此時君或與之從容謀議，則命之坐矣。士不得特見圖事，故云「朝不坐」。燕禮，大夫坐於堂上，士立於堂下，不得與於堂上之坐，故云「燕不與」。「亦足以反命」者，言位卑禮薄，不必以多殺爲功也。蓋敗北之師，本易窮追，商陽於此乃能存愛人之心，而不以邀功爲念，亦可謂安制矜節者矣。若勁敵在前，乃以禮遇微薄，不欲致力，則是不忠之大者，豈得謂之有禮哉？

【朱氏訓纂】工尹商陽與陳棄疾追吴師，及之。 注：工尹，楚官名。棄疾，楚公子弃疾也。以魯昭八年帥師滅陳，縣之，楚人善之，因號焉。至十二年，楚子狩於州來，使蕩侯、潘子、司馬督、囂尹午、陵尹喜圍徐以懼吴，於時有吴師。陳，或作「陵」，楚人聲。**陳弃疾謂工尹商陽曰：「王事也。子手弓，而可手弓。」「子射諸。」**注：商陽仁，不忍傷人，以王事勸之。**射之，斃一人，韔弓。**注：不忍復射。斃，仆也。韔，韜也。**又及，謂之，又斃二人。每斃一人，揜其目。**注：揜其目，不忍視之。**止其御曰：「朝不坐，燕不與，殺三人，亦足以反命矣。」**注：朝、燕於寢，大夫坐於上，士立於下，然則商陽與御者皆士也。兵車參乘，射者在左，戈盾在右，御在中央。**孔子曰：「殺人之中，又有禮焉。」**注：善之。

【郭氏質疑】朝不坐，燕不與。

鄭注：朝、燕於寢，大夫坐於上，士立於下，然則商陽與御者皆士也。

孔疏：路門外正朝，大夫以下皆立。若其燕朝，在於路寢，如孔子「攝齊升堂」，是大夫坐於上。

嵩燾案，周禮三朝，朝士「掌外朝之法」，司士「正朝儀之位」，太僕「王眡朝，則前正位」。司士所掌，治朝也。而云「孤、卿特揖，大夫以其等旅揖，士旁三揖」，「王入，内朝皆退」。是朝儀皆揖而退，朝士外朝「禁錯立、族談者」，但有立，無坐也。義疏：「惟王公有坐論之理。」考工記云：「坐而論道，謂之王公。作而行之，謂之士大夫。」言王公謂坐而論道者，天子諸侯非以朝位言也。燕禮獻士，爲士舉旅，分先後而已，無不與於燕者。鄭注併朝、燕爲一，疏遂援「攝齊升堂」以證朝坐之説，似皆失之。昭公十二年，楚子狩於州來，圍徐以懼吴，是時棄疾已有代楚之心，故爲不忍殺人以示惠，疑工尹商陽、陳棄疾名當互易。鄭云：「兵車參乘，射者左，戈盾在右，御居中央。」疏引宣十二年「楚許伯御樂伯，攝叔爲右」，於時樂伯主射，而云「左射以菆」。是凡兵車，左主射，左者甲士三人之長也。乘車之禮，君居左，車右居右，御者居中。故車將在左，射者將所有事也。工尹商陽與棄疾同車，必非任爲將者，其時或爲右，或御，棄疾無因代將手弓以射。昭公十一年，楚子使棄疾居蔡，「朝不坐，燕不與」者，謂居陳、蔡不與朝、燕之事，言未與聞伐吴之謀也。案上「陳太宰嚭、行人儀」，洪氏邁云：「嚭爲吴夫差之宰，陳遣使者正用行人，則儀乃陳臣也。」人名倒亂，正與此類。

四・六三　○**諸侯伐秦，曹桓公卒于會。**魯成十三年「曹伯盧卒於師」是也。盧謚宣，言「桓」，聲之誤也[一]。桓，依注音宣。**諸侯請含，**以朋友有相啖食之道。○含，胡闇反。啖，徒暫反。食，音嗣，徐音自。**使之襲。**非也。襲，賤者之事。○**襄公朝于荆**[二]**，康王卒，**在

[一]　聲之誤也　此本「也」下脱一「○」，與釋文接。嘉靖本不附釋音，而「也」下有「桓依注音宣」五字，蓋誤以釋文羼入也。閩、監、毛本不誤，岳本、衛氏集説注亦「也」字止。○鍔按：「聲之」上，阮校有「諸侯伐秦節」五字。

[二]　襄公朝于荆　此本「襄」上有一「○」，嘉靖本同，閩、監、毛本無。

魯襄二十八年。康王，楚子昭也。楚言荆者，州言之。**荆人曰：「必請襲。」**欲使襄公衣之。○衣，於既反。**魯人曰：「非禮也。」荆人强之。**欲尊康王。○强，其丈反，下注同。**巫先拂柩，荆人悔之。**巫祝桃茢，君臨臣喪之禮。○拂，芳勿反。柩，其又反。茢，音列。

【疏】「諸侯」至「悔之」。○[一]正義曰：此一節論諸侯失禮之事。

○注「在魯」至「言之」。○正義曰：不言楚而言荆者，楚屬荆，故荆言之也[二]。春秋莊十年「荆敗蔡師于莘」，公羊傳曰：「荆者何？州名也。州不若國，國不若氏，氏不若人，人不若名，名不若字，字不若子。」而左氏無此義，荆蓋楚之本號。魯莊之世，告命皆稱荆。至僖元年始稱楚，故杜預云：「荆始改號曰楚。」其巫祝桃茢之事，已具于上。

【衛氏集説】**諸侯伐秦，曹桓公卒于會。諸侯請含，使之襲。**

鄭氏曰：魯成十三年，曹伯廬卒于師。廬謚宣，言「桓」，聲之誤也。請含，以朋友有相啖食之道。使之襲，非也。襲，賤者之事。

孔氏曰：自此至「悔之」一節，論諸侯失禮之事。

廬陵胡氏曰：曹伯廬卒于師，見春秋經。此云「會」，誤矣。

[一] 諸侯至悔之○　閩、監、毛本作「○」，此本「○」誤「自」，下注「在魯至言之○」同。惠棟校宋本無此五字。

[二] 故荆言之也　閩、監、毛本同，盧文弨校云：「當依注改『荆』爲『州』。」

襄公朝于荆，康王卒，荆人曰：「必請襲。」魯人曰：「非禮也。」荆人强之。巫先拂柩，荆人悔之。

鄭氏曰：在魯襄公二十八年。康王，楚子昭也。楚言荆者，州言之。荆請襲，欲使襄公衣之。荆人欲尊康王，故强之。巫祝桃茢，君臨臣喪之禮。

孔氏曰：荆，蓋楚之本號。魯莊之世，告命皆稱荆。至僖元年始稱楚，故杜預云「荆始改號曰楚」。

長樂陳氏曰：荆人以人臣之事待襄公，襄公則以人君之事臨荆人，豈非自尊而卑人者，人必卑之；自貴而賤人者，人必賤之邪？秦王屈趙王以缶而有鼓瑟之辱，夫差屈勾踐于會稽而有姑蘇之恥，亦其類也。

廬陵胡氏曰：春秋只書「子」，此稱「王」，記禮者誤也。又曲禮云「夷狄雖大，曰子」，此乃稱王，首尾矛盾。

【吴氏纂言】諸侯伐秦，曹桓公卒于會。諸侯請含，使之襲。

鄭氏曰：魯成十三年，曹伯廬卒於師，廬謚宣，言「桓」，聲之誤也。諸侯請含者，以朋友有相啖食之道。使之襲，非也。襲，賤者之事。

澄曰：其時晉霸，厲公主兵，使諸侯行襲事，蓋出於霸令也。

襄公朝于荆，康王卒，荆人曰：「必請襲。」魯人曰：「非禮也。」荆人强之。巫先拂

柩，荆人悔之。

孔氏曰：荆，蓋楚之本號。魯莊之世，告命皆稱荆。至僖元始稱楚，故杜預云「荆始改號曰楚」。

鄭氏曰：康王，楚子昭也，卒在魯襄公二十八年。荆人請襲，欲使襄公衣之。魯人曰非禮，荆人欲尊康王，故强之。巫祝桃茢，君臨臣喪之禮。

澄曰：悔者，悔以臣禮强魯君使襲，遂致魯君以君禮臨其喪。荆自尊而卑魯，魯亦自尊而卑荆以報之，荆耻於爲魯所卑，故悔其召辱由己也。

長樂陳氏曰：荆人以人臣之事待襄公，襄公則以人臣之事臨荆人，豈非自尊而卑人者，人必卑之；自貴而賤人者，人必賤之耶？秦王屈趙王以鼓瑟而有擊缶之辱，亦其類也。

【陳氏集説】諸侯伐秦，曹桓公卒于會。諸侯請含，使之襲。曹伯之卒，魯成公十三年也。襲，賤者之事。諸侯從之，不知禮也。**襄公朝于荆，康王卒，荆人曰：「必請襲。」魯人曰：「非禮也。」荆人强之。巫先拂柩，荆人悔之。**荆，禹貢州名。楚，立國之本號，魯僖公元年始稱楚。魯襄公以二十八年朝楚，適遭楚子昭之喪，魯人知襲之非禮而不能違，於是以君臨臣喪之禮先之，及其覺之而悔，已無及矣。此其適權變之，宜足以雪耻。

【郝氏通解】此記諸侯失禮之事。晋以諸侯伐秦，事在魯成公十三年。曹伯盧卒于師，曹宣公也，誤作桓。請含，請于晋也。晋厲公爲盟主，使諸侯襲之。奉含，朋友有相啖之禮。奉衣襲尸，賤者之事，非禮也。魯襄公朝楚，事在襄公二十八年。楚康王卒，楚人强襄公襲，是以臣遇之也。魯使巫人先拂除柩，以君禮自處也。乃所以報之，然皆非禮。

【方氏析疑】襄公朝于荆，康王卒。

見于記者，楚皆稱荆，蓋七十子所私記。觀此，則春秋始稱荆，繼稱荆人，繼稱楚，繼君爵大夫氏，皆舊史之文，而非孔子所損益明矣。然春秋於國號及辭之詳畧，從史文以見時事。而君仍稱子，以遵周制。記則號舉而仍其淫名，此春秋之辭，游、夏所以不能贊也。

【江氏擇言】諸侯伐秦，曹桓公卒于會。

鄭注：魯成十三年「曹伯廬卒於師」是也。廬謚宣，言「桓」，聲之誤也。

按，「桓」與「宣」字相似而誤。

【欽定義疏】正義 鄭氏康成曰：魯成十三年，曹伯廬卒於師。廬謚宣，言「桓」，聲之誤也。請含，以朋友有相啖食之道。使之襲，非也。襲，賤者之事。朝荆，在魯襄公二十八年。康王，楚子昭也。楚言「荆」者，州言之。荆請襲，欲使襄公衣之。荆人欲尊康王，故强之。巫祝桃茢，君臨臣喪之禮。

孔氏穎達曰：此論諸侯失禮之事。荆，楚之本號，魯莊之世，告命皆稱荆。至僖元年始稱楚，故杜預云：「荆始改號曰楚。」

吴氏澄曰：其時晉霸，厲公主兵，使諸侯行襲事，蓋出於霸令也。悔者，悔以臣禮强魯君使襲，遂致魯君以君禮臨其喪。荆自尊而卑魯，魯亦自尊而卑荆以報之。荆恥於爲魯所卑，故悔其召辱由己也。

陳氏祥道曰：荆人以人臣之事待襄公，襄公則以人君之事臨荆人。豈非自尊而卑人者，人必卑之；自貴而賤人者，人必賤之邪？秦王屈趙王以缶而有鼓瑟之辱，夫差屈句踐於會稽而有姑蘇之恥，亦其類也。

存疑 胡氏銓曰：春秋書楚子，此稱王，記禮者誤也。又曲禮云「夷狄雖大，曰子」，此乃稱王，首尾矛盾。案：禮記非一人所作，其矛盾甚多，况此篇尤屬傳聞。人曰康王，則記康王而已。左傳自楚武王以後，無不稱王者，述事與書法原不同也。

案 士喪禮將大斂，棺始入。此襲時有柩，或疑君禮之異，非也。古人既葬來弔，尚請含請襚，蓋此時楚子已大斂入棺。楚人以襲禮最賤，故使魯君行襲禮，非真尚未襲而使魯君襲，遂疑君禮之有異也。

【杭氏集説】吴氏澄曰：其時晉霸，厲公主兵，使諸侯行襲事，蓋出於霸也。其悔者，悔以臣禮强魯君使襲，遂致魯君以君禮臨其喪。荆自尊而卑魯，魯亦自尊而卑荆以報之。荆恥於爲魯所卑，故悔其召辱由己也。

姚氏際恒曰：按此亦與春秋傳互異。哀二十八年十二月，楚康王薨，是時公方及漢，初欲止，卒至楚。諸侯五日而殯，至時，康王已在殯矣。二十九年正月，有楚人使公親襚之事，蓋致襚諸禮可在殯後。雜記上云致禮「委衣於殯東」是也。此易「請襚」爲「請襲」，易「拂殯」爲「拂柩」，蓋誤以康王爲猶未殯也。

任氏啟運曰：事在魯成公十三年。左作宣，名廬，言「桓」，誤也。又曰魯以周公之後，不能自强，至於朝楚，以非禮見辱，又不能止，而爲權譎以欺之，抑末矣。

方氏苞曰：見于記者，楚皆稱荆，蓋七十子所私記。觀此，則春秋始稱荆，繼稱荆人，繼稱楚，繼君爵大夫氏，皆舊史之文，而非孔子所損益明矣。然春秋于國號及辭之詳略，從史文以見時事。而君仍稱子，以遵周制。記則號舉而仍其舊名，此春秋之辭，游、夏所以不能贊也。

【孫氏集解】諸侯伐秦，曹桓公卒于會。諸侯請含，使之襲。

鄭氏曰：魯成十三年「曹伯廬卒于師」是也。廬，謚宣，言桓，聲之誤也。諸侯請含者，朋友有相啖食之道。使之襲，非也。襲，賤者之事。

愚謂士喪禮，主人親含，襲斂則皆商祝爲之。周禮大宰「贊贈玉、含玉」，注云：「助王爲之。」則諸侯之喪，亦必其子親含，而上卿贊也。喪大記云：「君之喪，大祝是斂，衆祝佐之。」諸侯無相爲含、襲之禮，而襲之事尤卑於含。諸侯請爲曹伯含，已爲非禮。而又使之襲，則益甚矣。然以楚之强，使魯襄公襚而終以取辱。曹之弱小，何能得此於諸侯？使襲之事，恐未可信。

襄公朝于荆，康王卒，荆人曰：「必請襲。」魯人曰：「非禮也。」荆人强之。巫先拂柩，荆人悔之。

鄭氏曰：康王，楚子昭也。楚言荆者，州言之。荆人請襲者，欲使襄公衣之。巫祝拂柩，君臨臣喪之禮。

愚謂荆者，楚之本號，猶晉之本號爲唐，鄒之本號爲邾也。左傳襄公二十九年：「公在楚，楚人使公親襚。公患之，穆叔曰：『祓殯而襚，則布幣也。』乃使巫以桃茢先拂殯。楚人弗禁，既而悔之。」即此事也。但傳言「請襚」，此言「請襲」，傳言「拂殯」，此言「拂柩」。案左傳襄公以二十八年冬如楚，及漢，聞康王卒，而楚人使公襚。傳於二十九年正月言之。禮，死日即襲，殯則大夫、士三日，諸侯五日。計此時康王之殯必已久矣。是傳言「使襚」及「拂殯」者是，而記言「請襲」及「拂柩」者非也。諸侯有遺使相襚之禮，使者委衣於殯東。今荆人欲公親致襚衣於柩前，蓋臣於君致襚之禮如此。荆人使魯君親襚，所以卑魯也。魯君雖從其親襚，而使巫先拂殯，用君臨臣喪之禮，又所以卑荆也。出爾反爾，豈不信哉！然當時楚適無知禮者而不之禁，設有知禮之臣，於魯君入襚之時，而止巫於門外，則其禮將有不得行矣。然則拂殯之事，亦倖耳。

【朱氏訓纂】諸侯伐秦，曹桓公卒於會。注：魯成十三年「曹伯廬卒於師」是也。廬謚宣，言「桓」，聲之誤也。**諸侯請含，**注：以朋友有相啖食之道。**使之襚。**注：非也。襚，賤者之事。彬按，僖四年左傳：「凡諸侯薨於朝會，加一等。死王事，加二等。於是有以衮斂。」**襄公朝於荆，康王卒，**注：在魯襄二十八年。康王，楚子昭也。楚言荆者，州言之。**荆人曰：「必請襲。」**注：欲使襄公衣之。**魯人曰：「非禮也。」荆人强之。**注：欲尊康王。**巫先拂柩，荆人悔之。**注：巫祝桃茢，君臨臣喪之禮。彬案，左氏襄二十九年傳：「楚人使公親襚，公患之。穆叔曰：『祓殯而襚，則布幣也。』乃使巫以桃茢先祓殯，楚人弗禁，既而悔之。」正義曰記之所言，即是此事。所異者，此言「請襚」，彼言「請襲」。此言「祓殯」，彼言「拂柩」。案往年傳「公及漢，聞康王卒，公欲反」，則康王之卒，公未至楚。楚人使公親襚，襚不得爲襲也。卒已踰月，不得柩仍在地，足知殯是柩非，記虚而傳實也。襚衣，所以衣尸。既殯而使公襚者，雜記記致襚之禮云「委衣於殯東」，是既殯猶致襚也。文九年「秦人來歸僖公、成風之襚」。僖薨十年猶致之，況既殯也？

四・六四　**○滕成公之喪，**魯昭三年。**使子叔敬叔弔，進書。**子叔敬叔，魯宣公弟叔肸之曾孫叔弓也。進書，奉君弔書。○肸，許乙反。**子服惠伯爲介。**惠伯，慶父玄孫之子，名椒。介，副也。○介，音界，注及後同。**及郊，爲懿伯之忌，不入。**郊，滕之近郊也。懿伯，惠伯之叔父。忌，怨也。敬叔有怨於懿伯，難惠伯也。春秋傳曰：「敬叔不入。」○難，乃旦反。**惠伯曰：「政也，不可以叔父之私不將公事。」**政，君命所爲。敬叔於昭穆以懿伯爲叔父。○昭，常遥反。**遂入。**惠伯强之，乃入。

【疏】「滕成」至「遂入」[一]。○正義曰：此一節論不可以私廢公之事，各依文解之。

○注「子叔」至「弓也」。○正義曰：案世本「叔肸生聲伯嬰齊，齊生叔老，老生叔弓。」是叔弓爲叔肸曾孫也。叔是其氏，此記云「子叔」者，子是男子通稱，故以「子」冠「叔」也。

○注「惠伯」至「副也」。○正義曰：案世本：「慶父生穆伯敖，敖生文伯穀，穀生獻子蔑。」蔑爲慶父曾孫，惠伯是蔑之孫，是慶父玄孫之子也。案春秋傳曰「子服椒」，故知名椒也。

○「及郊」至「公事」。○敬叔爲使，惠伯爲介，至滕之近郊，懿伯是惠伯叔父，敬叔於先有怨於懿伯，今至滕郊，爲有懿伯之怨，故畏難惠伯，不敢入。惠伯知其難己，遂開釋之：「今既奉君命政令，奉使滕國，不可以叔父私怨，遂欲報讎，不行公事也。」

○注「郊滕」至「不入」。○正義曰：經直云「郊」，知是「滕之近郊」者，下云「不

[一] 滕成至遂入　惠棟校宋本無此五字。○鍔按：「滕成」上，阮校有「滕成公之喪節」六字。

入」，謂不入國城，則郊與國城相近，故知郊是近郊也。

知懿伯是惠伯叔父者，以下文惠伯云「不可以叔父之私」，故知懿伯是惠伯叔父也。

云「敬叔有怨於懿伯，難惠伯也」者，謂敬叔殺懿伯[一]，被懿伯家所怨，恐惠伯殺己，故難惠伯，不敢入也。然敬叔、惠伯同在君朝，又奉使滕國，相隨在路，不相畏難，入滕始難者，雖有怨讎，但爲防備，今入滕國，是由主人，其防備之事不復在己，故難之。

引春秋傳「敬叔不入」者，昭三年左傳文。引之者，以經直云「不入」，恐是惠伯不入，故引以明之。

○注「政君」至「叔父」。○正義曰：案論語注：「君之教令爲政，臣之教令爲事也。」故云「其事也，如有政」。

云「敬叔於昭穆以懿伯爲叔父」者，此後人轉寫鄭注之誤，當云「敬叔於昭穆以惠伯爲叔父」。檢勘世本，敬叔是桓公七世孫，惠伯是桓公六世孫，則惠伯是敬叔之父六從兄弟，則敬叔呼惠伯爲叔父，敬叔呼懿伯爲五從祖。此注乃云「敬叔於昭穆以懿伯爲叔父」，故知誤也。

[一] 謂敬叔殺懿伯　閩、監、毛本作「殺」，衛氏集説同。此本「殺」字闕。

【衛氏集説】鄭氏曰：成公喪在魯昭三年。子叔敬叔，魯宣公弟叔肸之曾孫叔弓也。進書，奉君弔書也。惠伯，慶父玄孫之子，名椒。介，副也。郊，滕之近郊。懿伯，惠伯之叔父。忌，怨也。敬叔有怨于懿伯，難惠伯也。春秋傳曰：「敬叔不入。」政，君命所爲，故惠伯强之，乃入。

孔氏曰：此一節論不可以私廢公之事。子叔，叔是其氏，云子叔者，子是男子通稱，故以「子」冠「叔」也。敬叔殺懿伯，被懿伯家所怨，恐惠伯殺己，故難惠伯，不敢入也。然同在君朝，又奉使滕國，相隨在路，不相畏難，入滕始難者，雖有怨讎，恒爲防備，今入滕國，是由主人，防備不復在己，故難之。惠伯知其難己，遂開釋之。今既君命政令，奉使滕國，不可以叔父私怨遂欲報讎，不行公事也。案世本，敬叔是桓公七世孫，惠伯是桓公六世孫。則惠伯是敬叔之父六從兄弟，故敬叔呼惠伯爲叔父，呼懿伯爲五從祖。

嚴陵方氏曰：昔孔子對子夏問居昆弟之讎，則曰：「銜君命而使，雖遇之，不鬬。」夫叔父之親與昆弟等耳，惠伯處之以此，豈不宜哉！

【吴氏纂言】鄭氏曰：成公喪在魯昭三年。子叔敬叔，魯宣公弟叔肸之曾孫叔弓也。進書，奉君弔書也。惠伯，慶父玄孫之子，名椒。介，副也。郊，滕之近郊。懿伯，惠伯之叔父。忌，怨也。敬叔有怨於懿伯，難惠伯，故不入。政，君命所爲。惠伯强之，乃入。

孔氏曰：子叔，子，男子通稱，叔，其氏，故以「子」冠「叔」。敬叔殺懿伯，懿伯家所怨，恐惠伯殺己，故難惠伯，不敢入也。然同在君朝，又奉使，相隨在路，不相畏難，入滕始難者，有怨讎恒防備，入滕，則由主人，防備不復在己，故難之。惠伯知其難己，遂開釋之，謂奉君政令使滕，不可以叔父私怨欲報讎，而不行公事也。

澄曰：人君一國之公事謂之政，人臣一家之私事謂之事。奉君命弔滕者，國政之公也。爲叔父報讎者，家事之私也。將，「將命」之將。

方氏曰：子夏嘗問居昆弟之仇，孔子答云：「奉君命而使，雖遇之，不鬭。」叔父之親與昆弟等，惠伯之處此宜哉！

【陳氏集説】滕成公之喪在魯昭公之三年。敬叔，魯桓公七世孫。惠伯，則桓公六世孫也。於世次，敬叔稱惠伯爲叔父，懿伯則惠伯之叔父，而敬叔之五從祖。進書，奉進魯君之弔書也。介，副也。劉氏曰：左傳注云「忌，怨也」。敬叔先有怨於懿伯，故不欲入滕，以惠伯之言而入，傳言叔弓之有禮也。此疏云：敬叔嘗殺懿伯，爲其家所怨，恐惠伯殺己，故不敢先入。惠伯知其意而開釋之，記惠伯之知禮也。二説不同，而皆可疑。如彼注言，禮，椒爲之避仇怨，則當自受命之日辭行以禮之，不當及郊而後辭入也。如此疏言，恐惠伯殺己而難之，則魯之遣使而使其仇爲之副，不恤其相仇以棄命害事，亦非善處也。且叔弓爲正使，得仇怨爲介而不請易之，非計之得也。又同使共事，而常以仇敵備之，而往反於魯、滕之路，亦難言也。使椒果欲報仇，則其言雖善，安知非誘我耶？而遂入，又非通論也。按左傳云「及郊，遇懿伯之忌」，此作「爲」，二字雖異，而皆先言及郊而後言忌，可見是及郊方遇忌也。或者「忌」字只是忌日，懿伯是敬叔從祖，適及滕郊而遇此日，故欲緩至次日乃入，故惠伯以禮曉之，曰：「公事有公利，無私忌。」乃先入，而叔弓亦遂入焉。此説固可通，然亦未知然否，闕之可也。

【納喇補正】爲懿伯之忌，不入。

集説　劉氏曰：左傳注云「忌，怨也」。敬叔先有怨於懿伯，故不欲入滕，以惠伯之言而入，傳言叔弓之有禮也。此疏云：敬叔嘗殺懿伯，爲其家所怨，恐惠伯殺己，故不敢先入。惠伯知其意而開釋之，記惠伯之知禮也。二説不同，而皆可疑。如彼注言，禮，椒爲之避仇怨，則當時受命之日辭行以禮之，不當及郊而後辭入也。如此疏言，恐惠伯殺己而難之，則魯之遣使而使其仇爲之副，不恤其相仇以棄命害事，亦非善處也。且叔弓爲正使，得仇怨爲介而不請易之，非計之得也。又同使共事，而常以仇敵備之，而往反於魯、滕之路，亦難言也。使椒果欲報仇，則其言雖善，安知非誘我耶？而遂入，又非通論也。案左傳云「及郊，遇懿伯之忌」，此作「爲」，二字雖異，而皆先言及郊而後言忌，可見是及郊方遇忌也。或者「忌」字只是忌日，懿伯是敬叔從祖，適及滕郊而遇此日，故欲緩至次日乃入，故惠伯以禮曉之，曰：「公有公利，無私忌。」乃先入，而叔弓亦遂入焉。此説固可通，然亦未知然否，闕之可也。

【竊案】孔子言「居兄弟之仇，奉君命而使，雖遇之，不鬬」。叔父之親與昆弟等，則魯使惠伯爲敬叔介，固有是理。但敬叔殺懿伯事既不見書傳，不如作「忌日」解爲直捷也。劉氏辨之當矣。又曰「未知然否」，何耶？

【郝氏通解】滕成公之喪在魯昭公三年。子叔敬叔，魯宣公弟叔弓也，桓公之七世孫。惠伯名椒，桓公之六世孫。以世次，則惠伯於敬叔爲叔父，而懿伯又惠伯之叔父也。進書，奉弔書也。介，副使也。忌，忌日。及滕郊而當惠伯叔父之忌日，敬叔欲暫息，惠伯以爲不可，遂入，禮也。鄭康成解「忌」爲「怨」，恐非。

【江氏擇言】**及郊，爲懿伯之忌，不入。惠伯曰：「政也，不可以叔父之私不將公事。」遂入。**

鄭注：懿伯，惠伯之叔父。忌，怨也。敬叔有怨於懿伯。

按，舊説之可疑，劉氏論之詳矣。劉氏一説云：「或者『忌』字只是忌日，懿伯是敬叔從祖，適及滕郊而遇此日，故欲緩至次日乃入，故惠伯以禮曉之。」按此説最當，當從之。

【欽定義疏】正義 鄭氏康成曰：成公喪在魯昭三年。子叔敬叔，魯宣公弟叔肸之曾孫叔弓也。孔疏：世本「叔肸生聲伯嬰齊，嬰齊生叔老，叔老生叔弓」。進書，奉君弔書也。惠伯，慶父玄孫之子，名椒。孔疏：世本「慶父生穆伯敖，敖生文伯穀，穀生獻子蔑」。案：蔑爲慶父曾孫，惠伯是蔑之孫，是慶父玄孫之子也。蔑生莊子速及懿伯，别爲子服氏。疑惠伯椒，莊子速之子。介，副也。郊，滕之近郊。懿伯，惠伯之叔父。春秋傳曰「敬叔不入」。政，君命所爲。故惠伯强之，乃入。敬叔於昭穆以懿伯爲叔父。孔疏：此後人傳寫鄭注之誤，當云「以惠伯爲叔父」。敬叔是桓公七世孫，惠伯是桓公六世孫，則敬叔呼惠伯爲叔父，呼懿伯爲五從祖。

孔氏穎達曰：此論不可以私廢公之事。

存疑 鄭氏康成曰：忌，怨也。敬叔有怨於懿伯，難惠伯也。孔疏：敬叔殺懿伯，被懿伯家所怨，恐惠伯殺己，故難惠伯，不敢入也。然同在君朝，今奉使滕國，相隨在路，不相畏難，入滕始難，雖有怨讎，恒爲防備。今入滕國，是由主人，防備不復在己，故難之。惠伯知其難己，遂開釋之，今既君命政令，奉使滕國，不可以叔父私怨遂欲報仇，不行公事也。

孔氏穎達曰：叔是氏，子者，男子通稱，故以「子」冠「叔」也。

方氏慤曰：昔孔子對子夏問居昆弟之仇，則曰「銜君命而使，雖遇之，不鬬」。夫叔父之親，與昆弟等耳。惠伯處之以此，豈不宜哉？

辨正 劉氏敞曰：左傳注云「忌，怨也」。敬叔先有怨於懿伯，故不欲入滕，以惠伯之言而入，傳言叔弓之有禮。按左傳云「及郊，遇懿伯之忌」，先言及郊，而後言忌，可見是及郊方遇忌也。「忌」字只是忌日，懿伯是敬叔從祖，適及滕郊而遇此日，故欲緩至次日乃入，故惠伯以禮曉之曰：「公事有公利，無私忌。」乃先入，而叔弓亦遂入焉。

案 自鄭以「忌」爲「怨」，亦止言敬叔有怨於懿伯，未嘗言「殺」也。孔疏竟言敬叔殺懿伯，何所據乎？故斷以劉氏「忌日」之説爲確。

【杭氏集説】劉氏敞曰：左傳注云「忌，怨也」。敬叔先有怨於懿伯，故不欲入滕，以惠伯之言而入，傳言叔弓之有禮。按左傳云「及郊，遇懿伯之忌」，先言及郊，而後言忌，可見是及郊方遇忌也。「忌」字只是忌日，懿伯是敬叔從祖，適及滕郊而遇此日，故欲緩至次日乃入，故惠伯以禮曉之，曰：「公事有公利，無私忌。」乃先入，而叔弓亦遂入焉。

姚氏際恒曰：此魯昭三年事。鄭氏以「忌」爲「怨」，左傳杜注亦同。孔子遂謂敬叔殺懿伯，此附會之説也。劉氏以「忌」爲「忌日」，似非。

陸氏奎勳曰：明是忌日，何必以「衛君命而使，雖遇之，不鬭」，乃强訓爲怨仇？

姜氏兆錫曰：「忌」字未詳。據左傳注「忌，怨也」。敬叔先有怨于懿伯，故不欲與其姪惠伯入滕，而以惠伯之一言而入，是傳敬叔之有禮也。據疏，敬叔嘗殺懿伯，爲其家所怨，恐其姪惠伯殺也，故不敢先入，而惠伯則知其意，而開釋之，是紀惠伯之有禮也。劉氏曰：「二説不同，而皆可疑。如注言，敬叔欲避怨，則當受命之日辭行，不更及郊之後辭入。如疏言，使惠伯果修怨，則其言進善，安知非我誘耶而遂入乎？按『爲懿子之忌』，『爲』字，左傳作『遇』，是及郊方遇忌也。或者『忌』只是『忌日』之忌，懿伯爲敬叔之五從祖，惠伯之嫡叔父，適及滕郊，而遇此忌日，故敬叔欲緩至次日乃入，而惠伯以禮曉之，然後敬叔從而入與？」愚按劉氏本左傳正文定「爲」字爲「遇」，其言有據，宜可從也。

齊氏召南曰：按左傳云：「及郊，遇懿伯之忌。」此作「爲懿伯之忌」，二字雖異，而皆先言及郊，而後言忌，可見是及郊方遇忌也。或者「忌」字只是忌日，然亦未知然否，闕之可也。

任氏啟運曰：孔、劉皆無考，而劉爲長。蓋居同國，出同使，若恐其殺己，豈止防此一日哉？

【孫氏集解】鄭氏曰：滕成公之喪，魯昭三年。子叔敬叔，魯宣公弟叔肸之曾孫叔弓也。進書，奉君弔書。惠伯，慶父玄孫之子，名椒。介，副也。郊，滕之近郊也。懿伯，惠伯之叔父。

劉氏敞曰：「忌」只是忌日，懿伯是敬叔從祖。適及滕郊而遇此日，故欲緩至次日乃入，故惠伯以禮曉之。

愚謂左傳云「叔弓如滕，葬成公」，是二子乃送葬之使也。書，謂書方賵物之目也。叔弓爲正使，故云進此賵物之書。忌，劉氏以爲「忌日」，是也。而其説有未盡者，敬叔於懿伯乃絶族者，不當避其忌日，敬叔之欲不入，體惠伯之情也。懿伯爲惠伯之叔父，禮，自期以上皆諱。爲之諱者，則又當爲之忌也。忌日不用，蓋心有所動於彼，則哀有不得專於此也。然以私忌而稽君命，則非禮，此禮之又當變通者也。此一事於敬叔見其有和衷之雅，於惠伯見其明公私之義，可謂各盡其道矣。

○鄭氏謂：「敬叔有怨於懿伯，恐惠伯報怨而不入。」疏云：「敬叔殺懿伯，恐惠伯殺己，故難惠伯，不敢入也。」

愚謂懿伯、敬叔皆魯之大夫，若果相殺，其事何不見於春秋之經傳？且敬叔果難惠伯，當辭之於受命之日，不當避之於至滕之時。其說不近人情。惟左傳杜氏注云：「叔弓禮椒，欲爲避仇。」而疏申其說，則謂懿伯爲人所殺，敬叔欲惠伯報仇，與杜氏之意亦微異。大約皆傍緣鄭氏之說而畧變之，皆穿鑿無稽之談耳。且以「忌」爲忌日，則「爲懿伯之忌」句辭義已足，若如鄭、杜之說，則立文太簡，指不分明，使後人讀之而不得其說，必不然也。

○孔氏曰：檢勘世本，敬叔是桓公七世孫，惠伯是桓公六世孫，則敬叔呼惠伯爲叔父，呼懿伯爲從祖。注云「敬叔以懿伯爲叔父」，誤也。

愚謂叔父自惠伯指懿伯而言，鄭氏云「懿伯，惠伯之叔父」是矣。而其下乃又出此，殊不可曉，不獨其所言「昭穆」之誤也。

【朱氏訓纂】滕成公之喪，注：魯昭三年。**使子叔敬叔弔，進書。**注：子叔敬叔，魯宣公弟叔肸之曾孫叔弓也。進書，奉君弔書。正義：案世本「叔肸生聲伯嬰齊，齊生叔老，老生叔弓」。是叔弓爲叔肸曾孫也。叔是其氏，子是男子通稱，故以「子」冠「叔」也。**子服惠伯爲介。**注：惠伯，慶父玄孫之子，名椒。介，副也。正義：案世本「慶父生穆伯敖，敖生文伯穀，穀生獻子蔑」。蔑爲慶父曾孫，惠伯是蔑之孫，慶父玄孫之子也。**及郊，爲懿伯之忌，不入。**注：郊，滕之近郊也。懿伯，惠伯之叔父。忌，怨也。敬叔有怨於懿伯，難惠伯也。春秋傳曰：「敬叔不入。」**惠伯曰：「政也，不可以叔父之私不將公事。」**注：政，君命所爲。敬叔於昭穆以懿伯爲叔父。正義：此後人轉寫鄭注之誤。當云「敬叔於昭穆以惠伯爲叔父」。檢世本，敬叔是桓公七世孫，惠伯是桓公六世孫，則惠伯是敬叔之父六從兄弟。**遂入。**注：惠伯强之，乃入。劉原父曰：左傳注云「忌，怨也」。敬叔先有怨於懿伯，故不欲入滕，以惠伯之言而入。按左傳云：「及郊，遇懿伯之忌。」先言及郊，而後言忌，可見是及郊方遇忌也。「忌」字只是忌日，懿伯是敬叔從祖，適及滕郊而遇此日，故欲緩至次日乃入。惠伯以禮曉之，曰：「公事有公利，無私忌。」乃先入，而叔弓亦遂入焉。王氏懋竑曰：劉氏以懿伯之忌爲忌日。案喪大記「大夫、士既練而歸」「朔月忌日，則歸哭於宗室」，注：「忌日，死日也。」此指大祥之日爲忌日，則懿伯之練祥無疑。叔父之服期，是日惠伯當除服，故敬叔爲惠伯欲至次日入，而惠伯以義斷之。若是大祥之日，惠伯服制已滿，無所避矣。

【郭氏質疑】爲懿伯之忌，不入。

鄭注：忌，怨也。敬叔有怨於懿伯，難惠伯也。

孔疏：敬叔殺懿伯，恐惠伯殺己，入滕國，由主人，防備不復在己，故難之。

嵩燾案，左傳昭三年：「叔弓如滕，葬滕成公。子服椒爲介。及郊，遇懿伯之忌，敬子不入。惠伯曰：『公事有公利，無私忌。椒請先入。』乃先受館，敬子從之。」杜預注：「叔弓禮椒，爲之辟仇。」傳言叔弓之有禮，鄭意敬叔辟惠伯之仇已。杜意敬叔爲惠伯辟仇。孔疏附會鄭意，又創爲敬叔殺懿伯之説。集説引劉氏敞云：「先言及郊，而後言忌，是及郊方遇忌也。忌衹是忌日，懿伯是敬叔從祖，及滕郊而適遇忌日，故欲緩至次日乃入。」一埽諸説之障。孔疏引世本「叔肸生聲伯嬰齊，嬰齊生叔老，叔老生叔弓」。叔肸，宣公母弟，於桓公爲八世孫。「慶父生穆伯敖，敖生文伯穀，穀生獻子蔑」。惠伯，蔑孫，於桓公爲七世孫。春秋姓氏表，子服它，孟獻子之子，爲子服氏。而通志稱慶父玄孫懿伯，字子服，爲子服氏。惠伯始見襄二十三年左傳注：「孟椒，孟獻子之孫子服惠伯。」子服它當即惠伯之父，懿伯與子服它同出孟獻子，懿伯不必爲子服氏。案左傳襄二十三年稱「孟椒」。昭三年，稱「子服椒」。傳曰「胙之土而命之氏」，疑惠伯仕爲大夫，乃以其父它之字爲子服氏。敬叔以惠伯於懿伯當服期，故欲辟其忌日。祭義「忌日不用」，鄭注「不用舉他事」是也。所以不入者，爲惠伯辟也。劉氏乃云：「懿伯是敬叔從祖。」則是疏屬，無服之從祖無庸辟之，劉氏之説猶誤。

四·六五　〇**哀公使人弔蕢尚，遇諸道，辟於路，畫宮而受弔焉。**哀公，魯君也。畫宮，畫地爲宮象。〇蕢，苦怪反。辟，音避，又婢亦反。畫，音獲，注同。**曾子曰：「蕢尚不如杞梁之妻之知禮也。**行弔禮於野，非[一]。**齊莊公襲莒于奪，杞梁死焉。**魯襄二十二年「齊侯襲莒」[二]是也。春秋傳曰：「杞殖、華還載甲，夜入且于之隧。」隧、奪聲相近，或爲「兑」。梁即殖也。〇于奪，徒外反，注並「兑」同。杞，音豈。殖，時職反。華，胡化反。且，子餘反。**其妻迎其柩於路而哭之哀。莊公使人弔之，對曰：『君之臣不免於罪，則將肆諸市朝，而妻妾執。**肆，陳尸也。大夫以上於朝，士以下於市。執，拘也。〇肆，殺三日陳尸，音四。朝，直遥反。上，詩掌反。拘音俱。**君之臣免於罪，則有先人之敝廬在，君無所辱命。』」**無所辱命，辭不受也。春秋傳曰：「齊侯弔諸其室。」〇廬，力居反。

【疏】「哀公」至「辱命」[三]。〇正義曰：此一節論蕢尚不如婦人得禮之事。

[一] 行弔禮於野非　閩、監、毛本作「非」，岳本同，嘉靖本同。此本「非」誤「升」。衛氏集説「非」下有「也」字，考文引古本同。〇鍔按：「行弔」上，阮校有「哀公使人弔蕢尚節」八字。

[二] 魯襄二十二年齊侯襲莒　閩本同，嘉靖本同。監、毛本「二」作「三」，岳本同，衛氏集説同。案：依春秋，當作「三」。

[三] 哀公至辱命　惠棟校宋本無此五字。

〇注「肆陳」至「拘也」。〇正義曰：案周禮鄉士職云：「協日刑殺，肆之三日。」是陳尸曰肆也。

云「大夫以上於朝，士以下於市」者，謂諸侯大夫、士也[一]。故襄二十二年，楚殺令尹子南[二]，尸諸朝三日。大夫既於朝，士則於市也。其天子臣，則有爵者皆適甸師氏，不在朝。故周禮掌囚職云：「凡有爵者，奉而適甸師氏，以待刑殺。」掌戮云「有爵者殺之于甸師氏」是也。天子士宜在朝，與諸侯大夫同。

【衛氏集説】鄭氏曰：哀公，魯君也。畫宮，畫地爲宮象。曾子言行弔禮于野，非也。魯襄二十三年，齊侯襲莒，春秋傳曰：「杞殖、華還載甲，夜入且于之隧。」隧、奪聲相近，或爲「兑」。梁，即殖也。肆，陳尸也。大夫以上于朝，士以下于市。執，拘也。無所辱命，辭不受也。春秋傳曰：「齊侯弔諸其室。」

孔氏曰：此一節論蕢尚不如婦人得禮之事。周禮鄉士職云：「協日刑殺，肆之三日。」是陳尸曰肆。鄭注謂諸侯大夫、士也，故襄二十二年，楚殺令尹子南，尸諸朝。大夫既于朝，士則于市。其天子臣，則有爵者皆適甸師氏，不在朝。故周禮掌囚職云：「凡有爵者，奉而適甸師氏，以待刑殺。」掌戮云「有爵者殺之于甸師氏」是也。天子士宜在朝，

[一] 謂諸侯大夫士也　閩、監、毛本同，惠棟校宋本無「謂」字。
[二] 故襄二十二年楚殺令尹子南　閩、監本如此，此本上「二」誤「一」，毛本下「二」誤「一」。

與諸侯大夫同。

嚴陵方氏曰：與人交于喪，尤欲其至，故弔又音「的」，而訓「至」。若夫弔人于道路之間者，禮苟從簡，事苟從便而已，豈所以用其至哉！蓋非禮之禮，君子固不以加于人，然亦未嘗受之于人焉，此曾子所以言「蕢尚不如杞梁之妻之知禮」也。

【吴氏纂言】鄭氏曰：哀公，魯君。畫宫，畫地爲宫象。行弔禮於野，非。魯襄二十二年，齊侯襲莒，杞植、華還載甲，夜入且于之隧。梁，即植也。隧、奪聲相近，或爲「兑」。肆，陳尸也。大夫以上於朝，士於市。執，拘也。無所辱，命辭不受也。春秋傳曰：「齊侯弔諸其室。」

澄曰：辟於路，謂開辟道路而畫爲宫也。蕢尚必是其父死於兵間，故哀公使人弔而遇諸道，於齊莊公使人弔杞梁之妻同。君不待其喪至家而急弔之者，哀其爲國事而死也。故曾子但責蕢尚不能如杞梁妻之不受弔，而不責哀公之不當弔於野。方氏乃以弔人於道路爲從簡便，是責弔者之非，而不責受弔者之非也，與曾子之意異矣。市、朝，皆曠地露天。杞梁妻言有罪而誅者，乃陳其尸於曠地露天之處。若非有罪，則不當於曠地露天之野而弔之也。

孔氏曰：鄭注謂陳尸於朝、於市者，諸侯之大夫、士也。天子之臣則有爵者皆適甸師氏，不在朝。天子之士宜在朝，同諸侯之大夫。

【陳氏集説】哀公使人弔蕢尚，遇諸道，辟於路，畫宮而受弔焉。哀公，魯君。辟於路，辟讀爲闢，謂除闢道路，以畫宮室之位而受弔也。曾子曰：「蕢尚不如杞梁之妻之知禮也。齊莊公襲莒于奪，杞梁死焉。其妻迎其柩於路而哭之哀。魯襄公二十三年，齊侯襲莒。襲者，以輕兵掩其不備而攻之也。左傳言「杞殖、華還載甲，夜入且于之隧」，且于，莒邑名。隧，狹路也。鄭云或爲「兑」，故讀「奪」爲「兑」。梁，即殖，以戰死，故妻迎其柩。莊公使人弔之，對曰：『君之臣不免於罪，則將肆諸市朝，而妻妾執。君之臣免於罪，則有先人之敝廬在，君無所辱命。』」肆，陳尸也。妻妾執，拘執其妻妾也。左傳言：「齊侯弔諸其室。」

【郝氏通解】辟，避也。避于道傍，畫宮室之位而受弔，非禮也。齊莊公襲莒，事在魯襄公二十三年。杞梁，齊臣，即杞殖。奪，鄭作「兑」，狹路也。妻妾執，古所謂拏戮也。無所辱命，言當弔于家。曾子譏蕢尚不如杞梁妻，亦以見哀公之失禮。故記者併記其事明之。

【欽定義疏】正義 鄭氏康成曰：哀公，魯君也。畫宮，畫地爲宮象。曾子言行弔禮於野，非也。魯襄二十三年，齊侯襲莒。春秋傳曰：「杞殖、華還載甲，夜入且于之隧。」隧、奪聲相近，或爲「兑」。陳氏澔曰：隧，狹路也。梁，即殖也。肆，陳尸也。大夫以上於朝，士以下於市。執，拘也。無所辱命，辭不受也。春秋傳曰：「齊侯弔諸其室。」

孔氏穎達曰：此論蕢尚不如婦人得禮之事。

方氏慤曰：弔人於道路之間，禮苟從簡，事苟從便。蓋非禮之禮，君子固不以加於人，亦未嘗受之於人，此曾子所以言「蕢尚不如杞梁之妻之知禮」也。

陳氏澔曰：辟，讀闢。除闢道路，畫宮室之位以受弔。

通論 孔氏穎達曰：周禮鄉士職云「協日刑殺，肆之三日」，是陳尸曰「肆」。鄭注謂諸侯大夫、士也，故襄二十二年，楚殺令尹子南，尸諸朝。大夫既於朝，士則於市。其天子臣則有爵者，皆適甸師氏，不在朝，故周禮掌囚職云「凡有爵者，奉而適甸師氏以待刑殺」，掌戮云「有爵者殺之於甸師氏」是也。天子士宜在朝，與諸侯大夫同。

陳氏澔曰：妻妾執，拘執其妻妾也。

【杭氏集説】陳氏澔曰：辟，讀闢。除闢道路，畫宮室之位以受弔。

任氏啟運曰：傳謂梁妻哭夫，城爲之崩，執喪三年畢，赴淄水死。其輕生傷勇與梁畧同，要亦烈矣。

【孫氏集解】鄭氏曰：哀公，魯君。畫宮，畫地爲宮室之位。行弔禮於野，非也。魯襄二十三年「齊侯襲莒」，春秋傳曰：「杞殖、華還載甲，夜入且于之隧。」隧、奪聲相近。梁，即殖也。肆，陳尸也。大夫以上於朝，士於市。無所辱命，辭不受命也。春秋傳曰：「齊侯弔諸其室。」

陳氏澔曰：辟，讀爲闢，謂闢除道路。

愚謂君遇柩於路，必使人弔之，而此以在路受弔爲非禮者，蓋無位之士及庶民之喪，赴告不及於君，君不能悉弔也。惟遇其柩於路，則必使人弔之。若有位之士死，訃於君，則君當弔於其家。喪大記：「君於士，既殯而往，爲之賜，大斂焉。」故蕢尚在道受弔，而曾子譏之。齊莊公與魯哀公雖皆弔臣於道，然杞梁戰死，莊公急於行弔而不及俟其至家。哀公於蕢尚則怠於禮而不弔，至葬時柩出在道乃弔之，事同而情則異也。又士喪禮君大斂而至，葬，公賵玄纁束、馬兩，至邦門，使宰夫贈玄纁束。今哀公於蕢尚，弔之既緩，又不親行，且至葬乃弔，則賵、贈皆闕可知。此不獨蕢尚之不知禮，而哀公之無恩於其臣亦可見矣。

【朱氏訓纂】哀公使人弔蕢尚，遇諸道，辟於路，畫宮而受弔焉。注：哀公，魯君也。畫宮，畫地爲宮象。**曾子曰：「蕢尚不如杞梁之妻之知禮也。」**注：行弔禮於野，非。**齊莊公襲莒于奪，杞梁死焉。**注：魯襄二十三年「齊侯襲莒」是也。春秋傳曰：「杞殖、華還載甲，夜入且於之隧。」隧、奪聲相近，或爲「兑」。梁，即殖也。**其妻迎其柩於路而哭之哀。莊公使人弔之，對曰：『君之臣不免於罪，則將肆諸市朝，而妻妾執。**注：肆，陳尸也。大夫以上於朝，士以下於市。執，拘也。**君之臣免於罪，則有先人之敝廬在，君無所辱命。』」**注：無所辱命，辭不受也。春秋傳曰：「齊侯弔諸其室。」春秋襄二十三年左傳：「齊人歸，遇杞梁之妻於郊，使弔之，辭曰：『殖之有罪，何辱命焉？若免於罪，猶有先人之敝廬在，下妾不得與郊弔。』齊侯弔諸其室。」

【郭氏質疑】哀公使人弔蕢尚，遇諸道，辟於路，畫宮而受弔焉。

鄭注：行弔禮於野，非。

嵩燾案，此經前云「君遇柩於路，必使人弔之」。既夕記「惟君命，止柩於堩」，似柩在道，亦得受君弔。經又云「君於大夫，將葬，弔於宮。及出，命引之。朝亦如之，哀次亦如之」。既夕禮「至於邦門，公使宰夫贈玄纁束」。將葬，弔於宮、於廟、於門，贈則於國門，又似有常所。襄二十三年，齊侯自莒歸，遇杞梁之妻於郊，使弔之，是尚未見柩也。杞梁死國難，當以禮弔，而弔其妻於郊，宜辭而拒之，不得與此使人弔蕢尚比。曾子所譏，蓋謂其畫宮受弔，視其在野如在家，爲非禮也。君使至，主人去杖而左聽命，賓由右致命，辟於路而畫宮，於禮虛矣。鄭注似未盡。案鄭注不釋「辟於路」，陳氏集說：「辟讀爲闢，謂除闢道路。」疑車有堩，無由畫宮受弔，畫宮蓋畫爲拜迎、拜送之門，爲東西階，爲庭。當引車就道右爲之，曾子問「葬引至於堩，日有食之，止車就道右」，蓋喪車專道而行，止車必於道右。「辟於路」者，猶言避就道右也。下云「畫宮」，更不待言除闢道路矣。

四·六六　○**孺子䵣之喪**[一]**，**魯哀公之少子。○䵣，吐孫反。**哀公欲設撥，**撥，可撥引輴車，所謂紼。○撥，半末反。輴，敕倫反。**問於有若。有若曰：「其可也。君之三臣猶設之。」**猶，尚也。以臣況子也。三臣：仲孫、叔孫、季孫氏。**顔柳曰：「天子龍輴而椁幬。**輴，殯車也，畫轅爲龍。幬，覆也。殯以椁覆棺而塗之[二]，所謂「菆塗龍輴以椁」[三]。○椁，音郭。幬，大報反。欑塗，才丸反，下音徒。**諸侯輴而設幬。**輴不畫龍。**爲榆沈**[四]**，故設撥。**以水澆榆白皮之汁，有急以播地，於引輴車滑。○沈，本又作「瀋」，同昌審反。澆，古堯反。汁，之十反。滑，于八反。**三臣者，廢輴而設撥，竊禮之不中者也，而君何學焉！」**止其學非禮也。廢，去也。紼繫於輴，三臣於禮去輴。今有紼，是用輴，僭禮也。殯禮，大夫菆置西序，士掘肂見衽。○中，丁仲反，又如字。學，如字，或音户教反，非，注同。去，羌吕反，下同。掘，求勿反，

[一] 孺子䵣之喪　各本同，毛本「孺」字闕。○鍔按：「孺子」上，阮校有「孺子䵣之喪節」六字。

[二] 殯以椁覆棺而塗之　惠棟校宋本作「而」，宋監本、岳本、嘉靖本同，衛氏集説同。此本「而」字闕。閩、監、毛本「而」作「上」，非。

[三] 所謂菆塗龍輴以椁　閩、監、毛本同，岳本同，嘉靖本同，衛氏集説同，釋文出「欑塗」。○按：喪大記云「君殯欑至於上」，注云：「欑，猶菆也。」

[四] 爲榆沈　閩、監、毛本作「榆」，石經同，岳本同，嘉靖本同，衛氏集説同。此本「榆」誤「揄」，注同。

又求月反，又户忽反。殔，本又作「肂」，以二反，棺坎也。見，賢遍反。衽，而審反。

【疏】「孺子」至「學焉」[一]。○正義曰：此論諫哀公不得學僭禮之事。

○「顔柳」至「學焉」。○顔柳以有若對非其實，恐哀公從之，以其正禮而言[二]。天子之殯則以龍輴，謂畫輴車轅爲龍，載柩於上，累材作椁，而題湊其木，幬覆棺上而後塗之。其諸侯則以輴載柩，不畫爲龍，亦累木爲椁，設木於上以幬之，不爲題湊，直横木復之，亦泥塗其上。以其有輴，須設褕沈，備擬牽引。爲有褕沈，故須設撥，撥謂紼也。今三臣者，依禮廢輴，不合用殯，今乃設撥用輴，是盗竊於禮，不中法式，而君何得學焉？

○注「畫轅」至「以椁」。○正義曰：經直云「龍輴」，知「畫轅爲龍」者，以輴之形狀庳下而寬廣，無似龍形，唯轅與龍爲形相類，故知「畫轅」也。

云「所謂『菆塗龍輴以椁』」者，以其上篇有其文，故此言「所謂」，上篇也。輴外邊從累其木，上與椁齊，乃菆木爲題湊，爲四阿椁制而塗之。

○注「轅不畫龍」[三]。○正義曰：以上云「龍輴」，此直云「輴」，故云「不畫龍」，其

[一] 孺子至學焉　惠棟校宋本無此五字。
[二] 以其正禮而言　閩、監、毛本同，衛氏集説「以其」作「故以」。
[三] 注轅不畫龍　閩本同。監、毛本「轅」作「輴」，是也。

木亦不題湊，故鄭注喪大記云：「諸侯不題湊。」

○注「三臣」至「見衽」。○正義曰：喪大記：「大夫二綍二碑。」是大夫有綍。綍即紼也。又注既夕禮云：「大夫以上始有四周，謂之輴。」是大夫有輴也。此云「三臣於禮去輴，用輴僭禮」，不同者，大夫以朝廟之時用輴綷[一]，惟殯時用輁軸，不得用輴紼。此文據殯時，大記及既夕禮謂朝廟及下棺也。

云「大夫菆置西序，士掘肂見衽」者，是喪大記文。謂菆叢其木，以郭三面，倚於西序。肂，謂穿地爲坎，深淺見其棺蓋上小要之衽，言棺上小要之衽，出於平地。

【衛氏集説】鄭氏曰：贑，魯哀公之少子。撥，可撥引輴車，所謂紼也。三臣，仲孫、叔孫、季孫氏。猶，尚也。有若以臣況子也。輴，殯車也，畫轅爲龍。幬，覆也。殯以椁覆棺而塗之，所謂「菆塗龍輴以椁」也。諸侯輴不畫龍。榆沈，謂以水澆榆白皮之汁，有急以播地，于引輴車滑也。廢，去也。紼繫于輴，三臣於禮去輴。今有紼，是用輴，僭禮也。殯禮，大夫菆置西序，士掘肂見衽。顏柳止其學非禮也。

孔氏曰：此論諫哀公不得學僭禮之事。顏柳以有若對非其實，恐哀公從之，故以正禮而言。天子之殯，載柩于龍輴，累材作椁，而題湊其木，幬覆棺上而後塗之。輴形庳

[一] 大夫以柩朝廟之時用輴綷　閩、監、毛本同。惠棟校宋本「綷」作「紼」，衛氏集説同。

下，不似龍，唯輴與龍相類，故鄭知畫輴爲龍也。諸侯以輴載柩，不畫爲龍，亦累木爲槨，設木于上以幬之，不爲題湊，直横木覆之，亦泥塗其上。爲有榆沈，故須設撥。今三臣者，依禮廢輴，不合用殯，今乃設撥用輴，是盗竊于禮，不中法式也。喪大記「大夫二綍二碑」，是大夫有綍，綍即紼。又注既夕禮云：「大夫以上始有四周，謂之輴。」是有輴也。此云「三臣于禮去輴，用輴僭禮」，不同者，此據殯時，大記及既夕禮謂朝廟及下棺也。大夫以柩朝廟之時用輴紼，唯殯時用輁軸，不得用輴紼。

嚴陵方氏曰：三臣既知輴之可廢，而不知撥之不可設，是竊禮之不中者也。哀公以少子之喪乃欲學之，宜乎顔柳之諫也。

山陰陸氏曰：據此，諸侯無槨，設幬而已。故曰「天子之殯，菆塗龍輴以槨，加斧于槨上，畢塗，無蓋」。曰天子之殯，龍輴以椁，則諸侯無椁可知。先儒謂亦累木爲椁，特不題湊，非是。榆性堅忍，所謂「不剥不沐，十年成轂」是也。然以性沈難轉，亦所載沈也，故設撥。撥雖不可知，然謂之撥，則以撥輴可知。鄭氏謂「撥所謂紼」，非是。案喪大記「大夫二綍二碑」，廢輴用軸而設撥，故曰「竊禮之不中者也」。

廬陵胡氏曰：幬不以椁而覆以他物，廢輴欲竊禮設撥，則不中禮。

【吴氏纂言】鄭氏曰：贛，魯哀公之少子。撥，可撥引輴車，所謂紼也。三臣，仲孫、叔孫、季孫氏。猶，尚也。有若以臣况子也。輴，殯車也，畫轅爲龍。幬，覆也。殯以椁覆棺而塗之，所謂「菆塗龍輴以椁」也。諸侯輴不畫龍。榆沈，謂以水澆榆白皮之汁，有急以播地，於引柩車滑也。廢，去也。紼繫於輴，三臣於禮去輴，今有紼，是用輴僭禮也。殯禮，大夫菆置西序，士掘肂見衽。顔柳止其學非禮也。

孔氏曰：顔柳以有若對非其實，恐哀公從之，故以正禮而言。天子之殯，載柩於龍輴，累材作椁，題湊其木，幬覆棺上而後塗之。諸侯以輴載柩，不畫爲龍，亦累木爲椁，設木於上以幬，不爲題湊，直横木覆之，亦泥塗其上。爲有榆沈，故須設撥。今三臣者，依禮廢輴，不合用殯，今乃設撥用輴，是盜竊於禮，不中法式也。喪大記「大夫二綍二碑」，是大夫有綍。綍，即紼。又既夕禮注云「大夫以上始有四周，謂之輴」，是有輴也。此云「三臣於禮去輴，用輴僭禮」者，據殯時，大記及既夕注謂朝廟下棺也。大夫以柩朝廟之時用輴紼，惟殯時用輁軸，不得用輴紼。

方氏曰：三臣既知輴之可廢，而不知撥之不可設，是竊禮之不中者也。哀公以少子之喪，乃欲學之。

山陰陸氏曰：據此，諸侯無椁，設幬而已。先儒謂亦累木爲椁，特不題湊，非是。榆性堅忍中車，所謂「不剥不沐，十年成轂」是也。然以性沈難轉，亦所載沈也，故設撥。撥雖不可知，然謂之撥，則以撥輴者也。鄭氏謂撥爲紼，非是。按喪大記「大夫二綍二碑」，廢輴用軸而設撥，故曰「竊禮之不中者也」。

廬陵胡氏曰：幬不以椁而覆以它物，廢輴欲竊禮設撥，則不中禮。

澄曰：天子之殯，龍輴載柩，外加以椁而又有幬。諸侯之殯，輴以載柩，外雖無椁而亦有幬。榆，木名，蓋以爲輴車之輪轂者。沈，猶重也。木性本重，所載又重，爲難轉動，故須設撥以撥其輪。大夫殯用輁軸，其轉動甚易，既不用輴，則撥無所施，徒爲虚器，實無所用，盖竊君禮而不中事宜者也。陸氏説優，今從之。

【陳氏集説】贛，哀公之少子。舊説以「撥」爲「紼」，未知是否。三臣，魯之三家也。顔柳言天子之殯用輴車載柩，而畫轅爲龍。「椁幬」者，叢木爲椁形而覆幬其上，前言「加斧于椁上」是也。諸侯輴而設幬，則有輴而無龍，有幬而無椁也。榆沈，以水浸榆白皮之汁以播地，取其引車不澁滯也。今三家廢輴不用，而猶設撥，是徒有竊禮之罪，而非有中用之實者也。方氏曰：爲輴之重也，故爲榆沈以滑之。欲榆沈之散也，故設撥以發之。無輴則無所用沈，無所用沈，則無所用撥。三臣既知輴之可廢，而不知撥之不必設，是竊禮之不中者也。撥雖無所經見，然以文考之，爲榆沈故設撥，則是以手撥榆沈而灑於道也。先儒以爲「紼」，失之矣。今按方説如此，亦未知其是否，闕之可也。

【納喇補正】天子龍輴而椁幬。諸侯輴而設幬。爲榆沈，故設撥。三臣者，廢輴而設撥，竊禮之不中者也。

集説　舊説以「撥」爲「紼」，未知是否。天子之殯，用輴車載柩，而畫轅爲龍。「椁幬」者，叢木爲椁形而覆幬其上，前言「加斧於椁上」是也。諸侯輴而設幬，則有輴而無龍，有幬而無椁也。楡沈，以水浸楡白皮之汁以播地，取其引車不澁滯也。今三家廢輴不用，而猶設撥，是徒有竊禮之罪，而非有中用之實者也。方氏曰：「爲輴之重也，故爲楡沈以滑之。欲楡沈之散也，故設撥以發之。無輴則無所用沈，無所用沈，則無所用撥。三臣既知輴之可廢，而不知撥之不必設，是竊禮之不中者也。撥雖無所經見，然以文考之，爲楡沈故設撥，則是以手撥楡沈而灑於道也。先儒以爲『紼』，失之矣。」今案方説如此，亦未知其是否，闕之可也。

竊案 舊説以「撥」爲「紼」，以「楡沈」爲水浸楡白皮汁以播地。方氏又謂以手撥楡沈而灑於道。陳氏皆疑之，而未有定解，當取陸氏、吴氏説補之。山陰陸氏云：「諸侯無椁，設幬而已。先儒謂亦累木爲椁，特不題湊，非是。楡性堅忍中車，所謂『不剥不沐，十年成轂』是也。然以性沈難轉，亦所載沈也，故設撥。撥雖不可知，然謂之撥，則以撥輴者也。鄭氏謂『撥』爲『紼』，非是。」臨川吴氏云：「楡，木名，蓋以爲輴車之輪轂者。沈猶重也，木性本重，所載又重，爲難轉動，故殯設撥以撥其輪。大夫殯用輁軸，其轉動甚易，既不用輴，則撥無所施，徒爲虛器，實無所用，蓋僭竊君禮而不中事宜者也。」二説實相發明，優於諸家矣。

【郝氏通解】贛，魯哀公少子。撥作「綍」，大繩，即紼也。棺自有引，别用大繩以引柩車。三臣，季、孟、叔三家。輴，載柩之車，天子畫龍于上，菆木于棺外爲椁，而幬棺以繡黼，即前章所謂「加黼于椁上」是也。諸侯有輴無龍，有幬無椁。榆木堅忍，以爲輴，沈重也。輴車重難行，故設撥以引之。既廢輴則不須撥，無輴而設撥，三家竊禮之不稱者，又何效焉！鄭注謂「以水澆榆白皮汁灑地滑車」，迂鑿可笑。滑車何必榆汁也！

【方氏析疑】天子龍輴而椁幬。諸侯輴而設幬。爲榆沈，故設撥。

注以「撥」爲「紼」，似未安。雖士、庶人喪車必有執紼者，疑撥以去彼而易此爲義，蓋設數撥使執紼者番代也。屬棺、大棺及椁並載於輴，以其過於沉重，故設撥使引車者更相代。若播榆皮之汁以澆地，則車且溓土而不利於行矣。

【欽定義疏】正義　鄭氏康成曰：贛，魯哀公之少子。三臣，孟孫、叔孫、季孫氏。猶，尚也。有若以臣況子也。輴，殯車也。天子畫轅爲龍。幬，覆也。殯以椁覆棺而塗之，所謂「菆塗龍輴以椁」也。諸侯輴不畫龍。孔疏：天子之殯，載柩于龍輴，累材作椁，而題湊其木，幬覆棺上而後塗之。輴形庳下，不似龍，惟轅與龍相類，故鄭知畫轅爲龍也。諸侯以輴載柩，不畫爲龍，亦累木爲椁，設木於上以幬之，不爲題湊，直横木覆之，亦泥塗其上。爲榆沈，謂以水澆榆白皮之汁以播地，於引輴滑也。廢，去也。殯禮，大夫菆置西序，士掘肂見衽。孔疏：喪大記文。顔柳止其學非禮也。孔氏穎達曰：此諫哀公不得學僭禮之事。顔柳以有若對非其實，恐哀公從之，故以正禮而言。

方氏慤曰：爲輴之重也，故爲榆沈以滑之。欲榆沈之散也，故設撥以發之。撥，以手撥榆沈而灑於道也。

徐氏師曾曰：設撥，設置撥榆沈之人也。

存疑 鄭氏康成曰：撥，可撥引輴車，所謂紼也。紼繫於輴，三臣於禮去輴。今有紼，是用輴，僭禮也。孔疏：喪大記「大夫二綍二碑」，是大夫有綍，綍即紼也。又注既夕禮云：「大夫以上始有四周，謂之輴。」是有輴也。此云用輴僭禮者，此據殯時，大記及既夕禮謂朝廟及下棺時。大夫以柩朝廟時用輴紼，殯時用輁軸，不得用輴紼。案：喪大記「大夫葬用輴」，注「輴」當作「輇」，與既夕異。

陸氏佃曰：禮言天子龍輴以椁，則諸侯無椁可知。疏謂亦累木爲椁，非也。榆性堅忍，所謂「不剥不沐，十年成轂」者。然性沈難轉，亦所載沈也，故設撥以撥輴可知。鄭謂撥謂紼，亦非也。

吳氏澄曰：天子之殯，外加椁而又有幬，諸侯外無椁而亦有幬。榆爲輴車之輪轂，木性本重，所載又重，爲難轉移動，故須設撥以撥其輪。大夫殯用輁軸，其轉動甚易，既不用輴，則撥無所施，徒爲虚器，無所用也。

案 葬用椁，殯不用椁，殯欑木周之如椁耳。天子象屋四注，諸侯不四注，以爲差。陸謂諸侯無椁，非。至於榆沈，陸、吳謂以榆木爲轂，木性沈重。本文言「榆」，不言「轂」，何據而知？此未可以爲必然。設撥，鄭謂即紼。夫棺無不用紼者，去紼，棺何以行？陸、吳謂設撥以撥輪，夫輪圓轉易行，何待撥？

【杭氏集説】方氏慤曰：爲輴之重也，故爲榆沈以滑之。欲榆沈之散也，故設撥以發之。撥，以手撥榆沈而灑於道也。

徐氏師曾曰：設撥，設置撥榆沈之人也。

吳氏澄曰：天子之殯外加椁，而又有幬。諸侯外無椁，而亦有幬。榆爲輴車之輪轂，木性本重，所載又重，爲難轉移動，故須設撥以撥其輪。大夫殯用輁軸，其轉動甚易，既不用輴，則撥無所施，徒爲虛器，無所用也

姚氏際恒曰：天子龍輴而椁幬，諸侯輴而設幬。孔氏曰：「天子之殯，載柩於龍輴，累材作椁，而題湊其木，幬覆棺上，而後塗之。諸侯以輴載柩，不畫爲龍，亦累木爲椁，設木於上以幬之，不爲題湊，有横木覆之，亦泥塗其上。」按孔言諸侯之制，非是。諸侯明言設幬，是無椁矣，安得云「亦累木爲椁」乎？蓋椁幬者，櫕木作四柱，加以題湊，架屋其上，如椁之周棺，幬則垂地，而後塗之，故椁幬。諸侯則但櫕木環繚，不列四柱，象椁亦題湊其上，如幬之四垂而已，故曰設幬，亦泥塗之。幬，帳也。孔以幬爲蓋棺物，故有設木於上以幬之不爲題湊，有横木覆之之説，皆臆度也。爲榆沈，故設撥，鄭氏曰：「以水洗榆白皮之汁，以播于地，引輴車滑。」此説迂。陸農師曰：「榆性堅忍，所謂『不剥不沐，十年成轂』是也。然以性沈難轉，亦所載沉也，故須撥。撥雖不可知，然謂之撥，則以撥

輴可知。鄭氏謂撥所謂紼，非是。按喪大記『大夫二綍二碑』，廢輴用軸而設撥，故曰『竊禮之不中者也』。」此說近是。然撥終無解，郝仲輿謂撥作「綍」，大繩即紼也。棺自有引，别用大繩以引柩車，此仍鄭解，亦臆説。

朱氏軾曰：有若之對，婉而切，謂或者亦可，三家尚且行之。此深憾三家之僭，正見其必不可也。顔柳恐公不解有若之意，故詳言之。

陸氏奎勳曰：謂榆性沉重，鄭注「以水浸榆白皮之汁以播地」，非也。撥乃撥輪之木，鄭訓撥爲紼，亦非。臨川吴氏謂木性本重，所載又重，故設撥以轉其輪。大夫殯用輁軸，其轉甚易，既不用輴，則撥無所施，徒爲虚器，故曰「竊禮之不中也」。

姜氏兆錫曰：此章諸説不一。鄭注曰：「蕢，哀公少子也。撥，謂紼也，繫紼以撥引車也。椁幬者，叢木爲椁形，而覆幬其上，所謂『加斧于椁上』也。輴而設幬，則有輴而無龍，有幬而無椁耳。二者皆以水浸榆白皮，取其汁播地，使引車不澁，謂之榆沈，而因繫紼于車以撥之。廢，去也。大夫殯禮不合用輴，今設撥是用輴而僭禮也。」陸氏曰：「榆性堅韌中車，所謂『不剥不沐，十年成轂』是也。然以性沈難轉，故設撥。撥雖不可知，然謂之撥，則以撥車。鄭氏謂撥爲紼，殆非也。」吴氏曰：「沈猶重也，木性本重，所載又重，爲難轉動，故設撥以撥輪。大夫殯用輁軸，其轉動甚易，既不用輴，則撥無所施，徒爲虚器而已。蓋僭竊君禮而不中其宜者也。」愚按諸制無可考，吴、陸二氏于「榆沈」

字、「去」字、「不中」字之義，覺爲得之，記此殆以惜有若而美顏柳與？

方氏苞曰：注以「撥」爲「紼」，似未安。雖士、庶人喪車必有執紼者，疑撥以去彼而易此爲義，蓋設數撥使執紼者番代也。屬棺、大棺及椁並載于輴，以其過於沉重，故設撥使引車者更相代。若播榆皮之汁以澆地，則車且濂土而不利于行矣。

【孫氏集解】鄭氏曰：𨇨，魯哀公之少子。撥，可撥引輴車，所謂紼。三臣，仲孫、叔孫、季孫也。輴，殯車也。天子畫轅爲龍。幬，覆也，殯以椁覆棺而塗之，所謂「菆塗龍輴以椁」也。諸侯輴不畫龍。榆沈，以水澆榆白皮之汁，有急以播地，於引輴車滑。廢，去也。三臣於禮去輴，今有紼，是用輴，僭禮也。殯禮，大夫菆置西序，士掘肂見衽。顏柳止其學非禮也。

孔氏曰：喪大記「大夫二綍二碑」，是大夫有綍。綍，即紼也。又既夕禮注「大夫以上始有四周，謂之輴」，與此不同者，大夫以柩朝廟時用輴綍，殯時用輁軸，不得用輴紼，此文據殯時也。

陸氏佃曰：榆性堅忍，然性沈難轉，亦所載沈也，故設撥以撥輪。

吳氏澄曰：榆爲輴車之輪轂，木性本重，所載又重，爲難轉移，故設撥以撥其輪。

愚謂天子、諸侯殯，以輴車載棺，而遂用以殯，大夫、士以輁軸升棺，而殯則去之，士喪禮不言升棺用紼，而王制言「越紼行事」，則用輴以殯者固有紼矣。蓋輴車以榆木爲輪轂，其質沈重，則自下而升階也難，故使人居旁以紼撥舉之，以助其行。若輁軸輕，則無所事此矣。顔柳，孔子弟子顔幸，字子柳。不中，謂不合法式。撥爲輴車而設，三家設撥爲僭禮，無輴而設撥，則僭禮而不中矣。有若言三家僭禮，以微止哀公。顔柳以其言微婉，恐哀公不喻其意，故又正言以止之。

【朱氏訓纂】孺子䵣之喪，注：魯哀公之少子。**哀公欲設撥，**注：撥，可撥引輴車，所謂紼。**問於有若。有若曰：「其可也。君之三臣猶設之。」**注：猶，尚也，以臣況子也。三臣，仲孫、叔孫、季孫氏。**顔柳曰：「天子龍輴而椁幬。**注：輴，殯車也，畫轅爲龍。幬，覆也。殯以椁覆棺而塗之，所謂菆塗龍輴以椁。**諸侯輴而設幬。**注：輴不畫龍。**爲榆沈，故設撥。**注：以水澆榆白皮之汁，有急以播地，於引輴車滑。**三臣者，廢輴而設撥，竊禮之不中者也，而君何學焉！」**注：止其學非禮也。廢，去也。紼繫於輴，三臣於禮去輴。今有紼，是用輴，僭禮也。殯禮，大夫菆置西序，士掘肂見衽。正義：喪大記「大夫二綍二碑」，綍即紼也。又注既夕禮云「大夫以上始用四周，謂之輴」，是大夫有輴也。此云「用輴僭禮」者，大夫以柩朝廟之時用輴紼，惟殯時不得用輴紼，此文據殯時，大記及既夕禮謂朝廟及下棺也。

【郭氏質疑】孺子䵣之喪，哀公欲設撥。

鄭注：孺子䵣，魯哀公之少子。撥，可撥引輴車，所謂紼。

嵩燾案，書金縢、洛誥、立政文稱成王爲「孺子」。晉語里克、杜原款竝稱申生「孺子」，里克亦稱奚齊「孺子」。秦穆公弔重耳稱「孺子」。似孺子爲世子應爲後者之稱。左氏傳稱孟莊子曰「孺子速」，武伯曰「孺子洩」，齊子尾之臣稱子良曰「孺子」，韓宣子稱鄭子齹曰「孺子」，皆嗣立爲世卿者。哀公或欲以𩐎爲世子，用諸侯禮葬之，故有若以爲可。經云「爲榆沈，故設撥」，鄭訓「撥」爲「紼」，甚誤。撥，蓋所以轉輴車。陸氏佃云：「榆性堅忍，所謂『不剥不沐，十年成轂』者，性沈難轉，所載亦沈，故設撥以撥輴。」語極明曉，鄭謂榆沈「以水澆榆白皮汁播地」以取滑，其於輴車之重，且膠黏不能行矣。

天子龍輴而椁幬。諸侯輴而設幬。

鄭注：輴，殯車也。殯以椁覆棺而塗之，所謂菆塗龍輴以椁也。

嵩燾案，經云葬車，與殯無涉。説文：「椁，葬有木郭也。」椁者，周於棺外，殯以菆塗象椁。葬車以輴象椁，竝取周棺四圍爲義。「輴」與「楯」通，説文：「車，欄檻也。」龍輴，蓋車四圍槧木以象檻而畫龍其上。説文：「幬，禪帳也。」爾雅釋器：「幬，謂之帳。」史記禮書：「大路之素幬也。」是車帷亦通名幬。喪大記「天子龍帷，諸侯黼帷」，竝以加於輴上。天子龍輴，周棺象椁，故曰「椁幬」。諸侯之輴不畫龍而下於棺，惟以幬覆之。鄭以殯車爲言，恐誤。

檀弓注疏長編卷二十七

四·六七 ○**悼公之母死，**母，哀公之妾。**哀公爲之齊衰。有若曰：「爲妾齊衰，禮與？」**譏而問之。妾之貴者，爲之緦耳。○爲，于僞反，下「爲妾」、注「爲之下」「弗爲服」皆同。與，音餘。**公曰：「吾得已乎哉？魯人以妻我。」**言國人皆名之爲我妻，重服嬖妾，文過，非也。○嬖，必計反。

【疏】「悼公」至「妻我」[一]。○正義曰：此一節論哀公爲妾著服非禮之事。

○注「妾之貴者，爲之緦耳」。○正義曰：天子諸侯絶旁期，於妾無服，唯大夫貴妾緦。以哀公爲妾著齊衰服，故舉大夫貴妾緦以對之耳。

○「公曰：『吾得已乎哉？魯人以妻我』」者，公以有若之譏，遂文其過，云：吾豈得休已而不服之乎？所以不得休已者，雖是其妾，魯人以我無夫人，皆以爲我妻，故不得不

[一] 悼公至妻我　惠棟校宋本無此五字。○鍔按：「悼公」上，阮校有「悼公之母節」五字。

服。

【衛氏集説】鄭氏曰：悼公母，哀公之妾。妾之貴者爲之緦，而有若譏而問之。哀公言國人皆名之爲我妻，重服嬖妾，文過，非也。

孔氏曰：此一節論哀公爲妾著服非禮之事。天子、諸侯絶旁期，於妾無服，唯大夫貴妾緦。以哀公爲妾著齊衰服，故舉大夫貴妾緦以對之耳。哀公文過，謂魯人以我無夫人，皆以爲我妻，不得不服也。

【吴氏纂言】鄭氏曰：悼公母，哀公之妾，有若譏而問之。哀公言國人皆名之爲我妻，重服嬖妾，文過，非也。

孔氏曰：唯大夫貴妾緦，天子、諸侯絶旁期，於妾無服。哀公爲妾服齊衰，以有若之譏，遂文其過，云吾豈得休已而不服之乎？雖是妾，魯人以我無夫人，皆以爲我妻，故不得不服也。

【陳氏集説】以妻我，以爲我妻也。此哀公溺情之舉，文過之辭。 疏曰：天子、諸侯絶旁期，於妾無服。惟大夫爲貴戚緦。

【郝氏通解】悼公名寧，疑即公子荆。其母嬖而哀公立以爲夫人，事見春秋傳。禮，諸侯絶旁期，妾無服，惟大夫於貴妾緦。哀公爲其立而有子，故服。稱國人，文過之辭。

【欽定義疏】正義 鄭氏康成曰：悼公母，哀公之妾。妾之貴者，爲之緦。有若譏而問之，哀公言國人皆名之爲我妻，重服嬖妾，文過，非也。

孔氏穎達曰：此論哀公爲妾著服非禮之事。天子、諸侯絶旁期，於妾無服，唯大夫貴妾緦。哀公文過，謂魯人以我無夫人，皆以爲我妻，不得不服也。

秦氏繼宗曰：哀公欲以尊寵其所愛，而不虞卑其身與辱其宗廟。及有若譏之，猶爲此文過之辭，則其失國非不幸也。

【杭氏集説】秦氏繼宗曰：哀公欲以尊寵其所愛，而不虞卑其身與辱宗廟。及有若譏之，猶爲此文過之辭，則其失國非不幸也。

【孫氏集解】鄭氏曰：妾之貴者，爲之緦耳。哀公爲妾齊衰，有若譏而問之。魯人以妻我者，言魯人皆名之爲我妻。重服嬖妾，文過，非也。

愚謂爲之齊衰，以妻之服服之也。士爲貴妾緦，大夫以上爲妾無服。左傳公子荆之母嬖，欲以爲夫人。此又爲其妾服妻之服，哀公不辨於適、妾之分如此，此孔子所以有大昏之對歟？

【朱氏訓纂】悼公之母死，注：母，哀公之妾。**哀公爲之齊衰。有若曰：「爲妾齊衰，禮與？」**注：譏而問之，妾之貴者爲之緦耳。　正義：天子、諸侯絶旁期，於妾無服，唯大夫貴妾緦。**公曰：「吾得已乎哉？魯人以妻我。」**注：言國人皆名之爲我妻，重服嬖妾，文過，非也。

四・六八 ○**季子皋葬其妻，犯人之禾。**季子皋，孔子弟子高柴，孟氏之邑成宰[一]，或氏季。犯，躐也。○躐，力輒反。**申祥以告，曰：「請庚之。」**申祥，子張子。庚，償也。○庚，古衡反。償，徐音尚。**子皋曰：「孟氏不以是罪予，**時僭侈。○僭，子念反。侈，昌氏反，又赤氏反。**朋友不以是弃予**[二]，言非大故。**以吾爲邑長於斯也。買道而葬，後難繼也。」**恃寵虐民[三]，非也。○長，丁丈反。

【疏】「季子皋葬其妻」至「繼也」[四]。○正義曰：此一節論高柴非禮之事，各依文解之。○注「季子」至「成宰」。○正義曰：案史記仲尼弟子傳云：「高柴，字子皋，少孔子三十歲。」鄭人也。知爲「成宰」者，下文云「子皋爲成宰」，云季者，高是其正氏，今言「季子皋」，故鄭云「或氏季」。以身處季少，故以字爲氏而稱季也，猶若子游稱叔氏，仲由稱季路，皆其例也。弟子傳及論語作「子羔」，與此文「子皋」字不同者，古字通用。

[一] 孟氏之邑成宰　閩、監、毛本同，岳本同，嘉靖本同，衛氏集説「邑成」作「成邑」。○鍔按：「孟氏」上，阮校有「季子皋葬其妻節」七字。

[二] 朋友不以是弃予　石經同，岳本同，嘉靖本同。閩、監、毛本「弃」作「棄」，衛氏集説同。疏倣此。

[三] 恃寵虐民　閩、監、毛本作「恃」，岳本同，嘉靖本同，衛氏集説同。此本「恃」誤「侍」。

[四] 季子皋葬其妻至繼也　惠棟校宋本無此九字。

○「子皋」至「繼也」。○子皋見申祥請償，故拒之云：孟氏不以是犯禾之事罪責於我，以孟氏自爲奢暴之故也[一]。朋友不以是犯禾之事離弃於我，以其小失，非大故也。斯，此也。以吾爲邑長於此成邑，乃買道而葬，清儉大過，在後世之人難可繼續也。以孟氏不罪於己，故鄭云「恃寵」。不肯償禾，故云「虐民」。

【衛氏集説】鄭氏曰：季子皋，孔子弟子高柴，孟氏之成邑宰，或氏季。犯，躐也。申祥，子張子。庚，償也。皋恃寵虐民，非也。

孔氏曰：此一節論高柴非禮之事。高柴，字子皋，論語作「子羔」，古字通用。子皋見申祥請償，故拒之，云孟氏不以是犯禾之事罪責于我，以孟氏自爲奢暴故也。朋友不以是犯禾之事離棄于我，以其小失，非大故也。斯，此也。以吾爲邑長於此成邑，乃買道而葬，清儉太過，後人難繼續也。

嚴陵方氏曰：恃己之貴而虐民之賤，非所以爲仁。殉己之利而忘民之害，非所以爲恕。不仁不恕，且長民于邑焉，則天下之公法不容，而在所罪矣，豈必孟氏罪之，然後爲罪哉！天下之公義不與，而在所棄矣，豈必朋友棄之，然後爲棄哉！子皋昧于此，宜慮後之難繼焉？所謂「順非而澤」也。孟氏，執政者也，故以法言罪。朋友，同等者也，故以

[一] 以孟氏自爲奢暴之故也　閩、監本同，考文引宋本同。毛本「自」誤「白」，衛氏集説無「之」字。

義言棄。

【吴氏纂言】鄭氏曰：季子皋，孔子弟子高柴，孟氏成邑之宰，或氏季。犯，躐也。申祥，子張子。庚，償也。子皋恃寵虐民，非也。

孔氏曰：高柴，字子皋，論語作「子羔」，古字通用。子皋見申祥請償，故拒之云：孟氏不以是犯禾之事罪責我，朋友不以是犯禾之事離棄我，以小失，非大故也。斯，此也。以吾爲邑長於此成邑，乃買道而葬，後人難繼續也。

方氏曰：孟氏，執政者也，故以法言罪。朋友，同等者也，故以義言棄。恃己之貴而虐民之賤，非仁。殉己之利而忘民之害，非恕。長民於邑，不仁不恕，則天下之公法不容，而在所罪矣，豈必孟氏罪之而後爲罪哉！天下之公義不與，而在所棄矣，豈必朋友棄之而後爲棄哉！子皋昧於此，且慮後之難繼，所謂「順非而澤」也。

【陳氏集説】劉氏曰：季子皋，孔子弟子高柴也。夫子嘗曰「柴也愚」。觀家語所稱，及此經所記「泣血三年」及「成人爲衰」之事觀之，賢可知矣。此葬妻犯禾，亦爲成宰時事，有無固不可知。然曰「孟氏不以是罪予，朋友不以是弃予」者，以犯禾之失小，而買道之害大也，何也？以我爲邑宰，尚買道而葬，則後必爲例，而難乎爲繼者矣。此亦愚而過慮之一端，然出於誠心，非文飾之辭也。鄭注謂其「恃寵虐民」，而方氏又加以「不仁不恕」之説，則甚矣。豈有賢如子皋而有是哉！

【郝氏通解】子皋，高柴也。犯，微傷也。禾，道傍禾稼。庚，償也。子皋爲孟氏成邑宰，葬妻，柩行所過微損民禾，而必責償，是并耕而治之道也，故曰「難繼」。君子謂子皋知大體，鄭康成謂「恃寵虐民」，是何言與？

【方氏析疑】子皋不買道而葬，所謂不違道以干百姓之譽也。蓋途次犯禾無多，使民以爲當買，則傷忠敬之俗。若大有毁於人，君子必不爲也。宓子治單父，齊師將至，父老請曰麥已熟矣，請使邑人出自刈。傅郭者三請，宓子不許，曰寧使齊人刈之，使吾民有自取之心，其創必數年不息。凡此類，皆仲尼之徒深明於先王以道立民之意也。

【江氏擇言】鄭注：恃寵虐民，非也。

方氏云：子皋所謂「順非而澤」也。

朱文端公云：子皋豈虐其民？意當日所犯無多，必從而償之，是煦煦之仁也。且邑長犯禾，而民受償，是教民不順也。後難繼，即孟子「日亦不足」之意。注謂「恃寵虐民」，方愨謂「順非而澤」，何其謬。

按，爲政有體，不爲小仁，子皋將爲成宰，而民遂爲兄衰。其所以治民者，必有道矣。葬妻犯禾，或偶過誤，或道上迂曲，不得已而犯之，不償正爲得體，文端公説當矣。但買道而葬，後難繼，謂即孟子「日亦不足」之意。愚謂此子皋爲民防弊之意，盖邑長猶償禾，則民有喪皆須買道，後將難爲繼，非謂爲政者難遂其欲也。

【欽定義疏】正義　鄭氏康成曰：季子臯，孔子弟子高柴，孟氏成邑宰，或氏季。孔疏：以字爲氏，若子游稱叔氏，子路稱季路。犯，躐也。申祥，子張子。庚，償也。

孔氏穎達曰：高柴，字子臯。論語作「子羔」，古字通用。子臯見申祥請償，故拒之云：孟氏不以是犯禾之事罪責於我，朋友不以是犯禾之事離棄於我，以其小失，非大故也。斯，此也。以吾爲邑長於此成邑，乃買道而葬，清儉大過，難續也。

通論　秦氏繼宗曰：買道則沽名，後必難繼。鄭造漸臺，百姓怨之，子産執扑而督工，亦是此意。

存異　鄭氏康成曰：皋恃寵虐民，非也。

孔氏穎達曰：此論高柴非禮之事。

方氏慤曰：子臯所謂「順非而澤」也。

辨正　劉氏曰：觀家語所稱，及此經所記「泣血三年」及「成人爲衰」之事，賢可知矣。葬妻犯禾，亦爲成宰時，事有無固不可知，然犯禾之失小而買道之害大，此亦愚而過慮之一端。然出於誠心，非文飾也，鄭、方之説過矣。

案　爲政在大體，不在小惠，若一犯禾而必償之，是煦煦之仁也。且使民將責償於君，亦傷忠敬之俗。子臯此語，深達大體，亦先王以道立民之意。蓋晚而見道，非復前此質美未學矣。觀子路治蒲，壺漿施德，夫子責之。孔子之馬傷禾，使子貢辭焉，亦不償也。

可見申祥請庚之陋。

【杭氏集説】秦氏繼宗曰：買地則沽名，後必難繼。鄭造漸臺，百姓怨之。子産執朴而督工，亦是此意。

劉氏曰：觀家語所稱，及此經所記「泣血三年」及「成人爲衰」之事，賢可知矣。葬妻犯禾，亦爲成宰時，事有無固不可知。然害禾之失小，而買道之害大，此亦愚而過慮之一端。然出於誠心，非文飾也。鄭、方之説過矣。

顧氏炎武曰：鄭注「恃寵虐民」，糾經之違。

姚氏際恒曰：鄭氏謂季子皋「恃寵虐民」是也。但謂「即高柴，或氏季」，恐未然。高柴爲費宰，下文子皋爲成宰。費爲季氏邑，成爲孟氏邑也。又家語稱柴「足不履影，啟蟄不殺，方長不折」，此禾已成而反犯之，正與相反也。後儒以其爲柴也，多曲護之。陳可大謂「夫子嘗曰『柴也愚』，按此亦愚而過慮之一端」，就「愚」字上作解，致爲可笑。郝仲輿謂子皋知大體，其説尤非理。

朱氏軾曰：子皋知不足而厚有餘，豈有啟蟄不殺，方長不折而虐其民者乎？意當日所犯無多，必從而償之，是煦煦之仁也。且儼然邑長犯禾，而民受償，是教民不順也。後難繼，即孟子「日有不足」之意。子皋爲此語蓋晚而見道，非復前此質美未學矣。注、疏謂「恃寵虐民」，方慤謂「順非而澤」，何其謬也。

方氏苞曰：子皋不買道而葬，所謂不違道以干百姓之譽也。蓋途次犯禾無多，使民以爲當買，則傷忠敬之俗。若大有毁于人，君子必不爲也。宓子治單父，齊師將至，父老請曰麥已熟矣，請使邑人出自刈。傅郭者三請，宓子不許，曰寧使齊人刈之，使吾民有自取之心，其創必數年不息。凡此類，皆仲尼之徒深明于先王以道立民之意也。

李氏光坡曰：記此者以其識大體也。大都民不可逞，果子皋從而庚之，後有耕者不必犯禾，奸民必妄指他端，阻之買道，且曰邑宰尚然，此俗可以數世不弭，所謂小不忍者是也。閱世變，乃知前人之遠。

【孫氏集解】鄭氏曰：季子皋，孔子弟子高柴，孟氏之成邑宰，或氏季。犯，躐也。庚，償也。

愚謂子皋不從申祥之言者，蓋以爲上有體，不欲行小惠以悦民爾。鄭氏以爲「恃寵虐民」，非也。

【朱氏訓纂】季子皋葬其妻，犯人之禾。注：季子皋，孔子弟子高柴，孟氏之邑成宰，或氏季。犯，躐也。　正義：案仲尼弟子傳「高柴，字子皋，少孔子三十歲」，鄭人也。論語作「子羔」，古字通用。**申祥以告，曰：「請庚之。」**注：申詳，子張子。庚，償也。**子皋曰：「孟氏不以是罪予，朋友不以是弃予，**注：時僭侈，言非大故。**以吾爲邑長於斯也。買道而葬，後難繼也。」**朱氏軾曰：子皋豈虐其民者？意當日所犯無多，必從而償之，是煦煦之仁也。且邑長犯禾，而民受償，是教民不順也。後難繼，即孟子「日亦不足」之意。江氏永曰：爲政有體，不爲小仁。葬妻犯禾，或偶過誤，或道上迂曲，不得已而犯之，不償正爲得體。蓋邑長猶償禾，則民有喪皆須買道，後將難爲繼，非謂爲政者難遂其欲也。

【郭氏質疑】孟氏不以是罪予，朋友不以是弃予。

鄭注：恃寵虐民，非也。

嵩燾案，陳氏集説引劉氏云：「買道而葬，後以爲例而難乎爲繼。此亦愚而過慮之一端。」其言近之而義猶未盡。家語，子路治蒲，爲水備簞食壺漿以食治溝洫者，夫子止之；子賤爲單父宰，有齊師而禁民割麥，皆急以利防民。「買道而葬，後難繼也」，陳義自正。一施小惠於民，而使之薄其哀死之情以生悖心，而啟争端，亦所謂「違道以干百姓之譽」者也。「孟氏不以罪予，朋友不以棄予」，姑以是釋申詳之疑，非苟幸人之不我責也。

四·六九 **○仕而未有禄者，君有饋焉曰「獻」**[一]**，使焉曰「寡君」。**見在臣位，

[一] 君有饋焉曰獻 閩、監、毛本同，石經同，岳本同，嘉靖本同，衛氏集説同。釋文出「有餽」云：「本又作『饋』。」正義本作「饋」。○鍔按：「君有」上，阮校有「仕而未有禄者節」七字。

與有禄同也。君有饋，有饋於君。○餽，本又作「饋」，其位反，遺也。使，色吏反。見，賢遍反。

違而君薨，弗爲服也。以其恩輕也。違，去也。

【疏】「仕而」至「服也」[一]。正義曰：此一節論臣之仕未得禄者，與得禄之臣有同、有不同之事也。故王制云「位定，然後禄之」，是先位定而後禄也。

○「君有饋焉曰『獻』」者，饋，餉也。「君有饋」謂臣有物饋獻於君。既奉餉君上，故曰「獻」。

○「使焉曰『寡君』」者，「使焉」謂爲君使往他國。此臣若出使，則自稱己君爲「寡君」也[二]。言臣雖仕未得禄，而有物饋君，及出使他國所稱，則並與得禄者同也。嫌其或異，故明之也。

○「違而君薨，弗爲服也」者，此一條則異也。「違而君薨」者，違，去也，謂三諫不從以禮去者。若已有禄恩重者，雖放出仕他國，而所仕者敵，則猶反服。今此未得禄之臣，唯在朝時乃服，若放出他邦而故君薨，所仕雖敵，亦不反服也，以其本無禄，恩輕故也。

【衛氏集説】鄭氏曰：見在臣位，與有禄同也。君有饋，有饋于君也。違，去也。以

[一] 仕而至服也　惠棟校宋本無此五字。
[二] 則自稱己君爲寡君也　閩、監本同，毛本「爲」誤「謂」，考文引宋板亦作「爲」。

其恩輕也。

孔氏曰：此一節論臣之仕未得禄者，與得禄之臣有同、有不同之事也。故王制云：「位定，然後禄之。」臣雖仕，未得禄，而有物饋君，及出使他國，所稱則並與得禄者同也。違，謂三諫不從以禮去者，若已有禄，雖去仕他國，而所仕者敵，則猶反服。今此未得禄之臣，唯在朝時乃服，若放出他國而故君薨，所仕雖敵，亦不反服也。

臨川王氏曰：經言「君有饋焉」，而解之曰「有饋于君」，似非也。且臣之饋君謂之「獻」，豈問有禄未有禄乎？

長樂陳氏曰：孟子曰：「湯之于伊尹，學焉而後臣之。桓公之于管仲，學焉而後臣之。」方其學焉，則賓之而弗臣，此所謂仕而未有禄者也。賓之而弗臣，故有饋焉不曰「賜」而曰「獻」，其將命之使不曰「君」而曰「寡君」。若子思之仕魯，孟子之仕齊是也。

山陰陸氏曰：未純于臣，故雖君饋之，猶曰「獻」。雖違之他邦，弗爲君服。違而君薨，弗服，則在國而君薨，爲之服矣。

李氏曰：立于其朝矣，命之廩人繼粟，庖人繼肉，而不以官定食，此所謂仕而未有禄者也。饋焉則不以主君言，賓而不臣也。賓之故有獻而無賜，不臣故有聘而無召，蓋不如是不足以有爲也。故玉府之職曰：「掌王之獻玉。」是王有獻賢之禮也。書曰：「師錫帝。」又曰：「錫汝保極。」是下有錫上之辭也。以下尊上，謂之貴貴。自上尊下，謂之尊賢。貴貴、尊賢，其義一也。康誥亦曰：「爾事服休服采。」諸侯之于賢，猶不可以不事之，況得而臣之乎！

【吴氏纂言】鄭氏曰：君有饋，有饋於君也。饋曰「獻」，使曰「寡君」，見在臣位與有禄同也。違，去也。君薨弗爲服，以其恩輕也。

孔氏曰：仕未得禄者與得禄之臣有同、有不同。饋焉，謂有物奉餉於君也。使焉，謂爲君往使它國也。饋君曰獻。使，稱己君爲寡君。雖未得禄，並與得禄者同。違，謂三諫不從以禮去者。若已有禄恩重，雖放出仕它國，而所仕者敵，則猶反服。今此未得禄之臣，唯在朝時乃服，若放出它邦而故君薨，所仕雖敵，亦不反服，以其無禄，恩輕故也。此一條則異也。

臨川王氏曰：君有饋焉，而解曰「有饋於君」，似非。臣之饋君謂之「獻」，豈問有禄未有禄乎？

李氏曰：立于其朝矣，命廩人繼粟，庖人繼肉，而不以官定食，所謂仕而未有禄者也。饋焉則獻，使焉則不以主君，賓焉而不臣之也。賓之故有獻而無賜。玉府之職曰「掌王之獻玉」，是王有獻賢之禮也。

長樂陳氏曰：賓之而弗臣，故有饋焉不曰「賜」而曰「獻」，其將命之使不曰「君」而曰「寡君」。若子思之仕魯，孟子之仕齊是也。違而君薨，弗服，則在國而君薨，爲之服矣。

山陰陸氏曰：未純於臣，則雖君饋之，猶曰「獻」。雖違之它邦，弗爲君服。

澄曰：李、陳、陸之説勝注、疏。

【陳氏集説】王制云：「位定，然後禄之。」此蓋初試爲士未賦廩禄者，有饋於君，則稱「獻」；出使他國，則稱「寡君」，此二事皆與羣臣同。獨違離之後而君薨，則不爲舊君服，此則與羣臣異。所以然者，以其未嘗食君之禄也。方氏曰：湯之於伊尹，學焉而後臣之。方其學也，賓之而弗臣，此所謂仕而未有禄者，若孟子之在齊是也。惟其賓之而弗臣，故有饋焉不曰「賜」而曰「獻」，將命之使不曰「君」而曰「寡君」。蓋「獻」爲貢上之辭，而「寡」則自謙之辭故也。以其有賓主之道，而無君臣之禮，故違而君薨，弗爲服也。其曰違，則居其國之時固服之矣。

【納喇補正】集説 王制云：「位定，然後禄之。」蓋初試爲士未廩禄者，有饋於君，則稱「獻」；使他國，則稱「寡君」，此二事皆與羣臣同。獨違離之後而君薨，則不爲舊君服，此則與羣臣異。所以然者，以其未嘗食君之禄也。又引方氏曰：「湯之於伊尹，學焉而後臣之。方其學也，賓之而弗臣，此所謂仕而未有禄者，若孟子之在齊是也。惟其賓之而弗臣，故有饋焉不曰『賜』而曰『獻』，將命之使不曰『君』而曰『寡君』。蓋『獻』爲貢上之辭，而『寡』則自謙之辭故也。以其有賓主之道，而無君臣之禮，故違而君薨，弗爲服也。其曰違，則居其國之時固服之矣。」

竊案二説中方氏爲優，集説初一條本之注、疏，削之可也。然方氏又有所本，臨川王氏曰：「『君有饋焉』，而解曰有饋於君，似非。臣之饋君謂之『獻』，豈問有禄未有禄乎？」老泉蘇氏曰：「禮曰：『仕而未有禄者，君有饋焉曰獻，使焉曰寡君。違而君薨，弗爲服也。』古之君子重以其身臣人者，蓋爲是也哉？子思、孟軻之徒至於是國，國君使人餽之，其詞曰：『寡人使某有獻於從者。』布衣之尊而至於此，惟不食其禄也。」李氏曰：「立於其朝矣，命廩人繼粟，庖人繼肉，而不以官定食，所謂仕而未有禄者也。饋焉則獻，使焉則不以主君，賓焉而不臣之也。賓之，故有獻而無賜。玉府之職曰：『掌王之獻玉。』是王有獻賢之禮也。」長樂陳氏曰：「賓之而弗臣，故有饋焉不曰『賜』而曰『獻』，其將命之使不曰『君』而曰『寡君』，若子思之仕魯，孟子之仕齊是也。違而君薨，弗服，則在國而君薨，爲之服矣。」山陰陸氏曰：「未純於臣，則雖君饋之，猶曰獻。雖違之他邦，弗爲君服。」案此數家之説，方氏所本也，勝注、疏多矣。

【郝氏通解】此記國君養賢之禮。仕而未有祥，如孟子在齊，子思在魯之類。立於其朝而不以官詔食。君使廩人繼粟，庖人繼肉，則曰「獻」，不言賜也。使者致君命，則稱「寡君」，不以主君自居也。有故違而去之，君薨則無服，非舊臣也。在國則亦服之，孟子居春秋用此禮，鄭注未達。

【方氏析疑】此謂賢者託於異國，如孔子在衞，孟子在齊，君以客禮待之，故有餽曰獻而不曰賜，使人存問。使者將命，稱寡君。舊説「初試爲士而未賦廩禄」，誤矣。既正君臣之禮與辭，徒以無禄而不反服，是重禄而輕君臣之義，非禮意也。

春秋傳，晉荀寅奔齊，陳恒與之言稱「寡君」，蓋當時之禮辭如此。

【江氏擇言】仕而未有禄者，君有饋焉曰「獻」，使焉曰「寡君」。

鄭注：君有饋，有饋於君。

孔疏云：言臣雖仕未得禄，而有物饋君，及出使他國所稱，則並與得禄者同。嫌其或異，故明之也。

李氏云：立於其朝矣，命廩人繼粟，庖人繼肉，而不以官定食，所謂仕而未有禄者也。饋曰「獻」，使稱「寡君」，賓焉而不臣之也。玉府之職曰：「掌王之獻玉。」是王有獻賢之禮也。

長樂陳氏云：賓之而弗臣，故有饋焉不曰「賜」而曰「獻」，其將命之使不曰「君」而曰「寡君」。若子思之仕魯，孟子之仕齊是也。

按，李氏、陳氏説是。方氏、陸氏、吴氏皆從此説，而陳氏集説猶存舊説於方説之前，非也。但玉府職無「掌王獻玉」之文，其本經云「凡王之獻金玉、兵器、文織、良貨賄之物，受而藏之」，注云：「古者致物於人，尊之則曰獻。」愚謂曲禮「獻田宅者，操書致」，亦當是獻未有禄之臣也。

反服。

【欽定義疏】正義 鄭氏康成曰：違，去也，以其恩輕也。

孔氏穎達曰：違，謂三諫不從以禮去者。若已有禄，雖去仕他國，而所仕者敵，則猶反服。今此未得禄之臣，惟在朝時乃服。若放出他國而故君薨，所仕雖敵，亦不反服也。

陳氏祥道曰：孟子曰：「湯之於伊尹，學焉而後臣之。桓公之於管仲，學焉而後臣之。」方其學焉，則賓之而弗臣，此所謂「仕而未有禄者」也。賓之而弗臣，故有饋焉不曰「賜」而曰「獻」，其將命之使不曰「君」而曰「寡君」。若子思之仕魯，孟子之仕齊是也。違而君薨，弗服，則在國而君薨，爲之服矣。

通論 李氏格非曰：廩人繼粟，庖人繼肉，不以官定食，所謂「仕而未有禄者」也。賓之故有獻而無賜，不臣故有聘而無召。蓋不如是，不足以有爲也。故玉府之職曰「掌王之獻玉」，是王有獻賢之禮也。酒誥曰：「爾事服休服采。」諸侯之於賢，猶不可以不事，況得而臣之乎？

存疑 鄭氏康成曰：見在臣位，與有禄同也。君有饋，有饋於君也。

孔氏穎達曰：臣雖仕未得禄而有物饋君，及出使他國，所稱則並與得禄者同也。

【杭氏集説】顧氏炎武曰：此示不純臣之道也。故哀公執摯以見周豐，而老萊子之於楚王自稱曰「僕」。蓋古之人君有所不臣，故九經之序，先尊賢而後敬大臣。尊賢，其所不臣者也。

姚氏際恒曰：仕而未有禄，即仕而不受禄也。「君有饋焉曰獻，使焉曰寡君」，謂君有饋不曰「賜」而曰「獻」，其將命之使不曰「君」而曰「寡君」，所以隆禮之也。注、疏以仕未有禄，引王制「位定，然後禄之」之義爲解，所以於下文皆説不去。謂「君有饋焉曰獻」爲有饋于君曰獻，「使焉曰寡君」爲使他國自稱己君曰寡君，然則仕而得禄者，獨不當然耶？孔氏曲爲説，曰「嫌其或異，故明之也」，於「違而君薨」，更説不去，則曰「此一條則異也」，辭遁如此。

姜氏兆錫曰：方氏曰：「湯之于伊尹，學焉而後臣之。方其學也，賓之而弗臣，此所謂仕而未有禄者，若孟子之在齊是也。故君有饋焉不曰『賜』而曰『獻』，其將命之使不曰『君』而曰『寡君』，蓋『獻』爲貢士之詞，而『寡』則自謙之意。以其有賓主之道故也，故居其國而君薨固服之，違則弗爲服也。」愚按説上二條，方有味，宜從之。

方氏苞曰：此謂賢者托于異國，如孔子在衛，孟子在齊，君以家禮待之，故有餽曰「獻」而不曰「賜」。使人存問，使者將命，稱「寡君」。舊説初試爲士而未賦稟禄，誤矣。既正臣君之禮與辭，徒以無禄而不反服，是重禄而輕君臣之意，非禮意也。春秋傳，晉荀寅奔齊，陳恒與之言稱「寡君」，蓋當時之禮辭如此。

【孫氏集解】鄭氏曰：違，去也。弗爲服，以其恩輕也。

愚謂「位定，然後禄之」，仕而未有禄，謂初適他國而未有定位，若孟子在齊是也。

君有饋，謂有饋於此臣也。君不曰「賜」而曰「獻」，君使焉不曰「君」而曰「寡君」，去國而君薨則不爲反服，蓋君不敢以純臣待之，而己亦不以純臣之義自處也。左傳陳成子謂荀寅曰：「將以子之命告寡君。」時荀寅在齊，而成子與之言稱寡君，正與此合。

【朱氏訓纂】注：以其恩輕也。違，去也。釋文：饋，遺也。李文叔曰：賓之，故有獻而無賜。不臣，故有聘而無召。陳用之曰：賓之而弗臣，故有饋焉不曰「賜」而曰「獻」，其將命之使不曰「君」而曰「寡君」。若子思之仕魯、孟子之仕齊是也。

【郭氏質疑】仕而未有禄者，君有饋焉曰「獻」，使焉曰「寡君」。

鄭注：見在臣位，與有禄同也。君有饋，有饋於君。

孔疏：若出使，自稱己君爲「寡君」。言雖仕未得禄而有物饋君，及出使他國，所稱竝與得禄者同。

嵩燾案，經明言君有饋，而鄭以爲饋君，徒以使曰寡君爲疑。方氏析疑引左氏傳，晉荀寅奔齊，陳恒與之言稱寡君，足爲確證。衞氏集説引臨川王氏、長樂陳氏、山陰陸氏、文叔李氏諸説，足證注、疏之誤。記禮者爲孔子之居衞、居陳，子思之居衞，孟子之居梁、居齊，特著此例。禄謂田禄，如子思之繼肉、繼粟，孟子之養以萬鍾，皆所謂傳食於諸侯，而不可以云禄也。曰「使焉」者，即君所使致饋者也。

四·七〇 〇**虞而立尸，有几筵。卒哭而諱，**諱，辟其名。〇辟，音避。**生事畢而鬼事始已。**謂不復饋食於下室，而鬼神祭之。已，辭也。**既卒哭，宰夫執木鐸以命于宮曰：「舍故而諱新。」**故，爲高祖之父當遷者也[一]。易說帝乙曰[二]：「易之帝乙爲成湯，書之帝乙六世王，天之錫命，疏可同名。」〇鐸，大各反。舍，音捨。**自寢門至于庫門。**百官所在。庫門，宮外門。明堂位曰：「庫門，天子皋門。」

【疏】「虞而立尸有几筵卒哭而諱」至「自寢門至于庫門」[三]。〇正義曰：此一節論葬後當以鬼神事之。禮，未葬，由生事之，故未有尸[四]。既葬，親形已藏，故立尸以係孝子之心也，前所云「既窆而祝宿虞尸」是也。

〇「有几筵」者，未葬之前，殯宮雖有脯醢之奠，不立几筵。其大斂之奠，雖在殯宮，但有席而已，亦無几也。此席素席，故前云「奠以素器」。其下室之内有吉几筵，今葬

[一] 故爲高祖之父當遷者也　閩、監、毛本同，嘉靖本同。惠棟校宋本「爲」作「謂」，宋監本、岳本同，衛氏集說同，考文引古本、足利本同。〇鍔按：「故爲」上，阮校有「虞而立尸節」五字。

[二] 易說帝乙曰　閩、監、毛本同，岳本同，嘉靖本同。考文云：「古本『說』下又有『說』字。」

[三] 虞而立尸有几筵卒哭而諱至自寢門至于庫門　惠棟校宋本無此十九字。

[四] 故未有尸　閩、監、毛本作「有」，此本誤「百」。

訖，既設虞祭，有素几筵，筵雖大斂之時已有[一]，至於虞祭，更立筵與几相配，故云「有几筵」。故士虞禮云「祝免，澡葛絰帶，布席于室中，東面，右几」是也。然此虞祭而有几，謂士大夫禮。若天子、諸侯則葬前有几，故周禮司几筵云「喪事素几[二]」，鄭注云：「謂殯奠時。」[三]天子既爾[四]，諸侯南面之君，其事亦然。

○「卒哭而諱」者，諱，謂神名也。古者生不相諱，卒哭之前，猶生事之，故不諱。至卒哭，乃有神諱也。

○「生事畢而鬼事始已」者，并解所以虞立尸、卒哭而爲神諱義也。既虞卒哭，則生事畢，鬼神之義方爲始也。

○注「謂不」至「辭也」。○正義曰：合釋有尸、有几筵及諱也。「下室」謂內寢，生時飲食有事處也[五]。未葬猶生事，當以脯醢奠殯，又於下室饋設黍稷。謝兹云：「下室

[一] 筵雖大斂之時已有　閩、監、毛本作「筵」，此本誤「庭」。

[二] 喪事素几　閩、監、毛本作「素」，此本「素」誤「案」。

[三] 鄭注云謂殯奠時　閩、監、毛本同，衛氏集説同，浦鏜校「殯」改「凡」。○按：浦鏜是也，賈景伯云：「言『凡』，非一之義。」

[四] 天子既爾　閩、監、毛本作「天」，此本「天」誤「矣」。

[五] 生時飲食有事處也　閩、監、毛本作「事」，衛氏集説同。此本「事」誤「重」。

之饋，器物几杖如平生。」鄭君答張逸云：「未葬，以脯醢奠於殯，又於下室設黍稷曰饋。下室，内寢也。至朔月月半而殷奠，殷奠有黍稷，而下室不設也。既虞祭，遂用祭禮，下室遂無事也。」然「不復饋食於下室」，文承「卒哭」之下[一]。卒哭之時，乃不復饋食於下室。皇氏以爲「虞則不復饋食於下室」，於理有疑。

○注「政謂」至「同名」。○正義曰：「高祖之父」[二]，謂孝子高祖之父也，於死者高祖也。卒哭猶未遷，故云「當遷」也。至小祥乃遷毁也。

「易説帝乙曰：『易之帝乙爲成湯』」者，鄭引易證六世不諱，故卒哭而舍高祖之父也。易説者，鄭引云易緯也。凡鄭云「説」者，皆緯候也。時禁緯候，故轉「緯」爲「説」也。故鄭志張逸問：「禮注曰『書説』，書説何書也？」答曰：「尚書緯也。」當爲注時，時在文網中，嫌引祕書[三]，故諸所牽圖讖皆謂之「説」云。案易云「帝乙歸妹」，易乾鑿度説「易之帝乙」謂是殷湯也。

「書之帝乙六世王」者，亦易緯言也。書酒誥有帝乙，而乾鑿度説云「乙是殷六世王也」。先儒注皆以酒誥帝乙，紂父，紂父去湯多世，不啻於六世也。然史記殷本紀云王名

[一] 然不復饋食於下室文承卒哭之下　閩、監、毛本如此，此本「不」誤「下」、「承」誤「丞」。

[二] 正義曰高祖之父　閩、監、毛本作「父」，此本「父」誤「事」。

[三] 嫌引祕書　閩、監、毛本作「祕」，此本「祕」誤「必」。

乙者甚衆，上皆有配字，惟紂父稱帝乙耳。而湯名乙，其六世孫名祖乙，即是六世王也。既並爲帝，故皆得曰帝乙也。祖乙是湯六世孫，與湯同名，是六世得同名。云「天之錫命，疏可同名」者，此注湯緯語也。言帝生之名，由天所錫，則世疏可同。故舉六世以爲證也。謂天所錫者，殷以生日甲乙爲名，則生日是天之命曰爲名也[一]。白虎通云：「殷質，以生日名子也，故殷大甲、帝乙、武丁。」

○「自寢門至于庫門」，前既執木鐸以命宮中，又出宮從寢門至于庫門。寢門，路門。庫門，是魯之外門也，百官及宗廟所在之次。至庫門，咸使知之也。魯三門，故至庫門耳。若天子五門，則至皋門也。故鄭引明堂位云「庫門，天子皋門」也。若凡諸侯，則皋、應、路也。

【衛氏集説】鄭氏曰：諱，辟其名也。生事畢而鬼事始已，謂不復饋食于下室，而鬼神祭之。已，辭也。舍故，謂高祖之父當遷者也。

孔氏曰：此一節論葬後當以鬼神事之。禮，未葬，猶生事之，以脯醢奠于殯宮，又于下室設黍稷曰饋。下室，謂内寢，生時飲食有事處也，器物几杖如平生，故未有尸。既葬，親形已藏，下室遂無事。虞用祭禮，故立尸以繫孝子之心。未葬，殯宮雖有脯醢之奠，不

[一] 則生日是天之命曰爲名也　閩、監、毛本同，惠棟校宋本「曰」作「日」。

立几筵。大斂之奠但有席而已，亦無几也。至虞祭，更立筵，與几相配，故士虞禮云「祝免，澡葛絰帶，布席于室中，東面，右几」是也，此謂士大夫禮。若天子、諸侯則葬前有几，故周禮司几筵云「喪事素几」，鄭注：「謂殯奠時也。」既虞卒哭，則生事畢，鬼神之事方爲始也。既執木鐸以命宫中，又出宫從寢門至于庫門、寢門、路門。庫門，魯之外門也，百官及宗廟所在之次，咸使知之也。魯三門，故至庫門耳。若天子，則至皋門也。凡諸侯則皋、應、路。

嚴陵方氏曰：「生事畢而鬼事始已」者，上言生則知鬼之爲死，下言鬼則知生之爲人也。

【吴氏纂言】孔氏曰：未葬猶生事之，故未有尸。親形已藏，始立尸以繫孝子之心。未葬前，殯宫雖有脯醢之奠，而無几筵。惟大斂之奠，設素席，亦無几。其下室之内饋食處，有吉几筵。今葬訖，虞祭乃以素几配素筵設之，士虞禮云「布席於室中，東面，右几」是也。虞祭有几，謂士、大夫禮。若天子、諸侯葬前有几，周官司几筵云「喪事素几」，注「謂殯奠時」。天子既爾，諸侯南面之君亦然。古者生不諱，卒哭之後乃諱神名，此三者皆以虞卒哭之後，以生人事其親之禮既終畢，而以鬼神事其親之禮方自此始也。已，語辭。卒哭前猶以生人事之者，於内寢之下室，每日饋食，設黍稷、器物、几杖如生時。至卒哭後，則不復饋食也。故，謂高祖之父當遷者也。新，謂新死者。魯有三門，寢門，路寢門也。其外爲雉門，又其外爲庫門。前既執木鐸命宫中，又出宫從寢門至庫門，百官所在之次，咸使知之也。

【陳氏集説】虞而立尸，有几筵。未葬之前，事以生者之禮。葬則親形已藏，故虞祭則立尸，以象神也。筵，席也。大斂之奠雖有席，而無几。此時則設几，與筵相配也。**卒哭而諱，生事畢而鬼事始已。**卒哭而諱其名，蓋事生之禮已畢，事鬼之事始矣。已，語辭。**既卒哭，宰夫執木鐸以命于宮曰：「舍故而諱新。」自寢門至于庫門。**周禮，大喪、小喪，宰夫掌其戒令。故卒哭後，使宰夫執金口木舌之鐸振之，以命令于宮也。其令之之辭曰：「舍故而諱新。」故，謂高祖之父當遷者。諱多則難避，故使之舍舊諱而諱新死者之名也。以其親盡，故可不諱。庫門，自外入之第一門，亦曰臯門。

【江氏擇言】既卒哭，宰夫執木鐸以命于宮曰：「舍故而諱新。」自寢門至于庫門。

鄭注：庫門，宮外門。明堂位曰：「庫門，天子臯門。」

孔疏云：庫門，魯之外門也。魯三門，故至庫門。若天子五門，則至臯門。若凡諸侯，則臯、應、路也。

按，天子五門：臯、庫、雉、應、路。諸侯三門：庫、雉、路。舊説因明堂位有「庫門，天子臯門」「雉門，天子應門」之文，謂唯魯有庫門、雉門，他國則以臯、應、路爲三門，非也。檀弓言「庫門」者四，除「魯莊公既葬，而絰不入庫門」之外，言君復於庫門；宰夫命舍故諱新，自寢門至於庫門；軍有憂，則素服哭於庫門之外，此皆通諸侯言之，非專爲魯記也。郊特牲又言「繹之於庫門内」，家語謂孔子爲衛莊公言之，則諸侯皆有庫門可知。有庫門則亦有雉門矣，春秋書「新作雉門及兩觀」，謂其設兩觀非禮，非譏作雉門也。王之郭門曰臯門，魯猶不敢僭，況諸侯乎？太王立臯門、應門，後遂以爲天子之制，是以諸侯無此二門也。

【欽定義疏】**正義** 鄭氏康成曰：諱，辟其名也。鬼事始，謂不復饋食於下室，而鬼神祭之。孔疏：下室，謂内寢，生時飲食有事處也。未葬，以脯醢奠于殯，又於下室饋設黍稷。謝慈云：「下室之饋，器物几杖如平生。」皇氏謂虞則不復饋食下室，於理有疑。卒哭之時，乃不復饋食於下室也。已，語辭也。舍，謂高祖之父當遷者也。庫門，宮外門，百官所在，明堂位曰「庫門，天子臯門」。

孔氏穎達曰：此論葬後當以鬼神事之禮。未葬猶生事之，故未有尸。既葬，親形已藏，故立尸以繫孝子之心。未葬，殯宮雖有脯醢之奠，不立几筵。大斂之奠，但有席而已，亦無几也。至虞祭，更立筵與几相配，故士虞禮云「祝免，澡葛絰帶，布席於室中，東面，右几」是也，此謂士大夫禮。若天子、諸侯，則葬前有几，故周禮司几筵云「喪事素几」，鄭注謂殯奠時也。既虞卒哭，則生事畢，鬼神之事方爲始也。既執木鐸以命宮中，又出宮從寢門至於庫門。寢門，路門。庫門，魯之外門也，百官及宗廟所在之次，咸使知之也。魯三門，故至庫門耳。若天子，則至臯門也。凡諸侯，則臯、應、路。案：諸侯三門：庫、雉、路，無臯、應。

陳氏澔曰：周禮大喪、小喪，宰夫掌其戒令。故卒哭後，使宰夫執金口木舌之鐸振之，以命令於宫也。其令之辭曰：「舍故而諱新。」諱多則難避，故使之舍舊諱而諱新死者之名也。以其親盡，故可不諱。

存疑 鄭氏康成曰：易説曰「易之帝乙爲成湯，書之帝乙六世王。孔疏：湯六世孫名祖乙，酒誥帝乙則紂父。天之錫命，疏可同名」。

案 鄭據緯謂至六世，則孫可與祖同名，故不必諱，不知湯名履祖，乙名滕，小乙名斂，武乙名瞿，紂父帝乙名羡。其甲乙皆以生日爲字，非名也。

【杭氏集説】鄭氏康成曰：易説曰：「易之帝乙爲成湯，書之帝乙六世王。孔疏：湯六世孫名祖乙，酒誥帝乙則紂父。天之錫命，疏可同名。」

陳氏澔曰：周禮大喪、小喪，宰夫掌其成令。故卒哭後使宰夫執金口木舌之鐸振之，以命令於宫也。其令之辭曰：「舍故而諱新。」諱多則難避，故使之舍舊諱而諱新死者之名也。以其親盡，故可不諱。

萬氏斯大曰：京山郝氏曰：「故謂名，新謂謚。舍故諱新，謂舍舊日之名，而稱新謚以諱之也。」愚按晉語「范獻子聘於魯，問具山、敖山，魯人以其鄉對，獻子曰：『不爲具、敖乎？』對曰：『先君獻、武之諱也。』」考史記，獻公，隱公之高祖；武公，隱公之曾祖。范獻子聘魯在昭公二十二年，獻公至昭公已十二世，武公已十一世，時猶諱「具、敖」，京山説是也。舊説以「故」爲高祖之父當遷者，非。

姚氏際恒曰：未葬以生事之，既葬以鬼事之，故虞而立尸，有几筵。虞以前祭無尸，但有奠席而無几筵，此謂通禮皆然。孔氏曰：「此虞祭而有几，謂士大夫禮。故士虞禮云『祝免，澡葛絰帶，布席于室中，東面，右几』是也。若天子、諸侯，則葬前有几，故周禮司几筵云『喪事，素几』。」按周禮之説不足据，且此章云「虞而立尸，有筵，卒哭而諱」之法相同。下言諱事云「執木鐸命于宫」，而上言虞事亦屬天子、諸侯可知。豈必士大夫乎？舍故諱新，鄭氏謂「故爲高祖之父當遷者」，此易諱之説，不可從。曲禮云「逮事父母則諱王父母」，豈應諱及四世乎？此是謂孝子之父平日諱父與祖，今爲孝子之祖與曾祖，故舍其曾祖之故諱，而諱父之新諱也。

【孫氏集解】虞而立尸，有几筵。

孔氏曰：未葬之前，殯宫雖有脯醢之奠，不立几筵。大斂奠但有席，亦無几也。此席素席，故前云「奠以素器」。其下室之内有吉几筵。今葬畢虞祭有素几筵，筵雖大斂時已有，虞祭更立几與筵相配。故士虞禮云「祝免，澡葛絰帶，布席於室中，右几」是也。此謂士大夫禮。若天子、諸侯，則葬前有几，故周禮司几筵云「喪事素几」，鄭注云：「謂殯奠時。」天子既爾，諸侯亦然。

愚謂此下言「宰夫以木鐸命於宫」「自寢門至于庫門」，則諸侯之禮也。然則此虞有几筵，亦據諸侯之禮言之。周禮司几筵：「凡喪事，設葦席，右素几。」與士虞禮同。設几而右，則已神之。蓋亦虞祭之几筵爾，是天子喪奠亦無几也。喪奠無几，以下室之奠有几筵也。虞雖有几筵，而下室之吉几筵尚設，以虞之几筵乃素器也。至卒哭，以吉祭易喪祭，則殯宮設吉几筵，而下室不復設几筵矣。

卒哭而諱，生事畢而鬼事始已。既卒哭，宰夫執木鐸以命于宮曰：「舍故而諱新。」自寢門至于庫門。

鄭氏曰：諱，謂避其名。生事畢而鬼事始，謂不復饋食於下室，而鬼神祭之。已，辭也。故，謂高祖之父當遷者也。自寢門至于庫門，百官所在。庫門，宮外門。

愚謂周人以諱事神，「卒哭而諱」者，爲明日將祔，而廟祭之禮自此始，始以鬼神之道事之，故曰「生事畢而鬼事始」也。宰夫於天子，天官之考也，諸侯其上士歟？周禮宰夫：「大喪、小喪，掌小官之戒令。」木鐸，鐸以木爲舌，奮之以宣政教者也。故，謂高祖之父當遷者。廟遷則不諱其名，恩有所殺也。新，謂新死當祔者也。自寢門至于庫門者，諸侯之喪，其爲廬、堊室，自寢門之外至庫門之內，皆有之，故徧以告之也。

【朱氏訓纂】虞而立尸，有几筵。卒哭而諱，生事畢而鬼事始已。注：諱，辟其名，謂不復饋食於下室，而鬼神祭之。已，辭也。盧注：喪，朝夕奠尚生事之，虞而立尸，卒哭諱新，是爲以生道事之畢矣，復以鬼道始事之也。已者，辭也。一説生事畢，從生至死也。鬼事始已者，從死至卒哭也。　正義：未葬之前，殯宮雖有脯醢之奠，不立几筵。其大斂之奠，雖在殯宮，但有席而已，亦無几也。其下室之内，有吉几筵。今葬訖，既設虞祭，有素几筵。筵雖大斂之時已有，至虞更立筵與几相配。然此虞祭而有几，謂士大夫禮。若天子、諸侯則葬前有几。鄭君答張逸云：「未葬，以脯醢奠於殯，又於下室設黍稷，曰饋。下室，内寢也。至朔月月半而殷奠，殷奠有黍稷，而下室不設也。既虞祭，遂用祭禮，下室遂無事也」。**既卒哭，宰夫執木鐸以命于宮曰：「舍故而諱新。」**注：故，謂高祖之父當遷者也。**自寢門至于庫門。**注：百官所在，庫門，宮外門。明堂位曰：「庫門，天子皋門。」　盧注：宰夫，於周禮爲下大夫，小宰之副也。大喪、小喪，掌小官之戒令，帥執事而理之。大喪，君也。小喪，屬官也。戒令，即所謂「舍故而諱新」之屬。振木鐸，從寢門至庫門也。寢門之内，新君所處。庫門之内，廟所在也。　王注：木鐸，鈴也，以木爲舌。故，謂五廟毁者。　正義：庫門，魯之外門也。魯三門，故至庫門。若天子五門，則至皋門。　江氏永曰：諸侯三門：庫、雉、路。

【郭氏質疑】舍故而諱新。

鄭注：易説曰：「易之帝乙爲成湯，書之帝乙六世王。天之錫命，疏可同名。」

嵩燾案，左氏傳：「周人以諱事神。」是諱名之典創自有周，三代傳國皆數百年，周世之傳三十，又上推之，以至於帝嚳，而名有不勝諱矣。是以卒哭乃諱，卒哭而祔，祔則昭穆各以次定，而將上祧其祖，所祧之祖不復諱，親盡故也。如穆王滿十六世而有王孫滿，厲王胡十七世而有釐王胡齊。又如夷王十三世有簡王夷，定王五世有慎靚王定，亦不聞諱夷王、定王之稱，五世親盡，不諱可知。殷以前本不聞有諱，以干紀號而不立謚，殷制也。據史記，湯號天乙，其名曰履，稱帝乙者，以帝加之。鄭以爲同名，非也。

四·七一 ○**二名不偏諱。夫子之母名徵在，言「在」不稱「徵」，言「徵」不稱「在」**[一]。稱，舉也。雜記曰：「妻之諱，不舉諸其側。」

【疏】「二名」至「稱在」。○正義曰：此一節論不偏諱之事。○注「稱舉」至「其側」。○正義曰：引雜記者，證「稱」是「舉」之義。

【衛氏集説】鄭氏曰：稱，舉也。雜記曰：「妻之諱，不舉諸其側。」

孔氏曰：此一節論不偏諱之事。

嚴陵方氏曰：夫子曰：「不在顓臾而在蕭牆之内。」若此，則言「在」不稱「徵」也。

[一] 言在不稱徵言徵不稱在　閩、監、毛本同，石經同，岳本同，嘉靖本同，衛氏集説同，考文引古本作「言徵不稱在言在不稱徵」。○鍔按：「言在」上，阮校有「二名不偏諱節」六字。

又曰：「夏禮吾能言之，杞不足徵。」若此，則言「徵」不稱「在」也。

【吴氏纂言】鄭氏曰：稱，舉也。

方氏曰：「不在顓臾而在蕭墻之内」，此言「在」不稱「徵」也。「夏禮吾能言之，杞不足徵」，此言「徵」不稱「在」也。

【陳氏集説】二名，二字爲名也。此記避諱之禮。

【郝氏通解】虞而立尸，有几筵。卒哭而諱，生事畢而鬼事始已。既卒哭，宰夫執木鐸以命于宫曰：「舍故而諱新。」自寢門至于庫門。二名不偏諱。夫子之母名徵在，言「在」不稱「徵」，言「徵」不稱「在」。

既葬而虞，則親形已藏，故立尸象之。初死，有奠而無席，大斂有席而無几，至虞始備几筵，漸去人而即鬼也。諱，避死者名，稱謚也。名以生得，謚因死成。周官宰夫：「大喪、小喪，掌其戒令。」故卒哭，宰夫以謚令于宫中，曰：「舍故諱新。」故謂名，新謂謚也，舍其舊日之名而稱新謚以諱之也。鄭注謂「故爲高祖之父當遷者」，則舍之不諱，鑿也。寢門在内，庫門在外。二名不偏諱，禮也。舉夫子之不偏諱以證之。

【欽定義疏】正義 鄭氏康成曰：稱，舉也。雜記曰：「妻之諱，不舉諸其側。」

孔氏穎達曰：此論不偏諱之事。

陳氏澔曰：二名，二字爲名也。此記避諱之禮。

方氏慤曰：夫子曰「不在顓臾」，此言「在」不稱「徵」也。又曰「杞不足徵」，此言「徵」不稱「在」也。

【杭氏集説】陳氏澔曰：二名，二字爲名也。此記避諱之禮。

【孫氏集解】鄭氏曰：稱，舉也。雜記曰：「妻之諱，不舉諸其側。」

【朱氏訓纂】注：稱，舉也。雜記曰：「妻之諱，不舉諸其側。」　方性夫曰：夫子曰「不在顓臾」，此言「在」不稱「徵」也。「杞不足徵」，此言「徵」不稱「在」也。

四·七二　○**軍有憂，則素服哭於庫門之外，**憂，謂爲敵所敗也。素服者，縞冠也。○**赴車不載櫜韔**[一]。兵不戢，示當報也。以告喪之辭言之，謂還告於國。櫜，甲衣。韔，弓衣。○櫜，音羔。韔衣，亦作「鬯」，敕亮反。戢，側立反。

【疏】「軍有」至「櫜韔」[二]。○正義曰：此一節論軍敗當報之事。

[一] 赴車不載櫜韔　閩、監、毛本同，石經同，岳本同，嘉靖本同，衛氏集説同。釋文出「櫜韔」云：「本亦作『鬯』。」正義本作「韔」。○鍔按：「赴車」上，阮校有「軍有憂節」四字。

[二] 軍有至櫜韔　惠棟校宋本無此五字。

〇「赴軍不載櫜韔」者，軍既有憂，從軍赴國之車，但露載其甲及弓[一]，示有報敵之意，故甲則不以櫜戢之，弓則不以韔戢之，故注云：「兵不戢，示當報也。」〇注「以告」至「弓衣」。〇正義曰：案春秋左氏傳，禍福稱「告」，崩薨稱「赴」。今軍敗應稱「告」而稱「赴」，故云「以告喪之辭言之」。案詩云：「載櫜弓矢。」春秋傳云：「右屬櫜鞬。」皆以櫜爲韜弓。此注爲「甲衣」者，以下「韔」文[二]，「韔」既是弓衣，故以「櫜」爲甲衣。

【衛氏集説】鄭氏曰：憂，謂爲敵所敗也。素服者，縞冠也。赴，謂還告于國，以告喪之辭言之也。櫜，甲衣。韔，弓衣。兵不戢，示當報也。

孔氏曰：此一節論軍敗當報之事。案左氏傳，禍福稱「告」，崩薨稱「赴」。但露其甲弓，故曰「不戢」。

臨川王氏曰：禮者，將以恩止爭，且務修己而不責人。不載櫜韔，如鄭義，則禮亦悖矣。

長樂陳氏曰：兵法曰：「若師不勝，取過在己。」即周官大司馬：「若師不功，則厭

[一] 但露載其甲及弓　閩、監、毛本同，考文引宋板「但」作「袒」，衛氏集説亦作「但露」。段玉裁訂説文誤字説云：「人部曰：『但，裼也。』故衣部云：『裼，但也；羸，但也；裎，但也。』今本衣部作『袒也』，『袒』訓衣縫解，爲今綻裂字，而失其義矣。」案：依段義，則「但」即袒露之本字。宋本「袒」，從俗作也。

[二] 以下韔文　閩、監、毛本同，惠棟校宋本「韔」上有「有」字。

而奉主車。」臣之取過在己也。禮記：「素服哭于庫門之外。」君之取過在己也。秦穆公之敗于殽，素服郊次，向師而哭，蓋其遺禮歟？車必曰赴車，若告喪也。赴車不載櫜韔，示不忘戰也。雖然合義則動，非義則止，豈若焚舟破釜，沈船寘瞻，以干戈相尋，而示其必死者乎？故梁惠王欲報齊、楚，孟子教之以省刑罰，薄税斂，深耕易耨，壯者以暇日修其孝弟、忠信，然後及于制梃也。

嚴陵方氏曰：戰勝而還謂之「凱」，則其敗謂之「憂」，亦宜矣。素服哭于庫門之外，則以喪禮處之也。必于庫門之外者，以近廟門故也。蓋師之出也，受命于祖，及其無功，則于祖命不能無辱矣，故近廟門則哭之。赴車，蓋自軍告赴于國之車也。凡告喪曰赴，車以告喪爲名，則與素服同義。

【吴氏纂言】鄭氏曰：憂，謂爲敵所敗也。素服者，縞冠也。赴，謂還告於國，以告喪之辭言之。櫜，甲衣。韔，弓衣。兵不戢，示當報也。

孔氏曰：從軍赴國之車，但露載其甲及弓，不以櫜韔戢之，示有報敵之意。禍福稱「告」，崩薨稱「赴」。軍敗應稱告，而稱赴，以告喪之辭也。

方氏曰：戰勝而還謂之「凱」，敗謂之「憂」，宜矣。素服哭，以喪禮處之也。必於庫門之外，以近廟門故也。蓋師之出也，受命於祖，無功則於祖命不能無辱矣，故近廟門則哭之。

長樂陳氏曰：兵法曰：「若不勝，取過在己。」周官大司馬：「師不功，厭而奉主車。」臣之取過在己也。此記「素服哭於庫門之外」，君之取過在己也。秦穆公敗於殽，素服郊次，鄉師而哭，蓋其遺禮與？車曰赴車，若告喪也。不載櫜韔，不忘戰也。雖然義則動，不義則止，豈若焚舟破釜，沈船寘膽，以干戈相尋者乎？梁惠王欲報齊、楚，孟子教之省刑罰，薄稅斂，深耕易耨，壯者以暇日修孝悌、忠信也。

臨川王氏曰：禮者將以恩止爭，且務修己而不責人。不載櫜韔，如鄭義，則禮亦悖矣。

【陳氏集説】櫜，甲衣。韔，弓衣。甲不入櫜，弓不入韔，示再用也。方氏曰：戰勝而還謂之「愷」，則敗謂之「憂」，宜矣。素服哭，以喪禮處之也。必於庫門之外者，以近廟也。師出，受命于祖，無功則於祖命辱矣。赴車告，赴於國之車。凡告喪曰赴車，以告敗爲名，與素服同義。

【納喇補正】赴車不載櫜韔。

集説 甲不入櫜，弓不入韔，示再用也。

竊案 鄭注謂不載櫜韔，兵不戢，示當報也，故陳氏仍之。臨川王氏駁之曰：「禮者，將以恩止爭，且務修己而不責人。不載櫜韔，如鄭義，則禮亦悖矣。」愚謂當報不當報，亦顧其用兵之義何如耳。若有名之兵，雖百戰以復君父之仇，雪國家之恥，亦無不可也，故魯莊忘仇，春秋譏之。若無名之師，則敗而思復干戈相尋，逞憤虐民，君子所大惡，再用且不可，况亟戰乎！秦伯之濟河焚舟，春秋狄之；梁惠王欲洒恥，孟子第教之以施仁政。故方氏謂「義則動，不義則止」也。集説但言「示再用」，於義未然。

【江氏擇言】軍有憂，則素服哭於庫門之外。

方氏云：必於庫門之外，以近廟門故也。

按，庫門之外則外朝也，入庫門由東曲折而後及廟門，廟去庫門遠矣。方氏説非是。

【欽定義疏】正義　鄭氏康成曰：憂，謂爲敵所敗也。素服者，縞冠也。赴，謂還告於國，以告喪之辭言之也。孔疏：左氏傳禍福稱「告」，崩薨稱「赴」。櫜，甲衣。韔，弓衣。兵不戢，孔疏：甲不以櫜戢之，弓不以韔戢之。示當報也。陳氏澔曰：甲不入櫜，弓不入韔，示再用也。

孔氏穎達曰：此論軍敗當報之事。

方氏慤曰：戰勝而還謂之「凱」，則其敗謂之「憂」，亦宜矣。素服哭於庫門之外，則以喪禮處之也。必於庫門之外者，以近廟門故也。蓋師之出也，受命於祖，及其無功，則於祖命不能無辱矣，故近廟門則哭之。案：廟在雉門內。仲尼與于蜡賓，事畢，出遊于兩觀之上。孔氏曰：「孔子出廟門往雉門，是庫門與廟尚遠。」

通論　陳氏祥道曰：兵法曰：「若師不勝，取過在己。」周官大司馬：「若師不功，則厭而奉主車。」臣之取過在己也。禮記「素服哭於庫門之外」，君之取過在己也。秦穆公之敗於殽，素服郊次，向師而哭，蓋其遺禮歟？必曰「赴車」，若告喪也。赴車不載櫜韔，示不忘戰也。

【杭氏集説】姚氏際恒曰：軍有憂，則素服哭於庫門之外，此亦據左傳「秦穆公敗於殽，素服郊次，鄉師而哭」之事爲説。

朱氏軾曰：示當報，非即報也。不即報者，先自修，自修正不忘報也。句踐卧薪嘗膽，生聚教訓，其即不載櫜韔之意無？然亦有不容少待者，孔明痛哭出師，徒以漢賊不兩立，成敗非所逆計也。姜維、褚裒之徒，可謂不自量矣，而綱目韙之，若介甫之論禮，其猶譙周、蔡謨之見歟？

【孫氏集解】鄭氏曰：憂，謂爲敵所敗也。素服者，縞冠也。赴，謂還告於國，以告喪之辭言之也。櫜，甲衣。韔，弓衣。兵不戢，示當報也。

方氏慤曰：素服哭於庫門之外，以喪禮處之。

愚謂周禮大宗伯「以凶禮哀邦國之憂」，其列有五：曰死亡，曰凶札，曰禍烖，曰圍敗，曰寇亂，此五者同爲凶禮，其服皆素服。玉藻：「年不順成，則天子素衣，乘素車。」又曰：「年不順成，君衣布，搢本。」周禮司服：「大札、大荒、大烖，素服。」檀弓：「軍有憂，則素服哭於庫門之外。」春秋傳：「秦師敗于殽，秦伯素服郊迎。」蓋皆以喪禮處之也。素服，謂素衣、素冠、素裳也。檀弓：「國亡大縣邑，公、卿、大夫、士皆厭冠哭於大廟。」大司馬：「師不功，則厭而奉主車。」則素冠皆厭伏如喪冠之制也。軍敗固當報，然亦當視其事之何如。若非有讎恥之當雪，而忿兵不已，此秦穆彭衙之役，春秋之所不取也。

【朱氏訓纂】軍有憂，則素服哭於庫門之外，注：憂，謂爲敵所敗也。素服者，縞冠也。江氏永曰：庫門之外，則外朝也。赴車不載櫜韔。注：兵不戢，示當報也。以告喪之辭言之，謂還告於國。櫜，甲衣。韔，弓衣。

四·七三 〇**有焚其先人之室，則三日哭。**謂人燒其宗廟[一]。哭者，哀精神之有虧傷。**故曰：新宮火，亦三日哭。**火，人火也。新宮火，在魯成三年。

【疏】「有焚」至「日哭」[二]。〇正義曰：此一節論哀先人宗廟傷之事[三]。

〇注「火人」至「三年」。〇正義曰：案宣十六年左傳云：「人火曰火，天火曰災。」新宮者，魯宣公廟。故成三年公羊傳云：「新宮者何？宣公之宮也。」

【衛氏集説】鄭氏曰：謂火燒其宗廟。哭者，哀精神之有虧傷。火，人火也。新宮

[一] 謂人燒其宗廟　閩、監、毛本同，岳本同，嘉靖本同。惠棟校宋本「人」作「火」，是也，宋監本、衛氏集説同。〇鍔按：「謂人」上，阮校有「有焚其先人之室節」八字。

[二] 有焚至日哭　惠棟校宋本無此五字。

[三] 論哀先人宗廟毁傷之事　惠棟校宋本作「毁」，衛氏集説同。此本「毁」字脱，閩本「毁」字闕，監、毛本「毁」作「虧」，非。

火，在魯成三年。

孔氏曰：此一節論哀先人宗廟毀傷之事。左傳云：「人火曰火，天火曰災。」公羊傳曰：「新宮者何？宣公之宮也。」

山陰陸氏曰：據此春秋書「新宮災」，諱火耳。災非人之所能爲也，即書火，其所以備火之道不盡也。

李氏曰：言新宮，不言宣公，不忍言也。春秋書「新宮災」，謂天火也，謂人火則不恭大矣。故内火皆書「災」，然實人火之也。

【吴氏纂言】鄭氏曰：謂火燒其宗廟。哭者，哀精神之有虧傷。新宮火，在魯成三年。

孔氏曰：新宮者，魯宣公廟。人火曰火，天火曰災。

山陰陸氏曰：春秋書「新宮灾」，諱火爾。

【陳氏集説】先人之室，宗廟也。魯成公三年，焚宣公之廟，神主初入，故曰新宮。春秋書「二月甲子，新宮災，三日哭」，注云「書其得禮」。此言「故曰」者，謂春秋文也。

【納喇補正】**集説** 先人之室，宗廟也。魯成公三年，焚宣公之廟，神主初入，故曰新宮。春秋書「二月甲子，新宮災，三日哭」，注云「書其得禮」。此言「故曰」者，謂春秋文也。

竊案 此注、疏舊説，胡康侯傳春秋則曰：「先人之室，蓋嘗寢於斯，食於斯，會族屬於斯，其居處笑語之所在，皆可想也。事死如事生，故有焚其室則哭之禮也。新宮，將以安神主也。神主未遷而哭，於人情何居？」又曰：「丹楹刻桷，皆稱桓公，此不舉謚，故知其未遷也。不然廟災而哭，得禮，爲常事，春秋則何以書？」案此則先人之室，不爲宗廟，而新宮災，三日哭，亦不爲合禮矣。不惟與公、穀、鄭、孔異，亦與檀弓小有不同，更詳之。

【郝氏通解】軍有憂，則素服哭於庫門之外，赴車不載櫜韔。有焚其先人之室，則三日哭。故曰：新宮火，亦三日哭。

軍勝還曰「愷」，敗還曰「憂」。哭於大門外，君自引咎不安也，或曰庫門近宗廟也。赴車，告敗之車。櫜，甲衣。韔，弓衣。不載二物，示欲復讐。甲不櫜，弓不韔也。先人之室謂宗廟也，魯成公三年，宣公廟新成而火，三日哭，傳春秋者以爲禮，故記者引以證之。

按此章，後儒説春秋之例而援以爲禮耳。秦穆公殽之敗，素服郊次，嚮師而哭，三敗求復，竟以無功，春秋未嘗予之，而左氏顧亟稱之，兵貪不悔，焚舟破釜，以尋于干戈，烏得爲禮？魯宣公廟新成，火，三日哭。公、穀傳以爲禮，胡安國謂主未入廟，故稱新宮，無主而哭，非禮也。是烏足据乎？

【欽定義疏】 正義 鄭氏康成曰：謂人燒其宗廟。哭者，哀精神之有虧傷。火，人火也。孔疏：左傳云：「人火曰火，天火曰災。」新宮火，在魯成三年。

孔氏穎達曰：此論哀先人宗廟毀傷之事。公羊傳曰：「新宮者何？宣公之宮也。」

李氏格非曰：言「新宫」，不言宣宫，不忍言也。春秋書「新宫災」，謂天災也，謂人火則不恭大矣。故内火皆書「災」，然實人火也。

陳氏澔曰：先人之室，宗廟也。魯成公三年，焚宣公之廟，神主初入，故曰「新宫」。春秋書「二月甲子，新宫災，三日哭」，注云「書其得禮」。此言「故曰」者，謂春秋文也。

案 公、穀二傳，皆謂宣主已入，其哭爲得禮。胡傳宣主未入，其哭爲失禮。考宣公薨已二十八月，二年冬大烝已入廟，公、穀是也。此經不見譏失禮意。

【杭氏集説】陳氏澔曰：先人之室，宗廟也。魯成公三年，焚宣公之廟，神主初入，故曰「新宫」。春秋書「二月甲子，新宫災，三日哭」，注云「書其得禮」。此言「故曰」者，謂春秋文也。

姚氏際恒曰：此援春秋成三年「新宫災，三日哭」之事爲説。先人之室，即宗廟也。按新宫，宣公之宫，以其新成，故曰新宫。其三日哭，禮也。春秋公、穀傳及禮鄭注皆無異詞，惟胡康侯曰：「新宫者，宣宫也。不曰宣公宫者，神主未遷也。禮有焚其先人之室，則三日哭。先人之室，蓋嘗寢於斯，食于斯，會族屬於斯，故有焚其室則哭之禮。神主未遷而哭，于人情何居？」按胡以新宫爲神主未遷，以記文「先人之室」爲居室，皆謬。既以哭焚先人之室爲禮，又以哭新宫爲非禮，則記文取證，前後不符矣。釋禮之家多援其説，是誤解春秋而併及于禮也。

姜氏兆錫曰：「亦」字當爲羡文。或曰以「新」對而云爾也。

任氏啟運曰：春秋以周正紀事，祭享用夏時，宣公之薨至此二十八月，二年十二月冬烝，主入廟矣。春秋以紀災書，非以失禮書也。哀神之震驚，故亦三日哭。

【孫氏集解】鄭氏曰：焚其先人之室，謂火燒其宗廟。哭者，哀精神之有虧傷。火，人火之也。新宮火，在魯成三年。

孔氏曰：左傳云：「人火曰火，天火曰災。」新宮者，魯宣公廟。

陸氏佃曰：春秋書「新宮災」，諱火耳。災非人之所能爲也。

陳氏澔曰：哭者，哀祖宗神靈之無所託也。

【朱氏訓纂】有焚其先人之室，則三日哭。注：謂火燒其宗廟。哭者，哀精神之有虧傷。**故曰：新宮火，亦三日哭。**注：火，人火也。新宮火，在魯成三年。春秋成三年經：「甲子，新宮災，三日哭。」公羊傳：「新宮者何？宣公之宮也。宣宮則曷爲謂之新宫？不忍言也。其言三日哭何？廟災，三日哭，禮也。新宮災，何以書？記災也。」

【郭氏質疑】鄭注：有焚其先人之室，謂火燒其宗廟。

嵩燾案，此經上下二語緊相承，專言宗廟，則經義不明。成三年公羊傳：「廟災，三日哭，禮也。」昭十八年，鄭火，「書焚室而寬其征，三日哭」。是國大災亦有三日哭之文。此云「先人之室」，謂居室傳自先人者，先人所營宫室，子孫不戒於火而焚之，有足隱傷先人之心者，故爲之三日哭。穀梁傳：「新宮者，禰宮也。」宣公十八年十月薨，成三年二月，新宮火，吉禘未久，故曰新宮。以其爲先人之神之所憑依也，亦三日哭，緊承上「先人之室」言之。言所重者，先人也。先人之室與新宮相爲映合，概以宗廟言之，非也。

四·七四 ○**孔子過泰山側，有婦人哭於墓者而哀。夫子式而聽之，**怪其哀甚。**使子路問之**[一]**曰：「子之哭也，壹似重有憂者。」而曰：「然。昔者吾舅死於虎，吾夫又死焉，今吾子又死焉！」**而，猶乃也。夫之父曰舅。○重，直用反。**夫子曰：「何爲不去也？」曰：「無苛政。」夫子曰：「小子識之！苛政猛於虎也。」**苛，音何，本亦作「荷」。識，申吉反，又如字。

【疏】「孔子」至「虎也」[二]。○正義曰：此一節論苛政嚴於猛虎之事。

[一] 使子路問之　閩、監、毛本同，嘉靖本同，衛氏集説同。惠棟校宋本「路」作「貢」，石經、宋監本、岳本同。石經考文提要云：「案九經三傳沿革例云：『實使子貢，而興國本及建諸本皆作「子路」』，疏亦不明言何人，及考石本、舊監本、蜀大字本、越上注疏本，皆作「子貢」。』以文選李善注及藝文類聚、白孔六帖、太平御覽、孔子家語所引證之，則作『子貢』是也。」○鍔按：「使子」上，阮校有「孔子過泰山側節」七字。

[二] 孔子至虎也　惠棟校宋本無此五字。

○「子之哭也，壹似重有憂者」。○言子之哭也，壹似重疊有憂喪者也。「壹」者，決定之辭也。

○「而曰然」者，而，乃也。婦人哭畢，乃答之曰：「然」。「然」猶如是，是重疊有憂也。

【衛氏集説】鄭氏曰：夫子怪其哀甚，故式而聽之。而曰然，而，猶乃也。夫之父曰舅。

孔氏曰：此一節論苛政嚴於猛虎之事。壹似重有憂者，「壹」者，決定之辭也。

嚴陵方氏曰：虎之害人也，機罟檻穽所能制之。政之害人也，無可制之械焉。虎之害人也，深宮固門所能逃之。政之害人也，無可逃之地焉。此泰山婦人所以寧遭虎之累傷，而不忍舍其政之無苛也。揚雄之論酷吏曰：「虎哉！虎哉！角而翼者也。」與此同意。

式而聽之，則與式凶服同義。

【吳氏纂言】「夫子式而聽之」者，怪其哀甚也。而曰然，而，猶乃也。夫之父曰舅。

孔氏曰：「壹」者，決定之辭。言子之哭也，一似重疊有憂喪者。婦人哭畢，乃答曰然。

方氏曰：虎之害人，機罟檻穽能制之，深宮固門能逃之。政之害人也，無可制之械焉，無可逃之地焉。此泰山婦人所以寧遭虎之累傷，而不忍舍其政之無苛也。揚雄之論酷吏曰：「虎哉，虎哉！角而翼者也。」與此意同。

【陳氏集説】聞其哭，式而聽之，與「見齊衰者，雖狎，必變」之意同。聖人敬心之所發，蓋有不期然而然者。壹似重有憂者，言甚似重疊有憂苦者也。而曰，乃曰也。虎之殺人，出於倉卒之不免。苛政之害，雖未至死，而朝夕有愁思之苦，不如速死之爲愈。此所以猛於虎也，爲人上者可不知此哉！

【郝氏通解】壹似，猶言甚似。而曰，猶乃曰。婦人輟哭，乃答也。此章之言，於禮無當記者，但因其哭墓録之，大似諸子寓言，事不必實，而其言可警爲政者。

【欽定義疏】**正義** 鄭氏康成曰：夫子怪其哀甚，故式而聽之。而，猶乃也。孔疏：而曰然，哭畢乃答之。夫之父曰舅。

孔氏穎達曰：此論苛政嚴于猛虎之事。「壹」者，決定之辭。

陳氏澔曰：聞其哭，式而聽之，與「見齊衰者，雖狎，必變」之意同。聖人敬心之所發，蓋有不期然而然者。

方氏慤曰：虎之害人也，人能逃之。政之害人也，無可逃之地。此所以寧遭虎之累傷，而不忍舍其政之無苛也。

【杭氏集説】陳氏澔曰：聞其哭，式而聽之，與「見齊衰者，雖狎，必變」之意同。聖人敬心之所發，蓋有不期然而然者。

姚氏際恒曰：此全類諸子寓言，呂覽、淮南之儔也。

【孫氏集解】鄭氏曰：而，乃也。夫之父曰舅。

方氏慤曰：虎之害，人可逃，而苛政之害，人無可逃。此所以寧受虎之累傷，而不忍舍其政之無苛也。

【王氏述聞】⊙無苛政

夫子曰：「何爲不去也？」曰：「無苛政。」夫子曰：「小子識之，苛政猛於虎也。」

鄭注不釋「政」字，釋文亦不作音。

引之謹案，「政」讀曰「征」，謂賦税及繇役也。誅求無已則曰苛征，荀子富國篇：「厚刀布之斂以奪之財，重田野之税以奪之食，苛關市之征以難其事。」楊注曰「苛，暴也。征，亦税也」是也。古字「政」與「征」通，互見下文。王制：「五十不從力政。八十者，一子不從政。九十者，其家不從政。廢疾非人不養者，一人不從政。父母之喪，三年不從政。齊衰、大功之喪，三月不從政。將徙於諸侯，三月不從政。自諸侯來徙家，期不從政。」雜記：「三年之喪，祥而從政。期之喪，卒哭而從政。九月之喪，既葬而從政。小功、緦之喪，既殯而從政。」皆借「政」爲「征」也。而新序雜事篇載此事，乃云「其政平，其吏不苛」，則已誤以爲「政事」之政矣。鄭注雜記云：「從政，從爲政者教令，謂給繇役。」既訓爲給繇役，則是讀「政」爲「征」，而又云「從爲政者教令」，非也。「從爲政者教令」六字，蓋後人所增。

【朱氏訓纂】孔子過泰山側，有婦人哭於墓者而哀。夫子式而聽之，注：怪其哀甚。

使子路問之，錢氏大昕曰：唐石經及相臺岳氏本作「子貢」。**曰：「子之哭也，壹似重有憂者。」而曰：「然。昔者吾舅死於虎，吾夫又死焉，今吾子又死焉！」**注：而，猶乃也。夫之父曰舅。**夫子曰：「何爲不去也？」曰：「無苛政。」**一切經音義引說文：苛，尤劇也，亦煩擾也，尅急也。王氏引之曰：「政」讀曰「征」，謂賦稅及繇役也。誅求無已則曰苛征。古字「政」與「征」通。**夫子曰：「小子識之！苛政猛於虎也。」**

檀弓注疏長編卷二十八

四・七五　○**魯人有周豐也者**[一]**，哀公執摯請見之**[二]**，**下賢也。摯，禽摯也。諸侯而用禽摯，降尊就卑之義。○摯，音志。下，户嫁反。**而曰「不可」。**辭君以尊見卑。士禮，先生、異爵者請見之，則辭。**公曰：「我其已夫！」**已，止也。重强變賢。○夫，音符。强，其丈反。**使人問焉，曰：「有虞氏未施信於民而民信之，夏后氏未施敬於民而民敬之，何施而得斯於民也？」**時公與三桓始有惡，懼將不安。**對曰：「墟墓之間**[三]**，未施哀於民而民哀；社稷宗廟之中，未施敬於民而民敬。**言民見悲哀之處則悲哀，見莊敬之處

[一] 魯人有周豐也者節　惠棟云：「『魯人』節、『喪不慮居』節，宋本合爲一節。」

[二] 哀公執摯請見之　閩、監、毛本同，岳本同，嘉靖本同，衛氏集説同。石經闕，釋文出「執贄」。

[三] 墟墓之間　閩、監、毛本同，嘉靖本同，岳本同，衛氏集説同。惠棟校宋本「墟」作「虚」。注同。釋文出「虚墓」云：「本亦作『墟』，注同。」正義本作「墟」。○按：虚、墟，古今字。

則莊敬，非必有使之者。墟，毀滅無後之地。○虛，本亦作「墟」，同魚起反，注同。處，昌慮反，下同。**殷人作誓而民始畔，周人作會而民始疑。**會，謂盟也，盟、誓所以結衆以信，其後外恃衆而信不由中，則民畔、疑之。孔子曰：「其身正，不令而行。其身不正，雖令不從。」**苟無禮義、忠信、誠慤之心以涖之**[一]**，雖固結之，民其不解乎？**」涖，臨。○涖，音利，又音類。解，佳買反，舊胡買反。

【疏】「魯人」至「解乎」[二]。○正義曰：此一節論君之臨臣民，當以禮義忠信爲本之事，各依文解之。

○「何施而得斯於民也」者。○「有虞氏未施信於民而民信之，夏后氏未施敬於民而民敬之」，言虞之與夏，施何政教以化民？斯，此也。而得如此敬信於民也。

○「對曰」至「民敬」。○周豐之意，以虞之與夏，由行敬信於民，民見其敬信，民自學之，不須設言號令。故云古昔丘墟及墳墓之間，是所悲哀之處也，人在其所，未須施設教化令民使哀而民自哀也。社稷宗廟之中，嚴凝之處，人在其中，未須施設教化而民自敬。言民之從君，在君身所行，不在言也，若身之不行，言亦無益。故殷人作誓，由身不

[一] 苟無禮義忠信誠慤之心以涖之　閩、監、毛本同，石經同，岳本同，嘉靖本同，衛氏集説同，釋文出「以莅」。

[二] 魯人至解乎　惠棟校宋本無此五字。

自行，徒有言誓而民始畔也。周人作會，爲身無誠信，而民始疑。苟，誠也。人君之身，誠無禮義、忠信、誠實質慤之心以臨化之，雖以言辭誓令堅固結之，民其不解散離貳乎？言當解散離貳也。周豐此言，欲令哀公身行誠信，不當唯以言辭率下而已。

○注「墟，毀滅無後之地」。○正義曰：凡舊居皆曰「墟」，故左傳有「莘氏之墟」，有「昆吾之墟」。故知「毀滅無後」者，以可悲哀，故爲無後也。

○注「會謂」至「疑之」。○正義曰：案昭三年左傳云：「有事而會，不協而盟。」則盟、會別也。知此會謂盟者，以云「而民始疑」。司盟云「邦國有疑，則盟詛之」，故以會爲盟也。案尚書夏啟作甘誓，此言「殷人作誓」，左傳云「夏啟有塗山之會」，又「禹會塗山」，此云「周人作會」者，此據身無誠信，徒作誓盟〔一〕，民因誓因盟而始疑畔，非謂殷人始作誓，周人始作會。若夏啟作甘誓，禹會塗山，皆身有誠信，於事善也。穀梁傳云「告誓不及五帝〔二〕，盟詛不及三王」者，五帝、三王身行德義，不專用誥誓、盟詛，故云「不及」，與此不同。

云「信不由中，則民畔疑之」者，隱三年左傳云：「信不由中，質無益也。」紂爲苛政而作誓命，民乃畔之，亦是畔疑之事也。

〔一〕徒作誓盟　監本作「誓盟」，惠棟校宋本作「盟誓」。
〔二〕穀梁傳云告誓不及五帝　閩、監、毛本同，衛氏集説「穀」上有「又」字。

【衛氏集説】鄭氏曰：摯，禽摯也。諸侯而用禽摯，降尊就卑之義，下賢也。周豐曰不可，辭君以尊見卑也。士禮，先生、異爵者請見之，則辭。已，止也。重强變賢也。時公與三桓始有惡，懼將不安，故使人問焉。周豐言民見悲哀之處則悲哀，見莊敬之處則莊敬，非必有使之者。墟，毁滅無後之地也。會，謂盟也。盟、誓所以結衆以信，其後外恃衆而信不由中，則民畔、疑之。孔子曰：「其身正，不令而行。其身不正，雖令不從。」莅，臨也

孔氏曰：此一節論君之臨臣民，當以禮義忠信爲本之事。哀公言虞、夏施何政教而得如此敬信于民。豐言民之從君，在君身所行，不在言也，若身之不行，言亦無益，故殷、周作誓、作會而民始疑、畔。苟，誠也。人君之身，誠無禮義、忠信、誠實質慤之心以臨化之，雖以言辭誓令堅固結之，民其不解散離貳乎？周豐此言，欲哀公身行誠信而已。凡舊居皆曰「墟」，故左傳有「莘氏之墟」，有「昆吾之墟」，皆是毁滅無後者。案昭三年左傳云「有事而會，不協而盟」，則盟、會别也。鄭注「會謂盟者」，以下云「民疑」。而司盟有云「邦國有疑，則盟詛之」，故以會爲盟也。尚書夏啟作甘誓，左傳云「夏啟有塗山之會」，又「禹會塗山」。而此言殷、周者，據身無誠信，徒作盟誓，而民始離畔者耳，非謂殷、周作誓、會也。若啟作甘誓，禹會塗山，皆身有誠信，於事善也。又穀梁傳云「誥誓不及五帝，盟詛不及三王」者，五帝、三王身行德義，不專用誥誓、盟詛，故云「不及」，與此

不同。

長樂陳氏曰：黄帝之于廣，成湯之于伊尹，請必下風，聘必三幣，豈以一辭而止哉！此其樂善不倦者也。魯哀公之於周豐，執摯請見，一辭之以不可則止焉，使人問之而已，其視樂善不倦者則有間矣。墟墓之間，社稷宗廟之中，無情于感民而民哀敬。殷人作誓，周人作會，有心于制民而民畔疑也。蓋誓生于不信，會生于不敬，不信而誓之使信，則民始畔，不敬而會之使敬，則民始疑。周豐之言，凡欲哀公修敬信以感民而已。論語孔子對哀公以「孝慈則忠」「臨之以莊則敬」，與此同義。禹之伐苗有誓，塗山有會，此言作于殷、周，何也？蓋有其事者未必作其法，作其法者未必始其事。夏之前未嘗無貢，至禹則作貢；孔子之前未嘗無春秋，至孔子則作春秋，則作誓、作會，蓋亦作其法而已。

嚴陵方氏曰：夫虞、夏之得天下也以禪，殷、周之得天下也以争。禪則出于自然，故信未施而民信之，且無異乎墟墓之間，民之自哀也。敬未施而民敬之，且無異乎社稷宗廟之中，民之自敬也。争則出乎不得已，故誓雖作而反以起民之畔，會雖作而反以致民之疑而已。且畔固甚于疑也，畔其言未足爲甚，疑者衆于是爲甚焉。禮義、忠信、誠慤之心，則敬之道所自出也，固結之則以誓會而已。苟無是心以莅之，則結之者雖固，民亦解而散矣。凡物結之則聚，解之則散，惟其結之而聚，故可解之而散。若夫有以莅之，則無所結也，亦不可解矣。

清江劉氏曰：殷人作誓而民始畔，周人作會而民始疑。誓、會皆當出于天子耳，殷既衰，諸侯專誓；周既衰，諸侯專盟。

馬氏曰：先王之制法，事爲之制，曲爲之防。有不聽者，可以棄矣，而猶有誓以致其戒，故大司徒之制曰：「以誓教恤，則民不怠。」其教之如此之詳，其治之如此之備。有犯命者，可以刑矣，而猶有盟以聽其政，故司盟曰「盟萬民犯命，詛不信者」，此有以見先王仁之至也。是以殷、周之盛時，以禮義道民，故其民始于無犯非禮，而終于無思犯禮，誓可以已矣，而猶不敢忘；以忠信遇民，故其民始于不敢欺，而終于不忍欺，盟可以已矣，而猶不敢廢，此有以見先王智之盡也。方其俗之成如此，則盟誓之助于教，豈小補哉？及其末也，無善政以使之遠刑罰，而徒作誓，故曰「民始畔」。無德教以使之畏鬼神，而徒作會，故曰「民始疑」。蓋誓之以禮義，盟之以忠信，末也。不修其本而一之于末，故民其有不解乎。本末無不備，然後可以爲治。

山陰陸氏曰：誓、會前此矣，而殷、周作意于此，故民于是始疑畔。

延平黄氏曰：盟誓果非先王之事乎？先王以輔德信者也，後世德信廢，而盟誓獨行于天下，此民所以疑畔。

廬陵胡氏曰：魯之失民久矣，政在三家數世矣，而哀公方且患之，晚矣。

【吴氏纂言】魯人有周豐也者，哀公執摯請見之，而曰「不可」。公曰：「我其已夫！」

鄭氏曰：摯，禽摯也。諸侯而用禽摯，降尊就卑之義，下賢也。不可者，辭君以尊見卑也。士禮，先生、異爵者請見之，則辭。已，止也。重强變賢也。

使人問焉，曰：「有虞氏未施信於民而民信之，夏后氏未施敬於民而民敬之，何施而得斯於民也？」

問，謂使人以物往遺之，而因致所欲言也。施，謂施行。信，謂誠實。敬，謂愨謹。斯，此也，謂此信敬。虞、夏之時，未嘗施教信、教敬之令於民，而民皆自然信敬。不知教令之外何所施行，而能得此信敬於民也。帝之世言信，謂其情之實也。王之世言敬，謂其行之謹也。

對曰：「墟墓之間，未施哀於民而民哀；社稷宗廟之中，未施敬於民而民敬。殷人作誓而民始畔，周人作會而民始疑。苟無禮義、忠信、誠愨之心以涖之，雖固結之，民其不解乎？」

鄭氏曰：墟，毁滅無後之地。言民見悲哀之處則悲哀，見莊敬之處則莊敬，非必有使之者。

孔氏曰：周豐之意，以虞之與夏由行信敬於己，民自學之，不須設言號令。故人在丘墟墳墓間，悲哀之處，未施教使之哀而民自哀。人在社稷宗廟中，嚴敬之處，未施教使之敬而民自敬。民之從君，在君所行，不在言也。若身不行，言亦無益。

方氏曰：墟墓、宗廟、社稷，無情於感民而民哀敬。殷誓、周會，有心於制民而民畔疑。周豐欲哀公修信敬以感民而已。

澄曰：此「信」此「敬」，民心固有，一有所感發，則其心油然而生，民心之信敬，君心所同然也。虞、夏之君，亦惟盡其信敬之道於己，以感發其民，而民自興信興敬，不待施教令也。誓者，戒衆之辭。會者，聚衆之事。凡戒衆者必會聚之，凡聚衆者必誓戒之，誓必有會，會必有誓，二者互相備。殷人之誓，蓋欲於誓之之會，而糾合協比之也，反不能使之合，而民心離，故曰「畔」。周人之會，蓋欲於會之之誓，而曉喻勑勵之也，反不能使之喻，而民心惑，故曰「疑」。以此見殷、周之言教，不如虞、夏之身先也。然此特殷、周末世所爲爾，如湯之誓，武王之會，民豈有畔而疑者哉？苟，猶云「若」也。禮義之慤，謂敬也。忠信之誠，謂信也。人君若無此心以臨涖其民而感發之，雖欲以誓會丁寧之言教，堅固而結之，使不解散，然無身教之本，而徒恃言教之末，民其有不解散而畔疑者乎？

【陳氏集説】周豐必賢而隱者，故哀公屈己見之。乃曰不可者，蓋古者不爲臣不見，故不敢當君之臨見也。我其已夫，已，止也，不强其所不願也。有心之固結，不若無心之感孚，其言甚正。但大禹征苗已嘗誓師，誓非始於殷也；禹會諸侯於塗山，會亦不始於周也。此言誓之而畔，會之而疑，則始於殷、周耳。

【郝氏通解】我其已，謂止而不强請也。信敬無迹可施，然豈有無施而受者？亦猶人在墟墓、廟社之内，自生哀敬，精誠感通，豈在言語形迹要結乎？此禮之本也。按殷人作誓，据湯誓而言，然夏已有之。周人作會，指五霸歃血之事。詩云：「君子屢盟，亂是用長。」五霸之會，春秋所惡也，豈文、武、周公而有是禮與？

【江氏擇言】殷人作誓而民始畔，周人作會而民始疑。

吴氏云：誓必有會，會必有誓，二者互相備。

按，春秋傳「有事而會，不協而盟」，會聚有不協則盟。此云周人作會而民始疑，舉會以該盟也。吴氏謂「會必有誓」，非也。

【欽定義疏】正義　鄭氏康成曰：摯，禽摯也。諸侯而用禽摯，降尊就卑之義，下賢也。周豐曰「不可」，辭君以尊見卑也。士禮，先生、異爵者請見之，則辭。已，止也。重强變賢也。時公與三桓始有惡，懼將不安，故使人問焉。周豐言民見悲哀之處則悲哀，見莊敬之處則莊敬，非必有使之者。墟，毁滅無後之地也。孔疏：凡舊居皆曰「墟」，故左傳有「莘氏之墟」，有「昆吾之墟」，皆毁滅無後者。會，謂盟也。孔疏：左傳「有事而會，不協而盟」，盟與會別。此以下云「而民始疑」，司盟云「邦國有疑，則盟詛之」，故以會爲盟也。盟、誓所以結衆以信，其後外恃衆而信不由中，則民畔疑之。孔子曰：「其身正，不令而行。其身不正，雖令不從。」涖，臨也。

孔氏穎達曰：此論君之臨臣民，當以禮義忠信爲本之事。哀公言虞、夏施何政教而得如此敬信於民，豐言民之從君，在君身所行，不在言也。若身之不行，言亦無益，故殷、周作誓作會，而民始疑畔。苟，誠也。人君之身，誠無禮義、忠信、誠實質愨之心以臨化之，雖以言辭誓令堅固結之，民其不解散離貳乎？周豐此言，欲哀公身行誠信而已。

通論 孔氏穎達曰：尚書夏啓作甘誓，左傳云「夏啓有塗山之會」，又「禹會塗山」，而此言殷、周者，據身無誠信，徒作盟誓，而民始離畔者耳，非謂殷、周作誓、會也。若啟作甘誓，禹會塗山，皆身有誠信，於事善也。又穀梁傳云「誥誓不及五帝，盟詛不及三王」者，五帝、三王身行德義，不專用誥誓、盟詛，故云「不及」，與此不同。

陳氏祥道曰：誓生於不信，會生於不敬。不信而誓之使信，則民始畔；不敬而會之使敬，則民始疑。

馬氏晞孟曰：先王之制法，事爲之制，曲爲之防。有不聽者，可以棄矣，而猶有誓以致其戒，故大司徒之制曰「以誓教恤，則民不怠」。有犯命者，可以刑矣，而猶有盟以聽其政，故司盟曰「盟萬民犯命，詛不信者」。是以殷、周盛時，以禮義道民，其民始於無犯非禮，而終於無思犯禮；以忠信遇民，其民始於不敢欺，而終於不忍欺。盟誓之助於教，豈小補哉？及其末也，無善政以使之遠刑罰，而徒作誓，故曰「民始畔」。無德教以使之畏鬼神，而徒作會，故曰「民始疑」。蓋誓之以禮義，盟之以忠信，末也。不脩其本而一之於末，民其有不解乎？

案 民畔、民疑，當指殷、周末季言。若二代盛時，正所謂「以禮義、忠信、誠慤之心涖之」者，何以有此？

【杭氏集説】除氏與喬曰：禹會塗山，啟有甘誓，而曰殷、周作者，專務于此也，然亦殷、周之季矣。

姚氏際恒曰：説者多以殷人作誓，謂夏書已有甘誓。周人作會，謂左傳已有「禹會塗山」之説，爲之斡旋其意，不知此二句自不可易，不必斡旋也。殷人作誓，指湯誓以臣伐君者而言，非甘誓可比。周人作會，指春秋五霸而言，周初固無此禮。其「禹會塗山」之説，恐荒遠未可信也。然此二句又自穀梁「告誓不及五帝，盟詛不及三皇」中來。

姜氏兆錫曰：按古者不爲臣不見，第謂士無往見之義，非謂君屈己就見，而猶見拒也。舊注曲引不爲臣之義以稱之，抑失矣。

【孫氏集解】鄭氏曰：摯，禽摯也。諸侯而用禽摯，降尊就卑之義，下賢也。豐曰「不可」者，辭君以尊見卑。士禮，先生、異爵者請見之，則辭。已，止也。重强變賢也。時公與三家始有惡，懼將不安。豐言民見悲哀之處則悲哀，見莊敬之處則莊敬，非必有使之者。墟，廢滅無後之地。會，謂盟也。盟誓所以結衆以信，其後外恃衆而信不由中，則民畔疑之。

愚謂民履可哀之地則自哀，履可敬之地則自敬，其所以感之者真也。虞、夏之所以能使民敬信者，亦有其可敬可信之實而已。殷人作誓，周人作會，德不足而以敬信强其民，而民反疑畔矣。解，離散也。時哀公與三桓有惡，君臣之間相疑相侮，故其問豐如此。豐言此者，欲公反求諸己，積誠意以感人，而毋徒恃乎言辭約誓之末也。

○孔氏曰：案尚書，夏啟作甘誓。左傳，「夏啟有塗山之會」，又「禹會塗山」。此言殷、周者，據身無誠信，徒作盟誓，而民始疑畔者耳，非謂殷、周始有誓會也。

馬氏晞孟曰：殷、周盛時，以禮義道其民，而又有誓以致其戒，有盟會以聽其政，大司徒「以誓教恤，則民不怠」，司盟「盟萬民犯命者」是也。其民始於不敢欺而終於不忍欺，誓會之助於教，豈小補哉？及其末也，無德教而徒恃誓會，故民始疑畔。不修其本而一之於末，民其不解乎？

【朱氏訓纂】魯人有周豐也者，哀公執摯請見之，注：下賢也。摯，禽摯也。諸侯而用禽摯，降尊就卑之義。　荀子堯問篇楊倞注：禮，見其所尊敬者，雖君亦執摯。故哀公執摯請見周豐。**而曰「不可」。**注：辭君以尊見卑。士禮，先生、異爵者請見之，則辭。**公曰：「我其已夫！」**注：已，止也。重强變賢。**使人問焉，曰：「有虞氏未施信於民而民信之，夏后氏未施敬於民而民敬之，何施而得斯於民也？」**注：時公與三桓始有惡，懼將不安。**對曰：「墟墓之間，未施哀於民而民哀；社稷宗廟之中，未施敬於民而民**

敬。注：言民見悲哀之處則悲哀，見莊敬之處則莊敬，非必有使之者。彬謂墟，丘也，與「虚」同。此言過墓生哀，入廟生敬，迺人心之自然，感物而發，情動於中，未有知其所由來者也。鄭注「墟，毁滅無後之地」，失之。**殷人作誓而民始畔，周人作會而民始疑。**注：會，謂盟也。盟、誓所以結衆以信，其後外恃衆而信不由中，則民畔、疑之。孔子曰：「其身正，不令而行。其身不正，雖令不從。」**苟無禮義、忠信、誠慤之心以涖之，雖固結之，民其不解乎？**」注：涖，臨。說文：慤，謹也。正義：周豐之意，以虞之與夏，由行敬信於民，民見其敬信，民自學之，不須設言號令。若身之不行，言亦無益。苟，誠也。人君之身誠無禮義、忠信、誠實質慤之心以臨化之，雖以言辭誓令堅固結之，民其不解散離貳乎？

四·七六　○**喪不慮居，**謂賣舍宅以奉喪[一]。**毁不危身。**謂憔悴將滅性。○憔，在遥反。悴，在醉反。**喪不慮居，爲無廟也。毁不危身，爲無後也。**

【衛氏集説】鄭氏曰：慮居，謂賣舍宅以奉喪。危身，謂憔悴將滅性。

[一] 謂賣舍宅以奉喪　閩、監、毛本同，嘉靖本同，衛氏集説同，岳本「舍宅」作「宅舍」。○鍔按：「謂賣」上，阮校有「喪不慮居節」五字。

嚴陵方氏曰：君子將營宫室，宗廟爲先，居室爲後，故曰：「喪不慮居，爲無廟也。」毁而死，君子謂之無子，故曰：「毁不危身，爲無後也。」

【吴氏纂言】鄭氏曰：慮居，謂賣舍宅以奉喪。危身，謂憔悴將滅性。澄曰：慮，猶言謀度。慮居，謂謀欲賣其所居以給喪費也。危身，謂毁瘠過甚，將至危殆其身也。蓋慮其居而賣焉，則無廟以奉祖考之神靈矣。危其身而死焉，則無後以承祖考之祭祀矣，是乃不孝之大也。爲此之故，則治喪雖當辦費而不可慮其居也，哀毁雖爲愛親而不可危其身也。

【陳氏集説】劉氏曰：喪禮稱家之有無，不可勉爲厚葬而致有敗家之慮。家廢，則宗廟不能以獨存矣。毁不滅性，不可過爲哀毁而致有亡身之危，以死傷生，則君子謂之無子矣。此二者皆所以防賢者之過禮。

【郝氏通解】備亡曰「慮」。慮居，謂典賣田宅以供喪具也。危身，謂哀毁傷生也。

【江氏擇言】**喪不慮居，爲無廟也。**

鄭注：慮居，謂賣舍宅以奉喪。

劉氏云：喪禮稱家之有無，不可勉爲厚葬而致有敗家之慮。家廢，則宗廟不能以獨存矣。此與「毁不危身」皆所以防賢者之過。

按，舊注及方氏、吴氏説皆未當，而文端公説亦可疑。家有災禍，竭力防護，人情之常，何必於喪言之。惟劉氏説得之，家貧不能奉祭祀，是無廟也。

【欽定義疏】正義 鄭氏康成曰：危身，謂憔悴將滅性。

方氏慤曰：君子將營宫室，宗廟爲先，居室爲後。毁而死，君子謂之無子。

黄氏震曰：不慮居，謂以廟爲慮，不以居室爲慮。不危身，謂恐親之無後，不敢以死傷生，毁不滅性也。

秦氏繼宗曰：慮居者，愚不肖之不及。危身者，賢智之過。禮貴得中也。

存疑 鄭氏康成曰：慮居，謂賣舍宅以奉喪。

案 鄭注以「慮居」爲賣宅舍，未是。古者五畝之宅，受之於君，非己所得賣也。或曰：慮居，謂謀寢處之安。

【杭氏集説】黄氏震曰：不慮居，謂以廟爲慮，不以居室爲慮。不危身，謂恐親之無後，不敢以死傷生，毁不滅性也。

秦氏繼宗曰：慮居者，愚不肖之不及。危身者，賢智之過。禮貴得中也。

朱氏軾曰：鄭注以慮居爲「賣宅舍」，未是。古者分田授宅，寧有田宅買賣？君子將營宫室，宗廟爲先，居非廟也。郭平、董永之鬻身，儒者韙之，况于居乎？方氏謂「不謀其家」，不但兩段文意不屬，且懷居爲士人所恥，豈待喪而始然？愚意，「居」謂家，「慮」猶危也，不慮謂不任家有危慮之事。孝子哀親，本不暇爲身家計，然使家有水火之災，及内患外侮，亦不得不暫輟哀慕，而竭力經營防衛，所以然者，爲宗廟存亡計，非爲己之家計也。猶「頭有創則沐，身有瘍則浴，有疾則飲酒食肉」，爲親之後計，非爲己身計。

陸氏奎勳曰：「慮」，乃「離」字之訛。

【孫氏集解】慮居，謂謀居處之安也。無廟，謂新主未入於廟也。蓋喪畢，雖將復寢，然未吉祭以前，主未入廟，則不當預謀其所處之安也。危身，謂滅性也。二者雖有賢、不肖之殊，而其害於孝則一也。〇鄭氏云「慮居，謂賣宅舍以奉喪」，非也。古人田宅皆受之於官，安得賣之以奉喪乎？

【朱氏訓纂】喪不慮居，注：謂賣宅舍以奉喪。**毁不危身。**注：謂憔悴將滅性。**喪不慮居，爲無廟也。毁不危身，爲無後也。**劉氏曰：喪禮稱家之有無，不可勉爲厚葬，致有敗家之慮。家廢，則宗廟不能以獨存矣。此與「毁不危身」皆所以防賢者之過。

【郭氏質疑】喪不慮居，爲無廟也。

鄭注：喪不慮居，謂賣舍宅以奉喪。

嵩燾案，鄭義似非情事。義疏云：「古者，五畝之宅，受之於君，非己所得賣。或曰：慮居謂謀寢處之安。」據喪禮「寢苫枕塊」，無謀及寢處之理。此「喪」字與「喪欲速貧」之喪同，謂出亡也。出亡，則宗廟之祀無主，故不敢謀居處之安。古者適士以上皆立廟，卒哭乃祔廟。經云「爲無廟也」，正據出亡而廟祀廢言之。若爲居喪之禮，不得言無廟矣。

四·七七 ○**延陵季子適齊**[一]**，於其反也，其長子死，葬於嬴、博之間。**季子名札，魯昭二十七年「吴公子札聘於上國」是也。季子讓國居延陵，因號焉。春秋傳謂延陵「延州來」。○嬴、博，齊地，今泰山縣是也。○爲，于僞反，下同。長，丁丈反，下「官長」并注同。嬴，音盈。札，側八反。**孔子曰：「延陵季子，吴之習於禮者也。」往而觀其葬焉。**往弔之。**其坎深不至於泉，**以生恕死。○深，式鴆反。**其斂以時服，**以時行之服，不改制節。**既葬而封，廣輪揜坎，其高可隱也。**示節也[二]。輪，從也。隱，據也。封可手據，謂高四尺[三]。○廣，古曠反。揜，本又作「掩」，於撿反。隱，於刃反，注同。從，子容反。

【疏】「延陵」至「隱也」[四]。○正義曰：此一節論仲尼云季子得禮之事[五]，各依文解之。

[一] 延陵季子適齊節　惠棟云：「宋本『延陵』至『隱也』下疏文，一則在後『其合矣乎』經文之下。」

[二] 示節也　閩、監、毛本同，衛氏集説同。惠棟校宋本「示」作「亦」，宋監本、岳本、嘉靖本同，續通解同，考文引古本、足利本同。案：依正義，作「亦」字是也。

[三] 謂高四尺所　閩、監、毛本有「所」字，岳本同，衛氏集説同。此本「所」字脱，嘉靖本同。

[四] 延陵至隱也　惠棟校宋本無此五字。

[五] 論仲尼云季子得禮之事　閩、監、毛本同，衛氏集説「云」作「言」，「得」上有「葬子」二字。

○注「季子」至「是也」。正義曰：知「季子名札」者，案襄二十九年「吴公子札來聘」，是名札也。又案襄二十九年「季札來聘于魯，遂往聘齊、衛及晉」，知非此時子死，而云「昭二十七年聘上國」者，此云孔子聞之，往而觀其葬焉，若襄二十九年，孔子纔年九歲，焉得觀其葬而善之？故爲昭二十七年也。

云「讓國居延陵」者，春秋襄二十九年「吴公子札來聘」，公羊云：「吴無君，無大夫，此何以有君，有大夫？賢季子也。何賢乎季子？讓國也。謁也，餘祭也，夷昧也，與季子同母者四。季子弱而才，兄弟皆愛之，同欲立之以爲君。『兄弟迭爲君，而致國乎季子』，皆曰『諾』，故諸爲君者，皆輕死爲勇，飲食必祝。曰：『天苟有吴國，尚速有悔於予身。』及闔廬使專諸刺僚[一]而致國乎季子，季子不受。去之延陵，終身不入吴國。」此即季子本封延陵，後讓國，又居之[二]。鄭舉後事言耳。延陵，一名延州來，故左傳云「延州來季子聘於上國」，所以鄭又引以會之，云「春秋傳謂延陵『延州來』」，即此經延陵，即左傳延州來，明是一也。

○注「以生恕死」。○正義曰：言坎以深不至泉，以生時不欲近泉，故死亦不至於泉，以生時之意以恕於死者。

[一] 及闔廬使專諸刺僚　監、毛本作「及」。此本「及」誤「乃」，閩本同。
[二] 後讓國又居之　閩、監、毛本作「居」，此本「居」誤「君」。

○注「亦節」至「尺所」[一]。○正義曰：以上斂以行時之服，不更制造，是其節也。今封墳廣輪揜坎，其高可隱，又是有其節制，故云「亦節也」。云「謂高四尺所」者，言墳之高，可四尺之所。以人長八尺，低而據之，半爲四尺，且約上「墳崇四尺」，故云「四尺所」。「所」是不定之辭。

四·七八 **既封，左袒，右還其封且號者三，曰：「骨肉歸復于土，命也！若魂氣則無不之也，無不之也。」**還，圍也。號，哭且言也。命，猶性也[二]。○號，户高反，注同。**而遂行。**行，去也。**孔子曰：「延陵季子之於禮也，其合矣乎！」**

【疏】「既封」至「矣乎」[三]。○正義曰：既封墳已竟，季子乃左袒其衣。案鄭注覲禮云[四]：「凡以禮事者左袒，若請罪待刑則右袒。」故覲禮云：「乃右肉袒于廟門之東。」

[一] 亦節至尺所　惠棟校宋本同，閩、監、毛本「亦」誤「示」。下「故云亦節也」同。

[二] 命猶性也　惠棟校宋本作「猶」，宋監本、岳本、嘉靖本同，衛氏集説同。此本「猶」誤「須」，閩、監、毛本同。

[三] 既封至矣乎　閩、監、毛本同，惠棟校宋本作「既封至之也」，無下「正義曰」三字。

[四] 案鄭注覲禮云　惠棟校宋本作「覲」，衛氏集説同。此本「覲」誤「覩」，閩、監、毛本「覲」誤「觀」。下「故覲禮云」同。

在喪亦是禮事，故喪禮直云「袒」，不云左右。今季子長子之喪而左袒者，季子達死生之命，云「骨肉歸復于土」，不須哀戚，以自寬慰，故從吉禮也。左袒訖，乃右而圍遶其封，兼且號哭而遶墳三帀也[一]。號哭且言曰：「骨肉歸復于土，此是命也。」命，性也，言自然之性，當歸復于土。言「歸復」者，言人之骨肉由食土物而生，今還入土，故云「歸復」。若神魂之氣，則遊於地上，故云則無不之適也。言無所不之適，上或適於天，旁適四方，不可更及。再言之者，愍傷離訣之意。

【衛氏集説】鄭氏曰：季子，名札，魯昭二十七年「吴公子札聘于上國」是也。季子讓國居延陵，因號焉。嬴、博，齊地，今泰山縣是也。孔子往弔之。坎不至泉，以生恕死也。斂以行時之服，不改制節也。輪，從也。隱，據也。封可手據，謂高四尺所，亦節也。右還，還，圍也。號，哭且言也。命，猶性也。行，去也。

孔氏曰：此一節論仲尼言季子葬子得禮之事。延陵，一名延州來，故左傳云「延州來季子」。以生時不欲近泉，故死亦不至于泉，以生時之意以恕于死者。斂服不更制造，是其節也。人長八尺，低而據之，半爲四尺所，「所」是不定之辭。封墳已竟，季子乃左袒其衣，案鄭注覲禮云：「凡以禮事者左袒，若請罪待刑則右袒。」喪亦是禮事，但喪禮直

[一] 而遶墳三帀也　閩、監本同，考文引宋板同。衛氏集説「帀」作「匝」，毛本誤「市」。

云「袒」，不云左右。今季子長子之喪而左袒者，達死生之命，以自寬慰也。左袒訖，乃右而圍遶其封，遶墳三匝，號哭且言，曰「骨肉歸復于土」，乃自然之性。人之骨肉乃食土物而生，今還入土，故云「歸復」。若魂氣則無不之適，不可更反。再言之者，慇傷離訣之意。

臨川王氏曰：先王之制，爲長子三年，服之如此其重，則其哀戚不可不稱是也。三號而遂行，哀不足矣。孔子曰「喪事不敢不勉」，又曰「喪，不若禮不足而哀有餘也」，謂其葬于禮爲合爾。稱其合于禮，所以譏其哀不足也，哀不足則不可謂仁矣。延陵之言，蓋老、莊之徒也。或曰：而遂行者，君命不可緩也。君命亦不可若此其急也，不若此其急，則命廢乎？不廢，則少遷緩之，何爲而不可得也？

嚴陵方氏曰：坎深不至于泉，則不至于太深。斂以時服，則不至于太厚。廣輪揜坎，則不至于太大。其高可隱，則不至于太高。左爲陽，故袒之以變吉；右爲陰，故還焉以示凶。骨肉爲陰，則降而聚，故言「歸復于土」。魂氣爲陽，則升而散，故言「無不之」。夫骨肉之歸復于土，魂氣之無不之，是人情之所哀者。然季子號之止于三，則臨喪之哀爲不足矣。孔子始言其習，終言其合者，習存乎學，合存乎行。始聞其學禮而已，故曰「習」。終見其能行禮焉，故曰「合」也。

【吴氏纂言】鄭氏曰：季子名札，魯昭二十七年「吴公子札聘於上國」是也。季子讓國居延陵，因號焉。嬴、博，齊地，今泰山縣是也。往，往弔之。坎不至泉，以生恕死也。斂以行時之服，不改制節也。輪，從也。隱，據也。封可手據，謂高四尺所。還，圍也。號，哭且言也。命，猶性也。行，去也。

孔氏曰：生時不欲近泉，以生時之意恕死者，故死亦不至於泉。人長八尺，低而據之，半爲四尺所。封墳已竟，季子乃左袒其衣，凡以禮事者左袒，若請罪待刑則右袒。喪亦是禮事，但喪禮直云「袒」，不云左右。季子達死生之命，自寬慰從吉禮，故左袒也。左袒訖，乃右而圍繞其封且號哭者三匝。言人之骨肉乃食土物而生，今還歸復入於土，乃自然之性。若魂氣則無不之適，不可更反。再言之者，愍傷離訣之意。

方氏曰：坎深不至泉，則不至於太深。斂以時服，則不至於太厚。廣輪掩坎，則不至於太大。其高可隱，則不至於太高。左爲陽，故袒之以變吉；右爲陰，故還焉以示凶。孔子始言其習，終言其合，習存乎學，合存乎行。始聞其學禮，故曰「習」。終見其能行禮，故曰「合」。夫骨肉之歸復于土，魂氣之無不之，是人情之所哀者。然季子之號止于三，則哀爲不足矣。

臨川王氏曰：先王之制，爲長子三年，服之如此其重，則其哀戚不可不稱。是三號而遂行，哀不足矣。孔子曰「喪事不敢不勉」，又曰「喪，不若禮不足而哀有餘」，謂其葬於禮爲合。稱其合於禮，所以譏其哀不足也，哀不足則不可謂仁矣。延陵之言，蓋老、莊之徒也。或曰：而遂行者，君命不可緩也。君命亦不可若此其急，不若此其急，則命廢乎？不廢，則少遼緩之，何爲而不可得？

澄曰：時服，謂當時所有之服。隱，蔽也。人長八尺，蹲則半之，其高可以隱蔽人之身。人蹲左畔則右畔不見，人蹲右畔則左畔不見，約計四尺也。鄭訓「隱」爲「據」，則如「隱几」之隱，作去聲讀。命，謂造化流行。生死萬物者，人之骨肉資坤而成，既生之後，漸漸長大。及其死也，歸而藏焉，復反於土，漸漸朽腐，與土爲一。此造化流行之命使然，故曰「命也」。若其魂氣資乾而始死，則游散混於天氣之中，無所不之也。季子其時奉君命出使而有私喪，不敢將其尸柩以歸，只得葬于齊地。故言死而骨肉歸土，乃天命之常，人情縱有繫戀，不容不葬之土中。父子一體，死者葬齊，生者還吳，兩相離訣，永不親近，深可愍傷。然其魂氣則無所不之，父子一氣能相感通，父在于吳則子之魂氣亦在于吳，實不疏遠也，聊以自寬慰爾。按莊子盡載秦失弔老聃之事，以其三號而出爲簡，略於哀詳。此記文「右還其封且號者三」八字爲一句，謂圍繞其封丘以行，而且號哭也。「者三」兩字，是記其圍繞之匝數，非記其號哭之聲數也。足行、口哭二事兼幷圍繞之行，既止而後號哭之聲亦止，非謂但哭三聲也。荆國王氏以此爲哀不足，蓋誤分一句作兩句讀，遂誤解。且號者三，與莊子書之「三號」同也。況季子於子之喪，自初死至葬時甚促，亦經旬日，或經半月，或經兩旬，遲速莫考。初死之時哭必盡哀，又有再哭、三哭、朝哭、夕哭，其哭不止一次矣，非但有此既葬還封之一哭也，惡得以此而議其哀之不足哉？荆國天質偏厚，慈愛篤至，賢者過之而不合乎中庸。其長子雱死，悲戚不堪，力辭相位，以己方人而議季子。季子情禮兩得，無可議也。方氏守王氏學，亦襲其說。王氏不特以三號爲哀不足之説非是，它説亦皆可疵，觀者必能究極，今不一一辨駁也。

【陳氏集説】延陵季子適齊，於其反也，其長子死，葬於嬴、博之間。孔子曰：「延陵季子，吴之習於禮者也。」往而觀其葬焉。吴公子札讓國而居延陵，故曰「延陵季子」。嬴、博，齊二邑名。**其坎深不至於泉，其斂以時服，既葬而封，廣輪揜坎，其高可隱也。既封，左袒，右還其封且號者三，曰：「骨肉歸復于土，命也！若魂氣則無不之也，無不之也。」而遂行。孔子曰：「延陵季子之於禮也，其合矣乎！」**不至於泉，謂得淺深之宜也。時服，隨死時之寒暑所衣也。封，築土爲墳也。横曰廣，直曰輪。下則僅足以揜坎，上則纔至於可隱，皆儉制也。左袒以示陽之變，右還以示陰之歸。骨肉之歸土，陰之降也。魂氣之無不之，陽之升也。陰陽，氣也。命者，氣之所鍾也。季子以骨肉歸復于土爲命者，此精氣爲物之有盡。謂「魂氣則無不之」者，此遊魂爲變之無方也。壽夭得於有生之初，可以言命。魂氣散於既死之後，不可以言命也。再言「無不之也」者，愍傷離訣之至情，而冀其魂之隨己以歸也。不惟適旅葬之節，而又且通幽明之故，宜夫子之善之也。然爲疑辭而不爲決辭者，蓋季子乃隨時處中之道，稱其有無而不盡拘乎禮者也。故夫子不直曰季子之於禮也合矣，而必

加「其」「乎」二字，使人由辭以得意也。讀者詳之。石梁王氏曰：還，與「環」同，

【郝氏通解】延陵季子，吴公子札也。嬴、博，齊二邑名。坎，壙也。不至泉，淺深得宜也。時服，隨時寒暑之服。封，墳隴也。横曰廣，從曰輪。可隱，高比人也。凡吉祖皆尚左，凶祖皆尚右。季子達命自寬，祖從吉也。還，環也。三，謂遶墓三帀也。骨肉，形也，形死造物歸藏，故曰「命」。魂氣，神也，神散還虚，周游無方，故「無不之」。重言者，明神之無定在也。蓋季子以君命奉使，不得將其柩歸。形骸雖藏于齊土，而父子一氣，父歸，子之魂亦歸，形遠而神不相離，用以自寬爾。

按禮，爲長子三年喪，可謂重已。季札長子死于道路而不歸，足附身附棺，隨時而止。孔子以爲合禮，乃知禮非盡有故常也。賢人君子，因時制宜，皆謂之禮。嬴、博之葬，豈其有故典乎？

【江氏擇言】既封，左袒，右還其封且號者三，曰：「骨肉歸復于土，命也！若魂氣則無不之也，無不之也。」而遂行。

孔疏云：凡以禮事者左袒，若請罪待刑則右袒。喪亦是禮事，但喪禮直云「祖」，不云左右。季子達死生之命，自寛慰，從吉禮，故左祖也。

方氏云：左爲陽，故祖之以變吉。

吴氏云：「右還其封且號者三」八字爲一句，王氏以此爲哀不足，盖誤分一句作兩

句讀，遂誤解耳。

按，古者吉凶皆左袒，士喪禮「含」章「主人左袒」，有明文，後不言者，皆蒙此文也。孔氏謂季子自寬慰，從吉禮，然則凶禮右袒乎？誤矣。方氏謂「左袒變吉」者，尤謬。又按魂氣無不之，欲其隨己而歸也，言訖遂行，若導之者然。季子之言，痛悼之至，而吳氏謂聊以自寬慰，失其旨矣。其論「還封且號者三」辨王氏之失，甚當。

【欽定義疏】 正義 鄭氏康成曰：季子，名札。魯昭二十七年「吳公子札聘于上國」是也。季子讓國居延陵，因號焉。孔疏：延陵，一名延州來。杜預左傳注「季子本封延陵，後復封州來」。案：左傳「楚子狩于州來以懼吳」，則延陵非州來。嬴、博，齊地，今泰山縣是也。孔子往弔之，坎不至泉，以生恕死也。孔疏：以生時不欲近泉，故死亦不至於泉，以生時之意以恕於死者。歛以行時之服，不改制節也。孔疏：歛服不更制造，是其節也。輪，從也。隱，據也。封可手據，謂高四尺所，示節也。孔疏：人長八尺，低而據之，半爲四尺所。「所」是不定之辭。右還，還，圍也。號，哭且言也。命，猶性也。行，去也。

孔氏穎達曰：此論仲尼言季子葬子得禮之事。案鄭注覲禮云：「凡以禮事者左袒，若請罪待刑則右袒。」喪禮直云「袒」，不云左右。今季子長子之喪而左袒者，達死生之命，以自寬慰也。左袒訖，乃右而圍繞其封，繞壙三匝，號哭且言曰：骨肉歸復於土，乃自然之性，若魂氣，則無不之適。再言之者，愍傷離訣之意。

方氏慤曰：坎不至泉，不至太深；歛以時服，不至太厚；廣輪揜坎，不至太大；其高可隱，不至太高。左爲陽，故袒之變吉；右爲陰，故還焉以示凶。骨肉爲陰，則降而聚，故言「歸復於土」；魂氣爲陽，則升而散，故言「無不之」。孔子始言習，聞其學禮而已，終見其能行禮焉，故曰「合」也。

陳氏澔曰：横曰廣，直曰輪。骨肉歸復於土爲命者，此精氣爲物之有盡；魂氣則無不之者，此游魂爲變之無方。不惟適旅葬之節，而又且通幽明之故，宜夫子之善之也。然爲疑辭而不爲决辭者，蓋季子乃隨時處中之道，稱其有無而不盡拘乎禮者也。

辨正 吴氏澄曰：人之骨肉，資坤而成，既生之後，漸漸長大。及其死也，歸而藏焉，復反於土，漸漸朽腐，與土爲一。若其魂氣，資乾而始，死則游散，混於天氣之中，無所不之也。季子其時奉君命出使而有私喪，不敢將其尸柩以歸，只得葬於齊地。故言死而骨肉歸土，乃天命之常，人情縱有繫戀，不容不葬之土中。父子一體，死者葬齊，生者還吴，兩相離訣，永不親近，深可愍傷。然其魂氣則無不之，父子一氣，能相感通。父在於吴，則子之魂氣亦在於吴，實不疏遠也，聊以自寬慰耳。「右還其封且號者三」八字爲句，是記圍繞之匝數，非記其號哭之聲數也。季子於子之喪，自初死至葬時甚促，亦經旬日。初死之時，哭必盡哀，又有再哭、三哭、朝哭、夕哭，其哭不止一次矣，非但有此既葬還封之一哭也，惡得以此而議其哀之不足哉？

也。今季子三號遂行，則于先王之禮爲不及矣。孔子稱之，蓋稱其葬之合于禮耳。獨稱葬之合于禮，則哀之不足可知也。衞有送葬者，夫子觀之，曰「善哉！此可爲法矣」。若此，則夫子之所美也。

【杭氏集説】王氏安石曰：長子之喪，聖人爲之三年之服，爲親之後，人情所至重

陳氏澔曰：横曰廣，直曰輪。骨肉歸復於土爲命者，此精氣爲物之有盡；魂氣則無不之者，此游魂爲變之無方。不惟適旅葬之節，而又且通幽明之故，宜夫子之善之也。然爲疑辭而不爲決辭者，蓋季子乃隨時處中之道，稱其有無而不盡拘乎禮者也。

吴氏澄曰：人之骨肉，資坤而成，既生之後，漸漸長大。及其死也，歸而藏焉，復反於土，漸漸朽腐，與土爲一。若其魂氣，資乾而始，死則游散，混於天氣之中，無所不之也。季子其時奉君命出使而有私喪，不敢將其尸柩以歸，只得葬於齊地。故言死而骨肉歸土，乃天命之常，人情縱有繫戀，不容不葬之土中。然其魂氣則無不之，父子一氣，能相感通。父在於吴，則子之魂氣亦在於吴，實不疏遠也，聊以自寬慰耳。「右還其封且號者三」八字爲句，是記圍繞之匝數，非記其號哭之聲數也。季子於子之喪，自初死至葬時甚促，亦經旬日。初死之時，哭必盡哀，又有再哭、三哭、朝哭、夕哭，其哭不止一次矣，非但有此既葬還封之一哭也，惡得以此而議其哀之不足哉？　又曰：右還且號者三，記圍繞之數，非哭之聲數，

王介甫譏爲哀不足，乃老、莊之徒，過矣。

姚氏際恒曰：季子，吴人，不以長子之柩歸祔于祖墓，俾得遂丘首之願，乃葬于齊地，何也？及葬，魂則曰「魂氣無不之」。此釋氏之説，所謂形滅神不滅也。左袒爲吉事，凶事尚右，如是豈得爲合禮？

齊氏召南曰：按前志，太山縣有博縣，又有嬴縣，故博縣在今泰安東南三十里，嬴縣在今萊蕪西北，後志同。此注猶云太山之屬縣耳。

【孫氏集解】鄭氏曰：季子，名札，魯昭公二十七年「吴公子札聘於上國」是也。季子讓國居延陵，因號焉。嬴、博，齊地，今泰山縣是也。孔子往而觀其葬者，往弔之也。坎深不至於泉，以生恕死。斂以時服，斂以行時之服，不改制節也。輪，從也。隱，據也。封可手據，謂高四尺所。廣輪揜坎，其高可隱，亦節也。還，圍也。號，哭且言也。

孔氏曰：襄二十九年，昭二十七年，季子皆出聘。襄二十九年，孔子纔九歲，此云「孔子往觀其葬」，故知爲昭二十七年。

愚謂水經注「奉高縣北有吴季札子墓，在汶水南曲中」。坎，壙也。深不至泉者，足以藏棺椁而已，不過深也。封，加土也。横曰廣，直曰輪，廣輪纔足揜坎，不過大也。人俯而可以手憑，不過高也。袒，袒衣而露其臂也。凡禮事，吉凶皆左袒，士喪禮，飯尸，主人出，南面，左袒，是已。還，遶也。右還者，季子在墓道東，西面，又轉而南行，又轉而北行而遶之也。右遶其封且號者三，謂還繞其封且號哭者，凡三匝而止，以將還吳而與之訣也。言骨肉歸復于土，乃始終之命，無可如何，以愍其尸柩之不能還吳。言魂氣無不之，以冀其精氣之隨己而歸，亦送形而往、迎精而反之意也。季子在塗葬其子，其視常禮，蓋有所殺矣。故孔子善其合禮而不質言，正以見其能隨時斟酌而得乎禮意也。此篇所言，如將軍文氏之受弔，汪踦之勿殤，季子之葬其子，皆變禮而得正者。所謂「禮從宜」者，於此可以見之。

【朱氏訓纂】**延陵季子適齊，於其反也，其長子死，葬於嬴、博之間。**注：季子，名札，魯昭二十七年「吳公子札聘於上國」是也。季子讓國居延陵，因號焉。春秋傳謂延陵「延州來」。嬴、博，齊地，今泰山縣是也。**孔子曰：「延陵季子，吳之習於禮者也。」往而觀其葬焉。**注：往弔之。**其坎深不至於泉，**注：以生恕死。**其斂以時服，**注：以行時之服，不改制節。**既葬而封，廣輪揜坎，其高可隱也。**注：亦節也。輪，從也。隱，據也。封可手據，謂高四尺所。**既封，左袒，右還其封且號者三，曰：「骨肉歸復于土，命也！若魂氣則無不之也，無不之也。」而遂行。**注：還，圍也。號，哭且言也。命，猶性也。行，去也。正義：鄭注覲禮云：「凡以禮事者左袒，若請罪待刑則右袒。」江氏永曰：古者吉凶皆左袒。士喪禮「含」章「主人左袒」，有明文。吳幼清曰：「右還其封且號者三」八字爲一句，是記圍繞之匝數，非記其號哭之聲數也。**孔子曰：「延陵季子之於**

禮也，其合矣乎！」

四·七九　○**邾婁考公之喪，**考公，隱公益之曾孫。考，或爲「定」。○婁，力俱反，下同。**徐君使容居來弔含，**弔且含。○含，胡闇反，注及下同。**曰：「寡君使容居坐含，進侯玉，其使容居以含。」**欲親含，非也。含不使賤者，君行則親含，大夫歸含耳。言「侯玉」者，時徐僭稱王，自比天子。○僭，子念反。**有司曰：「諸侯之來辱敝邑者，易則易，于則于。易于雜者，未之有也。」**「易」謂臣禮，「于」謂君禮。雜者，容居以臣欲行君禮。徐自比天子，使大夫敵諸侯，有司拒之。○易則易，並以豉反，下及注同。拒，本又作「距」。**容居對曰：「容居聞之：『事君不敢忘其君，亦不敢遺其祖。』昔我先君駒王西討，濟於河，無所不用斯言也。容居，魯人也，不敢忘其祖。」**言我祖與今君，於諸侯初如是。不聞義則服。駒王，徐先君僭號。容居，其子孫也。濟，渡也。言西討渡於河，廣大其國。魯，魯鈍也[一]。言魯鈍者，欲自明不妄。○頓，徒困反，本亦作「鈍」。

[一] 魯魯鈍也　閩、監、毛本同，岳本同，嘉靖本同，衛氏集説同。釋文出「頓也」云：「本亦作『鈍』。」正義本作「鈍」。○鍔按：「魯魯」上，阮校有「邾婁考公之喪節」七字。

【疏】「郳婁」至「其祖」[一]。○正義曰：此一節論徐之僭禮之事。○郳婁考公之喪，徐君使大夫容居來弔且含。容居致其君命云：「寡君使容居親坐行含，進侯玉於郳君。」此是使致之辭也[二]。

○「其使容居以含」者，此是記人録語，云其使容居奉玉以行含禮。郳人有司乃拒之，曰：諸侯之來屈辱臨於敝邑者[三]。若是臣來，其禮簡易者，則行臣之簡易之禮。于，謂廣大。若君來，其禮廣大者，則行君之廣大之禮。易于雜者，謂應簡易而爲廣大[四]，實是臣而行君禮。是君臣雜亂者，未之有也，謂由來未有此禮。容居乃對郳之有司云：「容居聞之。」謂聞於舊日之言。云臣之事君，奉命出使，不敢忘其君之言。子孫事祖，當光揚先祖，亦不敢遺棄其先祖言，即不遺先祖之事也。

○「昔我先君駒王西討，濟於河」，言國土廣大。

○「無所不用斯言也」者，所，謂處所。斯，此也。謂我從先君駒王以來，於諸侯無

[一] 郳婁至其祖　惠棟校宋本無此五字。

[二] 此是使致之辭也　惠棟校宋本如此，衛氏集説無「之」字。此本「是使」誤「居養」、「辭」誤「音」，閩、監、毛本同。

[三] 諸侯之來屈辱臨於敝邑者　惠棟校宋本作「於敝」。此本「於敝」誤「益弊」，閩、監、毛本同。

[四] 謂應簡易而爲廣大　惠棟校宋本如此。此本「應簡」誤「惡雜」，閩本同。監、毛本作「惡簡」，亦非。

一處不用此稱王之言也，言我對諸侯恒稱王也。容居恐邾人謂其虚誕，故云魯鈍之人，不解虚詐，唯知不敢忘其先祖。容居云此者，先祖實有此事，不虚也。上云「不敢忘其君，不敢遺其祖」，下直云「不敢遺其祖」者，祖是久遠，猶尚不遺忘，君見有，是不忘可悉[一]，故不言也。其言先祖，即是不忘君。

○注「君行」至「天子」。○正義曰：知「君行則親含」者，上云「曹桓公卒于會，諸侯請含」是也。言「大夫歸含」者，上雜記諸侯之喪，君使人弔、含、贈、襚是也。云「言侯玉」者，徐自比於天子，以邾君爲己之諸侯，言進侯氏以玉，故云進侯玉。案春秋昭三十年[二]「吴滅徐」，此云徐僭稱王者，滅而復興，至春秋之後僭號，强大稱王，猶楚滅陳、蔡後更興。

○注「易謂」至「拒之」。○正義曰：「易」是簡易，故爲臣禮。「易」既爲臣禮以對於「于」，故知「于」爲君禮也。君禮謂之于者，于音近迂，迂是廣大之義。故論語云「子之迂也」[三]，與此同也。「徐自比天子，使大夫敵諸侯」者，若諸侯使大夫親含諸侯則不可。若天子使大夫敵諸侯，則得親含。徐欲自比天子，故有司拒之。

[一]　君見有是不忘可悉　閩、監、毛本同。惠棟校宋本「有」作「存」，是也。
[二]　案春秋昭三十年　閩、監本同，毛本「三」誤「二」，考文引宋板作「三」。
[三]　故論語云子之迂也　閩、監、毛本同。段玉裁校本「迂」改「于」，依鄭本。

○注「言我」至「不妄」。○正義曰：言我之先祖駒王與今日徐君稱謂于諸侯，自初以來如是，稱王非始今日。

云「容居，其子孫也」者，以經云「不敢遺其祖」，即云「我先君駒王」，故知容居是駒王子孫。

云「自明不妄」者，我若是曉利之人，或妄稱先祖之善，自言魯鈍，似若無識知，言語朴實，故言「欲自明不妄」。凡實行含禮，未斂之前，以玉實口，士則主人親含，大夫以上即使人含。若既斂已後至殯葬，其有含者，親自致璧於柩及殯上者，謂之親含[一]。若但致命，以璧授主人，主人受之，謂之不親含。

【衛氏集説】鄭氏曰：考公，隱公益之曾孫。考，或爲「定」。容居欲親含，非也。含不使賤者，君行則親含，大夫歸含耳。言「侯玉」者，時徐僭稱王，自比天子，使大夫敵諸侯，有司拒之。「易」謂臣禮，「于」謂君禮。雜者，容居以臣欲行君禮也。駒王，徐先君僭號。容居，其子孫也。濟，渡也。西討渡河，廣大其國。魯，魯鈍也，言魯鈍者，自明不妄。

孔氏曰：此一節論徐國僭禮之事。容居致其君命，云：「寡君使容居親坐行含，進

[一] 親自致璧於柩及殯上者謂之親含　惠棟校宋本作「者」，衛氏集説同。此本「者」字模糊，閩、監、毛本誤「若」。

侯玉于邾君。」此是使致詞也。「其使容居以含」者，此是記人録語，云其使容居奉玉以行含禮。鄭知君行則親含者，上云「曹桓公卒于會，諸侯請含」是也。大夫歸含者，雜記云「諸侯之喪，君使人弔含贈襚」是也。凡行含禮，未斂之前，以玉實口，士則主人親含，大夫以上則使人含。若既斂已後至殯葬，其有含者，親自致璧于柩及殯上者，謂之親含。若但致命，以璧授主人，主人受之，謂之不親含。徐自比于天子，以邾君爲己之諸侯，言進侯氏以玉，故云「進侯玉」。邾之有司乃拒之，「易」謂簡易爲臣禮，「于」謂廣大爲君禮。容居聞舊日之言，臣之事君，奉命出使，不敢忘其君之言，子孫事祖亦不敢違，我從先君駒王以來，于諸侯無不稱王。我若是曉利之人，或妄稱先祖之善，自言魯鈍朴實，不解虚詐，唯知不敢忘其祖也。

廬陵胡氏曰：易，猶治也，如「禾易長畝」之易。于，舒大之義，于者，「于于然而來」之于，漢史云：「單于大貌。」容居聞義，不能徙。

【吴氏纂言】鄭氏曰：考公，隱公益之曾孫。考，或爲「定」。弔含，弔且含。容居欲親含，非也，含不使賤者。君行則親含，大夫歸含爾。言「侯玉」者，時徐僭稱王，自比天子，使大夫敵諸侯。有司拒之。「易」謂臣禮，「于」謂君禮。雜者，容居以臣欲行君禮也。駒王，徐先君。容居，其子孫也。濟，渡也。西討度河，廣大其國。魯，魯鈍也，言魯鈍者，自明不妄。

孔氏曰：按春秋昭三十年「吴滅徐」。此言徐者滅而復興，至春秋之後强僭。凡行含禮，未斂之前以玉實口。士則主人親含，大夫以上使人含。若既斂以後至殯葬，其有含者親自致璧於柩及殯上者，謂之親含。若但致命以璧授主人，主人受之，謂之不親含。諸侯之禮，君行則親含，使大夫則不親含。若天子使大夫敵諸侯，得親含。徐君使容居來弔邾喪且含，致其君命云「寡君使容居親坐行含，進侯玉於邾君」。徐僭號自比於天子，以邾君爲己之諸侯，故云「進侯玉」。邾有司拒之，云：諸侯之辱臨敝邑者，臣來則行臣簡易之禮，君來則行君廣大之禮。「易」謂簡易，「于」謂廣大。若實是臣而雜亂行君禮者，由來未有此禮也。容居對邾有司云：聞舊日之言，臣之事君，奉命出使，不敢忘其君之言。子孫事祖，亦不敢遺棄先祖之事。所謂處所，我從先君駒王以來，徐於諸侯無一處不用此稱王之言。先祖實有此事，容居魯鈍之人，不解虛誕，唯知不忘其祖。上云不忘君不遺祖，下直云不忘祖者，祖久遠尚不遺，君見存不忘可悉，不忘祖即是不忘君也。

澄曰：「寡君使容居坐含，進侯玉」者，容居致其君命也。「其使容居以含」者，容居之自言也，謂邾人其使我得如君命以坐含乎？不敢忘其君者，謂君有坐含、進侯玉之言，爲使臣者不敢忘之也。不敢遺其祖者，謂先祖有自比天子之事，爲子孫者不敢遺之也。然其不忘不遺，乃從其君其祖之亂命焉爾。徐自周穆王之時，偃王首僭王號而叛亂，雖不勝而死，子孫仍僭號不改。蓋徐國僻遠，而王室號令政刑已非成、康時比，故不遂正其僭王之罪。其後楚亦僭，吴亦僭，越亦僭，徐實先之。徐雖僭王，然國小，春秋時嘗受楚、吴二大國之陵。吴既滅其國，孔疏以爲滅而復興。弔邾考公喪之時在春秋之後，而猶强僭如此，徐君不度力而襲僭號，容居不服義而飾邪辭，俱可罪也。

廬陵胡氏曰：易，如「禾易長畝」之易，猶治也。于者，「于于然而來」之于，舒大之義，漢史云「單于大貌」。

【陳氏集説】邾婁考公之喪，徐君使容居來弔含，曰：「寡君使容居坐含，進侯玉，其使容居以含。」考公之喪，徐國君使其臣容居者來弔，且致珠玉之含，言寡君使我親坐而行含，以進侯玉於邾君。侯玉者，徐自擬天子，以邾君爲己之諸侯。言進侯氏以玉也。「其使容居以含」者，容居求即行含禮也。　疏曰：凡行含禮，未斂之前，士則主人親含，大夫以上即使人含。若斂後至殯葬有來含者，親自致璧於柩及殯上者，謂之親含。若但致命，以璧授主人，主人受之，謂之不親含。　石梁王氏曰：坐，當訓跪。**有司曰：「諸侯之來辱敝邑者，易則易，于則于。易于雜者，未之有也。」**邾之有司拒之，言諸侯之辱來邾國者，人臣來而其事簡易，則行人臣簡易之禮；人君來而其事廣大，則行人君廣大之禮。于，猶迂也，有廣遠之意。今人臣來而欲行人君之禮，是易于相雜矣，我國未有此也。**容居對曰：「容居聞之：『事君不敢忘其君，亦不敢遺其祖。』昔我先君駒王西討，濟於**

河，無所不用斯言也。容居，魯人也，不敢忘其祖。」容居又答，言事君者不敢忘其君，我奉命如此，今不能行，是忘吾君也。爲人子孫，當守先世之訓，故亦不敢遺吾祖也。居蓋徐之公族耳，且言昔者，我之先君駒王濟河而西討，無一處不用此稱王之言。自言其疆土廣大，久已行王者之禮也。又自言我非譎詐者，乃魯鈍之人，是以不敢忘吾祖，欲邾人之信其言也。此著徐國君臣之僭，且明邾有司不能終正當時之僭也。

【納喇補正】邾婁考公之喪，徐君使容居來弔含。

集説 考公無解。

竊案 鄭注考公，隱公益之曾孫。考，或爲「定」。顧寧人曰：「考公去春秋之世已遠，而魯昭公三十年，吴滅徐，徐子章羽奔楚，楚沈尹戌帥師救徐，弗及，遂城夷，使徐子處之是也。失國而爲寓公，其尚能行王禮於鄰國乎？定公在魯文、宣之時，作『定』爲是。」

【郝氏通解】此記諸侯之僭禮也。邾、徐皆東海之國，邾小而徐大，徐君使其臣容居弔邾君之喪，且致含玉。禮，諸侯相爲親含，惟天子之大夫可以含諸侯。徐君以王禮自處，使臣含，辭稱「侯」，妄也。易，直也。于，迂也。「易則易，于則于」，猶言是曰是，非曰非也。徐君以諸侯而僭天子，容居以大夫而比諸侯。致辭譸張，易于雜也。駒王，徐之先君，僭稱王。用斯言，謂用天子命諸侯之言。今用于邾，是不敢忘其君也。又言己雖仕徐，其先祖魯人。魯人守禮，不敢忘其祖也。春秋時，推魯人知禮，如滕父兄百官亦曰「吾宗國魯，先君莫之行」。下章仲叔妻喪夫，亦稱魯人。鄭氏以「魯鈍」解，恐非。

【欽定義疏】正義　鄭氏康成曰：考公，隱公益之曾孫。考，或爲「定」。弔含，弔且含也。容居欲親含，非也。含不使賤者，君行則親含，大夫歸含耳。孔疏：上曹桓公卒于會，諸侯請含，是親含也。雜記諸侯之喪，使人弔、含、贈、襚，是歸含也。言侯玉者，時徐僭稱王，自比天子，使大夫敵諸侯，有司拒之。易謂臣禮，于謂君禮。孔疏：臣來則行臣簡易之禮，君來則行君廣大之禮。雜者，容居以臣欲行君禮也。容居言我祖與今君於諸侯初如是，孔疏：言我祖駒王與今日徐君稱謂于諸侯，自初以來如是，稱王非始今日。不聞義則服。駒王，徐先君僭號。容居，其子孫也。濟，渡也。西討渡河，廣大其國。魯，魯鈍也，言魯鈍者，自明不妄。

孔氏穎達曰：此論徐國僭禮之事。容居致其君命，云：寡君使容居親坐行含，進侯玉於邾君。此是使致詞也。「其使容居以含」者，此是記人録語。案：録，謂録容居所自言。凡行含禮，未歛之前，以玉實口。士則主人親含，大夫以上則使人含。若既歛已後至殯葬，其有含者，親自致璧於柩及殯上者，謂之親含。若但致命，以璧授主人，主人受之，謂之不親含。徐自比於天子，以邾君爲己之諸侯，言進侯氏以玉，故云「進侯玉」。又言我從先君駒王以來，於諸侯無不稱王。我若是曉利之人，或妄稱先祖之善，自言魯鈍朴實，不解虚詐，惟知不敢忘其祖也。

王氏曰：坐，當訓「跪」。

陳氏澔曰：容居言事君者不敢忘其君，我奉命如此，今不能行，是忘吾君也。爲人子孫，當守先世之訓，故亦不敢遺吾祖也。居，蓋徐之公族耳。且言昔者我之先君駒王濟河而西討，無一處不用此稱王之言。自言其疆土廣大，久已行王者之禮也。又自言我非譎詐者，乃魯鈍之人，是以不敢忘吾祖，欲邾人之信其言也。此著徐國君臣之僭，且明邾有司不能終正當時之僭也。

案 鄭注「考」或爲「定」，以考公在春秋後。春秋魯昭公三十年，吴滅徐，徐子章羽奔楚，楚沈尹戌帥師救徐，弗及，遂城夷，使徐子處之。久失國而爲寓公，尚能行王禮於諸侯乎？定公在魯文、宣時，或有此耳。孔氏謂春秋後徐復興，强大稱王，無據。

【杭氏集説】王氏曰：坐，當訓「跪」。

陳氏澔曰：容居言事君者不敢忘其君，我奉命如此，今不能行，是忘吾君也。爲人子孫，當守先世之訓，故我亦不敢遺吾祖也。居，蓋徐之公族耳。且言昔者我之先君駒王濟河而西討，無一處不用此稱王之言。自言其疆土廣大，久已行王者之禮也。又自言我非譎詐者，乃魯鈍之人，是以不敢忘吾祖，欲邾人之信其言也。此著徐國君臣之僭，且明邾有司不能終正當時之僭也。

顧氏炎武曰：邾隱公，當魯哀公之時，傳至曾孫考公，其去春秋已遠，而魯昭公三十年，吴滅徐，徐子章禹奔楚，楚沈尹戌帥師救徐，弗及，遂城夷，使徐子處之。是已失國而爲寓公，其尚能行王禮于鄰國乎？定公在魯文、宣之時，作「定」爲是。

姚氏際恒曰：春秋時推魯人知禮，故曰魯人。下章仲叔妻喪夫，亦同。鄭氏以魯鈍解，非。易、于二字甚奇，然終費解。

姜氏兆錫曰：「考」注爲「定」者，考公，邾隱公之曾孫，其時去春秋遠，徐已失國，故知其非考公，而因以後章定公釋之也。

【孫氏集解】邾婁考公之喪，徐君使容居來弔含，曰：「寡君使容居坐含，進侯玉，其使容居以含。」有司曰：「諸侯之來辱敝邑者，易則易，于則于。易于雜者，未之有也。」

鄭氏曰：考公，隱公益之曾孫。弔含，弔且含也。時徐僭稱王，自比天子。易謂臣禮，于謂君禮。容居以臣欲行君禮，徐自比天子，以大夫敵諸侯，有司拒之。

顧氏炎武曰：注：「考公，隱公益之曾孫。」按隱公當魯哀公之時，傳至曾孫考公，其去春秋已遠。而魯昭公三十年，吴滅徐，徐子章禹奔楚，沈尹戌帥師救徐，弗及，遂城夷，使徐子居之。是已失國而爲寓公，其尚能行王禮於隣國乎？定公在魯文、宣之時，作「定」爲是。

愚謂容居，徐使者之名也。雜記諸侯相含，使者致命，曰「寡君使某含」。今容居不用此辭，而曰「使容居坐含，進侯玉」，蓋天子遣使致含於諸侯之辭也。故邾之有司以其非禮而辭之。易，謂簡畧。于，謂廣大。易則易者，謂大夫來弔，位卑而簡易，則行簡易之禮。于則于者，謂諸侯來弔，位尊而廣大，則行廣大之禮也。容居，列國之臣，今乃自比天子之大夫，以敵諸侯，是易于之禮雜也。徐入春秋爲小國，僖二年始見經，旋以從齊，爲楚所伐，其後依倚吴、楚之間，非敢僭擬天子者。蓋其先世曾强大僭竊，後世相習而不知其非耳。○鄭氏謂「君行則親含，大夫歸含」，非也。諸侯於鄰國之喪皆遣使，無自弔、含之禮。曹宣公卒於師，諸侯請含，因在會，偶之耳，非常典也。孔疏謂「親致璧於柩及殯上，謂之親含。若但致命，以璧授主人，謂之不親含」，亦非也。鄰國弔、含之使，其至必在襲斂之後，疏見注「親含」之説不可通，故爲此説以曲護之。然雜記致含惟有委諸殯東南隅之禮，無所謂親含、不親含之别也。容居之見辭於邾人，以其辭之僭擬天子，非以其親含也。視下文言「無所不用斯言」，則當時之所争者可見矣。

容居對曰：「容居聞之：『事君不敢忘其君，亦不敢遺其祖。』昔我先君駒王西討，濟於河，無所不用斯言也。容居，魯人也，不敢忘其祖。」

鄭氏曰：駒王，徐先君僭號。容居，其子孫也。濟，渡也。言西討渡於河，廣大其國。魯，魯鈍也，言魯鈍者，欲自明不妄。

愚謂無所不用斯言者，謂無所不用此天子致命於諸侯之辭也。

【朱氏訓纂】邾婁考公之喪，注：考公，隱公益之曾孫。考，或爲「定」。**徐君使容居**

來弔含，注：弔且含。**曰：「寡君使容居坐含，進侯玉，其使容居以含。」**注：欲親含，非也。含不使賤者，君行則親含，大夫歸含耳。言「侯玉」者，時徐僭稱王，自比天子。　正義：凡實行含禮，未斂之前，以玉實口，士則主人親含，大夫以上即使人含。若既斂已後至殯葬，其有含者，親自致璧於柩及殯上者，謂之親含。若但致命，以璧授主人，主人受之，謂之不親含。**有司曰：「諸侯之來辱敝邑者，易則易，于則于。易于雜者，未之有也。」**注：易謂臣禮，于謂君禮。雜者，容居以臣欲行君禮，徐自比天子，使大夫敵諸侯，有司拒之。**容居對曰：「容居聞之：『事君不敢忘其君，亦不敢遺其祖。』昔我先君駒王西討，濟於河，無所不用斯言也。容居，魯人也，不敢忘其祖。」**注：言我祖與今君，於諸侯初如是，不聞義則服。駒王，徐先君僭號。容居，其子孫也。濟，渡也。言西討渡於河，廣大其國。魯，魯鈍也，言魯鈍者，欲自明不妄。

【郭氏質疑】易則易，于則于。

鄭注：易謂臣禮，于謂君禮。

孔疏：臣來則行臣簡易之禮，君來則行君廣大之禮。

嵩燾案，鄭注雜記「鬊巾而飯」云：「士親飯，必發其巾。大夫以上賓爲飯，則鬊巾。」周禮太宰：「大喪，贊含玉。」天子、諸侯之含，大宰掌之。諸侯朝會至者亦視含，上云「諸侯伐秦，曹宣公卒於會，諸侯請含」是也。雜記「使人弔，其次含、襚、賵、臨，皆同日而畢事」「含者執璧將命。坐，委於殯東南，有葦席，既葬蒲席。降，出，反位」，蓋兼弔禮行之。含、襚、賵皆介將命。易者易直，如諸侯相爲視含。于者迂曲，謂既殯、既葬而使人歸含。歸含，委璧而已。而云「使某坐含」，是使之親含也，故曰「易于雜」。鄭以「易」爲臣禮，「于」爲君禮，似誤。案鄭云「大夫，賓爲含」，疏易其辭，云「大夫以上，使人含」，大誤。又據「寡君使容居坐含，進侯玉」爲使者致詞，「其使容居以含」爲記人録語，未知何所取義。徐君僭用王禮，邾之有司不能直正其失以拒之，而託爲之辭，以使其自悟。容居之對，亦所謂「遯辭知其所窮」者也。案徐，少昊後，魯國，少昊之墟也。容居自述爲魯人而仕徐，徐自周穆王時已僭稱王，疑所謂「駒王」即史記所敘之「偃王」也。其後吴、楚皆僭王，而徐距中國爲近，子孫世襲其僭，邾婁又視徐爲小，故遂以王禮施之。容居之言不敢忘祖，蓋謂徐偃王時諸侯服從皆用此禮也。注謂「容居，駒王子孫」，而訓「魯」爲「鈍」，恐屬意爲之辭。

四·八〇 **子思之母死於衛，**嫁母也。姓庶氏。**赴於子思。子思哭於廟。門人至曰：「庶氏之母死，何爲哭於孔氏之廟乎？」**門人，弟子也。嫁母與廟絶族。**子思曰：「吾過矣！吾過矣！」遂哭於他室。**

【衛氏集説】鄭氏曰：子思之母，嫁母也。姓庶氏。門人，弟子也。嫁母與廟絶族。

臨川王氏曰：似嫁庶氏，而鄭云母姓氏，非也。

嚴陵方氏曰：他室，異室也。以有别于正，故謂之他，以義起之而已。

【吴氏纂言】鄭氏曰：子思，孔子孫，伯魚之子。伯魚卒，其妻嫁於衛，母姓庶氏。門人，弟子也。嫁母與廟絶族。

臨川王氏曰：似嫁庶氏爾，鄭云母姓庶氏，非也。

方氏曰：它室，異室也，以有别於正，故謂之「它」。

【陳氏集説】伯魚卒，其妻嫁於衛之庶氏。嫁母與廟絶族，故不得哭之於廟。

【郝氏通解】子思之母再嫁於衛之庶氏，母出而子不易，故子思猶哭于廟，不忍疏也。然於義已絶，俟人言至而後改哭，所以達于用禮也。

按子思之母，必無再嫁之失，哭母而自以爲過，不似孝子迫切之辭。好事者脩飾，不足信也。

【欽定義疏】正義　鄭氏康成曰：子思之母，嫁母也。門人，弟子也。嫁母與廟絶族。

方氏慤曰：他室，異室也。以有别於正，故謂之「他」，以義起之而已。

陳氏澔曰：伯魚卒，其妻嫁於衛之庶氏。嫁母與廟絶族，故不得哭之於廟。

存疑　鄭氏康成曰：子思之母，姓庶氏。

辨正　王氏安石曰：似嫁庶氏，而鄭云母姓氏，非也。

案　伯魚年五十而卒，其妻猶改適乎？此等事恐屬傳聞。

【杭氏集説】陳氏澔曰：伯魚卒，其妻嫁於衛之庶氏。嫁母與廟絶族，故不得哭之於廟。

姚氏際恒曰：檀弓於伯魚妻再嫁事屢見，可厭。前以子思爲「吾何慎哉」之語，此又以子思自以其哭爲過，皆不似。

朱氏軾曰：以爲出，可也，豈有子思之母而嫁者乎？此不待智者而知其僞矣。

姜氏兆錫曰：嫁母服與出母同，而子思爲父後，無服。子思哭雖發于情，乃因門人之言而任過不遑，可見其勇于從義矣。此蓋始聞赴之時，而上篇第七十六章乃在其後與？

【孫氏集解】鄭氏曰：子思之母，嫁母也，姓庶氏。嫁母與廟絶族。

方氏慤曰：他室，異室也。

愚謂子思之母嫁庶氏，非姓庶氏也，爲嫁母無服，蓋當申心喪十五月歟？

【朱氏訓纂】**子思之母死於衛，**注：嫁母也。姓庶氏。**赴於子思。子思哭於廟。門人至曰：「庶氏之母死，何爲哭於孔氏之廟乎？」**注：門人，弟子也。嫁母與廟絶族。**子思曰：「吾過矣！吾過矣！」遂哭於他室。**

【郭氏質疑】鄭注：子思之母，嫁母也。姓庶氏。

嵩燾案，鄭注因檀弓有「子上之母死而不喪」之文，遂竝伯魚之母、子思之母皆謂之「出母」。春秋左傳襄十二年言：「凡諸侯之喪，同姓於宗廟，同宗於祖廟，同族於禰廟。」族，謂五服之親。是以孔子亦言「兄弟，吾哭諸廟」，而廟亦自有親疏次第。周禮以嫡長爲尊，謂之宗子，其宗其祖之所自出爲大宗，宗其禰以上皆爲小宗。孔子之兄孟皮以病廢，然苟有子固當承所宗之祀爲宗子。子思嫂爲位，而不詳其兄之名，意或其賢不及子思，傳記皆略之。史記敘孔子世家，詳其先世，而不及孟皮，周人皆以孟、仲、叔、季爲次，孔子之父叔梁則亦尚有兄也。其敘伯魚、子思，八傳而至孔鮒，鮒無傳，乃次其弟子襄，起博士，爲長沙太守。又四傳，至延年及其弟安國，亦起博士，爲臨淮太守，所敘録皆有名蹟而於派分不詳。子思蓋居宋、居衛而終反魯，自防叔居防，爲孔氏宗邑。子孫之爲大宗、小宗，必各有别。孔叢子云：孔氏於夫子廟，哭孔氏之别姓於弗父之廟。燕義「有庶子官」，鄭注：「庶子，諸子也。」此云「庶氏」，猶若孔氏之庶子，庶子之哭其母不於祖廟，而於其所出之宗。他室者，所出之宗之别室。鄭注子思之母「嫁於庶氏」，恐失之誣。

四·八一 ○**天子崩，三日，祝先服；**祝，佐含斂，先病[一]。○祝，之六反。**五日，官長服；**官長，大夫、士。**七日，國中男女服；**庶人。**三月，天下服。**諸侯之大夫。**虞人致百祀之木，可以爲棺椁者斬之。**虞人，掌山澤之官。百祀，畿内百縣之祀也。以爲棺椁，

[一] 祝佐含斂先病　宋監本、岳本、嘉靖本同，惠棟校宋本亦作「病」，閩、監、毛本「病」誤「服」。○鍔按：「祝佐」上，阮校有「天子崩節」四字。

作棺椁也[一]。斬，伐也。○畿，音祈。**不至者，廢其祀，刎其人。**○刎，勿粉反，徐亡粉反。

事。

【疏】「天子」至「其人」[二]。○正義曰：此一節論天子崩，尊卑服杖及葬備椁材之事。

「天子崩，三日，祝先服」者，祝，大祝、商祝也。服，服杖也。是喪服之數，故呼杖爲服。祝佐含斂，先病，故先杖也[三]。然云「祝服」，故子亦三日而杖也。

○「五日，官長服」者，大夫、士也，亦服杖也。病在祝後，故五日也。

○「七日，國中男女服」者，謂畿内民及庶人在官者。服，謂齊衰三月而除之。必待七日者，天子七日而殯，殯後，嗣王成服，故民得成服也。

○「三月，天下服」者，謂諸侯之大夫爲王繐衰，既葬而除之也。近者亦不待三月，今據遠者爲言耳。然四條皆云「服」，何以知其或杖服或衰服？案喪大記云：「君之喪，三日，子大、夫人杖[四]，五日既殯，授大夫、世婦杖。」又喪服四制云：「三日授子杖，五

[一] 以爲棺椁作棺椁也　閩、監、毛本同，岳本同，嘉靖本同。衛氏集説無「以」字，考文引古本、足利本「棺」下有「之」字。案：正義云「可以爲周棺之椁者」，疑正義本注文亦有「之」字。

[二] 天子至其人　惠棟校宋本無此五字。

[三] 祝佐含斂先病故先杖也　考文引宋板同，續通解同，閩、監、毛本「病」誤「服」。下「病在祝後」同。

[四] 三日子大夫人杖　閩、監、毛本「子大」作「太子」，衛氏集説同。惠棟校宋本無「大」字。

日授大夫杖，七日授士杖。」案如大記及四制[一]，則知今云「三日」「五日」，是服杖明矣。其七日及三月者，唯服而已，無杖。四制云「七日授士杖」，此云「五日士杖」者，士若有地德深者則五日，若無地德薄則七日。崔氏云：「此據朝廷之士[二]，四制是邑宰之士也。」

○「虞人致百祀之木，可以爲棺椁者斬之」，謂王殯後事也。虞人者，主山澤之官也。百祀者，王畿内諸臣采地之祀也。言百者，舉其全數也。「既殯旬而布材」，故虞人斬百祀之木可以爲周棺之椁者送之也。必取祀木者，賀瑒云：「君者德著幽顯，若存，則人神均其慶[三]；没，則靈祇等其哀傷也。」

【衛氏集説】鄭氏曰：祝，佐含斂，先病，故先服。官長，大夫、士也。國中男女，庶人也。天下服，諸侯之大夫也。虞人，掌山澤之官。百祀，畿内百縣之祀也。爲棺椁，作棺椁也。斬，伐也。

孔氏曰：此一節論天子崩，尊卑服杖及葬備棺椁之事。祝，謂大祝、商祝也。服，服

[一] 案如大記及四制　惠棟校宋本同，閩、監、毛本「如」作「喪」。○按：「如」者，如上喪大記及喪服四制也，嚴杰云。

[二] 此據朝廷之士　閩、監本作「士」，此本誤「七」。

[三] 若存則人神均其慶　閩、監、毛本作「存」，衛氏集説同。此本「存」誤「有」。

杖也。祝先服，故先杖，子亦三日而杖。大夫、士服在祝後，故五日亦服杖也。庶人，謂畿内民及庶人在官者。服，謂齊衰三月。必待七日者，殯後，嗣王成服，故民得成服也。諸侯之大夫爲王繐衰，既葬而除之也。近者不待三月，今據遠者爲言耳。然四條皆云「服」，何以知其或杖或衰？案喪大記云：「君之喪，三日，太子、夫人杖，五日既殯，授大夫、世婦杖。」喪服四制：「三日授子杖，五日授大夫杖。」則知「三日」「五日」是服杖明矣。其七日及三月者，唯服而已，無杖。百祀者，王畿内諸臣采地之祀也。既殯旬而布材，故虞人斬百祀之木可以爲周棺之椁者送之也。賀氏曰：「必取祀木者，君者德著幽顯，若存，則人神均其慶；没，則靈祇等其哀傷也。」

嚴陵方氏曰：喪人之冠帶、衣裳、杖屨，通謂之服。此所謂服，特指杖爾。夫杖所以扶病也，祝先服者，力勞而先病故也。言祝先服，則子可知矣。官長以對祝言之，則力有勞逸，以對子言之，則恩有重輕，故五日而後服杖也。七日國中男女服，三月天下服，言各服其所服之服，非謂杖矣。蓋不特以恩有重輕，故服有先後，亦以地有遠近而聞訃有早晚故也。刎，亦剄也，自吻下刑之故也。

山陰陸氏曰：言致百年之祀之木。

【吴氏纂言】天子崩，三日，祝先服；五日，官長服；七日，國中男女服；三月，天下服。

孔氏曰：祝，大祝、商祝也。服，服杖也。杖是喪服之數，故呼杖爲服。祝佐含斂，先病，故先杖也，子亦三日而杖。官長，大夫、士也。服，亦服杖也。病在祝後，故五日。國中男女，謂畿内民及庶人在官者。服，謂齊衰三月而除之。必待七日者，天子七日而殯，殯後，嗣王成服，故民得成服也。天下，謂諸侯之大夫爲王繐衰，既葬而除之，近者亦不待三月，今據遠者言爾。然四條皆云「服」，何以知其或杖服或衰服？按喪大記云：「君之喪，三日，子、夫人杖，五日既殯，授大夫、世婦杖。」又喪服四制云：「三日授子杖，五日授大夫杖，七日授士杖。」如大記及四制所云，則此「三日」「五日」，是服杖明矣。其七日及三月者，惟服而已，無杖。四制云「七日授士杖」，此云「五日士杖」者，士若有地德深者則五日，若無地德薄者則七日。崔氏云：「此據朝廷之士，四制是邑宰之士也。」

虞人致百祀之木，可以爲棺椁者斬之。不至者，廢其祀，刎其人。

鄭氏曰：虞人，掌山澤之官。百祀，畿内百縣之祀也。以爲棺椁，作棺椁也。斬，伐也。

孔氏曰：百祀者，畿内諸臣采地之祀。言百者，舉全數，謂王殯後事。既殯旬而布材，故虞人斬百祀之木可以爲周棺之椁者送之。必取祀木者，賀瑒云：「君者德著幽顯，若存，則人神均其慶；没，則靈祇等其哀傷也。」

方氏曰：刎，刭也，自吻下刑之也。

澄曰：「廢其祀，刎其人」，蓋設此辭而令之，以見王喪尤重於神祀也。如誓師而曰

「無敢不供，汝則有大刑」是也，非果必廢之、刎之也。蓋祀木者，神祇所主，豈可斬伐？唯爲天子采椁木，則雖祀木亦斬，無或敢占吝者。若或占吝，不以其木至，是不供王喪爲大不敬，故設廢祀刎人之辭，使人不敢慢令也。

【陳氏集說】天子崩，三日，祝先服；五日，官長服；七日，國中男女服；三月，天下服。疏曰：祝，大祝、商祝也。服，服杖也。是喪服之數，故呼杖爲服。祝佐含斂，先病，故先杖也。故子亦三日而杖。官長，大夫、士也，病在祝後，故五日。國中男女，謂畿内民及庶人在官者，服齊衰三月而除。必待七日者，天子七日而殯，殯後嗣王成服，故民得成服也。三月天下服者，謂諸侯之大夫爲王繐衰，既葬而除。近者亦不待三月，今據遠者爲言耳。何以知其或杖服或衰服？按喪大記及喪服四制云云。然四制云「七日授士杖」，此云「五日士杖」者，崔氏云：「此據朝廷之士，四制言邑宰之士也。」**虞人致百祀之木，可以爲棺椁者斬之。不至者，廢其祀，刎其人。**虞人，掌山澤之官也。天子之棺四重而椁周焉，亦奚以多木爲哉？畿内百縣之祀，其木可用者，悉斬而致之，無乃太多乎？畿内之美材固不乏矣，奚獨於祠祀斬之乎？廢其祀，刎其人，又何法之峻乎！禮制若此，未詳其說，一云必命虞人致木，不用命者，然後國有常刑。虞人非一，未必盡命之也。

【納喇補正】天子崩，三日，祝先服；五日，官長服；七日，國中男女服；三月，天下服。

集說 疏曰：服，服杖也，是喪服之數，故呼杖爲服。祝佐含斂先病，故先杖也，故子亦三日而杖。官長病在祝後，故五日。國中男女服衰，衰三月而除。必待七日者，天子七日而殯，殯後，嗣王成服，故民得成服也。三月，天下服者，謂諸侯之大夫爲王繐衰。既葬而除，近者亦不待三月，今據遠者爲言耳，何以知其或杖服或衰服？案喪大記及喪服四制云云。然四制云「七日授士杖」，此云「五日士杖」者，崔氏云：「此據朝廷之士，四制言邑宰之士也。」

竊案 鄭注概言服不分杖與衰，孔疏以上兩服爲杖服，下兩服爲衰服，一字二解，首尾衡決，殊屬可疑。雖曰喪人之冠帶、衣裳、杖屨通謂爲之服，然烏知非周末之變禮，與喪大記、四制所聞各有不同乎？似宜闕疑也。

【郝氏通解】三五等日，以遠近爲先後，祝佐含斂，袒免，括髮，襲帶經，與主人同時，故最先服。五日成服，故朝臣百官皆服。國中男女聞訃始製服，故稍後。五月而後服徧天下。百祀，謂百神祠廟壇場之木。

按一人喪而百祀之木盡致，可勝用乎？不至輒廢其祀，刎其人，刑不已濫乎？注、疏謂天子喪，百神同哀，此秦政所爲赭湘山也者，而何足法與？記若經夫子手，此等宜從删，鄭玄輩一一附合，何以行之？

【方氏析疑】天子崩，三日，祝先服。

疏「祝先服，爲服杖」。恐未然。未殯，主人免、括髮，祝佐含、斂，必先易服將事，與免、括髮之禮稱，特制無所考耳。

先祝，次官長，次國中，次天下，各服其服，一直遞下，截分上二服作服杖，下二服作服衰，亦決無此文義。

三月，天下服。

康成以喪服「齊衰三月」章曰：「庶人爲國君。」遂謂圻外之民爲天子無服，不知曰「國君」者，以明大夫君，則其臣有服而民無服耳。又據「繐衰七月」章謂「諸侯之大夫，以時接見於天子」，故有服，而士則無服，不知繐衰在大功之下、小功之上。大夫服此，則士正服小功，無疑矣。二注既誤，遂謂「三月，天下服」專指侯國大夫繐衰者而言，獨不思此記文承「五日官長服，七日國中男女服」之下，則謂天下之民明矣。周官太宰職「以九兩繫邦國之民」，一曰牧，以地得民，則雖諸侯不過爲天子繫屬，此民與師長主友等耳。元后作民父母，天崩地坼，而天下之民賴以生成，仰其怙冒者，無一日之服，於義安，於心忍乎？掌客職：「凡作事，王之大事諸侯，次事卿，次事大夫，次事上士，下事庶子。」則侯國之士、庶子固有時接見於王，且使從君朝覲，適遇大喪，卿、大夫皆繐衰，圻内之民皆縞素，而侯國之士、庶子及府史、胥徒之承事者，獨以吉服間厠其間，可乎？不可乎？喪期之變，自漢文帝始，詔曰「令到，出臨三日，皆釋服，毋禁娶婦嫁女、祠祀、飲酒、食肉」，則文帝以前，天下之民皆齊衰三月，不得嫁娶、祠祀、飲酒、食肉甚明。羣儒惑於康成之説者，特未之思耳。

虞人致百祀之木，可以爲棺椁者斬之。不至者，廢其祀，刎其人。

「致百祀之木」者，令守者各以材告，然後擇可用者斬之。陳氏集説「悉斬畿内百縣祀木」，非也。

不致之，罪在人，不應廢神祀，且人之罪亦不至於死，必記者之誤。

【欽定義疏】 正義 鄭氏康成曰：祝佐含歛，故先服。官長，大夫、士也。國中男女，庶人也。天下服，諸侯之大夫也。虞人，掌山澤之官。百祀，畿内百縣之祀也。爲棺椁，作棺椁也。斬，伐也。

崔氏靈恩曰：此據朝廷之士，四制則邑宰之士也。

孔氏穎達曰：此論天子崩，尊卑服杖及葬備椁材之事。祝，謂大祝、商祝也。服，服杖也。祝先服，故先杖。子亦三日而杖。大夫、士服在祝後，故五日亦服杖也。庶人，謂畿内民及庶人在官者。服，謂齊衰三月。必待七日者，殯後嗣王成服，故民得成服也。諸侯之大夫爲王繐衰，既葬而除之，近者不待三月，今據遠者爲言耳。然四條皆云「服」，何以知其或杖或衰？案喪大記云：「君之喪三日，大子、夫人杖。五日既殯，授大夫、世婦杖。」喪服四制：「三日授子杖，五日授大夫杖。」則知三日、五日是服杖明矣。其七日及三月者，惟服而已，無杖。百祀者，王畿内諸臣采地之祀也。既殯旬而布材，故虞人斬百祀之木可以爲周棺之槨者送之也。

方氏慤曰：喪人之冠帶、衣裳、杖屨通謂之服，此所謂服，特指杖爾。夫杖，所以扶病也。祝先服者，力勞而先病故也。言「祝先服」，則子可知。官長對祝言，則力有勞逸；對子言，則恩有重輕，故五日而後服杖也。「七日，國中男女服，三月天下服」，言各服其所服之服，非謂杖矣。蓋不特以恩有重輕，故服有先後，亦以地有遠近，而聞訃有早晚故也。刎，亦剄也，自吻下刑之故也。

吴氏澄曰：廢其祀，刎其人，蓋設此辭而令之，以見王喪尤重於神祀也。如誓師而曰「無敢不供，汝則有大刑」是也，非果必廢之、刎之也。蓋祀木者，神祇所主，豈可斬伐？惟爲天子采槨木，則雖祀木亦斬，無或敢占吝者。若或占吝，不以其木至，是不供王喪爲大不敬，故設廢祀刎人之辭，使人不敢慢令也。

陳氏澔曰：禮制若此，未詳其説。一云必命虞人致木，不用命者，然後國有常刑。虞人非一，未必盡命之也。

案 士喪禮三日成服杖，則服與杖同日也。祝、官長、國中、天下，有有服有杖者，有有服無杖者，故記第以「服」言之，蓋言「杖」不足以概國中、天下，言「服」則四者皆在其中也。舊説未發明此義，故説禮者多非之，要之其義，本不可易也。

辨正 黄氏震曰：天子棺槨未必待遠取諸百祀，不至，豈神之罪而廢其祀？雖人之罪，亦何至於死？苟其行此，民將不勝擾，豈所謂「死無害於人」者耶？

【杭氏集説】崔氏靈恩曰：此據朝廷之士，四制則邑宰之士也。

黄氏震曰：天子棺槨未必待遠取諸百祀，不至，豈神之罪而廢其祀？雖人之罪，亦何至於死？苟其行此，民將不勝擾，豈所謂「死無害於人」者耶？

吴氏澄曰：「廢其祀，刎其人」，蓋設此辭而令之以見王喪尤重於神祀也。如誓師而曰「無敢不供，汝則有大刑」是也，非果必廢之、刎之也。蓋祀木者，神祇所主，豈可斬伐？惟爲天子采槨木，則雖祀木亦斬，無或敢占吝者。若或占吝，不以其木至，是不供王喪爲大不敬，故設廢祀、刎人之辭，使人不敢慢令也。

陳氏澔曰：禮制若此，未詳其説。一云必命虞人致木，不用命者，然後國有常刑。虞人非一，未必盡命之也。

萬氏斯大曰：百祀，百年也。木過百年堅老可爲椁材。廢祀，廢山澤之祀也。廢祀、刎人姑爲之令而已，究屬可疑。

姚氏際恒曰：官長，士在其中，喪服四制云「七日授士杖」，而此云「五日」，禮言不同。孔氏分别士之有地德深，無地德薄。又引崔氏説，分朝廷之士、邑宰之士，皆臆斷也。

「虞人致百祀之木」以下，其説不經。

姜氏兆錫曰：疏曰，官長，大夫、士也，杖與官長之服，服杖也。國與天下之服，不服杖，齊衰而已。天下服者，諸侯之大夫爲王繐衰也。崔氏曰：「四制云『大夫五日授杖，士七日授杖』，何以概言『官長五日服』？蓋士之授杖者，邑宰之士，而與大夫同五日服杖者，朝廷之士也。」方氏曰：「冠帶、杖履，通謂之服。杖者，以扶病也。視力勞而先病，故其杖與子同三日。官長視祝，則力有勞逸，視子則恩有重輕，故七日。國與天下服衰之次，則固地之遠近也。」愚按王侯喪禮亡，經無明文。疏及方氏服杖之説，蓋以天子七日殯後乃成服，故弟本四制服杖之節，而不及衰與？但如此，則「五日官長服」當指卿大夫言之，其不及七日授士杖者，蓋位卑從省文，而不必如崔説也。至謂天下服止爲諸侯之大夫，而其下不及者，蓋士位卑，不得聘見於王，庶人亦畿内有服，而畿外無服。儀禮，諸侯之大夫爲天子及庶人爲國君，各傳可考也。然按儀禮，諸侯爲天子斬衰三年，苴絰、杖，夫人畧如之。又按春秋傳「天子七月而葬，同軌畢至」，則其聞赴，將就道之時，約以三月成服爲率，而疏説不及諸侯，且謂三月服無杖焉，則悖矣。況王姬嫁于諸侯，凡内外宗之親又莫不在其中哉！學者詳之。又「虞人」節承上而類言之也。賀瑒云：「必取祀木者，王者德厚，存則神人胥慶，没則神人等哀也。」愚按，天子之棺四重而椁周焉，材固宜豫，而選之亦宜慎矣。云可以爲棺椁者斬之，蓋材有式用而其不可爲者不斬也，而又或不至，則非逆背，即稽曠處之，非過峻矣。且立法之始，正使人易避而難犯也，而陳注深訾其非，何哉？

方氏苞曰：疏「祝先服，爲服杖」。恐未然。未殯，主人免、括髮，祝佐含、斂，必先易服將事，與免、括髮之禮稱，特制無所考耳。先祝，次官長，次國中，次天下，各服其服，一直遞下，截分上二服作服杖，下二服作服衰，亦決無此文義。康成以喪服「齊衰三月」章曰：「庶人爲國君。」遂謂圻外之民爲天子無服，不知曰「國君」者，以明大夫君，則其臣有服而民無服耳。又據「緦衰七月」章謂「諸侯之大夫，以時接見於天子」，故有服，而士則無服，不知緦衰在大功之下、小功之上。大夫服此，則士正服小功，無疑矣。二注既誤，遂謂「三月，天下服」專指侯國大夫緦衰者而言，獨不思此記文承「五日官長服，七日國中男女服」之下，則謂天下之民明矣。周官太宰職「以九兩繫邦國之民」，一曰牧，以地得民，則雖諸侯不過爲天子繫屬，此民與師長主友等耳。元后作民父母，天崩地坼，而天下之民賴以生成，仰其怙冒者，無一日之服，于義安，于心忍乎？掌客職：「凡作事，王之大事諸侯，次焉卿，次焉大夫，次焉上士，下事庶子。」則侯國之士、庶子固有時接見于王，且使從君朝覲，適遇大喪，卿、大夫皆緦衰，圻內之民皆縞素，而侯國之士、庶子及府史、胥徒之承事者，獨以吉服間廁其間，可乎？不可乎？喪期之變，自漢文帝始，詔曰「令到，出臨三日，皆釋服，毋禁娶婦嫁女、祠祀、飲酒、食肉」，則文帝以前，天下之民皆齊衰三月，不得嫁娶、祠祀、飲酒、食肉甚明。羣儒惑于康成之説，特未之思耳。「致百祀之木」者，令守者各以材告，然後擇可用者斬之。陳氏集説「悉斬畿內百縣祀木」，非也。不致之，罪在人，不應廢神祀，且人之罪亦不至于死，必記者之誤。

【孫氏集解】天子崩，三日，祝先服；五日，官長服；七日，國中男女服；三月，天下服。

鄭氏曰：祝佐含斂，先服。官長，大夫、士。國中男女，庶人。天下服，諸侯之大夫也。

孔氏曰：祝，大祝、商祝也。服，服杖也。杖是喪服之數，故呼爲服。祝佐含斂，先病，故先杖。若子，亦三日而杖也。官長服，亦服杖也，服在祝後，故五日也。國中男女者，謂畿内民及庶人在官者。服，謂齊衰三月而除之。必待七日者，天子七日而殯，殯後嗣王成服，故民得成服也。三月天下服者，謂諸侯之大夫爲王繐衰，既葬而除之也。近者亦不待三月，今據遠者爲言耳。然四條皆云「服」，可以知其或杖服或衰服？案喪大記云：「君之喪三日，子、夫人杖。五日既殯，授大夫、世婦杖。」又喪服四制云：「三日授子杖，五日授大夫杖，七日授士杖。」則知今云三日、五日，是服杖明矣。其七日及三月者，唯服而已，無杖。

愚謂「五日官長杖」，官長，達官之長，謂卿大夫也。若士則七日而杖，喪服四制「七日授士杖」是也。若諸侯之喪，則士與大夫同以五日而杖，以諸侯五日成服，無不杖者也。此及喪大記皆不言士者，文畧也。

虞人致百祀之木，可以爲棺椁者斬之。不至者，廢其祀，刎其人。

鄭氏曰：虞人，掌山澤之官。百祀者，畿内百縣之祀也。

孔氏曰：百祀，畿内諸臣采地之祀也。言百者，舉其全數也。既殯旬而布材，故虞人斬百祀之木可以爲周棺之椁者送之。必取祀木者，賀瑒云：「君者德著幽顯，存則人神均其慶，没則靈祇等其哀也。」

吴氏澄曰：「廢其祀，刎其人」，蓋設此辭以令之，以見王喪尤重於神祀。如誓師而曰「無敢不供，女則有大刑」是也。

愚謂爲椁必斬百祀之木者，蓋社木神之所憑，常時不伐，以其歲久而高大也。

【朱氏訓纂】天子崩，三日，祝先服；注：祝佐含斂，先病。**五日，官長服；**注：官長，大夫、士。　正義：案喪大記：「君之喪三日，子、夫人杖。五日既殯，授大夫、世婦杖。」又喪服四制云：「三日授子杖，五日授大夫杖，七日授士杖。」崔氏云：「此據朝廷之士，四制是邑宰之士也。」**七日，國中男女服；**注：庶人。**三月，天下服。**注：諸侯之大夫。**虞人致百祀之木，可以爲棺椁者斬之。不至者，廢其祀，刎其人。**注：虞人，掌山澤之官。百祀，畿内百縣之祀也。以爲棺椁，作棺椁也。斬，伐也。　正義：百祀者，王畿内諸臣采地之祀也。言百者，舉其全數也。必取祀木者，賀瑒云：「君者德著幽顯，若存，則人神均其慶；殁，則靈祇等其哀傷也。」　吴幼清曰：「廢其祀，刎其人」，蓋設此辭而令之，以見王喪尤重於神祀也。如誓師而曰「無敢不供，汝則有大刑」是也，非果必廢之、刎之也。

檀弓注疏長編卷二十九

四·八二 ○齊大饑，黔敖爲食於路，以待餓者而食之。有餓者，蒙袂，輯屨，貿貿然來。蒙袂，不欲見人也。輯，斂也。斂屨，力憊不能屨也。貿貿，目不明之貌。○饑，居宜反，字林九依反，本又作「飢」，同。黔，其廉反，徐渠嚴反。而食，音嗣，下「奉食」同。袂，彌世反。輯，側立反。貿，徐亡救反，又音茂，一音牟。斂，力檢反，下同。黔敖左奉食，右執飲，曰：「嗟，來食！」揚其目而視之，曰：「予唯不食嗟來之食，以至於斯也。」「嗟，來食！」雖閔而呼之，非敬辭。○奉，芳勇反。從而謝焉，終不食而死。從，猶就也。曾子聞之，曰：「微與！其『嗟』也可去，其謝也可食。」微，猶無也。無與，止其狂狷之辭。○與，音餘，注同。狷，音絹。

【疏】「齊大」至「可食」[一]。○正義曰：此一節論饑者狂狷之事。○黔敖既見餓者而來，乃左奉其飯，右執其飲，見其餓者困，咨嗟愍之，故曰：「嗟乎，來食！」餓者聞其嗟己，無敬己之心，於是發怒，揚舉其目而視之，曰：「予唯不食嗟來無禮之食，以至於斯。」斯，此也。以至於此病困。怒而遂去。黔敖從逐其後辭謝焉，餓者終不食而死。

「曾子聞之，曰：『微與』」者，微，無也。與，語助。言餓者無得如是與？初時無禮之嗟也，可怒之而去；其終有禮之謝也，可反迴而食。曾子嫌其狂狷，故爲此辭。狂者進取一槩之善，仰法夷、齊耿介。狷者直申己意，不從無禮之爲。而餓者有此二性，故止之。

【衛氏集説】鄭氏曰：蒙袂，不欲見人也。輯，斂也。斂屨，力憊不能屨也。貿貿，目不明之貌。嗟來食，雖閔而呼之，非敬辭。從，猶就也。微，猶無也。無與，止其狂狷之辭。

孔氏曰：此一節論餓者狂狷之事。餓者聞黔敖嗟己，無敬己之心，於是發怒，揚舉其目而視之，曰「予唯不食嗟來無禮之食，以至于此困病」。曾子言初時無禮之嗟也，可怒之而去，其終有禮之謝也，可返迴而食。微與，言無得如此。

黄氏曰：曾子之言，乃舉世千萬人所同之心也。餓夫之操，豈在于斯乎？蓋以衰亂之世，君昏政暴，災沴薦至，而賢者不樂其生于世也，故詩云「知我如此，不如無生」，此

[一] 齊大至可食　惠棟校宋本無此五字。○鍔按：「齊大」上，阮校有「齊大饑節」四字。

之謂也。苟從曾子之言，謝而復食，能幾何哉？豈若不屈其操，不受其辱，身雖一死而義存千古乎？不然作記之人從何而載之？孟子從何而舉之？使千載而下，施小惠者不敢矜傲，竊幸苟生之人，脅肩諂笑之輩，聞其志則心寒股栗，知所愧恥，豈不盛哉？故孟子曰萬鍾之禄，妻妾之奉，宫室之美，反不顧禮義而居之，誠可哀矣。悲夫，作記之人若去曾子之評，引孟子爲證，則餓夫之志獲伸于名教之中久矣。餘義。

嚴陵方氏曰：饑則主歲言之也，餓則主人言之也。以交易爲利者，謂之貿。貿貿然來，若有所利而交故也。

廬陵胡氏曰：輯，斂也，若輯杖然。微與，小之。今之君子之急於禄食也，嗟而不去、不謝而食者多矣，視餓者有愧也。

【吴氏纂言】鄭氏曰：蒙袂，不欲見人也。輯，斂也。斂屨，力憊不能屨也。貿貿，目不明之貌。嗟來食，雖閔而呼之，非敬辭。從，猶就也。微，猶無也。無與，指其狂狷之辭。

孔氏曰：與，語助。黔敖見餓者困，嗟愍而呼之來食，餓者聞其嗟己，無敬己之心，於是發怒，揚舉其目而視之，曰「予惟不食嗟來無禮之食，以至於此病困」。怒而遂去。黔敖從逐其後辭謝焉，餓者終不食而死。曾子言餓者無如是與？初時無禮之嗟也，可怒之而去，其終有禮之謝也，可反迴而食。

黄氏曰：曾子之言，乃舉世千萬人所同之心也。餓夫之操，豈在於斯乎？蓋以衰亂之世，君昏政暴，災沴荐至，賢者不樂其生於世，故詩云「知我如此，不如無生」。苟從曾子之言謝而復食，豈若不屈其操，不受其辱，身雖一死而義存千古乎？不然作記之人從何而載之？使千載而下，施小惠者不敢矜傲，竊幸苟生之人，脅肩諂笑之輩，聞其志則心寒股栗，知所愧恥，豈不盛哉？

廬陵胡氏曰：今人之急於禄食，嗟而不去、不謝而食者多矣，視餓者有愧矣。

方氏曰：饑言歲，餓言人。

澄曰：「爲食」「奉食」，食，飯也。目不明之「瞀」，敄下從目。貿易、財貨之「貿」，丣下從貝，此瞀貿同聲之字通用。「嗟」者，閔之之辭。「來」者，呼之之辭。曾子之言，君子之中。餓者之操，賢者之過也。

【陳氏集説】蒙袂，以袂蒙面也。輯屨，輯斂其足，言困憊而行蹇也。貿貿，垂頭喪氣之貌。嗟來食，歎閔之而使來食也。從，就也。微與，猶言細故末節。謂「嗟來」之言雖不敬，然亦非大過，故其嗟雖可去，而謝焉則可食矣。

【郝氏通解】黔敖，齊人。蒙袂，以兩手抱首也。袂，袖也。輯，斂也。輯屨，行不前也，饑困之狀。貿貿，昏憒也。嗟來者，憐而招呼之辭。不食，惡其無將迎之禮也。微，細也，言嗟來非失禮之大者。

按此章即孟子所謂「羞惡之心，人皆有之」。呼爾而與，乞人不屑也。萬鍾不辨禮義而受，不愧於辭「嗟來」者乎？如拘其説以行禮，則設粥待貧者，必三揖而進，再拜而後受，亦不可行矣。

【欽定義疏】【正義】鄭氏康成曰：蒙袂，不欲見人也。輯，斂也。斂屨，力憊不能屨也。貿貿，目不明之貌。嗟來食，雖閔而呼之，非敬辭。從，猶就也。

孔氏穎達曰：此論餓者狂狷之事。餓者聞黔敖嗟己，無敬己之心，於是發怒，揚舉其目而視之曰「予惟不食嗟來無禮之食，以至於此困病」。曾子言：初時無禮之嗟也，可怒之而去；其終有禮之謝也，可返迴而食。

方氏慤曰：饑主歲言之，餓主人言之。

吴氏澄曰：曾子之言，君子之中。餓者之操，賢者之過也。

陳氏澔曰：微與，猶言細故末節。謂「嗟來」之言雖不敬，然亦非大過，故其嗟雖可去，而謝焉則可食矣。

【存疑】鄭氏康成曰：微，猶無也。無與，止其狂狷之辭。

姚氏舜牧曰：凡人所重者，生死也，而要準於道義。就食本爲生也，而彼其嗟來，則可以無生，不可以失節。不食嗟來，本以重節也，而彼既致謝，則又不可以輕生。此其間道理極微，故曾子曰：微與，其嗟也則可去耳，一致謝則可以復食矣。惜其人未識此，而終守小諒焉，以致死也。

【杭氏集説】吴氏澄曰：曾子之言，君子之中。饑者之操，賢之過也。

陳氏澔曰：微與，猶言細故末節。謂「嗟來」之言雖不敬，然亦非大過，故其嗟可去，而謝焉則可食矣。

姚氏舜牧曰：凡人所重者，生死也，而要準於道義。就食本爲生也，而彼其嗟來，則可以無生，不可以失節。不食嗟來，本以重節也，而彼既致謝，則又不可以輕生。此其間道理極微，故曾子曰：微與，其嗟也則可去耳，一致謝則可以復食矣。惜其人未識此，而終守小諒焉，以致死也。

謝氏枋得曰：不食嗟來，此羞惡之心，世間斷不可少。餓死事小，失節事大，婦人然，丈夫亦然。

姚氏際恒曰：此似倣孟子「嘑爾而與之，行道之人不受」之語，造出此事，然又增曾子之説，于後大失孟子之旨矣，千古志士爲之損氣。

姜氏兆錫曰：記此以見其人矜愛名節，守死不移，猶爲賢者之過，而大賢以上禮義之中可見矣。

任氏啟運曰：此心充之，便可至「禄之天下弗顧，繫馬千駟弗視」地位。曾子微之，是引狂狷使至于中行，莫便以曾子語爲假借，而付于嗟來之可食也。

【孫氏集解】鄭氏曰：蒙袂，不欲人見也。輯，斂也。斂屨，力憊不能屨也。貿貿，目不明之貌。嗟來食，雖閔而呼食之，非敬辭也。從，猶就也。微，猶無也。無與，止其狂狷之辭。

陳氏澔曰：微與，猶言細故末節。謂嗟來之言雖不敬，然亦非大過，故其嗟雖可去，其謝則可食矣。

吳氏澄曰：曾子之言，得中之道。餓者之操，賢者之過也。

【朱氏訓纂】齊大饑，黔敖爲食於路，以待餓者而食之。有餓者，蒙袂，輯屨，貿貿然來。注：蒙袂，不欲見人也。輯，斂也。斂屨，力憊不能屨也。貿貿，目不明之貌。**黔敖左奉食，右執飲，曰：「嗟，來食！」揚其目而視之，曰：「予唯不食嗟來之食，以至於斯也。」**注：嗟來食，雖閔而呼之，非敬辭。**從而謝焉，終不食而死。**注：從，猶就也。**曾子聞之，曰：「微與！其『嗟』也可去，其謝也可食。」**注：微，猶無也。無與，止其狂狷之辭。

彬謂微，小也。言餓者所見者小也。

四·八三 ○**邾婁定公之時，有弒其父者**[一]，定公，貜且也，魯文十四年即位。○有殺，

[一] 有弒其父者 閩、監、毛本同，石經同，岳本同，嘉靖本同，衛氏集說同。釋文出「有殺」云：「本又作『弒』，同式志反，下『臣殺』『子殺』同。」正義本作「弒」。○鍔按：「有弒」上，阮校有「邾婁定公之時節」七字。

本又作「弒」，同式志反，下「臣殺」「子殺」同。戄，俱縛反。且，子餘反。**有司以告。公瞿然失席，曰：「是寡人之罪也。」**民之無禮，教之罪。○瞿，本又作「懼」，紀具反。**曰：「寡人嘗學斷斯獄矣：臣弒君，凡在官者，殺無赦。子弒父，凡在宮者，殺無赦**[一]。言諸臣、子孫無尊卑皆得殺之，其罪無赦。○斷，丁亂反。**殺其人，壞其室，洿其宮而豬焉。**明其大逆，不欲人復處之。豬，都也。南方謂都爲豬。○殺，如字。壞，音怪。洿，音烏。豬，音誅。復，扶又反。**蓋君踰月而后舉爵。」**自貶損。

【疏】「邾婁」至「舉爵」[二]。○正義曰：此一節論誅弒父之事。

○「曰寡」至「無赦」。○定公既見有司告以人弒其父，乃言曰：「寡人嘗試學斷此弒父之獄矣。臣之弒君，凡在官之人，無問貴賤，皆得殺此弒君之人，無得縱赦之也。子之弒父，凡在宮者，無問尊卑，皆得殺此弒父之人，不得縱赦之。」此「在宮」字，諸本或爲「在官」，恐與上「在官」相涉而誤也。

[一] 子弒父凡在宮者殺無赦　閩、監、毛本同，石經同，衛氏集説同。岳本「宮」作「官」，嘉靖本同，考文引古本、足利本同。正義云：「此『在宮』字，諸本或爲『在官』，恐與上『在官』相涉而誤也。」據此，則作「在宮」者，亦孔氏所見之本，而非正義所用之本也。

[二] 邾婁至舉爵　惠棟校宋本無此五字。

○注「言諸」至「無赦」。○正義曰：言「諸臣」，解「在宫」者；言「子孫」，解「在宫」者。言此等之人，若見弑君、弑父之人，無問尊卑皆得殺之，謂理合得殺。若力所不能，亦不責也。故春秋崔杼弑莊公，而晏子不討崔杼，而不責晏子。若力能討而不討，則責之。春秋董狐書趙盾，云「子爲正卿，亡不出竟，反不討賊」，書以「弑君」是也。鄭此云子孫無問尊卑，皆得殺之，則似父之弑祖，子得殺父。然子之於父，天性也。父雖不孝於祖，子不可不孝於父。今云「子」者，因「孫」而連言之，或容兄弟之子耳。除子以外，皆得殺其弑父之人。異義：「衛輒拒父，公羊以爲孝子不以父命辭王父之命，許拒其父。左氏以爲子而拒父，悖德逆倫，大惡也。」鄭駁異義云：「以父子私恩言之，則傷仁恩。」則鄭意以公羊所云，公義也；左氏所云，是私恩也。故知今子之報殺其父是傷仁恩也。若妻，則得殺其弑父之夫。故異義云：「妻甲，夫乙歐母，甲見乙歐母而殺乙。公羊説甲爲姑討夫，猶武王爲天誅紂。」鄭駁之云：「乙雖不孝，但歐之耳，殺之太甚。凡在宫者，未得殺之。殺之者，士官也。」如鄭此言，歐母，妻不得殺之；若其殺母，妻得殺之。

○注「豬都」至「爲豬」。○正義曰：案孔注尚書云：「都，謂所聚也。」此經云「洿其宫而豬焉」，謂掘洿其宫，使水之聚積焉，故云「豬，都也」。鄭恐豬不得爲都，故引南方之人謂都爲豬，則「彭蠡既豬」，豬是水聚之名也。

【衛氏集説】鄭氏曰：定公，貜且也，魯文十四年即位。民之無禮，不教之罪，故曰

「寡人之罪也」。弑君、弑父，其罪無赦，諸臣、子孫皆得殺之。壞其室，洿其宫，明其大逆，不欲人復處之。豬，都也。南方謂都爲豬。踰月舉爵，自貶損也。

孔氏曰：此一節論誅弑父之事。鄭注「諸臣」，解「在官」者；子孫，解「在宫」者。臣之弑君，凡在官之人，無問貴賤，皆得殺此弑君之人。子之弑父，凡在宫者，無問尊卑，皆得殺此弑父之人。此「在宫」字，諸本或爲「在官」。洿其宫，謂掘洿其宫，使水之積聚焉，故云「豬，都也」。

山陰陸氏曰：「凡在官者，殺無赦」，謂弑君者同一官府亦坐焉爾，弑父放此。鄭氏謂「弑父者，凡在宫，子孫皆得殺之」，是父子兄弟相殺，終無已時也。

廬陵胡氏曰：春秋弑逆多矣，唯邾無弑逆之事，故邾定公以爲非常而驚也。春秋書「蔡人殺陳佗」，明弑逆之賊人皆得討。豬，猶「瀦」，言洿其宫而瀦水也，鄭云「豬，都也」，恐非。

【吴氏纂言】廬陵胡氏曰：春秋弑逆多矣，唯邾無弑逆之事，故邾定公以爲非常而驚也。

鄭氏曰：定公，貜且也，魯文十四年即位。民之無禮，教之罪，故曰「寡人之罪也」。臣弑君，子弑父，諸臣、子孫皆得殺之。壞其室，瀦其宫，明其大逆，不欲人復處之。踰月而後舉爵，自貶損也。

孔氏曰：凡在官者言「諸臣」，凡在宫者言「子孫」。瀦，是聚水之名。洿其宫而瀦焉，謂掘其宮，使水聚積也。

澄曰：凡在官、凡在宮，謂被弒者之羣臣子孫，非謂行弒者之羣臣子孫也。赦，謂縱之逸去也。弒君、弒父之賊凡在官、在宮者，當即時殺之，不可緩誅逸賊，故曰「無赦」。無赦，謂毋令縱逸也。宋萬弒閔公，縱令出奔陳，君子以爲宋無臣子也。陸農師謂同一官府之人亦坐弒君之罪，果是逆賊之黨，則自應殺之無赦。若不豫弒謀，而一府一宮之人皆連坐，刑不亦濫乎？春秋誅亂臣賊子之法，不聞有此。

山陰陸氏曰：凡在官者殺無赦，謂弒君者同一官府亦坐焉爾，弒父放此。鄭氏謂「弒父者，凡在宮，子孫皆得殺之」，是父子兄弟相殺，終無已時也。

【陳氏集説】瞿然，驚怪之貌。在官者，諸臣也。在宮者，家人也。天下之惡，無大於此者，是以人皆得以誅之，無赦之之理。惟父有此罪，則子不可討之也。君不舉爵，以人倫大變，亦教化不明所致，故傷悼而自貶耳。 疏曰：豬是水聚之名。 石梁王氏曰：注、疏本作「子弒父，凡在宮者，殺無赦」爲是。

【納喇補正】臣弒君，凡在官者，殺無赦。子弒父，凡在宮者，殺無赦。

集説 在官者，諸臣也。在宮者，家人也。天下之惡，莫大於此者，是以人皆得以誅之，無赦之之理。惟父有此罪，則子不可討之也。石梁王氏曰：「注、疏本作『子弒父，凡在官者，殺無赦』爲是。」

竊案 鄭氏曰：「臣弑君，子弑父，羣臣子孫皆得殺之，其罪無赦。」孔氏云：「鄭此云子孫無問尊卑，皆得殺之，則似父之弑祖，子得殺父。然子之於父，天性也。父雖不孝於祖，子不可不孝於父也。今云『子』者，因孫而連言之，或容兄弟之子耳。除子以外，皆得殺其殺父之人。故異義云：『妻甲，夫乙毆母，甲見乙毆母而殺乙。公羊説甲爲姑討夫，猶武王爲天討紂。』鄭駁之云：『乙雖不孝，且毆之耳，殺之大甚。凡在宫者，未得殺之。殺之者，士官也。』如鄭此言，毆母，妻不得殺之；若其殺母，妻得殺之。」此集説所本也。山陰陸氏則謂：「凡在官者，殺無赦，謂同一官府之人亦坐焉爾，弑父放此。鄭氏謂『弑父者，凡在宫，子孫皆得殺之』，是父子兄弟相殺終無已時也。」吴氏則謂：「凡在官、在宫，謂被殺者之羣臣子孫，非謂行弑者之羣臣子孫也。當即時殺，無得緩誅逸賊，故曰無赦。宋萬弑閔公，縱令出奔陳，君子以爲宋無臣子也。陸農師謂同一官府之人亦坐弑君之罪，果是逆賊之黨，則自應殺之無赦。若不預弑謀，而一府一宫之人皆連坐，刑不亦濫乎？春秋誅亂賊之法，不聞有此。」愚謂諸儒議論紛紜，皆因「凡在宫」句，似子亦可以殺弑祖之父，於情理有礙耳。若從疏中所云「在宫」諸本或爲「在官」，則於文義順矣。然朱子注孟子「好辨」章云：「亂臣賊子，人人得而誅之，不必士師。」胡氏春秋傳云：「楚子若以大義倡天下，執般於蔡，討其弑父之罪，而在宫者無赦焉；討其弑君之罪，而在官者無赦焉。謀於蔡衆，置君而去，雖古之征暴罪者，不越此矣。」此皆從「在宫」

之說。汪氏則曰：「謂討其與弒君父之人，凡聞乎故者，皆誅之而不赦，非謂在官、在宮者盡誅之也。」

【郝氏通解】瞿然，驚顧貌。臣弒君，子弒父，非一人之謀，其徒必多，故當窮治其黨，毀其宮室，以絶其跡。洿，池也。豬，大澤也。君踰月不舉爵，憂亂也。其懲毖如此，故春秋時邾婁無弒逆之禍。

【欽定義疏】**正義** 鄭氏康成曰：定公，貜且也，魯文十四年即位。民之無禮，不教之罪，故曰「寡人之罪也」。弒君弒父，其罪無赦，諸臣、子孫孔疏：案子孫，當指族姓之卑幼在子孫行者。皆得殺之。孔疏：臣之弒君，凡在官之人，無問貴賤，皆得殺此弒君之人。子之弒父，凡在宮者，無問尊卑，皆得殺此弒父之人。壞其室，洿其宮而豬，明其大逆，不欲使人復處之。豬，都也，南方謂都爲豬。孔疏：都，聚也。掘洿其宮，使水聚積。踰月舉爵，自貶損也。

孔氏穎達曰：此論誅弒父之事。

陳氏澔曰：瞿然，驚怪之貌。天下之惡，無大於此者，是以人皆得以誅之，無赦之之理。君不舉爵，以人倫大變，亦教化不明所致，故傷悼而自貶耳。

通論 彭氏汝礪曰：春秋之法，亂臣賊子，人人得而討之，不必皆士師也。故隱四年書「衛人殺州吁于濮」，公羊傳曰「其稱人何？討賊之辭」，何休注曰：「明國中人人得討之。」

存異　陸氏佃曰：凡在官者殺無赦，謂弑君者同一官府亦坐焉爾，弑父放此。鄭氏謂「弑父者，凡在宫，子孫皆得殺之」，是父子兄弟相殺終無已時也。

辨正　吴氏澄曰：凡在官、凡在宫，謂被弑者之羣臣子孫，非謂行弑者之羣臣子孫也。無赦，謂毋令縱逸也。宋萬弑閔公，縱令出奔陳，君子以爲宋無臣子也。陸農師謂同一官府之人亦坐弑君之罪，若不知謀，而一府一宫之人皆連坐，不亦濫乎？

【杭氏集説】彭氏汝礪曰：春秋之法，亂臣賊子，人人得而誅之，不必皆士師也。故隱四年書「衛人殺州吁于濮」，公羊傳曰「其稱人何？討賊之辭」，何休注曰：「明國中人人得討之。」

陳氏澔曰：瞿然，驚怪之貌。天下之惡，無大於此者，是以人皆得以誅之，無赦之理。君不舉爵，以人倫大變，亦教化不明所致，故傷悼而自貶耳。

吴氏澄曰：凡在官、在宫，謂被弑者之羣臣子孫，非謂行弑者之羣臣子孫也。無赦，謂毋令縱逸也。宋萬弑閔公，縱令出奔陳，君子以謂宋無臣子也。陸農師謂同一官府之人亦坐殺君之罪，若不知謀，而一府一宫之人皆連坐，不亦濫乎？

姚氏際恒曰：臣弑君兩段，鄭氏曰「言諸臣、子孫無尊卑皆得殺之，其罪無赦」。孔氏駁之曰「子孫無問尊卑，皆得殺之，則似父之殺祖，子得殺父矣」。陸農師亦駁之，曰「弑父者，凡在宫，子孫皆得殺之，是父子兄弟相殺，終無已時也」。其説皆是已。陸又曰

「凡在官者，殺無赦，謂殺君者同一官府亦坐焉耳，殺父放此」。吴幼清駁之，曰「陸謂同一官府之人亦坐殺君之罪，果是逆殺之黨，則自應殺之，若不與殺謀而一府一宫之人皆連坐，刑不亦濫乎？」其説亦是已。又曰「在官、在宫，謂被殺者之羣臣、子孫，非謂行弑者之羣臣、子孫也。然則被殺者爲祖，行弑者爲父，猶之子得殺父矣」。成容若曰「諸儒議論紛紛，皆因『凡在宫』句，似子亦可以殺弑祖之父，于情性有礙耳。若從疏中所云『在宫』諸本或爲『在官』，則于文義順矣」。此改記文，亦不足信。又引汪氏曰「謂討其與弑君父之人，凡聞乎故者，皆誅之而不赦，非謂在官、在宫者盡誅之也」。如此解，亦非本文義。愚按諸説之中，似陸説爲順，此是邾婁定公一時忿激，不暇循理，亦爲此言。觀下「殺其人，壞其室，洿其宫」等語，正是一例，在定公則爲失言，在記者可以無記。

【孫氏集解】鄭氏曰：定公，貜且也，魯文公十四年即位。民之無禮，不教之罪。弑父弑君，其罪無赦，諸臣、子孫皆得殺之。「壞其室，洿其宫」，明其大逆，不欲人復處之。豬，都也，南方謂都爲豬。踰月舉爵，自貶損也。

孔氏曰：臣之弑君，凡在官之人，無問貴賤，皆得殺此弑君之人。子之弑父，凡在宫者，無問尊卑，皆得殺此弑父之人也。

【朱氏訓纂】邾婁定公之時，有弑其父者，注：定公，貜且也，魯文十四年即位。**有司以告。公瞿然失席，曰：「是寡人之罪也。」**注：民之無禮，教之罪。**曰：「寡人嘗學斷**

斯獄矣：臣弒君，凡在官者，殺無赦。子弒父，凡在宮者，殺無赦。注：言諸臣子孫無尊卑，皆得殺之，其罪無赦。**殺其人，壞其室，洿其宮而豬焉。**注：明其大逆，不欲人復處之。豬，都也。南方謂都爲豬。　正義：案孔注尚書曰「都，謂所聚也」。此云「汚其宮而豬焉」，謂掘洿其宮，使水聚積焉。**蓋君踰月而后舉爵。**注：自貶損。

【郭氏質疑】臣弒君，凡在官者，殺無赦。子弒父，凡在宮者，殺無赦。

鄭注：弒君、弒父，其罪無赦，諸臣、子孫皆得殺之。

嵩燾案，鄭意據隱四年公羊傳衛人殺州吁「其稱人何？討賊之辭」，何休注：「明國中人人得討之。」專正其弒逆之罪，而疑在官、在宮皆殺無赦爲濫刑，故有是説，誠然則亦自相賊殺耳，於斷獄之義無取。易曰：「臣弒君，子弒父，非一朝一夕之故，其所由來漸矣。」在官、在宮有同惡者，有與聞其故者，有坐視君父之被弒而不救者，皆與黨逆之誅。曰「凡」者，凡是有罪，從坐皆無赦也，如此而後可云斷獄。公羊傳：「孔父正色而立於朝，則人莫敢過而致難於其君者。」弒父、弒君而及同惡之誅，亦春秋之義。

四・八四　○**晉獻文子成室**[一]**，晉大夫發焉。**文子，趙武也。作室成，晉君獻之，謂

[一] 晉獻文子成室節　惠棟校云：「『晉獻文子』節、『仲尼』節，宋本合爲一節。」

賀也，諸大夫亦發禮以往。**張老曰：「美哉，輪焉！美哉，奐焉！**心譏其奢也。輪，輪囷，言高大。奐，言衆多。○奐，音渙，本亦作「煥」，奐爛，言衆多也。囷，起倫反。**歌於斯，哭於斯，聚國族於斯。」**祭祀、死喪、燕會於此足矣。言此者，欲防其後復爲。**文子曰：「武也，得歌於斯，哭於斯，聚國族於斯，是全要領以從先大夫於九京也。」北面再拜稽首。**「全要領」者，免於刑誅也。晉卿大夫之墓地在九原，「京」蓋字之誤，當爲「原」。○要，一遥反，注及下注「要君」同。京，音原，下同，下亦作「原」字。**君子謂之善頌、善禱。**「善頌」，謂張老之言。「善禱」，謂文子之言。禱，求也[一]。○禱，丁老反，祈也。

【疏】「晉獻」至「善禱」[二]。○正義曰：此一節論文子成室相禱頌之事，各隨文解之。

○「晉獻子成室」者[三]，獻謂慶賀也。文子，晉卿趙武也。成室，謂文子作宮室成也。文子宮室成，晉君往賀也。

[一] 禱求也　閩、監、毛本同，岳本同，嘉靖本同，衛氏集説同，考文引古本、足利本「求」下有「福」字。

[二] 晉獻至善禱　惠棟校宋本無此五字。

[三] 晉獻文子成室者　閩、監、毛本有「文」字，此本脱。

○「晉大夫發焉」者，發，禮也。晉君既賀，則朝廷大夫並發禮，同從君往賀之。「張老曰：『美哉，輪焉』」者，張老亦往慶之一大夫也。心譏文子宮室飾麗，故佯而美之也。輪，謂輪囷，高大也。春秋外傳曰「趙文子爲室，斲其椽而礱之，張老諫之」是也。○「美哉，奐焉」者，奐謂其室奐爛衆多也。既高又多文飾，故重美之。王云：「奐言其文章之貌也。」

○「歌於斯」者，歌，謂祭祀時奏樂也。斯，此也。張老前美其飾麗，後又防更造也。言此室可以祭祀歌樂也。然大夫祭無樂，而春秋時或有之也。○「哭於斯」者，又言此室亦足居喪哭泣位也。○「聚國族於斯」者，又言此室可以燕聚國賓及會宗族也。終始永足，切勿復更造作。

○「文子曰『武也，得歌於斯，哭於斯，聚國族於斯』」者，武，文子名也。文子覺譏，故稱名自陳。將自陳，數前譏，具領述張老之言也。○「是全要領以從先大夫於九京也」者，領，頸也。古者罪重要斬，罪輕頸刑也。先大夫，謂文子父祖，以其世爲大夫，故稱父祖爲先大夫也。九原，文子家世舊葬地也[一]。

[一] 九原文子家世舊葬地也　閩、監、毛本同，惠棟校宋本「原」作「京」。

文子述張老語竟，故説此自陳也。言若得保此宅以歌哭，終於餘年，不被罪討，是完全要領，壽終而卒，以從先大夫葬於九原也。

○「北面再拜稽首」者，辭畢，乃稽首謝過受諫也。「北面」者，在堂禮也。故鄉飲酒禮賓主皆北面拜。

○「君子謂之善頌、善禱」者，君子者，知禮之人也。見張老與文子皆能中禮，故善之也。「頌」者，美盛德之形容。「禱」者，求福以自輔也。張老因美而譏之，故爲善頌。文子聞過即服而拜，故爲善禱也。

○注「晉卿」至「爲原」。○正義曰：案墓大夫云：「令國民族葬[一]。」注云：「族葬，各從其親。」是卿大夫墓地得同在一處。知「京」當爲「原」者，案韓詩外傳云：「晉趙武與叔向觀於九原。」又爾雅云：「絶高爲京，廣平曰原。」非葬之處，原是墳墓之所，故爲原也。

【衛氏集説】鄭氏曰：文子，趙武也。作室成，晉君獻之，謂賀也，諸大夫亦發禮以往。輪囷，言高大。奐，言衆多。歌于斯，哭于斯，聚國族于斯，言祭祀、死喪、燕會于此足矣，欲防其後復爲此。張老心譏其奢也。「全要領」者，免于刑誅也。晉卿大夫之墓地

[一] 令國民族葬　閩、監本同，衛氏集説同，考文引宋板亦作「民」，毛本「民」誤「名」。

在九原，「京」蓋字之誤，當爲「原」。善頌，謂張老之言。善禱，謂文子之言。禱，求也。

孔氏曰：此一節論文子成室相頌禱之事。張老心譏文子宮室飾麗，故佯而美之。奂，謂其室煥爛衆多。煥，文章貌。「歌」謂祭祀奏樂，「哭」謂居喪哭泣，「聚國族」謂燕聚國賓及會宗族也。終始永足，切勿復更造作。文子覺譏，故稱名述張老語。言若得保此宅以歌哭，終于餘年，不被罪討，是完全要領，壽終而卒，以從先大夫葬于九原也。稽首，謝過受諫也。北面，在堂禮也，故鄉飲酒賓主皆北面。領，頸也。古者罪重要斬，罪輕頸刑。先大夫，謂文子父祖，以其世爲大夫，故稱父祖爲先大夫也。案墓大夫云「令國民族葬」，注云：「族葬，各從其親。」是卿大夫墓地同在一處耳。爾雅云：「絶高爲京，廣平爲原。」京非葬處，原是墳墓之所。

嚴陵方氏曰：發，謂以禮落成之也。若楚子成章華之臺，願與諸侯落之是矣。蓋「發」與「落」皆有始意。九京，即九原也。指其冢之高則曰「京」，指其地之廣則曰「原」。

廬陵胡氏曰：謂晉君賀其成室，恐非也。恐趙武謚「獻文」爾，當考。

【吴氏纂言】鄭氏曰：文子，趙武也。作室成，晉君獻之，謂賀也，諸大夫亦發禮以往。輪，輪囷，言高大。奂，言衆多。心譏其奢也。言此者，祭祀、死喪、燕會於此足矣，欲防其後復爲。「全要領」者，免於刑誅也。京當爲「原」，蓋字之誤。晉卿大夫之葬地在九原。善頌，謂張老之言。善禱，謂文子之言。禱，求也。

孔氏曰：晉君既賀，朝庭大夫並發禮，從君往賀之。張老亦往慶之一大夫也。心識文子宮室飾麗，佯美之也。奐，文章貌，煥爛衆多也。歌，祭祀時奏樂也。大夫祭無樂，春秋時或有之也。斯，此也。哭，居喪哭泣位也。聚國族，燕國賓及會宗族也。「於斯」者，始終永足，勿再造作也。領，頸也。古者罪重要斬，罪輕頸刑也。先大夫，謂文子父祖，以其世爲大夫，故稱父祖爲先大夫也。九原，文子家世舊葬地也。文子覺識，故稱名述張老語。言若得保此宅以歌哭，終餘年，是完全要領，壽終而卒，以從先大夫葬於九原也。辭畢，稽首受諫也。「北面」者，在堂禮也。鄉飲酒禮賓主皆北面拜。張老因美而識之爲「善頌」，文子聞過即服而拜爲「善禱」。

澄曰：輪謂室之深廣，從之深爲輪，橫之廣爲廣，言輪以該廣也。奐，謂室之華麗，與「煥乎有文章」之煥通。稱人之善曰「頌」，求己之福曰「禱」。

方氏曰：發，謂以禮落成。楚子成章華之臺，願與諸侯落之。蓋「發」與「落」皆有始意。九京，即九原。指其冢之高曰「京」，指其地之廣曰「原」。

廬陵胡氏曰：謂晉君賀其成室爲獻，恐非。或趙武謚「獻文」爾，當考。

【陳氏集説】晉獻，舊説謂「晉君獻之，謂賀也」。然君有賜於臣，豈得言獻？疑「獻文」二字皆趙武謚，如「貞惠文子」之類。諸大夫發禮往賀，記者因述張老之言。輪，輪囷，高大也。奐，奐爛衆多也。歌，祭祀作樂也。哭，死喪哭泣也。聚國族，燕集國賓，聚會宗族也。頌者，美其事而祝其福。禱者，祈以免禍也。張老之言善於頌，武子所答善於禱也。鄭氏曰：晉卿大夫之墓地在九原。疏曰：領，頸也。古者罪重腰斬，罪輕頸刑。先大夫，文子父祖也。石梁王氏曰：歌於斯，謂祭祀歌樂也。大夫祭無樂，春秋時或有之。

【納喇補正】晉獻文子成室。

集説 晉獻，舊書謂「晉君獻之，謂賀也」。然君有賜於臣，豈得言獻？疑「獻文」二字皆趙武謚，如「貞惠文子」之類。

竊案 趙武謚「文子」，經傳並無稱獻文子者，故先儒以獻爲賀，初無異解。自盧陵胡氏疑謂晉君賀其成室爲獻之非，而以「獻文」爲趙武謚，於是集説本之，遂引貞惠文子爲證。不知君之於臣，亦可曰獻，故周禮有「獻玉」，儀禮有「獻爵」，君未嘗不獻臣，臣未嘗不受君之獻，豈可疑此而并增益文子之謚乎？

美哉，輪焉！美哉，奐焉！

集説 輪，輪囷，高大也。奐，奐爛衆多也。

竊案 此輪即「廣輪揜坎」之輪，從之深爲輪，横之深爲廣，言輪足以該廣，則此輪爲室之深廣也。集説謂「輪囷高大」者，非是。奐本亦作「焕」，與「焕乎有文章」之焕通，只謂室之華麗，亦不必言焕爛衆多也。此皆本鄭注而失之。

是全要領以從先大夫於九京也。

【集説】京，音原。

【竊案】鄭注以晉卿大夫之葬地在九原，「京」蓋字之誤，當爲「原」。孔疏：「鄭知『京』當爲『原』者，案韓詩外傳「晉趙武與叔向觀於九原」。又爾雅云：『絶高爲京，廣平曰原。』京非葬之處，原是墳墓之所，故爲原也。」九原山在山西絳州西北二十里，晉大夫葬處。愚謂指其冢之高曰京，指其地之平曰原，後人亦有擇山地而葬者，如淮陰侯葬其母行營高敞地是也。似不得謂京非葬處，而必改其字以從韓詩也。

【郝氏通解】獻文子，趙武謚也。鄭康成以獻爲賀，鑿也。發，猶落也，始新之名。張老亦晉大夫。輪，輪囷，高大貌。奐，煥爛光華貌。歌，謂行禮奏樂。哭，謂死喪送終。國族，謂僚交宗親。三言於斯，謂子孫世守，無以復加也。頌而寓箴，不以哭死爲諱，故謂之善頌。武子喻其意而拜謝，稱祖考惟以保要領爲祈，故謂之善禱。蓋福莫利于遠禍，而安莫美于無危，所以善也。要領，猶言身首。九京，即九原，晉卿大夫墓地。高曰京，平曰原。

【方氏析疑】晉大夫發焉。

左傳「茅戎入，王發幣於公卿，凡伯弗賓」，注云「發禮以往」，本此。

【江氏擇言】晉獻文子成室。

陳氏云：疑「獻文」二字皆趙武謚，如「貞惠文子」之類。

按，陳氏説是。

歌於斯，哭於斯，聚國族於斯。

鄭注：祭祀、死喪、燕會於此足矣。

孔疏云：歌，謂祭祀時奏樂也。

按，生則歌，死則哭，大概言之耳。文子成寢室，非祭祀之所，而注疏以祭祀作樂釋之，非也。

【欽定義疏】 正義 鄭氏康成曰：文子，趙武也。作室成，晉君獻之，謂賀也。胡氏銓曰：「君於臣不當言獻，恐趙武謚『獻文』。」案：春秋時無二謚，本文原無「君」字，第當云人皆往賀，諸大夫亦往耳。諸大夫亦發禮以往。輪，輪囷，言高大。奐，言衆多。「歌於斯，哭於斯，聚國族於斯」，言祭祀、死喪、燕會於此足矣，欲防其後復爲此。張老心譏其奢也。「全要領」者，免於刑誅也。晉卿大夫之墓地在九原。「京」蓋字之誤，當爲「原」。孔疏：爾雅「絶高曰京，廣平曰原」。京非葬處。案：詩「于胥斯原，乃覯于京」，同一地也，則言其高曰「京」，言其平廣則曰「原」耳。善頌，謂張老之言。善禱，謂文子之言。禱，求也。

孔氏穎達曰：此論文子成室相頌禱之事。張老心譏文子宮室飾麗，故佯爲美之。歌，謂祭祀奏樂。哭，謂居喪哭泣。聚國族，謂燕聚國賓及會宗族也。始終永足，切勿更造作。文子覺譏，故稽首謝過受諫也。北面，在堂禮，故鄉飲酒賓主皆北面。領，頸也。古者罪重要斬，罪輕剄刑。先大夫，謂文子父祖，以其世爲大夫，故稱父祖爲先大夫也。案墓大夫云「令國民族葬」，注云：「族葬，各從其親。」是卿大夫墓地同在一處。

秦氏繼宗曰：張老之言善於頌，文子所答善於禱也。古人達生知命，善始要終，故頌禱之言，切實如此。

通論 方氏慤曰：發，謂以禮落成之也。若楚子成章華之臺，願與諸侯落之是矣。蓋「發」與「落」皆有始意。

【杭氏集説】 秦氏繼宗曰：張老之言善於頌，文子所答善於禱也。古人達生知命，善始要終，故頌禱之言，切實如此。

姚氏際恒曰：獻文子，似即趙武，然武未嘗謚獻文。鄭氏以晉爲晉君，以「獻」爲「賀」，殊迂。發，似即落成之意。輪，鄭氏謂「輪囷」，然是盤曲意，非高大也，此指節梲之盤曲。奐，寬廣意，詩「伴奐爾游」，此指舍宇之寬廣。歌、哭取哀樂一義爲言，鄭氏謂歌爲祭祀奏樂，拘也。孔氏又謂「大夫祭無樂，而春秋時或有之」，尤拘。要領，孔氏謂「古者重罪要斬」，亦非也。周穆王作呂刑，惟舉墨、劓、剕、宫、大辟之五刑，未有所謂要斬者，大抵要斬、車殉皆起于戰國申、商之法，春秋時亦無之。此云「要領」，蓋作記者之語耳。又按晉語「趙文子爲室，張老諫其礱椽」，無此頌禱之語，大抵皆附會增飾也。

陸氏奎勳曰：「獻」乃「趙」字之訛。廬陵胡氏以「獻文」二字皆謚，亦屬强解。九京山在山西絳州西北二十里，晉大夫葬處。

姜氏兆錫曰：獻，舊謂晉君獻于文子而賀其成室也。陳注謂「君賜無稱獻之理」，「獻文」二字疑皆趙武謚，如衛公孫枝本謚「貞惠文子」，而世稱「文子」也。按本文亦無晉君字，舊説非是，陳注近之。又疏曰：「歌于斯，謂祭祀時歌樂也。禮，大夫祭無樂，而春秋或有之也。」愚按疏論如此，則知世以采蘋詩爲大夫祭祀之樂歌者，謬也。此詩特大夫妻能奉祭祀，而其家人序而美之耳，彼不考本末而牽引者，何哉？

方氏苞曰：左傳「茅戎入，王發幣於公卿，凡伯弗賓」，注云「發禮以往」，本此。

齊氏召南曰：按後文趙文子與叔譽觀乎九原，國語作「叔尚游乎九京」，韋昭注：「京當作『原』。」不必以韓詩外傳爲据也。

【孫氏集解】鄭氏曰：文子，趙武也。作室成，晉君獻之，謂賀也。諸大夫皆發禮以往。輪，輪囷，言高大。奐，言衆多。心譏其奢也。祭祀、死喪、燕會於此足矣。言此者，欲防其後復爲。「全要領」者，免於刑誅也。晉卿大夫之墓地在九原，「京」蓋字之誤，當爲「原」。善頌，謂張老之言。善禱，謂文子之言。禱，求也。

孔氏曰：輪，謂輪囷高大。奐，謂奐爛衆多。既高又多文飾，故重美之。領，頸也。古者罪重要斬，罪輕頸刑。

愚謂「獻文」蓋二謚也。歌謂祭祀作樂，哭謂居喪哭泣。聚國族，謂與國中僚友及宗族聚會飲食也。頌者，稱人之美。禱者，祈己之福。張老因頌寓規，故爲善頌。文子聞義則服，故爲善禱。

【王氏述聞】⊙美哉奐焉

鄭注曰：奐，言衆多。

正義引王肅曰：「奐，言其文章之貌也。」

釋文：奐，本亦作「焕」。

引之謹案，王説爲長。奐，古「焕」字，廣韻：「奐，文彩明皃。」玉篇：「焕，明也，亦作『奐』。」大雅卷阿篇「伴奐爾游矣」，毛傳曰：「伴奐，廣大有文章也。」論語泰伯篇「焕乎其有文章」，何注曰：「焕，明也。」「美哉奐焉」者，室有文彩奐然明也。大戴禮四代篇「奐然而與民壹始」，即焕然也。漢冀州刺史王純碑「奐矣王君」，即焕矣也。後漢書張奐傳：「奐，字然明。」吴志孫奐傳：「奐，字季明。」南史王奐傳：「奐，字道明。」皆用古「焕」字爲名而字曰「明」，明者，焕之正訓也。

【朱氏訓纂】**晉獻文子成室，晉大夫發焉。**注：文子，趙武也。諸大夫亦發禮以往。

正義：張老亦往慶之一大夫也。胡邦衡曰：謂晉君賀其成室，恐非也。恐趙武謚「獻文」爾。**張老曰：「美哉，輪焉！美哉，奐焉！**注：心譏其奢也。輪，輪囷，言高大。奂，言衆多。　正義：春秋外傳曰「趙文子爲室，斲其椽而礱之，張老諫之」是也。王云：「奂，言其文章之貌也。」　王氏引之曰：王説爲長。奂，古「焕」字，大雅卷阿篇「伴奂爾游矣」，毛傳：「伴奂，廣大有文章也。」論語泰伯篇「焕乎其有文章」，何注：「焕，明也。」**歌於斯，哭於斯，聚國族於斯。」**注：祭祀、死喪、燕會於此足矣，言此者欲防其後復爲。　江氏永曰：生則歌，死則哭，大概言之耳。文子成寢室，非祭祀之所，而注、疏以祭祀作樂釋之，非也。**文子曰：「武也，得歌於斯，哭於斯，聚國族於斯，是全要領以從先大夫於九京也。」北面再拜稽首。**注：全要領者，免於刑誅也。晉卿大夫之墓地在九原，「京」蓋字之誤，當爲「原」。　正義：領，頸也。古者罪重要斬，罪輕頸刑也。先大夫，謂文子父祖，以其世爲大夫，故稱父祖爲先大夫也。**君子謂之善頌、善禱。**注：善頌，謂張老之言。善禱，謂文子之言。禱，求也。　正義：頌者，美盛德之形容。禱者，求福以自輔也。

四・八五　○**仲尼之畜狗死，**畜狗，馴守[一]。○畜，許六反，又許又反。馴守，上音巡，下

[一] 畜狗馴守　閩、監、毛本同，岳本同，嘉靖本同，衛氏集説同。考文引宋板「狗」作「利」。盧文弨云：「觀釋文音狗在後，似宋本『利』字是，豈釋文正文無『狗』字耶？」○鍔按：「畜狗」上，阮校有「仲尼之畜狗死節」七字。

如字，又手又反。**使子貢埋之，曰：「吾聞之也，敝帷不弃，爲埋馬也；敝蓋不弃，爲埋狗也。丘也貧，無蓋於其封也，亦予之席，毋使其首陷焉。」**封，當爲「窆」。陷，謂没於土。○貢，本亦作「贛」，音同。爲埋，于僞反，下亡皆反，下並同。狗，古口反。封，彼劍反，出注。**路馬死，埋之以帷。**路馬，君所乘者。其他狗馬[一]不能以帷蓋。

【衛氏集説】鄭氏曰：畜狗，馴守。封，當爲「窆」。陷，謂没于土。路馬，君所乘者。其他狗馬不能以帷蓋。

嚴陵方氏曰：家語言「仲尼將行，雨而無盖」，則貧而無蓋可知。陷，謂没於土也。衆體皆不欲没于土，特以「首」爲言者，以衆體之所貴，尤不欲没于土故也。路馬死，埋之以帷，故魯昭公乘馬塹而死，乃以帷裹之。

石林葉氏曰：帷蓋之近于身，以爲障蔽者也。犬馬之畜于家，以爲代禦者也。障蔽者敝所不敢弃，而代禦者死用以埋之，所謂仁之至，義之盡也。

【吴氏纂言】仲尼之畜狗死，使子貢埋之，曰：「吾聞之也，敝帷不棄，爲埋馬也；敝蓋不弃，爲埋狗也。丘也貧，無蓋於其封也，亦與之席，毋使其首陷焉。」

鄭氏曰：畜狗，巡守。封，當爲「窆」。陷，爲没於土。

[一] 其他狗馬　閩、監、毛本同，岳本同，嘉靖本同，衛氏集説同，考文引古本、足利本「馬」下有「死」字。

方氏曰：衆體皆不欲没於土，特以「首」爲言者，以衆體之所貴，尤不欲没於土也。家語言「仲尼將行，雨而無蓋」，以貧故無蓋也。

石林葉氏曰：帷蓋，近於身以爲障蔽者也。犬馬，畜於家以爲代禦者也。障蔽者弊所不敢棄，而代禦者死用以埋之，仁之至，義之盡也。

路馬死，埋之以帷。

鄭氏曰：路馬，君所乘者，其它狗馬不能以帷蓋。

方氏曰：魯昭公乘馬塹而死，乃以帷裹之。

澄曰：上文記仲尼埋畜狗之事，記者遂并記國君埋乘馬之法。

【陳氏集説】仲尼之畜狗死，使子貢埋之，曰：「吾聞之也，敝帷不弃，爲埋馬也；敝蓋不弃，爲埋狗也。丘也貧，無蓋於其封也，亦予之席，毋使其首陷焉。」狗馬皆有力於人，故特示恩也。**路馬死，埋之以帷。**謂君之乘馬死則特以帷埋之，不用敝帷也。方氏曰：魯昭公乘馬塹而死，以帷裹之。

【郝氏通解】畜狗，謂馴守之狗。路馬，人君駕車之馬。帷，牀帷。蓋，雨具。獸死則首垂，束之以席，不使首陷於土也。帷蓋所常用，狗馬所常畜，常用者敝而不棄，常畜者死而不忍，以其所不棄埋其所不忍，仁之至，義之盡，是謂之禮。

【欽定義疏】正義　鄭氏康成曰：畜狗，馴守。封，當爲「窆」。陷，謂没於土。路馬，君所乘者，其他狗馬不能以帷蓋。

方氏慤曰：家語言「仲尼將行，雨而無蓋」，則貧而無蓋可知。陷，謂没於土，特以「首」爲言者，以衆體之所貴也。路馬死，埋之以帷，故魯昭公乘馬塹而死，乃以帷裹之。

葉氏夢得曰：帷蓋近於身，以爲障蔽者。犬馬畜於家，以爲代禦者。障蔽者敝不敢棄，而代禦者死用以埋之，所謂仁之至，義之盡也。

陳氏澔曰：狗馬皆有力於人，故特示恩。君之乘馬死，則特以帷埋之，不用敝帷也。

案 家語末句亦孔子語，或曰，以其類附記之。

【杭氏集説】謝氏枋得曰：即此見聖人覆載氣象。

陳氏澔曰：狗馬皆有力於人，故特示恩。君之乘馬死，則特以帷埋之，不用敝帷也。

姚氏際恒曰：此謂「丘也貧，無蓋」，家語亦知「孔子將行，雨而無蓋」。夫蓋之爲物甚微，孔子雖貧，未必至是，即至是，亦奚足爲聖人重。若謂蓋爲車蓋，則孔子從大夫之後，不可徒行矣，此皆附會之言。路馬死，埋之以帷，亦似本魯公乘馬塹而死，以帷裹之爲説。

姜氏兆錫曰：「路馬」句因孔子之事而類記之。又葉氏曰：「帷蓋近于身爲障蔽，犬馬畜于家爲守御。障蔽者敝所不敢棄，而守御者死用以埋之，仁之至，義之盡也。」

保氏與喬曰：亦以類記之。

【孫氏集解】鄭氏曰：畜狗，馴守。封，當爲「窆」。陷，謂没於土。路馬，君所乘者，其他狗馬不能以帷蓋。

方氏慤曰：魯昭公乘馬塹而死，以帷裹之。愚謂埋之以帷，則不以其敝者也。記者因孔子之事而并及埋路馬之法，蓋犬馬皆有力於人，故其死而埋之也，猶有恩焉。而或帷或蓋，或敝或不敝，大小、輕重之差，亦寓乎其間矣。

【朱氏訓纂】仲尼之畜狗死，注：畜狗，馴守。**使子貢埋之，曰：「吾聞之也，敝帷不弃，爲埋馬也；敝蓋不弃，爲埋狗也。丘也貧，無蓋於其封也，亦予之席，毋使其首陷焉。」**注：封，當爲「窆」。陷，謂没於土。**路馬死，埋之以帷。**注：路馬，君所乘者，其他狗馬不能以帷蓋。

【郭氏質疑】敝帷不弃，爲埋馬也；敝蓋不弃，爲埋狗也。丘也貧，無蓋於其封也，亦予之席，毋使其首陷焉。路馬死，埋之以帷。

鄭注：路馬，君所乘者，其他狗馬不得以帷蓋。

嵩燾案，帷蓋以埋狗馬，通上下皆然，經引「路馬」以證孔子之言，君子所以曲致其仁，其視狗馬一而已，不當有貴賤之分也。据周禮，輪人爲蓋，屬攻木之工，蓋弓之長六尺，與帷席不相爲類。而輪人云：「良蓋弗冒弗紘。」冒者，蓋衣也，帷以衣車，冒以衣蓋，冒小於帷，故以埋狗。幕人「掌帷、幕、幄、帟、綬之事」，鄭注：「在旁曰帷，在上曰幕。四合象宮室曰幄。帟在幕若幄中，坐上承塵。」蓋衣曰蓋，幕帟之屬亦曰蓋。掌次：「王張帟三重，諸侯再重，孤、卿大夫不重。」此經上云「君於士有賜帟」，是士不得張帟。孔子之云「貧無蓋」，謂不得張帟也。席又小於蓋，裹首以窆之而已。舊注通蓋爲車蓋者，誤。

四・八六　**○季孫之母死，哀公弔焉。曾子與子貢弔焉，閽人爲君在，弗内也。**閽人，守門者。○閽，音昏。弗内，上如字，下音納。**曾子與子貢入於其廄而脩容焉。**更莊飾。○廄，久又反。**子貢先入，閽人曰：「鄉者已告矣。」**既不敢止[一]，以言下之。○鄉，許亮反。下，户嫁反。**曾子後入，閽人辟之，**見兩賢相隨，彌益恭也[二]。○辟，音避，下同。**涉内霤，卿大夫皆辟位，公降一等而揖之。**禮之。○霤，力又反。**君子言之曰：「盡飾之道，斯其行者遠矣。」**

[一] 既不敢止　閩、監、毛本作「止」，岳本同，嘉靖本同，衛氏集説同。此本「止」誤「主」。○鍔按：「既不」上，阮校有「季孫之母死節」六字。

[二] 見兩賢相隨彌益恭也　惠棟校宋本作「彌益恭」，宋監本、岳本、嘉靖本同，衛氏集説同。閩、監、毛本作「彌敬」。此本作「禮益雷」，「雷」字涉下「霤」字誤也。

【疏】「季孫」至「遠矣」[一]。○正義曰：此一節論君子加服，人乃敬之事。○「卿大」至「遠矣」。○二子既入，涉至内霤，卿與大夫皆逡巡辟位，公於堂上降階一等，揖而禮之。於時君子以二子盛飾備禮，遂美之云：凡人盡其容飾，則被崇禮，其盡飾道理。斯，此，此其施行可久遠矣[二]。所以可久遠者，以二子初時不具衣服則閽人拒之，二子退而脩容，閽人雖是愚鄙，猶知敬畏，明其不愚之人，則敬畏可知。是其盡飾之道，行之可長遠矣。案喪大記君臨大夫之喪，「君即位於序端，卿大夫即位于堂廉楹西，北面，東上」。是辟位者蓋少西，逡巡而東面，不當北面之位。然君在，大夫得斯爲二子辟位者[三]，卿大夫等見公將降，故先辟位。或可此公始入升堂之後，卿大夫猶庭中北面。「辟位」者，謂辟中庭之位，少近東耳。又弔有常服，而得特爲盡飾者，謂更服新衣也。

【衛氏集説】鄭氏曰：閽人，守門者。修容，更莊飾也。子貢先入，閽人既不敢止，以言下之，故曰「鄉者以告矣」。閽人見兩賢相隨，彌益恭，故辟之也。公降等，揖禮之也。

孔氏曰：此一節論君子加服，人乃敬之事。二子初時不具衣服，則閽人拒之，二子

[一] 季孫至遠矣　惠棟校宋本無此五字。
[二] 斯此此其施行可久遠矣　惠棟校宋本同，閩、監、毛本下「此」誤「也」。
[三] 然君在大夫得斯爲二子辟位者　閩、監、毛本同，惠棟校宋本「斯」作「私」。案：「私」是也，衛氏集説同，「得」上衍「不」字。

退而修容，閽人雖愚，猶知敬畏二子。涉至內霤，卿大夫皆逡巡辟位。公于堂上降階一等，揖而禮之。君子遂美之，云凡人盡其容飾，行之可長遠矣。案喪大記，君臨大夫之喪，君即位于序端，卿大夫即位于堂廉楹西，北面，東上。所謂「辟位」者蓋少西，逡巡而東面，不當北面之位也。然君在，大夫得私爲二子辟位者，或是公始入升堂之後，卿大夫猶在庭中北面。「辟位」者，謂辟中庭之位，少近東耳。

長樂陳氏曰：德者，容之實；容者，德之華。非實無以重其內，非華無以莊其外，故君子正其衣冠，尊其瞻視儼然，人望而畏之，此容之不可不修也。曾子、子貢弔于季孫氏，當其容之未修也，閽人拒之而不內。及其既修也，閽人敬而辟之。涉于內霤，卿大夫皆辟位，公降一等而揖之。夫以閽人之愚、卿大夫之貴、哀公之尊，而容之所施猶足以動之，況其不愚、不貴、不尊者乎！

【吴氏纂言】鄭氏曰：閽人，守門者。脩容，更莊飾也。子貢先入，閽人既不敢止，以言下之，故曰「鄉已告矣」。曾子後入，閽人見兩賢相隨，彌益恭敬，故辟之。公降等揖，禮之也。

孔氏曰：二子初時不具衣服，則閽人拒之。二子退而脩容，閽人雖愚，猶知敬畏。二子涉至內霤，卿大夫皆逡巡辟位，公於堂上降階一等，揖而禮之。君子遂美之云「凡人盡其容飾，行之可長遠矣」。按喪大記，君臨大夫之喪，君即位於序端，卿大夫即位于堂廉楹西，北面，東上。所謂「辟位」者蓋少西，逡巡而東面，不當北面之位也。然君在，大夫得私爲二子辟位者，或是公始入升堂之後，卿大夫猶在庭中北面。「辟位」者，謂辟中庭之位，少近東爾。弔有常服而特爲盡飾者，謂更服新衣也。

澄曰：鄉者已告矣，謂鄉者初入之時，已爲告之主人矣。以此言，文其鄉者不内之過。辟之，謂屏斥它人，廣開其前，以容二賢之入也。行，如「蠻陌之邦行矣」之行，謂所往皆通達無阻遏也。遠，猶云廣大，謂其功效廣大，不狹小也。

長樂陳氏曰：德者，容之實；容者，德之華。君子正其衣冠，尊其瞻視儼然，人望而畏之，此容之不可不脩也。曾子、子貢弔於季孫氏，當其容之未脩也，閽人拒之而不内。及其容之脩也，閽人敬而辟之。涉於内霤，卿大夫皆辟位，公降一等而揖之。夫以閽人之愚、卿大夫之貴、哀公之尊，而容之所施猶足以動之，況不愚、不貴、不尊者乎！

【陳氏集説】季孫之母死，哀公弔焉。曾子與子貢弔焉，閽人爲君在，弗内也。曾子與子貢入於其廄而脩容焉。子貢先入，閽人曰：「鄉者已告矣。」曾子後入，閽人辟之，涉内霤，卿大夫皆辟位，公降一等而揖之。君子言之曰：「盡飾之道，斯其行者遠矣。」鄉者已告，言先已告於主人矣。内霤，門屋後簷也。行者遠，猶言感動之大也。劉氏曰：此章可疑，二子弔卿母之喪，必自盡禮以造門，不當待閽者拒而後脩容盡飾也。且既至而閽人辭，或當再請於閽。若終不得通，退可也。何必以威儀悚動之，以求入耶？其入而君、卿大夫敬之者，以平日知其賢也，非素不相知，創見其容飾之美而加敬也。而君子乃曰「盡飾之道，斯其行者遠」，則是二子之德行不足以行遠，惟區區之外飾乃足以行遠耶？

【郝氏通解】此明士君子容貌不可不莊，而其說反近鄙陋，將以譽二賢而適以毀之。未脩容則門者不納，既脩容則門者不敢止，卿辟位，公降等而揖。然則二子在外一容，而入謁貴人又一容，是市井之行也。魯之君臣，孰不知有二賢者，豈爲見其容而下之乎？記言不足信也。

【江氏擇言】季孫之母死，哀公弔焉。曾子與子貢弔焉。

按，此章記者之失，劉氏論之詳矣。愚謂不唯「修容盡飾」之説可疑，即二子與君同弔亦可疑。君在而二子弔，豈不能俟君出而後入乎？且入於廐胡爲也？大夫之廐當不設於寢門之外，二子即欲修容，何至入於廐乎？記者蓋有感於當時之君大夫不以德行尊人，而以容飾禮人，其識與閽人等，有激而言，非事實也。

【欽定義疏】正義 鄭氏康成曰：閽人，守門者。脩容，更莊飾也。子貢先入，閽人既不敢止，以言下之，故曰「鄉者已告矣」。閽人見兩賢相隨，彌益恭，故辟之也。公降等揖，禮之也。

孔氏穎達曰：案喪大記，君臨大夫之喪，君即位於序端，卿大夫即位於堂廉楹西，北面，東上。所謂「辟位」者蓋少西，逡巡而東面，不當北面之位也。然君在，大夫不得私爲二子辟位。或是公始入，升堂之後，卿大夫猶在庭中北面。「辟位」者，謂辟中庭，少近東耳。

陳氏澔曰：鄉者已告，言先已告於主人矣。内霤，門屋後簷也。行者遠，猶言感動之大也。

存疑 孔氏穎達曰：二子初時不具衣服，則閽人拒之。二子退而脩容，閽人雖愚，猶知敬畏二子。涉至内霤，卿大夫皆逡巡辟位，公於堂上降階一等，揖而禮之。君子遂美之云：凡人盡其容飾，行之可長遠矣。

辨正 彭氏汝礪曰：此段恐記者之過。弔有一定之容服，若曰「脩容」，則其初二子乃不脩容乎？

姚氏舜牧曰：二子弔於季孫，適值君在，自當待命而入。斯時，致肅敬比致弔有加，亦臣禮合如此。第當時俗人不知者謂爲「脩容」。其君子亦當時之號爲「君子」者，非知禮之君子也。

案 士喪禮君視斂出，主人拜送。襲，拜大夫之後至者。賈疏以後至爲不得與前卿大夫同時從君入者，則君弔時，後至者自不得入，安有脩容而入之事？此記者傳聞傅會説也。

【杭氏集説】彭氏汝礪曰：此段恐記者之過。弔有一定之容服，若曰「修容」，則其初二子乃不修容乎？

陳氏澔曰：鄉者已告，言先已告於主人矣。内霤，門屋後簷也。行者遠，猶言感動之大也。

姚氏舜牧曰：二子弔於季孫，適值君在，自當待命而入。斯時，致肅敬比致弔有加，亦臣禮合如此。第當時俗人不知者謂爲「修容」。其君子亦當時之號爲「君子」者，非知禮之君子也。

姚氏際恒曰：此又毁曾子而及子貢。君在輒欲闌入，而爲閽人所拒，入馬廄而修容，因修容而卿大夫辟位，君降等而揖之，皆齊東野人之語也。

【孫氏集解】閽人，掌門者。不内二子者，君弔，方與主人哭踊之時，於禮不得内弔賓也。入於廄而脩容者，敬君而更自整攝也。鄉者已告者，君行弔禮畢，已告於擯者而内之也。辟之，爲之辟也。周禮閽人：「凡命夫命婦之出入，則爲之辟。」則弔賓入而辟之者，閽人之職然也。内霤，大門之内霤水處也。喪大記：「君於外命婦，既加蓋而後至。」哀公弔時，即位於阼，主人在中庭，北面。既哭，拜稽顙，成踊，主人乃就西階東，北面，視殯。若卿大夫，則斂時升堂視斂，既斂而復東方西面之位。二子，士也，其位在西方東面。時二子以君在阼而就之，故既入門，折而東行，又折而北行，於其北行而及内霤也。卿大夫在西面之位，皆辟之。二子進而就君，君降一等揖之，乃退就己之弔位也。當時之君子，以二子脩容而君大夫敬之，故有「盡飾行遠」之説。然不知二子之所以見敬者，以君大夫素知其賢，而非一時脩容之故也。

【朱氏訓纂】季孫之母死，哀公弔焉。曾子與子貢弔焉，閽人爲君在，弗内也。注：閽人，守門者。**曾子與子貢入於其廄而修容焉。**注：更莊飾。説文：廄，馬舍也。周禮曰：「馬有二百十六匹爲廄，廄有僕夫。」**子貢先入，閽人曰：「鄉者已告矣。」**注：既不敢止，以言下之。**曾子後入，閽人辟之，**注：見兩賢相隨，彌益恭也。**涉内霤，卿大夫皆辟位，公降一等而揖之。君子言之曰：「盡飾之道，斯其行者遠矣。」**正義：案喪大記，君臨大夫之喪，君即位於序端，卿大夫即位於堂廉楹西，北面，東上。是辟位者蓋少西，逡巡而東面，不當北面。然君在，大夫得私爲二子辟位者，或公始入升堂之後，卿大夫猶庭中北面，辟中庭之位，少近東耳。劉氏曰：二子弔卿母之喪，必自盡禮以造門，不當待閽者拒而後修容盡飾也。且閽人既辭，退可也，何必以威儀悚動之以求入邪？其入而君、卿大夫敬之者，以平日知其賢也，非創見容飾之美而加敬也。君子之言，是二子之德行不足以行遠，而惟區區之飾，乃足以行遠邪？江氏永曰：此章記者之失，劉氏論之詳矣。愚謂不唯「修容盡飾」之説可疑，即君在而二子弔，豈不能俟君出而後入乎？大夫之廄不當於寢門之外，二子即欲修容，何至入於廄乎？

【郭氏質疑】**盡飾之道，斯其行者遠矣。**

孔疏：弔有常服而得盡飾，謂更服新衣。

嵩燾案，喪服記：「朋友，麻。」諸侯、大夫之弔服皆錫衰、弁經，朋友當緦衰。孔氏所云「新衣」者，何衣而於弔時更服？似屬無徵。近當塗夏氏檀弓辨誣云：「喪禮有擯相，有將命，弔客有介，閽人何爲而自拒之、納之？古人行禮，未入之先，或待於次，或待於門外，廄何地也，而曾子、子貢入之？喪大記，大夫之喪，君視大斂，君即位於序端，卿大夫即位於堂廉楹西，北面，東上，此從君入者。士喪禮：『君出，主人拜送。襲，入即位。拜大夫之後至者。』此大夫後至者，當君在時自不得入，豈有君親咫尺而卿大夫辟位之禮！又豈有行弔於人而君降一等揖之之禮！曾子、子貢之賢聞於魯國，君、卿大夫之敬禮有素矣，於區區入廄之修容何與哉！」檀弓所記，尤無如此章之猥陋者，疑莊周、列禦寇之徒虛誕相高而戴氏誤入之。此章大旨即莊子外篇「儒以詩書發冢」之意，譏儒者之善飾而已。莊子語雋，而此所刺微，戴氏亦不能辨也。

四·八七 〇**陽門之介夫死，**陽門，宋國門名。介夫，甲衛士。**司城子罕入而哭之哀。**宋以武公諱司空爲司城。子罕，戴公子樂甫術之後樂喜也。〇罕，可旱反。**晉人之覘宋者反**

報於晉侯曰：「陽門之介夫死，而子罕哭之哀，而民説，殆不可伐也。」覘，闚視也[一]。○覘，敕廉反，下同。説，音悦，下注同。闚，去規反。**孔子聞之，曰：「善哉，覘國乎！**善其知微。**詩云：『凡民有喪，扶服救之。』**救，猶助也。○扶服，並如字，又上音蒲，下音蒲北反，本又作「匍匐」，音同。**雖微晉而已，天下其孰能當之？」**微，猶非也。○當，丁郎反。

【疏】「陽門」至「當之」[二]。○正義曰：此一節論善覘國之事，各依文解之。

○注「宋以」至「喜也」。○正義曰：「宋以武公諱司空」者，桓六年左傳申繻之辭也。知有「司城」者，以春秋之時，唯宋有司城，無司空。又冬官考工記「匠人營國」，是司空主營城郭，故知廢司空爲司城，服虔、杜預注傳皆以爲然。

云「子罕，戴公子樂甫術之後」者，案世本：「戴公生樂甫術，術生石甫願繹，繹生夷甫傾，傾生東鄉克，克生西鄉士曹，曹生子罕喜。」是子罕爲術之五世孫也。

○「殆不可伐也」者，言介夫匹庶之賤人，而子罕是國之卿相，以貴哭賤，感動民心，

[一] 覘闚視也　閩、監、毛本同，岳本同，嘉靖本同。衛氏集説「闚」作「窺」，釋文本同。○鍔按：「覘闚」上，阮校有「陽門之介夫死節」七字。

[二] 陽門至當之　惠棟校宋本無此五字。

皆喜悦，與上共同死生，若有人伐，民必致死，故云「殆不可伐也」。殆，近也。不能正執，故云「殆不可伐」，爲疑辭也。

○「詩云」至「當之」。○引詩邶谷風之篇也。時有愛其新昏，弃其舊室，舊室恨之：我初來之時，爲女盡力。所以盡力者，以凡人家死喪，鄰里尚扶服盡力往救助之，況我於女夫家，而何得不盡力？今此引詩斷章，云「凡民有喪」，則「陽門之介夫死」是也。在上扶服而救助之，則「子罕哭之哀」是也。

○「雖微晉而已」者，微，非也。言晉之强盛，猶不能當宋，雖非晉之强，天下更有强於晉者，誰能當之？言縱有强者，不能當宋。「而已」是助語句也[一]。

【衛氏集説】鄭氏曰：陽門，宋國門名。介夫，甲衛士。宋以武公諱司空爲司城。子罕，戴公子樂甫術之後樂喜也。覸，窺視也。孔子善覸國者之知微。救，猶助也。微，猶非也。

孔氏曰：此一節論善覸國之事。介夫，匹庶之賤人。子罕是國之卿相，以貴哭賤，感動民心，皆喜悦。若有人伐，民必致死，故曰「殆不可伐」。殆，近也，爲疑辭。引詩斷章，出邶谷風之篇，言雖非晉之强，天下更有强於晉者，誰能當之？而已，是助句語也。

[一] 而已是助語句也　閩、監、毛本同。考文引宋板「語句」作「句語」，衛氏集説同。

長樂陳氏曰：吴起吮一人之疽，而鄰敵莫抗。段熲裹一人之瘡，而西羌頓平。然則司城子罕哭一介夫而民説，其可伺隙抵巇而伐之哉？覘者，所以知微也。兵法曰「用間有五，是謂神紀」，又曰「知彼知己，百戰不殆」。古人之于兵，未嘗不用間，其知微如晉之覘者，蓋亦鮮矣，孔子所以善之也。所謂「雖微晉而已，天下其孰能當之」，仁不可爲衆故也。昔仲尼在衛，趙鞅折謀。干木處魏，秦人罷兵。謝安在晉，王猛知其不可伐。季梁在隨，楚子之兵不敢加。則子罕在宋，而天下不能當者，信矣。

石林葉氏曰：介夫至賤，子罕一哭之哀，而晉國覘之不敢伐。聖如孔子，以爲天下莫能當之，故曰治國不敢侮鰥寡，而況於士民乎？

山陰陸氏曰：匍匐，手行也。

【吴氏纂言】鄭氏曰：陽門，宋國門名。介夫，甲衛士。宋以武公諱司空爲司城。子罕，戴公子樂甫術之後樂喜也。覘，窺視也。孔子善覘國者之知微。救，猶助也。微，猶非也。

孔氏曰：介夫，匹庶之人。子罕，國之卿相，以貴哭賤，感動民心，皆喜悦。若有人伐，民必致死，故云「殆不可伐」。殆，近也，疑辭。引詩斷章「凡民有喪」，陽門介夫死是也，扶服而救助之，子罕哭之哀是也。言雖非晉，天下更有强於晉者，誰能當之？而已，助語也。

澄曰：晉人之覘宋者，以爲不可伐。雖非晉人，其誰以爲可伐乎？故曰「天下其孰能當之」，言誰敢與之敵也。孔子嘗云仁不可爲衆，子罕蓋亦一事之仁歟？

石林葉氏曰：介夫至賤，子罕一哭之哀，而晉國覘之不敢伐。孔子以爲天下莫能當，故治國者不敢侮鰥寡，而况於士民乎？

長樂陳氏曰：吴起吮一人之疽，而鄰敵莫抗。段熲裹一人之瘡，而西羌頓平。然則司城子罕哭一介夫而民悦，豈可伺隙抵巇而伐之哉？仲尼在衞，趙鞅折謀。干木處魏，秦人罷兵。謝安在晉，王猛知其不可伐。季梁在隋，楚子之兵不敢加。則子罕在宋，而天下莫能當，信矣。

山陰陸氏曰：匍匐，手行也。

【陳氏集説】陽門之介夫死，司城子罕入而哭之哀。晉人之覘宋者反報於晉侯曰：「陽門之介夫死，而子罕哭之哀，而民説，殆不可伐也。」陽門，宋之國門名。介夫，甲士之守衛者。宋武公諱司空，改其官名爲司城。子罕，樂喜也，戴公之後。覘，闚視也。**孔子聞之，曰：「善哉，覘國乎！詩云：『凡民有喪，扶服救之。』雖微晉而已，天下其孰能當之？」**孔子善之，以其識治體也。詩邶風谷風之篇。扶服，致力之義。微，無也。夫子引詩而言宋國雖以子罕得人心，可無晉憂而已，然天下亦孰能當之？甚言人心之足恃也。一説微，弱也，雖但弱晉之强，使不敢伐而已。然推此意，則民既悦服，必能親其上，死其長，而舉天下莫能當之矣。前説爲是。

【納喇補正】雖微晉而已，天下其孰能當之？

集説　宋國雖以子罕得人心，可無晉憂而已，然天下亦孰能當之？甚言人心之足恃也。一説微，弱也，雖但弱晉之强，使不敢伐而已。然推此意，則民既悦服，必能親其上，死其長，而舉天下莫能當之矣。前説爲是。

竊案　集説前條以「微」爲「無」，後條以「微」爲「弱」，而獨取前説，愚以爲皆非也。微當如注、疏訓「非」，言雖非晉人，其誰以爲可伐而與之敵者乎？孔子嘗云「仁不可爲衆」，子罕蓋亦一事之仁歟？詩：「微君之故，何爲乎中露？」朱子亦訓「微」爲「非」。

【郝氏通解】此明禮讓得人之效。陽門，宋國門。介夫，甲士。司城，即司空。子罕，樂喜也。覘，猶窺也。微，非也。言雖非晉國而已，即天下之大，人心説，誰能當之。

【欽定義疏】正義　鄭氏康成曰：陽門，宋國門名。介夫，甲衛士。宋以武公諱司空爲司城。子罕，戴公子樂甫術之後樂喜也。孔疏：世本：「戴公生樂甫術，術生石甫願繹，繹生夷甫傾，傾生東鄉克，克生西鄉士曹，曹生子罕喜。」覘，窺視也。孔子善覘國者之知微也。救，猶助也。微，猶非也。

孔氏穎達曰：此論善覘國之事。民心皆喜悦，若有人伐，民必致死，故云「殆不可伐」。詩邶谷風之篇，言雖非晉之强，天下更有强於晉者，誰能當之？

陳氏澔曰：孔子善之，以其識治體也。扶服，致力之義。孰能當之，甚言人心之足恃也。

通論 陳氏祥道曰：吴起吮一人之疽，而鄰敵莫抗。段熲裹一人之瘡，而西羌頓平。然則司城子罕哭一介夫而民説，其可伺隙抵巇而伐之哉？覘者所以知微也。

案 哀、不哀，有節焉。子罕身爲大臣，一介夫死而哭之哀，凡處尊親僚友之喪，將何以加之？違禮矯情，以干國人之説。臣之姦者爲之，賢者必不爾。子罕，賢者也。「覘國」云云，亦非夫子之言。案子罕與向戌同時，向戌往來晉、楚，成弭兵之盟，而晉、宋尤睦，晉何事欲伐宋乎？覘宋之説妄矣。宋皇國父爲平公築臺，妨於農收，子罕諫不聽。築者謳曰：「澤門之晳，實興我役。邑中之黔，實慰我心。」子罕面黑，故云爾。於是子罕親執扑以抶其人，而謳者止焉。人問其故，子罕曰：「宋國區區，而有詛有祝，禍之本也。」其正直知大體如是。觀此一事，介夫之誣，可不辨而雪也。

【杭氏集説】陳氏澔曰：孔子善之，以其識治體也。扶服，致力之義。孰能當之，甚言人心之足恃也。

姜氏兆錫曰：家語作「雖非晉國，天下其孰能當之」，文義尤明。言宋以子罕得人心，而晉不能當，固然也。然豈獨晉焉而已哉？蓋孔子引詩而甚言人心之足恃也。

【孫氏集解】鄭氏曰：陽門，宋國門名。介夫，甲衛士。宋以武公諱司空爲司城。子罕，戴公子樂甫術之後樂喜也。覵，闚視也。微，猶非也。孔子善其知微。

愚謂覵者以子罕能得人心，故知其不可伐。孔子善之者，以其能即小以知大也。子罕能哀一介夫之喪，則其平日之恩澤及於民者必深矣。非獨晉而已，雖天下有更强於晉者，亦無能當之。守國者不在於甲兵之利、山谿之險，而在人心之和，於此可見矣。然按左傳襄公九年「宋災，樂喜爲司城以爲政」。是時晉、宋方睦，晉安得有伐宋之謀？記言恐誤。

【王氏述聞】⊙**陽門**

陽門之介夫死。

鄭注曰：陽門，宋國門名。

家大人曰：昭二十一年左傳「公自揚門見之」，杜注曰「睢陽正東門名揚門」，即此陽門也。水經睢水注亦作「陽門」。揚、陽古字通。玉藻「盛氣顛實揚休」，鄭注「揚讀爲陽」。小雅正月篇：「燎之方揚。」漢書谷永傳「揚」作「陽」。左氏春秋經昭二十五年「次于陽州」，公羊作「揚州」。又左傳僖十五年「晉步揚」，史記晉世家作「步陽」；宣元年「晉解揚」，漢書古今人表作「解陽」。

【朱氏訓纂】陽門之介夫死，注：陽門，宋國門名。介夫，甲衛士。　王氏念孫曰：昭二十一年左傳「公自陽門見之」，杜注「睢陽正東門名揚門」，即此陽門也。水經睢水注亦作「陽門」。揚、陽古字通。**司城子罕入而哭之哀。**注：宋以武公諱司空爲司城。

子罕，戴公子樂甫術之後樂喜也。　正義：案世本：「戴公生樂甫術，術生石甫願繹，繹生夷甫傾，傾生東鄉克，克生西鄉士曹，曹生子罕喜。」是子罕爲術之五世孫也。　**晉人之覘宋者反報於晉侯曰：「陽門之介夫死，而子罕哭之哀，而民説，殆不可伐也。」**注：覘，闚視也。　正義：言介夫，匹庶之賤人，而子罕是國之卿相，以貴哭賤，感動民心，皆喜悦，與上共同死生。若有人伐，民必致死，故云「殆不可伐也」。殆，近也。　**孔子聞之，曰：「善哉，覘國乎！」**注：善其知微。**詩云：『凡民有喪，扶服救之。』**注：救，猶助也。**雖微晉而已，天下其孰能當之？」**注：微，猶非也。　劉氏台拱曰：諸解俱未安，於文當曰：「雖欲伐者，不獨晉而已。天下其孰能當之者乎？」

四·八八　○**魯莊公之喪**[一]，**既葬，而絰不入庫門，**　時子般弒[二]，慶父作亂，閔公不敢居喪，葬已，吉服而反。正君臣，欲以防遏之。微弱之至。○般，音斑。弒，音試。遏，於葛反。**士、大夫既卒哭，麻不入。**　麻，猶絰也。　羣臣畢虞、卒哭，亦除喪也。　閔公既吉服，不與虞、卒哭。

[一]　魯莊公之喪節　此節疏「閔公是莊公之子」「是」字起，至下節疏「左傳吴季札」「傳」字止，計失一頁。

[二]　時子般弒　閩、監、毛本同，岳本同，嘉靖本同，衛氏集説同。釋文本「弒」作「殺」，考文引古本同，宋監本作「殺」。

○與，音預。

【疏】「魯莊」至「不入」[一]。○正義曰：此一節論禮變所由也。莊公，閔公父也。絰，葛絰也。諸侯弁絰葛而葬也。魯之庫門，天子之皋門也。莊公以三十二年薨，大子般立，十月己未，共仲使圉人犖賊子般於黨氏，立閔公。慶父作亂，閔公時年八歲，不敢居喪三年，既葬竟除凶服於外[二]，吉服反，以正君臣，故「絰不入庫門」也。所以至庫門而去絰。○注「時子」至「而反」。○正義曰：案春秋左氏傳「慶父使圉人犖賊子般於黨氏」，是「子般弒，慶父作亂」之事也。云「閔公不敢居喪」者，閔公是莊公之子，夫人哀姜之娣叔姜所生，以葬畢即除服，故云「不敢居喪」。經云「絰不入」者，謂葛絰，故前文云「天子諸侯葛絰帶而葬」。所以云「不入庫門」者，以魯有三門：庫、雉、路，庫門最在外。以從外來，故「絰不入庫門」。經既不入，衰亦不入可知也[三]。

○注「麻猶」至「卒哭」。○正義曰：經云「大夫既卒哭，麻不入」，上云「絰不入」，故云「麻猶絰也。」其實上是君身，絰用葛。士大夫是臣，故絰用麻也。

[一] 魯莊至不入 惠棟校宋本無此五字。
[二] 既葬竟除凶服於外 閩、監、毛本同，惠棟校宋本「既」上有「故」字。
[三] 衰亦不入可知也 閩、監、毛本如此，衛氏集説同，惠棟校宋本無「亦」字。

云「羣臣畢虞卒哭，亦除喪也」者，「亦」，閔公也。閔公葬而除喪，今羣臣卒哭乃除喪者，以閔公既葬，須即位，正君臣，故既葬而除，羣臣須行虞、卒哭之際，故卒哭乃除之。

云「閔公既吉服，不與虞卒哭」者，按論語云：「羔裘玄冠不以弔。」虞、卒哭並是凶事，閔公既服吉服，故不與也。此云「麻不入」者，承上庫門，亦謂不入庫門也。謂卒哭已後，麻不復入。按喪服注「卿大夫既虞，士卒哭而受服」，則既虞服葛。此卒哭之麻不入者，皇氏云：「時禍亂迫蹙，君既服吉服，故士大夫既虞不復受服，至卒哭總除。」

【衛氏集説】鄭氏曰：時子般弑，慶父作亂，閔公不敢居喪，葬已，吉服而反。正君臣，欲以防遏之。微弱之至也。閔公既吉服，不與虞、卒哭。羣臣畢虞、卒哭，亦除喪也。麻，猶絰也。

孔氏曰：此一節論禮變所由也。莊公，閔公父也。莊公薨，太子般即位，慶父賊子般于黨氏。閔公年八歲。絰，葛絰也，諸侯弁絰葛而葬。魯之庫門，周之皋門也。魯有三門：庫、雉、路。庫門最在外，以從外來，故至庫門去絰。絰既不入，衰亦不入可知也。閔公既葬，須即位，正君臣，故既葬而除，羣臣須行虞、卒哭之祭，故卒哭乃除之。上是君身，絰用葛，士大夫是臣，絰用麻也。不入者，亦謂不入庫門也。

嚴陵方氏曰：君以葬爲節，臣以卒哭爲節者，君先除而後臣敢除故也。然此皆不能三年，則失禮之甚矣。

廬陵胡氏曰：既葬而絰不入庫門，經意譏魯君忘哀之速爾。故春秋閔二年書「吉禘」，亦譏吉之早也。

【吴氏纂言】鄭氏曰：時公不居喪，葬已吉服。公既吉服，不與虞、卒哭。羣臣畢虞、卒哭，亦除喪也。

孔氏曰：莊公，閔公父，閔公是莊夫人哀姜之娣叔姜所生，時年八歲。絰，葛絰也。諸侯弁絰葛而葬，葬竟除凶服於外。魯有三門，庫、雉、路。庫門最在外，以從外來至庫門而去絰，故曰「絰不入庫門」。絰既不入，衰不入可知也。君身絰用葛，士大夫羣臣絰用麻。閔公既葬而除服，不與虞、卒哭，羣臣須行虞、卒哭之祭，故卒哭乃除之。卒哭已後，麻不復入。不入者承上，亦謂不入庫門也。按喪服注「大夫既虞受服則絰葛，士卒哭而受服」。時禍亂迫蹙，君既吉服，故大夫既虞不服受服，至卒哭總除，故云「既卒哭，麻不入」。

澄曰：春秋莊公三十二年六月癸亥薨，薨後五十七日十月己未，所立太子般亦卒，乃立幼子閔公。莊公薨，歷十一月，明年六月始葬，時閔公幼弱，莊夫人外淫，慶父謀篡立。不君生君，因亦不天死君，故不令閔公服父喪三年，羣臣亦不服君喪三年。至閔二年五月，距莊公之薨二十二月爾，遽行吉祭。吉祭後，其年八月，慶父弑閔公矣。

【陳氏集説】莊公爲子般所弑，而慶父作亂，閔公時年八歲。絰，葛絰也。諸侯弁絰葛而葬，葬畢，閔公即除凶服於庫門之外，而以吉服嗣位，故云「絰不入庫門也」。士大夫則仍麻絰，直俟卒哭，乃不以麻絰入庫門。蓋閔公既吉服，不與虞與卒哭之祭，故羣臣至卒哭而除。記禍亂恐迫，禮所由廢。

【郝氏通解】此記喪禮之失。魯莊公薨，子般嗣立，慶父弑之而立閔公，國内大亂，嗣君送葬歸，吉服御事，以變廢禮也。麻絰不入大門，則虞祔練禫之禮盡廢矣。君不絰故臣皆去麻，麻即絰也，絰麻不入，則衰可知。

【方氏析疑】此慶父、夫人主之也，淫逆之人所深忌者，羣臣百姓有先君之恩，故亟廢喪紀，以變易人之耳目耳。

【江氏擇言】按，此章所記魯因禍亂恐迫，而喪禮始變其常。杜預釋春秋，率云「諸侯諒闇，既葬而除喪」者，誠謬論矣。

【欽定義疏】正義 鄭氏康成曰：閔公吉服，不與虞、卒哭。羣臣畢虞、卒哭，亦除喪也。麻，猶絰也。

孔氏穎達曰：此論禮變所由也。莊公，閔公父也。莊公薨，太子般即位，慶父賊子般於黨氏。閔公年八歲。絰，葛絰也，諸侯弁絰葛而葬。魯有三門：庫、雉、路。庫門最在外，以從外來，故至庫門去絰。絰不入，衰亦不入可知。君身絰用葛，士、大夫絰用麻，亦不入庫門。

彭氏汝礪曰：國亂臣强，遂使君臣之間不敢盡禮如此。

陳氏澔曰：記禍亂恐迫，禮所由廢。

通論 方氏慤曰：君以葬爲節，臣以卒哭爲節者，君先除而後臣敢除也。此皆不能三年，失禮之甚。

吴氏澄曰：莊公薨，歷十一月始葬。時閔公幼弱，莊夫人外淫，慶父謀篡立。不君生君，因亦不天死君，故不令閔公服父喪三年。至閔二年五月，距莊公之薨二十二月，遽行吉禘。後年八月，慶父弑閔公矣。

存疑 鄭氏康成曰：時子般弑，慶父作亂，閔公不敢居喪。葬已，吉服而反，正君臣，欲以防遏之。微弱之至也。

孔氏穎達曰：閔公既葬，須即位，正君臣，故既葬而除。羣臣須行虞、卒哭之祭，故卒哭乃除之。

案 閔公止八歲，其經不入，慶父使之也。閔公何知即位以正君臣，而防遏慶父哉？

【杭氏集説】彭氏汝礪曰：國亂臣强，遂使君臣之間不敢盡禮如此。

陳氏澔曰：記禍亂恐迫，禮所由廢。

吴氏澄曰：莊公薨，歷十一月始葬，時閔公幼弱，莊夫人外淫，慶父謀篡立。不生君，因亦不天死君，故不令閔公服父喪三年。至閔二年五月，距莊公之薨二十二月，遽行吉禘，後年八月，慶父弑閔公矣。

方氏苞曰：此慶父夫人主之也，淫逆之人所深忌者，羣臣百姓有先君之恩，故亟廢喪紀，以變易耳目耳。

任氏啟運曰：按天子、諸侯之禮，即位有四：始死，正嗣子之位，書所稱「延入翼，恤宅宗」是也；既殯，正繼體之位，書「御王册，命諸侯奉圭兼幣」是也；踰年改正元之位，春秋書「公即位」，釋例云「改元正位，百官以序」是也；三年喪畢，正踐祚之位，虞書「舜格於文祖」是也。始死猶未變服，三年已經除服，其以吉服見可知。正繼體之禮，書言「王麻冕黼裳，羣臣麻冕蟻裳，入即位，禮畢釋冕，反喪服」，節次甚明，則正改元之禮，其以冕服可也。但踰年改元，有當殯者，有將練者，要當酌時之久近，準繼體之禮，以稱情立文耳。朱子謂「天子諸侯與士庶不同」，孟子言「諸侯之禮，吾未之學」，正爲此等。蔡沈書傳不折衷朱子，而取蘇氏之説，謬也。其辨詳書傳中。武王十二月崩，成王元年，王即位，此時必大段同繼體禮，時未必參祭服耳。夏六月，葬武王于畢。秋，王加元服，其祝辭有「心是袞職」之文。傳曰「公冠成王，以朝于廟而見諸侯」，則既葬後即用袞服以見諸侯，而改元可知也。魯莊公以八月薨，明年六月始葬，閔公以亂故未得行即位之禮，則既葬而以吉服即位，亦得禮之變。但未入庫門，則猶未反哭未虞，已爲非禮，而併因是即吉不反喪服，非禮尤甚。意者慶父謀亂，不君其君，故使君與大夫士皆廢三年之喪歟？

【孫氏集解】鄭氏曰：時子般弑，慶父作亂，閔公不敢居喪。葬已，吉服而反，正君臣，欲以防遏之。微弱之至。羣臣畢虞、卒哭，亦除喪也。

吴氏澄曰：莊公薨，歷十一月始葬。時閔公幼弱，莊夫人外淫，慶父謀篡立。不君生君，因亦不天死君，故不令閔公服父喪三年。至閔二年五月，距莊公之薨二十二月，遽行吉禘。後年八月，慶父弑閔公矣。

愚謂如鄭氏之説，則是莊公之喪，閔公既葬即除，羣臣既卒哭即除，則是喪不至期，其爲短喪也甚矣。魯爲秉禮之國，雖國家多故，豈有服其君父不至期者？且莊公以二十二月吉禘，春秋尚書以譏之，若果以期喪服先君，則其失禮視吉禘爲尤甚，春秋何反不書？且果如鄭氏之説，則記於閔公當云「既葬而除」，不當但云「絰不入」，於羣臣當云「卒哭而除」，不當但云「麻不入」也。云「絰不入」，則猶有帶矣。云「麻不入」，則猶有葛矣。按春秋閔公二年「夏五月乙酉，吉禘於莊公」。吉禘者，禫除踰月，新主遷於廟而行吉祭也。杜預謂「莊公别立廟而吉禘」，胡氏謂「行禘祭於寢」，皆非是。喪以二十五月大祥，二十七月而禫，踰月始吉祭。莊公之喪，以二十二月吉禘，視常禮短六月，是其祥、禫之期有不能如禮者。春秋書吉禘之速，則其喪制之短固可見矣。然謂服期而除，則恐不然。疑閔公既以十一月除首絰，遂以二十一月除要絰衰杖，至二十二月禫祭既畢，而遂行吉祭與？至莊公之喪，所以不能如禮者，鄭氏謂閔公急「正君臣」，吴氏謂慶父「不天死君」，則是時閔公幼弱，而慶父專政，吴氏之説爲得其情。又按鄭氏喪服「斬衰」章注云：「斬衰不書受月者，天子、諸侯、卿大夫、士虞卒哭異數。」又「齊衰三年」章注云：「齊衰不書受月者，亦天子、諸侯、卿大夫、士虞卒哭異數。」又「大功」章注云：「凡天子、諸侯、卿大夫既虞，士卒哭而受服。」今以莊公之喪觀之，其葬也以十一月，其吉禘也以二十二月，而喪主以既葬便除首絰，可謂不如禮之甚者。然而羣臣變麻服葛猶必以卒哭，則諸侯受服亦以卒哭於此可見，而天子亦當無異禮矣。所以喪服於斬衰、齊衰之喪不言受服者，蓋自大功以下，卒哭受服，喪畢而除，卒哭以後更無他服。而齊、斬之服，卒哭受服以後，有練、祥、禫變除之節，專言卒哭受服則不該，兼言練、祥、禫之服則文繁，此齊、斬之喪之所以不書受服也。

【朱氏訓纂】**魯莊公之喪，既葬，而絰不入庫門：**注：時子般弑，慶父作亂，閔公不敢居喪。葬已，吉服而反，正君臣，欲以防遏之。微弱之至。正義：魯三門：庫、雉、路。庫門最在外，以從外來，故絰不入庫門。絰不入，衰亦不入，可知也。**士大夫既卒哭，麻不入。**注：麻，猶絰也。羣臣畢虞、卒哭，亦除喪也。閔公既吉服，不與虞、卒哭。正義：案喪服注「卿大夫既虞，士卒哭而受服」，則既虞服葛。此卒哭之麻不入者，皇氏云：「時禍亂迫蹙，君既服吉服，故士大夫既虞不服受服，至卒哭總除。」

【郭氏質疑】鄭注：閔公吉服，不與虞、卒哭。羣臣畢虞、卒哭，亦除喪。麻，猶絰也。

孔疏：絰，葛絰也。諸侯弁絰葛而葬。

嵩燾案，間傳：「斬衰三升，既虞、卒哭，受以成布六升。去麻服葛，葛絰三重。期而小祥，練冠縓緣，要絰不除。」卒哭受服而易葛帶，既期逐除首絰，首絰無易葛者，前云「弁絰葛而葬」，葬冠易弁，非易絰也，孔疏誤。莊公薨，慶父亂政，十有一月而始葬，葬而遂除服，士大夫卒哭而亦除服。麻，猶衰也。不入，言無有服麻而入者，此由慶父廢喪禮以成其亂，閔公年八歲，見制慶父，亦以見喪禮所由失也。

檀弓注疏長編卷三十

四・八九　○**孔子之故人曰原壤，其母死，夫子助之沐椁。**沐，治也。○壤，如丈反。**原壤登木曰：「久矣，予之不託於音也。」**木，椁材也。託，寄也，謂叩木以作音。○材，音才。**歌曰：「貍首之班然，執女手之卷然。」**説人辭也。○貍，力知反。女，如字，徐音汝。卷，音權，本又作「拳」。**夫子爲弗聞也者而過之。**佯不知。○佯，音羊。**從者曰：「子未可以已乎？」**已，猶止也。○從，才用反。以已，並音以。**夫子曰：「丘聞之：『親者毋失其爲親也，故者毋失其爲故也。』」**

【疏】「孔子」至「故也」[一]。○正義曰：此一節論孔子無大故不遺故舊之事。○原壤登椁材而言曰：「久矣，予之不託於音也。」託，寄也，謂我遭喪母以來，日月久矣，我

[一]　孔子至故也　惠棟校宋本無此五字。○鍔按：「孔子」上，阮校有「孔子之故人曰原壤節」九字。

不得託寄此木以爲音聲。於是乎叩木作音，口爲歌曰「貍首之班然」者，言斲椁材文采，似貍之首。

○「執女手之卷然」者，孔子手執斤斧，如女子之手卷卷然而柔弱。以此歡説仲尼，故注云「説人辭也」。然在喪而歌，非禮之甚，夫子爲若不聞也者，而過去之。從者見其無禮，謂夫子曰：「彼既無禮，子未可休已乎？」言應可休已，不須爲治椁也。夫子對從者曰：朋友無大故，不相遺弃。丘聞之，與我骨肉親者雖有非禮，無失其爲親之道，尚得與之和睦；故舊者雖有非禮，無失其爲故之道，尚得往來。原壤有非禮，既是故舊，身無殺父害君之故，何以絶之？按論語云：「主忠信，無友不如己者。」左傳吴季札譏叔孫穆子「好善而不能擇人」。原壤母死，登木而歌，夫子聖人，與之爲友者，論語云「無友不如己者」，謂方始爲交游，須擇賢友。左傳云「好善而不能擇人」者，謂不善之人不可委之以政。今原壤是夫子故舊，爲日已久，或平生舊交，或親屬恩好，苟無大惡不可輒離，故論語云：「故舊無大故，則不相遺弃。」彼注云：「大故，謂惡逆之事。」殺父害君，乃爲大故，雖登木之歌，未至於此。且夫子聖人，誨人不倦，宰我請喪親一期，終助陳桓之亂；互鄉童子，許其求進之情[一]，故志在攜奬，不簡善惡。原壤爲舊，何足怪也？而皇氏云：

[一] 許其求進之情　惠棟校宋本作「來」。此本「來」作「求」，閩、監、毛本同。

「原壤是上聖之人，或云是方外之士，離文弃本，不拘禮節，妄爲流宕[一]，非但敗於名教，亦是誤於學者。」義不可用。其云「原壤中庸下愚」，義實得矣。

【衛氏集説】鄭氏曰：沐，治也。木，椁材也。託，寄也，謂叩木以作音。斑然、卷然，説人辭也。爲弗聞也而過之，佯不知也。已，猶止也。

孔氏曰：此一節論孔子無大故不遺故舊之事。原壤謂吾遭母喪以來，日月久矣，不得託寄此木以爲音聲，于是叩木作音，口爲歌，言椁材文采似貍之首。夫子手執斤斧，如女手卷然柔弱，以此歡悦仲尼。然在喪而歌，非禮之甚。從者見其無禮，止夫子不須爲治椁。夫子謂朋友無大故，不相遺棄。丘聞之，與我骨肉親者雖有非禮，無失其爲親之道，尚得與之和睦；故舊者雖有非禮，無失其爲故之道，尚得往來，何以絶之？

長樂陳氏曰：原壤夷俟，孔子叩其脛而責之。其母死而託于音，孔子爲弗聞而過之，何也？夷俟，非禮也。託于音，非孝也。非禮爲可責，而非孝非不可責，以其方從事于沐椁，不以小事妨大也。周官「八統」：一曰親親，二曰敬，故詩序曰：「親親以睦，故舊不遺。」論語曰：「故舊不遺，則民不偷。」此所謂無失其爲親故也。孔子之于原壤，無失其爲故而已。無失其爲親者，因其類而言之也。春秋之法，責賢者備，于其非賢則略之而

[一] 妄爲流宕　閩、監、毛本作「宕」，此本「宕」誤「岩」。

已。其恕原壤之託音者，略之也。

嚴陵方氏曰：原壤非親，而兼言毋失其爲親者，因輕以明重也。沐椁，所以修潔之也。貍首之斑然，言木之美。女手之卷然，言功之巧。

山陰陸氏曰：此其貍首之詩歟？其所謂「大小莫處，御于君所」，其詩中間之詞歟？執女手之卷然，蓋上之所以接下。御于君所，蓋下之所以事上。

石林葉氏曰：孔子責原壤重于夷俟而略于喪歌者，夷俟，禮之踞也，人道不可以不責，是以雖痛絶之，不爲過。親喪而歌，豈止違禮而已哉！孔子聞而不問，見不可以教，問之則人道絶矣，故過之若不聞者，乃所以全故舊之恩。此夫子之道，忠恕者也。方周之末世，有妻死，鼓盆而歌，自以爲達，如莊周者。友死，臨尸而歌，自以爲禮，如子皮、琴張者。蓋將以矯世未必出其誠心，然不可施之于孔子之門，此夫子所以有時而抑揚歟？

李氏曰：子曰：「汎愛衆，而親仁。」又曰：「在親賢。」仁者賢者，固君子之所宜親也，故曰「親者，毋失其爲親」。不賢不仁者，不可親者，而有故，則無失其爲故而已，故曰「故者毋失其爲故」。毋失其爲故，所以厚俗也。

【吴氏纂言】鄭氏曰：沐，治也。木，椁材也。託，寄也，謂叩木以作音。爲弗聞也而過之，佯不知也。已，猶止也。

孔氏曰：原壤登椁材而言吾遭母喪以來久矣，不得託寄此木以爲音聲。於是叩木作音，口歌貍首。在喪而歌，非禮之甚。夫子爲若不聞而過去，從者見其無禮，謂夫子曰「子未可以止乎」，止夫子不須爲治椁。夫子謂與吾骨肉親者，彼雖無禮，在我無失其爲親之道，尚得與之和睦。故舊者雖有非禮，在我無失其爲故之道，尚得與之往來。非有惡逆大故，何以絶之？

長樂陳氏曰：原壤夷俟，孔子叩其脛而責之。其母死而託於音，孔子爲弗聞而過之，何也？夷俟，非禮也。託於音，非孝也。非禮爲可責，而非孝非不可責，以其方從事於沐椁，不以小事妨大也。孔子之於原壤，無失其爲故而已。無失其爲親者，因類而言之也。

方氏曰：原壤非親，而兼言毋失其爲親者，因輕以明重也。

山陰陸氏曰：「貍首之斑然，執女手之拳然」，此其貍首之詩歟？「小大莫處，御于君所」，其詩中間之詞與？

澄曰：原壤之蕩蔑禮法蓋其素，夫子與之爲故人，知之久矣。哀故人之母，猶哀吾母也，故於其母喪而助之沐椁。彼之猖狂吾弗與知，吾但盡吾誠以助其喪役，俾得以終大事而已。聖人之心如天覆地，載萬物並育，何所不容！原壤所歌二句，蓋是古之歌詞而原壤歌之爾，非是當時自作此歌也。陸氏疑爲古貍首之詩，其或然乎？其詩蓋以「貍首之斑然」興下句「執女手之卷然」。女，舊讀如字，或云音汝。蓋是男女親故聚會，執手相歡也。斑者，貍首之毛文。卷，與「婘」字通用。韓詩云「婘我，謂我婘兮」，廣雅云

「婘，好也」。孔疏以此歌爲原壤自作，謂上一句言椁材文采似貍之首，下一句言孔子執斤斧如女人之手，拳拳然而柔弱，其説紕繆。陸氏疑爲貍首詩者，以有「貍首」二字也。然鄭氏注射義，又以所引「曾孫侯氏」以下八句爲貍首詩，而陸亦從之，則非矣。蓋「貍首」二句與齊風之還、鄭風之遵大路詩體相類。風，詩體也。「曾孫」以下八句，則與小雅之車攻、大雅之行葦詩體相類。雅，詩體也。今陸氏以「貍首」爲篇首之詞，「曾孫侯氏」爲其篇中之詞，而各體不同，惡可合爲一篇哉？是不識風詩、雅詩體製之異也，後之讀者詳之。射禮「天子以騶虞爲節，諸侯以貍首爲節，卿大夫以采蘋爲節，士以采蘩爲節」，所用四詩，其三存者，今皆在召南國風篇中，獨貍首一詩逸，然亦當是召南之詩而不可復考矣。

清江劉氏曰：鄭玄以射義所引「曾孫侯氏」爲貍首詩，非也。疑原壤所歌二句即是其章首。

【陳氏集説】或問朱子：「原壤登木而歌，夫子爲弗聞而過之，待之自好。及其夷俟，則以杖叩脛，莫太過否？」曰：「這説却差。如壤之歌乃是大惡，若要理會，不可但已，只得且休。至其夷俟之時，不可不教誨，故直責之，復叩其脛，自當如此。若如今説，則是不要管他，却非朋友之道矣。」胡氏曰：數其母死而歌，則壤當絶。叩其夷踞之脛，則壤猶故人耳。盛德中禮，見乎周旋，此亦可見。馮氏曰：母死而歌，惡有大於此者乎！宜絶而不絶，蓋以平生之素，而事有出於一時之不意者如此，善乎朱子之言曰：「若要理會，不可但已，只得且休。」其有以深得聖人之處其所難處者矣。劉氏曰：原壤母卒，夫子助之治椁，壤登已治之椁木而言「久矣，我之不託興於詠歌之音也」。如貍首之斑，言木文之華也。卷，與拳同。如執女手之拳，言沐椁之滑膩也。壤之廢敗禮法甚矣，夫子佯爲不聞而過，去以避之。從者見其無禮，疑夫子必當已絶其交，故問曰「子未當已絶之乎？」夫子言爲親戚者，雖有非禮，未可遽失其親戚之情也。爲故舊者雖有非禮，未可遽失其故舊之好也。此聖人隱惡全交之意。

【納喇補正】原壤登木曰：「久矣，予之不託於音也。」歌曰：「貍首之班然，執女手之卷然。」夫子爲弗聞也者而過之。

集説 馮氏曰：「母死而歌，惡有大於此者乎？宜絶而不絶，蓋以平生之素，而事有出於一時之不意者如此，善乎朱子之言曰：『若要理會，不可但已，只得且休。』其有以深得聖人之處其所難處者矣。」劉氏曰：「如貍首之斑，言木文之華也。卷，與拳同。如執女手之拳，言沐椁之滑膩也。壤之廢敗禮法甚矣。」

竊案 周之末世，文繁而僞，於是有妻死，鼓盆而歌，自以爲達，如莊周者；友死，臨尸而歌，自以爲禮，如子皮、琴張者；卿大夫死，倚其門而歌，自以爲狂，如曾蔵者。要未有若原壤之母死，登木而歌者也。然夫子佯爲不聞，未遽絶之者，夫子與原壤爲故人，知其猖狂無禮久矣，哀其母喪而助之沐椁，吾盡吾誠，俾得終大事而已。時方匆遽，狂奴故態，勿與知可也。若平日夷俟，則有扣脛之責矣。此見聖人之處故人，經權各得其宜也。

【郝氏通解】此聖人處故舊之禮。沐，治也，將葬治椁也。登，升也，積材爲椁，壤升其木上，若爲有所望而思，故託於音。託，寄也，言在喪久，未寄情於聲歌也。貍首，古天子射侯之樂歌。貍之言不來也，諸侯不來者射之，此託爲所思者不來，望其翩然而至也。斑、翩通。執手，既見握手也。卷、拳通，婉柔貌。居喪而歌此，故夫子惡之，若爲弗聞，不屑教而包容之也。過，不顧也。已，絶交也。親謂母子，故謂朋友。勿失，言當各自盡，不忍遽棄也。

按原壤任放之徒，以禮法爲牽纆，非真忘親也，其志欲一生死，齊哀樂，矯情肆言，行似不經，而心實未嘗死。習於禮者惡之，而聖人道大德宏，爲能容之，天地之大，何物不有？故者勿失，亦聖人之權辭，難爲下學深言之也，苟以其故而已，則始何爲而與之友乎？宰我一言短喪，斥其不仁；親死廢禮，猶引爲故人；至夷居以俟，扣其脛，數其不弟，而卒不與之論禮。然則聖人固不可測，而原壤抑亦未可測也。此意記者所未喻。

【方氏析疑】夫子助之沐椁。

鄭任鑰曰：非身助之沐，如敦匠事之類耳。

【江氏擇言】歌曰：「貍首之班然，執女手之卷然。」

劉氏云：鄭以射義所引「曾孫侯氏」爲貍首詩，非也。疑原壤所歌二句即是其首章。吴氏云：原壤所歌二句，蓋是古之歌詞，非自作此歌也。劉氏疑爲古貍首之詩，其或然乎？其詩蓋以上句興下句。女，舊讀如字，或云音汝。蓋是男女親故聚首，執手相歡也。卷與「婘」通，廣雅云：「婘，好也。」孔疏之説紕謬。陸氏疑爲貍首者，以有「貍首」二字也。然鄭注射義以所引「曾孫侯氏」以下八句爲貍首詩，而劉亦從之，則非矣。蓋「貍首」二句與齊風之還、鄭風之遵大路詩體相類。風，詩體也，「曾孫」以下八句，則與小雅之車攻、大雅之行葦詩體相類。雅，詩體也。惡可合爲一篇？後之讀者詳之。騶虞、貍首、采蘋、采蘩，其三存者，今考在召南，則貍首亦當是召南之詩，而不可復考矣。

按，吴氏説甚善，劉氏猶疑此二句爲章首。愚謂二句即是一章，其下當有數章，今逸矣。射節唯取首章，騶虞、采蘋、采蘩亦然。蓋一歌之間，左右射各發一矢，詩句不可多也。騶虞三句，貍首二句，采蘋、采蘩皆四句，用之射節爲宜。越草蟲而用采蘩者，草蟲詩句多也。「曾孫侯氏」八句，咏射之事。又見大戴投壺篇，仍有下文，非射節之詩也。「女」宜爲「爾汝」之汝，貍首樂會時執手卷然，正是家人相會之時也。「卷然」者，惓惓不能已之意。

【欽定義疏】正義 鄭氏康成曰：沐，治也。木，槨材也。託，寄也，謂叩木以作音。爲弗聞也而過之，佯不知也。已，猶止也。

孔氏穎達曰：此論孔子無大故不遺故舊之事。原壤謂吾遭母喪以來，日月久矣，不得託寄此木以爲音聲，於是叩木作音而歌，非禮之甚。從者見其無禮，止夫子不須爲治槨。夫子謂：朋友無大故，不相遺棄。丘聞之，與骨肉親者雖有非禮，無失其爲親之道，尚得與之和睦；故舊者雖有非禮，無失其爲故之道，尚得往來，何以絶之？

劉氏曰：貍首之斑，言木文之華。執女手之卷，言沐槨之滑膩。

葉氏夢得曰：方周之末世，有妻死，鼓盆而歌，自以爲達，如莊周者；友死，臨尸而歌，自以爲禮，如子皮、琴張者。蓋將以矯世未必出其誠心，然如此則人道且絶，豈止違禮已哉！

存疑 鄭氏康成曰：斑然、卷然，悦人辭也。

孔氏穎達曰：歌言槨材文采似貍之首，夫子手執斤斧如女手拳然柔弱，以此歡悦仲尼。

陸氏佃曰：此其貍首之詩歟？所謂「大小莫處，御於君所」，其詩中間之詞歟？「執女手之卷然」，蓋上之所以接下；「御於君所」，蓋下之所以事上。

辨正 吴氏澄曰：蓋古歌詞而壤歌之耳，非當時自作此歌也，孔疏紕繆。又與「曾孫侯氏」詩體製各異，陸氏合爲一篇，亦非。

案 晉阮籍母卒飲酒，一號嘔血，哀毁骨立，時稱爲死孝。想原壤亦是此種，故爲放誕，而至性却過人。夫子平日與之遊，母死又助之沐槨，其情義非淺。登木一歌，殊出意外，夫子若爲弗聞，於此見覆載生成氣象。然未到聖人，此等人且須遠之，恐「厭惡禮法」四字浸淫及我，使喪所守。

【杭氏集説】劉氏敬曰：貍首之斑，言木文之華。執女手之拳，言沐槨之滑膩。

吴氏澄曰：蓋古歌詞而壤歌之者，非當時自作此歌也，孔疏紕繆。又與「曾孫侯氏」詩體製各異，陸氏合爲一篇，亦非。

姚氏際恒曰：前儒謂此歌即諸侯大射貍首之歌，或者是也。但其所謂「貍首之斑然」，雖不可知其義，然必非如孔疏所云「斲棺材文采似貍之首也」。執女手之卷然，女音汝，謂兩手相執而卷然，以見親厚之意，亦非。如疏所云「孔子之手，如女子之手卷卷然而柔弱也」，蓋詩意言天子致親于其臣，原壤引之，以况己之致親於孔子耳。此與論語「原壤夷俟」章有不可比合而論者，蓋檀弓率多附會，難以盡信也。宋儒必欲取而較論，或謂彼爲盡朋友之義，此爲全故舊之恩。或謂夫子周旋中禮，或謂夫子經權得宜，或謂夷俟不可不教誨。歌乃大惡，若要理會，不可但已，只得且休。凡此諸説爲聖人解駁，皆似可已。

方氏苞曰：鄭任鑰曰：「非身助之沐，如敦匠事之類耳。」

齊氏召南曰：劉説似勝，本文言夫子助之沐椁，非助之造作也。疏云「孔子乎執斤斧如女子之手」，誤矣。

任氏啟運曰：阮籍母卒飲酒，一號吐血，哀毁骨立，蓋故爲放誕而至性卻過人。想原壤亦必有至性過人處，故夫子與之遊，母死又助之沐槨，其情義非淺也。今日之歌卻出意外，夫子不絶他，正有委曲陶鑄處，于此可見聖人覆載生成氣象。若未到聖人地位，此等人且須遠之，恐他樂簡夷而惡禮法浸淫及我，便使我一生喪所守。

【孫氏集解】鄭氏曰：沐，治也。木，椁材也。託，寄也，謂叩木以作音。

孔氏曰：貍首之斑然，言斲椁材，文采似貍之首。執女手之卷然，言孔子手執斧斤，如女子之手，卷卷然而柔弱。

劉氏曰：貍首之斑，言木文之華。女手之卷，言沐椁之滑膩。

吴氏澄曰：此舊歌辭而壤歌之耳，非壤自作此歌也。

愚謂歌辭之義不可知，然壤歌此必有疑義。劉氏之説爲近是。已，絶也。從者以壤無禮已甚，欲夫子絶之。夫子以爲親故之人雖有過失，未可遽失其爲親故，隱惡以全交也。

〇或問朱子：「原壤登木而歌，夫子爲弗聞而過之。及其夷俟，則以杖叩脛，莫大過否？」曰：「如壤之歌乃是大惡，若要理會，不可但已，只得且休。至其夷俟，不可不教誨，故直責之，復叩其脛，自當如此。若如今説，則是不要管他，卻非朋友之道矣。」

愚謂原壤母死而歌，與子桑户死，孟子反、琴張臨喪而歌相類，蓋當時爲老氏之學者多如此。然壤之心實非忘哀也，特以爲哀痛在心而禮有所不必拘耳。故夫子原其心而畧其跡，而姑以是全其交也。若朝死夕忘，曾鳥獸之不若者，聖人豈容之哉！

【朱氏訓纂】孔子之故人曰原壤，其母死，夫子助之沐椁。注：沐，治也。**原壤登木曰：「久矣，予之不託於音也。」**注：木，椁材也。託，寄也，謂叩木以作音。**歌曰：「貍首之斑然，執女手之卷然。」**劉氏曰：如貍首之斑，言木文之華也。卷與拳同，如執女手之拳，言沐椁之滑膩也。**夫子爲弗聞也者而過之。**注：佯不知。**從者曰：「子未可以已乎？」**注：已，猶止也。**夫子曰：「丘聞之：『親者毋失其爲親也，故者毋失其爲故也。』」**正義：原壤是夫子故舊，爲日已久，或平生舊交，或親屬恩好，苟無大惡，不可輒離。

四·九〇　**○趙文子與叔譽觀乎九原。**叔譽，叔向也。晉羊舌大夫之孫，名[一]。○譽音預。向，許亮反。肸，許乙反。**文子曰：「死者如可作也，吾誰與歸？」**作，起也。**叔譽曰：「其陽處父乎？」**陽處父，襄公之大傅[二]。○父音甫，注同。傅音賦。**文子曰：「行**

[一] 晉羊舌大夫之孫名肸　閩、監、毛本有「肸」字，岳本同，嘉靖本同，衛氏集説同。此本「肸」字脱，釋文出「名肸」。○鍔按：「晉羊」上，阮校有「趙文子節」四字。

[二] 陽處父襄之大傅　閩、監、毛本「襄」下有「公」字，「大」作「太」，衛氏集説同，岳本、嘉靖本同，惟「大」不作「太」。釋文出「大傅」，考文引古本、足利本「襄公」上有「晉」字。

并植於晉國，不没其身，其知不足稱也。」并猶專也，謂剛而專己，爲狐射姑所殺。没，終也。植，或爲「特」。○行，舊下孟反，皇如字。并，必正反，注同。植，直吏反，又時力反，注同。知音智。射音亦，又音夜。**「其舅犯乎？」文子曰：「見利不顧其君，其仁不足稱也。**謂久與文公辟難，至將反國，無安君之心。及河授璧，詐請亡，要君以利是也[一]。○難，乃旦反。要，一遥反。**我則隨武子乎！利其君，不忘其身；謀其身，不遺其友。」**武子，士會也，食邑於隨、范，字季。**晉人謂文子知人。**見其所善於前，則知其來所舉。**文子其中退然如不勝衣**[二]**，**中，身也。退，柔和貌。鄉射記曰：「居二寸以爲侯中。」退，或爲「妥」。○追然，音退，本亦作「退」。勝音升。妥，他果反。**其言吶吶然如不出其口**[三]**，**吶吶，舒小貌。

[一] 要君以利是也　閩、監、毛本同，岳本同。惠棟校宋本無「也」字，宋監本、嘉靖本同，考文引足利本同。案：此本疏標起止亦無「也」字。

[二] 文子其中退然如不勝衣　閩、監、毛本同，石經同，岳本同，嘉靖本同，衛氏集説同。釋文出「追然」云：「音退，本亦作『退』。」正義本作「退」，韋昭注國語楚語引禮亦作「其中退然」。

[三] 其言吶吶然如不出諸其口　惠棟校宋本有「諸」字，石經、宋監本、岳本、嘉靖本同，衛氏集説同。此本「諸」字脱，閩、監、毛本同。石經考文提要云：「宋大字本、宋本九經、南宋巾箱本、余仁仲本、禮記纂言、至善堂九經本俱有『諸』字。」

○呐，如悦反，徐似劣反。**所舉於晉國管庫之士七十有餘家，**管庫之士，府史以下，官長所置也[一]。舉之於君，以爲大夫士也。管，鍵也。庫，物所藏。○長，丁丈反。鍵，其展反，徐其偃反，鑰也。**生不交利，**廉也。**死不屬其子焉。**潔也[二]。○屬，音燭。

【疏】「趙文」至「子焉」[三]。○正義曰：此一節論趙文子知人之事，各依文解之。○注「叔譽」至「名肸」。○正義曰：知叔譽是叔向者，案韓詩外傳云：「趙文子與叔向觀於九原。」故知叔譽是叔向也。云「晉羊舌大夫之孫，名肸」者，案左氏羊舌是邑名，晉大夫公族爲羊舌大夫也，故閔二年左傳云：「羊舌大夫爲尉。」羊舌大夫生羊舌職，職生叔向，是羊舌大夫之孫也。又昭三年左傳叔向與齊晏子語云「肸又無子」，是名肸。「死者如可作也，吾誰與歸」者。○文子云：「此處[四]先世大夫死者既衆，假令生而可作起，吾於衆大夫之內，而誰最賢，可以與歸？」

[一] 官長所置也　閩、監、毛本作「官」，岳本同，嘉靖本同，衛氏集説同。此本「官」誤「宮」。
[二] 潔也　惠棟校宋本「潔」作「絜」。按：絜、潔，正俗字。
[三] 趙文至子焉　惠棟校宋本無此五字。
[四] 文子云此處　閩、監、毛本同，惠棟校宋本「云」作「言」。

○「文子」至「稱也」者，并，猶專也。植，謂剛也。文子曰：言處父唯行專權[一]剛强於晉國，自招殺害，不得以理終没其身[二]，是不能防身遠害，以其無知故也。故云「其知不足稱也」。

○注「并猶」至「爲特」。○正義曰：并者，謂并他事以爲己有，是專權之事，故云「并，猶專也」。云「謂剛而專己」者[三]，剛，經中「植」也。文五年「寧嬴從陽處父，及温而還[四]。其妻問之，嬴曰：『夫子剛』。」又文六年「晉蒐于夷，使狐射姑將中軍，趙盾佐之，陽處父至自温，改蒐于董，易中軍」，以趙盾爲將，狐射姑却爲佐。狐射姑恨之，使續鞫居殺陽處父，故傳云：「賈季怨陽子之易其班也。」賈季即狐射姑也。賈是采邑，季則其字也。

○「見利」至「稱也」者[五]，文子云：「舅犯見君反國，恐不與己利禄，遂不顧其君，

[一] 文子曰言處父唯行專權　惠棟校宋本作「權」。此本「權」誤「植」，閩、監、毛本同。盧文弨云：「『曰』字衍。」

[二] 不得以理終没其身　惠棟校宋本作「理」。此本「理」誤「至」，閩、監、毛本同。衛氏集説作「不能以理終没其身」。

[三] 云謂剛而專己者　閩、監、毛本同，惠棟校宋本「云」下有「植」字。

[四] 及温而還　閩、監、毛本作「還」，此本「還」誤「邀」。

[五] 見利至稱也者　閩、監、毛本同，惠棟校宋本無「者」字。

詐欲奔去，唯求財利，無心念君，無仁愛之心，其仁不足稱也。」

○注「謂久」至「利是」。○正義曰：案左傳僖五年辟驪姬之難，至僖二十四年反國，是久與文公辟難也。又案僖二十四年左傳云：「及河，子犯以璧授公子，曰：『臣負羈紲從君巡於天下，臣之罪甚多矣。臣猶知之，而況君乎？請由此亡。』公子曰：『所反國不與舅氏同心者，有如白水！』是要君求利之事也。」

○「利其」至「其友」者，文子稱隨武子之德，凡人利君者，多性行偏特，不顧其身。今武子既能利君，又能不忘其身。利其君者，謂進思盡忠；不忘其身者，保全父母。「謀其身，不遺其友」者，凡人謀身，多獨善於己，遺弃故舊。今武子既能謀身，又能不遺其朋友，此二句言武子德行弘廣，外內周備。故襄二十七年左傳論范武子之德，云：「文子之家事治，言於晉國無隱情。」無隱情則利君也，家事治則不忘其身。處父、舅犯其事顯於春秋，故鄭其言之[一]。隨武子之事，春秋文無指的，故鄭亦不言也。文七年士會與先蔑俱迎公子雍，在秦三年，不見先蔑。及士會還晉，遂不見蔑而歸，是遺其友。而云「不遺」者，彼謂共先蔑俱迎公子雍，懼其同罪，禍及於己，故不見之，非是無故相遺也。

○「文子」至「其口」者[二]，作記者美文子知人，既美隨士會於前，知其所舉，還如隨

[一] 故鄭其言之　閩、監、毛本「其」作「具」。

[二] 文子至其口者　閩、監、毛本同，惠棟校宋本無「者」字。

會之比。此論文子之貌，文子身形退然柔和，似不勝其衣，言形貌之卑退也。其發言舒小，似呐呐然如不出諸口[一]，謂言語卑下也。

○注「鄉射」至「侯中」。○正義曰：引之者，證「中」爲身也。故儀禮鄉射記曰「鄉侯五十弓，弓長六尺」，謂鄉射去射處五十步[二]，一步料二寸[三]以爲侯中，則侯中方一丈。「中」謂身也。

○注「舉之」至「鍵也」。○正義曰：知爲大夫、士者，以經稱「家」，家是大夫士之總號。案月令注「管籥，搏鍵器」，鍵，謂鎖之入内者，俗謂之鎖須；管謂夾取鍵，今謂之鑰匙。則是管鍵爲别物。而云「管鍵」者，對則細别，散則大同，爲鍵而有，故云「管鍵」。

○「生不交利」者，謂文子生存之日，不交涉爲利，是謂不與利交涉也。

○「死不屬其子」者[四]，謂臨死時不私屬其子於君及朝廷也。案禮記文子成室，被張老所譏。樂奏肆夏，從趙文子始[五]。禮記顯其奢僭者，晉爲霸主，總領諸侯。武爲晉

[一] 如不出諸口　閩、監、毛本同，衛氏集説同，惠棟校宋本「諸」作「於」。

[二] 謂鄉射去射處五十步　惠棟校宋本作「去」。此本「去」誤「大」，閩、監、毛本同。

[三] 一步料二寸　閩、監、毛本同，浦鏜云：「『料』當『科』字誤。」

[四] 死不屬其子者　閩、監、毛本同，惠棟校宋本「者」作「焉」。

[五] 從趙文子始　閩、監、毛本同，惠棟校宋本無「趙」字。

相，光顯威德。此乃事勢須然，無廢德行之善。且仲尼之門尚有柴愚參魯，管仲相齊亦有三歸反坫，亦何怪也？

【衛氏集説】鄭氏曰：叔譽，叔向也，晉羊舌大夫之孫，名肸。作，起也。陽處父，襄公之太傅，剛而專己，爲狐射姑所殺，是知不足稱也。并，猶專也。没，終也。植，或爲「特」。舅犯久與文公辟難，至將反國，無安君之心，及河授璧，詐請亡，要君以利，是仁不足稱也。武子，士會也，食邑于隨、范，字季。晉人謂文子知人，蓋見其所善于前，則知其來所舉也。中，身也，鄉射記曰：「弓二寸以爲侯中。」退，柔和貌，退或爲「妥」。呐呐，舒小貌。管庫之士，府史以下，官長所置也。舉之于君，以爲大夫士也。管，鍵也。庫，物所藏。生不交利，廉也。死不屬其子，潔也。

孔氏曰：此一節論趙文子知人之事。羊舌是邑名。文子謂先世大夫死者甚衆，假令生而可作起，吾于衆大夫，誰可以與歸也。鄭注謂「并，猶專」者，謂并他事以爲己有，是專權之事。狐射姑殺陽處父，具文六年。此不能以理終没其身，是無知也。舅犯事具僖二十四年。文子遂稱隨武子之德，言凡人利君者，多性行偏特，不顧其身。謀身者，多遺棄故舊，武子德行弘廣，内外周備，故襄二十七年左傳云：「夫子之家事治，言于晉國無隱情。」則利君也。家事治，則不忘其身也。然文七年士會與先蔑俱迎公子雍，在秦三年，不見先蔑，及還，亦不見，是遺其友。而云「不遺」者，懼其同罪，禍及于己，故不見之也。文子退然柔和，似不勝衣，言形貌卑退也。其發言舒小，吶吶如不出諸口，謂言語卑下也。生存之日不與利交涉，臨死時亦不屬其子于君及朝廷也。七十有餘家，鄭知爲大夫、士者，家是大夫、士之總號。案月令注，鍵，謂鑰之入内者，俗謂鑰須；管，謂夾取鍵，今謂之鑰匙。則管鍵爲别物。而鄭云「管鍵」者，對則細别，散則大同也。

長樂陳氏曰：君子之尚友，以一鄉爲未足，則友於一國；以一國爲未足，則友之天下；以天下爲未足，則尚論古之人。此文子、叔譽所以論死者之可作也。叔譽以陽處父與舅犯爲可與歸，文子則謂處父不足于智，舅犯不足于仁，不若隨武子之愈。蓋太剛則易屈，太直則易折。植者，剛直而自立者也。處父并爲之，其智不足稱矣。懷利者有己，懷仁者有君，舅犯見利而不顧君，其仁不足稱矣。隨武子則利其君，仁也；不忘其身與謀其身，智也；不遺其友，義也。二子于仁、智爲不足，武子于仁、智、義則兼而有之。其身退然如不勝衣，而其所爲足以勝大事。其言吶吶如不出諸其口，而其所舉足以盡衆賢。蓋管庫之士，賤而難知；七十有餘家，衆而難辨。文子之所舉雖賤不遺，雖衆不繆，豈非長于知人哉！然則文子成室，不免張老之所戒，樂奏肆夏自文子始，其奢僭如此，而謂生不交利，何也？蓋奢僭在己，交利在人。

嚴陵方氏曰：「并」則不知有與以分人，「植」則不知致曲以盡物，以致不終其身，故曰「其智不足稱也」。見利則唯知愛利，不顧其君，則不知愛君，故曰「其仁不足稱也」。

武子既有利君之仁，又有不忘其身之智，且異于處父之「智不足稱矣」。既有謀身之智，又有不遺友之仁，且異于舅犯之「仁不足稱矣」。是固文子所宜，欲與歸也。退言其弱也，進爲强，退爲弱，如不勝衣，則其弱可知矣。筦庫之士，蓋守藏之吏也。

李氏曰：文子之所慕，止于隨會。故所舉于晉國，止于管庫之士。而謂之知人者，止于晉人而已矣。

【吴氏纂言】趙文子與叔譽觀乎九原。文子曰：「死者如可作也，吾誰與歸？」叔譽曰：「其陽處父乎？」文子曰：「行并植於晉國，不没其身，其知不足稱也。」「其舅犯乎？」文子曰：「見利不顧其君，其仁不足稱也。我則隨武子乎！利其君，不忘其身；謀其身，不遺其友。」晉人謂文子知人。

鄭氏曰：叔譽，叔向也，晉羊舌大夫之孫名肸。作，起也。陽處父，襄公之太傅。并，猶專也。植，或爲特。剛而專己，爲狐射姑所殺。没，絡也。舅犯久與文公辟難，至將反國，無安君之心。及河，授璧詐請亡，要君以利。武子，士會也，食邑於隨、范，字季。「謂文子知人」者，見其所善於前，則知其來所舉。

孔氏曰：羊舌，邑名。晉公族爲大夫，生職，職生叔向文子。云此處先世大夫死者既衆，假令可起而生，吾於衆大夫之内，誰最賢，可以與歸。按左傳文五年，寧嬴從陽處父，及温而還，其妻問之，嬴曰「夫子剛」。文六年，晉蒐於夷，使狐射姑將中軍，趙盾佐之，陽處父至自温，改蒐于董，易中軍。以趙盾爲將，狐射姑卻爲佐，狐射姑恨之，使續鞫居殺陽處父。并，謂并它事以爲己有，專權也。植，謂剛也。文子言處父行專權剛强於晉國，自招禍害，不得以理終歿其身，是無知以防身遠害也。僖五年，文公辟驪姬之難。二十四年，反國，及河，子犯以璧授公子，曰「臣負羈紲，從君巡於天下，臣之罪甚多，臣猶知之而況君乎，請由此亡」。公子曰「所反國不與舅氏同心者，有如白水」。文子言舅犯見君反國，恐不與己利禄，遂不顧其君，詐欲奔去，要君求利，是無仁心愛念其君也。利其君，謂進思盡忠。不忘其身，謂保全父母遺體。凡人利君者多性行偏特，不顧其身，謀身者多獨善於己，遺棄故舊。隨武子弘廣周備，既能利君，又能不忘其身，既能謀身，又能不遺其友。左傳襄二十七年，論范武子之德謂「夫子之家事治，言於晉國無隱情」，無隱情則利君也，家事治則不忘身也。然文七年，士會與先蔑俱迎公子雍，在秦三年，不見先蔑，後士會還晉遂不見先蔑而歸，是遺其友也。而云不遺者，彼共先蔑迎公子雍，懼其同罪禍及於己，故不見之，非是無故相遺也。

澄曰：孔疏以士會不見先蔑，爲遺其友，非也，此正是謀身不遺友之一事。蓋晉使先蔑、士會迎公子雍於秦，既而背之，遂敗秦師，則晉失信，獲罪於秦矣。秦若怒晉而怒其使，則二人俱不免於罪，幸秦穆寬容之。儻士會數見先蔑，似若有謀，秦必生疑，於身、於友俱有禍害，故在秦不見之也。及士會還晉，若見先蔑，秦必疑先蔑與知士會逃歸之情，亦將累及先蔑，故還晉亦不見之也。蓋唯恐因己之見，使秦疑先蔑而或受禍害也。并、植二字未詳，姑從鄭注。并，猶兼也，如子路之兼人。植，謂剛直挺立，如木之植。國語作「廉直」，疑是「并」蓋「廉」字缺損，「植」蓋「直」字增多也。其舅犯之上無「叔譽曰」，省文。記者記文子與叔譽之言，而特以「晉人謂文子知人」一句結之於後也。

方氏曰：武子有利君之仁，又有不忘身之知，異夫處父矣；有謀身之知，又有不遺友之仁，異乎舅犯矣。

文子其中退然如不勝衣，其言吶吶然如不出諸其口，所舉於晉國管庫之士七十有餘家，生不交利，死不屬其子焉。

鄭氏曰：中，身也，鄉射記曰「弓二寸以爲矦中」。退，和柔貌，或爲「妥」。吶吶，舒小貌。管，鍵也。庫，物所藏。管庫之士，府史以下，官長所置也。舉之於君，以爲大夫、士也。不交利，廉也。不屬其子，潔也。

方氏曰：進爲强，退爲弱，如不勝衣，弱也。

澄曰：言文子身形雖不强壯，口語雖不敏給，而其行之善如此。所舉於司管籥、守庫藏之賤人，升爲大夫、士而有家者七十有餘，謂衆多也。人有才能，雖賤必舉，此其利君之忠也。生則於利無所欲，死則於子無所私，此其謀身之介也。記者既言晉人謂文子知人，因遂頌美文子以終上文之意。

孔氏曰：文子生存之日，不交涉於利。臨死之時，不私屬其子於君及朝廷。然其成室，被張老譏，樂奏肆夏，失禮所從始，禮記顯其奢僭。晉爲霸主，總領諸侯，武爲晉相，光顯威德，事勢須然，無廢其行之善。

李氏曰：文子之所慕，止於隨會，故所舉止於晉國，止於管庫之士。而謂之知人者，止於晉人而已矣。

【陳氏集説】趙文子與叔譽觀乎九原。文子，晉大夫，名武。叔譽，叔向也。言卿大夫之死而葬於此者多矣，假令可以再生而起，吾於衆大夫誰從乎？文子蓋設此説，欲與叔向共論前人賢否也。**叔譽曰：「其陽處父乎？」文子曰：「行并植於晉國，不没其身，其知不足稱也。」**處父，晉襄公之傅。并者，兼衆事於己，是專權也。植者，剛强自立之意，所行如此，故爲狐射姑所殺，不得善終其身，是不智也。**「其舅犯乎？」文子曰：「見利不顧其君，其仁不足稱也。」**叔譽又稱子犯可歸。文子言子犯從文公十九年于外，及反國，危疑之時，當輔之入，以定其事，乃及河而授璧以辭，此蓋爲他日高爵重禄之計，故以此言要君求利也，豈顧其君之安危哉！是不仁也。**我則隨武子乎！利其君，不忘其身；謀其身，不遺其友。」晉人謂文子知人。**文子自言我所願歸者惟隨武子乎？武子，士會也，食邑於隨。左傳言「夫子之家事治，言於晉國無隱情」。蓋不忘其身而謀之，知也；利其君、不遺其友，皆仁也。**文子其中退然如不勝衣，**

其言呐呐然如不出其口，中，身也，見儀禮鄉射記。退然，謙卑怯弱之貌。呐呐，聲低而語緩也。如不出諸其口，似不能言者。**所舉於晉國管庫之士七十有餘家，生不交利，死不屬其子焉**。管，鍵也，即今之鎖。庫之藏物，以管爲開閉之限。管庫之士，賤職也，知其賢而舉之，即不遺友之實。雖有舉用之恩於其人，而生則不與之交利，將死亦不以其子屬託之，廉潔之至。

【納喇補正】趙文子與叔譽觀乎九原。

集説 叔譽，叔向也。

竊案 叔向字，左傳、國語俱無之，鄭氏以叔譽爲叔向者，蓋韓詩外傳「趙文子與叔向觀於九原」之語而知之也。集説引韓爲証。

【郝氏通解】趙文子，晉大夫趙武也。叔譽，羊舌肸，字叔向。九原，即九京。謂晉先臣如可再生，吾將誰從，欲評論前人賢否也。陽處父材幹兼人，爲狐射姑所殺，故不智。舅犯從晉文公反國，及河授璧，請辭，以要君自利，故不仁。隨武子，士會也，食邑于隨，從先蔑迎公子雍于秦，反而靈公已立，與先蔑同奔秦，數年不見先蔑而歸，故曰利君不危身，全身不損友。趙文子爲人形體癯弱，故曰「退然如不勝衣」。短於説辭，故曰「呐呐如不出口」。管所以啓鍵，即今鑰匙也。庫以藏財用。管庫之士，賤役也。薦其賢能者于晉君大用之，雖有提拔之恩，而生不與交利，死不以其子託之，其公廉如此。

【江氏擇言】行并植於晋國。

鄭注：并，猶專也，謂剛而專己。

吴氏云：并植，國語作「廉直」，疑是「并」蓋「廉」字缺損，「植」蓋「直」字增多也。

按，吴氏説是。

謀其身，不遺其友。

吴氏云：孔疏以「士會不見先蔑爲遺其友」，非也，此正是謀身不遺友之事。蓋晋使先蔑、士會迎公子雍於秦，既而背之，遂敗秦師，則晋失信，獲罪於秦矣。秦若怒晋而怒其使，則二人俱不免於罪，幸秦穆寬容之。倘士會數見先蔑，似若有謀，秦必生疑，於身、於友俱有禍，會故在秦不見之也。及士會還晋，若見先蔑，秦必疑先蔑與知士會逃歸之情，亦將累及先蔑，故還晋亦不見之也。

按，吴氏説甚善。

【欽定義疏】正義　鄭氏康成曰：叔譽，叔向也，孔疏：案叔譽之爲叔向，春秋傳無考，鄭注據韓詩外傳言之。案：肸、嚮，蟲相應聲。左傳「嚮」省爲「向」，而此又「嚮」譌爲「譽」也。晋羊舌大夫之孫，名肸。孔疏：羊舌，邑名。羊舌大夫生職，職生肸。案：列女傳鄭有攘羊者，以首餉之大夫，妻受而埋之。後攘羊事敗，及大夫則舌尚在，人因號之羊舌大夫。作，起也。陽處父，襄公之太傅。并，專也，孔疏：并他事爲己有，是專權之事。謂剛而專己，爲狐射姑所殺。孔疏：左傳文公六年，晋蒐於夷，使狐射姑將中軍，趙盾佐之。陽處父至，改蒐於董，易其班，射姑使人殺處父。沒，終也。植，或爲「特」。舅犯久與文公辟難，至將反國，無安君之心，及河授璧，詐請亡，要君以利是也。孔疏：左傳僖公二十四年，重耳反國，及河，子犯請亡。武子，士會也，食邑於隨、范，字季。晉人謂文子知人，蓋見其所善於前，則知其來所舉也。中，身也。鄉射記曰：「弓二寸以爲侯中。」退，柔和貌。退，或爲「妥」。呐呐，舒小貌。管庫之士，府史以下，官長所置也。舉之於君，以爲大夫、士也。孔疏：家是士大夫之總稱。管，鍵也。孔疏：別言之，則鍵是鎖須，管是鑰匙，散文則一。庫，物所藏。生不交利，廉也。死不屬其子，潔也。

孔氏穎達曰：此論趙文子知人之事。文子謂先世大夫死者甚衆，假令生而可作起，吾於衆大夫誰可以與歸也？凡人利君者，多性行偏特，不顧其身；謀身者多遺棄故舊。武子德行弘廣，内外周備，故左傳云「夫子之家事治，言於晉國無隱情」。無隱情則利君也，家事治則不忘其身也。文子退然柔和，如不勝衣，言形貌卑退也。其發言舒小，呐呐如不出諸口，謂言語卑下也。

方氏慤曰：退，言其弱也。進爲强，退爲弱，如不勝衣，則其弱可知矣。管庫之士，蓋守藏之吏也。

陳氏祥道曰：太剛則易屈，太植則易折。植者，剛直而自立者也。處父并爲之，其智不足稱矣。懷利者有己，懷仁者有君。舅犯見利而不顧君，其仁不足稱矣。隨武子則利其君，仁也。不忘其身與謀其身，智也。不遺其友，義也。

陳氏澔曰：管庫之士，賤職也。知其賢而舉之，即不遺友之實。雖有舉用之恩於其人，而生則不與之交利，將死亦不以其子屬託之，廉潔之至。

秦氏繼宗曰：管庫之士，舉一以類其餘，承上文知人而言。文子身雖謙退，言雖遲鈍，而實有知人之明，得大臣舉賢授能之體，且無市恩之意於所舉之人，廉潔之至也。

【通論】吴氏澄曰：士會在秦，不見先蔑，正是謀身不遺友之一事。蓋晉使先蔑、士會迎公子雍於秦，既而背之。故在秦不見先蔑，似若有謀，秦必生疑，於身、於友俱有禍害，故在秦不見之。及士會還晉，若見先蔑，秦必疑先蔑與知士會逃歸之情，亦將累及先蔑，故還晉亦不見之。蓋惟恐因己之見，使秦疑先蔑，而後受禍害也。并、植二字未詳，姑從鄭注。并，猶專也，如子路之兼人。植，謂剛直挺立，如木之植。國語作「廉直」，疑「并」蓋「廉」字缺損，「植」蓋「直」字增多也。

【餘論】陳氏祥道曰：君子之尚友，以一鄉爲未足，則友一國；以一國爲未足，則友天下；以天下爲未足，則尚論古之人。此文子、叔譽所以論死者之可作。

【存疑】孔氏穎達曰：不屬其子，謂不屬其子於君及朝廷也。案：孔説太遠，與「生不交利」語不稱。

【杭氏集説】韓氏愈曰：或取於管庫，是以爲能薦賢也。

陳氏澔曰：管庫之士，賤職也。知其賢而舉之，即不遺友之實，雖有舉用之恩於其人，而生則不與之交利，將死亦不以其子屬之，廉潔之至。

秦氏繼宗曰：管庫之士，舉一以類其餘，承上文知人而言。文子身雖謙退，言雖遲鈍而實有知人之明，得大臣舉賢授能之體，且無市恩之意於所舉之人，廉潔之至也。

吴氏澄曰：士會在秦不見先蔑，正是謀身不遺友之一事。蓋晉使先蔑、士會迎公子雍於秦，既而背之。儻士會數見先蔑，似若有謀，秦必生疑，於身、於友俱有禍害，故在秦不見之。及士會還晉，若見先蔑，秦必疑先蔑與知士會逃歸之情，亦將累及先蔑，故還晉亦不見之。蓋惟恐因己之見，使秦疑先蔑而後受禍害也。并、植二字未詳，姑從鄭注，并，猶專也，如子路之兼人。植，謂剛直挺立，如木之植。國語作「廉直」，疑「并」蓋「廉」字缺損，「植」蓋「直」字增多也。

林雲銘曰：如不勝衣，謙之至。如不出口，謹之至。則不并植而忘其身。以人事君，無有私己，則不見利而忘其君、遺其友。又記其所行以相證。

姚氏際恒曰：此與晉語多同，「并植」二字乃「廉直」二字之訛。

【孫氏集解】趙文子與叔譽觀乎九原。文子曰：「死者如可作也，吾誰與歸？」

鄭氏曰：叔譽，叔向也，晉羊舌大夫之孫，名肸。作，起也。

愚謂「吾誰與歸」言吾將以誰爲賢而歸之也。

叔譽曰：「其陽處父乎？」文子曰：「行并植於晉國，不没其身，其知不足稱也。」

鄭氏曰：陽處父，襄公之大傅。并，猶專也，謂剛而專己，爲狐射姑所殺。没，終也。

愚謂并者，兼攬衆權。植者，獨立己意。處父以此招衆怒而殺其身，是無保身之知，不足爲賢也。

「其舅犯乎？」文子曰：「見利不顧其君，其仁不足稱也。

鄭氏曰：謂久與文公辟難，至將反國，無安君之心。及河授璧，詐請亡，要君以利是也。

愚謂舅犯圖利其身，而不顧君位之未定，是無愛君之仁，不足爲賢也。

我則隨武子乎！利其君，不忘其身；謀其身，不遺其友。」晉人謂文子知人。

鄭氏曰：武子，士會也，食邑於隨、范，字季。

愚謂有愛君之仁而不忘其身則知，有謀身之知而不遺其友則仁，故文子以爲賢而歸之。「謂文子知人」者，所論賢否得其當也。

○孔氏曰：文七年士會與先蔑俱迎公子雍，在秦三年，不見先蔑。及士會還晉，遂不見先蔑而歸，是遺其友。而云「不遺」者，彼謂共先蔑俱迎公子雍，懼其同罪，禍及於己，故不見之，非無故相遺也。

愚謂晉趙盾使先蔑迎公子雍，蔑蓋與於立雍之謀者，故晉立靈公而先蔑奔秦。士會非與謀立雍，可以不必出奔，而從蔑奔秦，所謂「不遺其友」也。至其在秦不見先蔑，所以明其無相私黨之心，既以自明，而亦所以全蔑，亦不得爲遺其友也。

文子其中退然如不勝衣，其言吶吶然如不出其口，所舉於晉國管庫之士七十有餘家，生不交利，死不屬其子焉。

鄭氏曰：中，身也。鄉射記曰「弓二寸以爲侯中」。退，柔和貌。吶吶，舒小貌。管，鍵也。庫，物所藏。管庫之士，府史以下，官長所置也。舉之於君，以爲大夫士。生不交利，廉也；死不屬其子，潔也。

陳氏澔曰：雖有舉用之恩於人，而生則不與之交利，將死亦不以其子屬之，廉潔之至。愚謂趙文子之爲人，亦可謂賢者。然以宮室之侈、肆夏之僭見譏於世。蓋其天姿雖美，而未嘗學問，生僭侈之世，相習成風，而不自知其非也。

行并植於晉國。

【王氏述聞】⊙并植

鄭注曰：并，猶專也，謂剛而專己。

吳澄禮記纂言曰：并植，國語作「廉直」，疑「并」蓋「廉」字缺損，「植」蓋「直」字增多也。

家大人曰：吳説是矣，而未盡也。「廉」與「并」形聲皆不相近，「廉」字無緣誤爲「并」，蓋「廉」字古通作「兼」。史記淮南衡山傳「厲王母弟趙兼」，漢紀作「趙廉」。淮南詮言篇「故廉而能樂」，道藏本「廉」作「兼」。兼、并字相近，因誤而爲「并」。齊策「管子并三行之過」，史記魯仲連傳「并」作「兼」，秦始皇紀「秦法不得兼方」，徐廣曰「一云并力」。直、植亦古字通，注内「剛」字，正釋「直」字也。

⊙退然

文子其中退然如不勝衣。

鄭注曰：退，柔和貌，退或爲「妥」。

引之謹案，退之言隤也。繫辭傳「夫坤，隤然示人簡矣」，馬融、韓伯並曰「隤，柔貌」，孟喜作「退」，陸績、董遇、姚信作「妥」，正與此同。妥，古「綏」字。士相見禮鄭注「古文妥爲綏」。漢書燕剌王旦傳「北州以妥」，孟康注曰：「妥，古綏字。」綏亦柔和之意。爾雅曰：「綏，柔安也。」其義相通也。柔貌之退與退讓之退殊義，正義解爲「卑退」，失之。

⊙管庫

所舉於晉國管庫之士，七十有餘家。

鄭注曰：管庫之士，府史以下，官長所置也。管，鍵也。庫，物所藏。

引之謹案，管鍵，所以啟閉庫也，然謂之啟庫、閉庫則可，謂之管庫則文不成義。且守庫者職司出納，不獨啓閉已也。今案管者，典也，主也。史記范雎傳「崔杼、淖齒管齊」，索隱引高誘曰：「管，典也。」顔師古注漢書食貨志曰：「管，主也。」管庫之士，謂主此庫者耳。

【朱氏訓纂】**趙文子與叔譽觀乎九原。**注：叔譽，叔向也，晉羊舌大夫之孫，名肸。　正義：案韓詩外傳「趙文子與叔向觀於九原」，案左氏，羊舌是邑名，晉大夫公族爲羊舌大夫也。故閔二年左傳云「羊舌大夫爲尉」，羊舌大夫生羊舌職，職生叔向，是羊舌大夫之孫也。**文子曰：「死者如可作也，吾誰與歸？」**注：作，起也。**叔譽曰：「其陽處父乎？」**注：陽處父，晉襄公之太傅。**文子曰：「行并植於晉國，不没其身，其知不足稱也。」**注：并，猶專也，謂剛而專己，爲狐射姑所殺。没，終也。植，或爲特。　吴幼清曰：并植，國語作「廉直」，疑「并」蓋「廉」字闕損，「植」蓋「直」字增多也。　王氏念孫曰：吴説是矣，而未盡也。「廉」與「并」形聲不相近，「廉」字無緣誤爲「并」，蓋廉字古通作「兼」，兼、并字相近，因誤而爲「并」。直、植，亦古字通，注内「剛」字，正釋「直」字。**「其舅犯乎？」文子曰：「見利不顧其君，其仁不足稱也。**注：謂久與文公辟難，至將反國，無安君之心，及河授璧，詐請亡，要君以利是也。**我則隨武子乎！利其君，不忘其身；謀其身，不遺其友。」**注：武子，士會也，食邑於隨、范，字季。**晉人謂文子知人。**注：見其所善於前，則知其來所舉。**文子其中退然如不勝衣，其言吶吶然如不出其口，**注：中，身也。退，柔和貌。吶吶，舒小貌。　説文：㕯，言之訥也。訥，言難也。　王氏引之曰：退之言隤也，繫辭「夫坤隤然，示人簡矣」，馬融、韓康伯並云「隤，柔貌」，孟喜作「退」。柔貌之退與退讓之退殊義，正義解爲「卑退」，失之。**所舉於晉國管庫之士七十有餘家**，注：管庫之士，府史以下，官長所置也。舉之於君，以爲大夫、士也。管，鍵也。庫，物所藏。　王氏引之曰：管鍵所以啟閉庫也，然謂之啟庫、閉庫則可，謂之管庫則文不成義。且守庫者職司出納，不獨啟閉已也。今案管者，典也，主也。管庫之士，謂主此庫者耳。**生不交利**，注：廉也。**死不屬其子焉**。注：絜也。　正義：凡人利君者，多性行偏特，不顧其身。凡人謀身，多獨善於己，遺棄故舊。武子德行宏廣，外內周備，故襄二十七年左傳，論范武子之德云：「夫子之家事治，言於晉國無隱情。」無隱情則利君也，家事治則不忘其身。

四·九一　○**叔仲皮學子柳**。叔仲皮，魯叔孫氏之族。學，教也。子柳，仲皮之子。○學，户教反，注同。**叔仲皮死，其妻魯人也，衣衰而繆絰**。衣，當爲「齊」，壞字也[一]。繆，當

[一] 衣當爲齊壞字也　惠棟校宋本、宋監本、嘉靖本同。閩、監、毛本「齊」作「齋」，岳本同，衛氏集説同。五經文字云：「『齋』，説文；『齌』，經典相承隸省。今經文多借『齊』字代之。」案：疏中「齊」字，閩、監、毛本亦皆作「齊」，無作「齋」者。○鍔按：「衣當」上，阮校有「叔仲皮學子柳節」七字。

爲「本樛垂」之樛[一]。士妻爲舅姑之服也。言雖魯鈍，其於禮勝學。○衣衰，依注衣作「齊」，音咨。繆，依注讀曰「樛」，音居虯反。爲舅，于僞反，下「爲舅」「爲天子」「不爲兄」「不爲鼉」同。魯鈍，徒困反，亦作「頓」。**叔仲衍以告，**告子柳，言此非也。衍，蓋皮之弟。衍，或爲「皮」。○衍，以善反，注同。**請繐衰而環絰，**繐衰，小功之縷而四升半之衰[二]。環絰，弔服之絰。時婦人好輕細而多服者[三]。衍既不知禮之本，子柳亦以爲然，而請於衍，使其妻爲舅服之。○繐衰，上音歲，下七雷反。縷，力主反。好，呼報反。**曰：「昔者吾喪姑、姊妹亦如斯，末吾禁也。」**衍答子柳也。姑、姊妹在室齊衰，與婦爲舅姑同。末，無也。言無禁我，欲其言行。○喪，如字。末，

[一] 繆讀爲木樛垂之樛　惠棟校宋本如此，疏同，宋監本、岳本、嘉靖本同。此本「讀」誤「當」，閩、監、毛本同，「木」作「不」。衛氏集説作「讀爲不樛垂之樛」。段玉裁云：「『不樛』是也，『木樛』誤。」岳本禮記考證云：「案喪服傳作『不樛垂』。孔氏云：『樛，謂兩股相交也，五服之絰皆然，唯弔服環絰不樛。』又雜記云：『纏而不樛，是環絰不樛也。』据此，則原本『木』字乃『不』字之訛。」

[二] 繐衰小功之縷而四升半之衰　閩、監、毛本同，岳本同，嘉靖本同，衛氏集説同，釋文出「之縷」。案：此「縷」字不誤。喪服傳云「繐衰者，何以小功之繐也」，其「之縷」誤「之繐」，當据此正之。

[三] 而多服此者　惠棟校宋本有「此」字，宋監本、衛氏集説、岳本、嘉靖本並同。此本「此」字脱，閩、監、毛本同。

莫曷反。**退，使其妻繐衰而環絰。**婦以諸侯之大夫爲天子之衰[一]、弔服之絰服其舅，非。

【疏】「叔仲」至「環絰」[二]。○正義曰：此一節論子柳失禮之事。○叔仲，氏也，皮是名，言叔仲皮教訓其子子柳。雖受父教，猶不知禮。在後叔仲皮死，其妻魯人也，其子柳之妻是魯鈍婦人。雖曰魯鈍，猶知爲舅姑而身著齊衰，而首服繆絰也。謂絞麻爲絰。

○「叔仲衍以告」者，衍是皮之弟，子柳之叔。既見當時婦人好尚輕細，見子柳之妻身著齊衰，以告子柳：「汝妻何以著非禮之服？」子柳見時皆爾，亦以爲然，以妻非禮，遂請於衍，欲令其妻身著繐衰[三]、首服環絰，衍答子柳云：「昔者吾喪姑、姊妹亦如斯。」斯，此也，謂如此繐衰環絰。

○「末吾禁也」者，末，無也。我著繐衰環絰，無人於吾而相禁者。既無禁，明其得著繐衰。衍告子柳如此，子柳得衍言，乃退，使其妻著繐衰而環絰。

○注「叔仲」至「之族」。○正義曰：知者，案世本：「桓公生僖叔牙，叔牙生武仲

[一] 婦以諸侯之大夫爲天子之衰　閩、監、毛本同，岳本同，嘉靖本同，衛氏集説同。惠棟校宋本「婦」下有「人」字，考文引古本「婦以」作「使婦人以」。○按：疏標起訖無「人」字。

[二] 叔仲至環絰　惠棟校宋本無此五字。

[三] 欲令其妻身著繐衰　閩、監、毛本如此，此本「令」誤「今」、「繐」誤「緦」。

休，休生惠伯彭，彭生皮爲叔仲氏。」故云「叔孫氏之族」。

○注「衣當」至「勝學」。○正義曰：喪服婦爲舅姑齊衰，無「衣衰」之文，故知「衣」是「齊」字，但「齊」字壞滅而有衣在。

云「繆，讀爲『不樛垂』之樛」者[一]，讀從喪服傳「不樛垂」之樛。樛，謂兩股相交也。五服之絰皆然，唯弔服環絰不樛耳。

云「士妻爲舅姑之服也」者，以子柳以仲叔爲氏，則非庶人也。又春秋叔仲皮等經傳無文，則非卿大夫也。故以爲士妻，其實大夫妻爲舅姑亦齊衰。

○注「衍，蓋皮之弟」○正義曰：知者以叔仲衍[二]、叔仲皮皆以單字爲名，故疑是兄弟也。又子柳請衍，則衍尊於子柳，是子柳叔也。

○「繐衰」至「服之」。○正義曰：知「繐衰，小功之縷而四升半」者，約喪服傳文。

云「環絰，弔服之絰」者，約周禮司服「首服弁絰」，鄭注云：「弁絰者，如爵弁而素[三]，加環絰。」又鄭注雜記云：「環絰者，一股，所謂纏絰也。」纏而不樛，是環絰不樛也。

云「時婦人好輕細而多服此」者，若時人不服此服，則衍與子柳應知繐衰爲非。今

[一] 云繆讀爲不樛垂之樛者　閩、監、毛本如此，此本「樛垂」誤「言圭」，惠棟校宋本「不」誤「木」，下同。

[二] 知者以叔仲衍　閩、監、毛本作「衍」，此本「衍」誤「族」。

[三] 如爵弁而素　閩、監、毛本作「衍」，此本「爵」字闕。

子柳既受學於父，不肯粥庶弟之母，非是下愚而不知其非禮，明當時皆著輕細故也。

○注「婦以」至「舅非」。○正義曰：「以諸侯之大夫爲天子之衰」，據喪服謂繐衰也。云「弔服之絰」者，謂環絰，既以此服服舅，故云非也。

【衛氏集説】鄭氏曰：叔仲皮，魯叔孫氏之族。學，教也。子柳，仲皮之子也。衣衰而繆絰，衣當爲齎，壞字也。繆，讀爲「木樛垂」之樛。士妻爲舅姑之服也，言其妻雖魯鈍，其於禮勝學。叔仲衍，蓋皮之弟，告子柳言此非也。衍既不知禮之本，子柳亦以爲然，而請于衍，使其妻爲舅服繐衰而環絰。繐衰，小功之縷而四升半之衰。環絰，弔服之絰。時婦人好輕細而多服此者。衍答子柳，言姑、姊妹在室齊衰，與婦爲舅姑同。末，無也。言無禁我，欲其言行也。婦以諸侯之大夫爲天子之衰、弔服之絰服其舅，非也。

孔氏曰：此一節論子柳失禮之事。叔仲，氏也，皮是名。叔仲皮教訓其子，子柳受父教而不知禮。叔仲皮死，子柳之妻雖魯鈍，猶知爲舅姑身著齊衰，首服繆絰。繆，謂兩股相交也。五服之絰皆然，唯弔服環絰不繆耳。衍，子柳之叔，見當時婦人好尚輕細，告子柳：「汝妻何以著非禮之服？」子柳亦以妻非禮，遂請于衍，欲令其妻身著繐衰，首服環絰。衍答子柳云：「吾喪姑、姊妹亦如斯。」斯，此也，謂如此繐衰環絰，無人于吾而相禁者。子柳得衍言乃退，使其妻著繐衰而環絰。子柳不肯粥庶弟之母，非是下愚而不知其非禮，明當時皆著輕細故也。

嚴陵方氏曰：子柳雖受教于其父，曾不若愚婦人之所爲也。

【吴氏纂言】鄭氏曰：叔仲皮，魯叔孫氏之族。學，教也。子柳，仲皮之子也。衣衰，「衣」當爲「齊」。繆絰，繆讀爲「木樛垂」之樛。士妻爲舅姑之服也，言其妻雖魯鈍，其於禮勝學。衍，蓋皮之弟，告子柳言此非也。衍既不知禮之本，子柳亦以爲然而請於衍，使其妻爲舅服繐衰而環絰。繐衰，小功縷而四升半之衰。環絰，弔服之絰。時婦人好輕細而多服此者。衍答子柳，言姑、姊妹在室齊衰，與婦人爲舅姑同。末，無也。言無禁我，欲其言行也。婦人以諸侯之大夫爲天子之衰、弔服之絰服其舅，非也。

孔氏曰：叔仲，氏。皮，名。叔仲皮雖教其子子柳，其子猶不知禮。後叔仲皮死，子柳之妻是魯鈍婦人，猶知爲舅姑身著齊衰，首服繆絰。繆，謂兩股相交也。五服之絰皆然，唯弔服環絰不繆耳。衍，子柳之叔，見當時婦人好尚輕細，告子柳：「汝妻何以著非禮之服？」子柳亦以妻非禮，遂請於衍，欲令其妻身著繐衰，首服環絰。衍答子柳云：「吾喪姑、姊妹亦如此，無人於吾相禁者。」子柳得衍言乃退，使其妻著繐衰而環絰。子柳不肯粥庶弟之母，非是下愚而不知其非禮，當時皆著輕細故也。

方氏曰：子柳雖受教於其父，曾不若愚婦人之所爲也。

【陳氏集説】繆，絞也，謂兩股相交。五服之絰皆然，惟弔服之環絰一股。疏曰：言叔仲皮教訓其子子柳，而子柳猶不知禮。叔仲皮死，子柳妻雖是魯鈍婦人，猶知爲舅著齊衰而首服繆絰。衍是皮之弟，子柳之叔，見當時婦人好尚輕細，告子柳云：「汝妻何以著非禮之服？」子柳見時皆如此，亦以爲然，乃請於衍，令其妻身著繐衰，首服環絰。衍又答云：「昔者吾喪姑、姊妹亦如此，繐衰環絰，無人相禁止也。」子柳得衍此言，退，使其妻著繐衰而環絰。

【納喇補正】集説　引疏曰：言叔仲皮教訓其子子柳，而子柳猶不知禮。叔仲皮死，子柳妻雖是魯鈍婦人，猶知爲舅著齊衰而首服繆絰。衍是皮之弟，子柳之叔，見當時婦人好尚輕細，告子柳云：「汝妻何以著非禮之服？」子柳見時皆如此，亦以爲然，乃請於衍，令其妻身著繐衰，首服環絰。衍又答云：「昔者吾喪姑、姊妹亦如此，繐衰環絰，無人相禁止也。」子柳得衍此言，退，使其妻著繐衰而環絰。

竊案　鄭、孔以子柳爲皮之子，以衍爲皮之弟、子柳之叔，以「其妻」爲子柳之妻；以請繐衰而環絰，爲子柳請於衍，以曰爲衍之言；以退使其妻繐衰而環絰，爲子柳從衍之言，而使其妻如此，皆出於臆決，非有的然依據。愚謂以兩「其妻」爲子柳之妻，是矣，其餘云云，未可盡以爲信也。應是衍告於子柳，請柳之妻服時尚輕細之繐衰環絰，而曰「昔者吾喪姑、姊妹亦如斯，末吾禁也」，於是子柳得衍之言，退使其妻繐衰而環絰。如此解經，頗覺徑直，無許多問答之繁由。注、疏之所以多其問答者，以衍爲子柳之叔，尊請於卑，於禮有違耳。然考之注、疏，衍之爲皮弟，本無確證，安知非子柳之兄弟乎？

【郝氏通解】此記衰服輕細之非禮。叔仲，氏。皮，名。未詳何國人。叔仲衍蓋其兄弟也，子柳疑即泄柳，皮從學子柳。其妻又魯國人，素聞禮，當世謂魯爲禮教之國，故容居亦自稱魯人以此。妻爲夫服斬衰、絞絰，禮也。叔仲以告子柳，請從俗爲繐衰、環絰。布細而疎者曰繐。環絰，首絰，細而無缺項如環。蓋弔服之類，非夫喪之服。且曰：「昔吾有姑、姊妹之喪，皆服此，未有以爲非而止我者。」流俗之見，非禮。子柳所以不答也。衍退，使其妻爲是服以服其兄，尤非也。禮，姑、姊妹適人死，爲大功，在室齊期。男子之服既不可比於婦人，而夫之喪尤不可比姑、姊妹。叔嫂不相爲服。衍妻爲皮服，豈知禮者乎！

【江氏擇言】按，舊説謂學者，教也。子柳者，仲皮之子。其妻者，子柳之妻。魯人者，魯鈍之人。衣衰而繆絰，爲其舅服也。叔仲衍者，皮之弟，子柳之叔。告者，告子柳言此非也。請繐衰而環絰，謂子柳請於衍，使其妻繐衰而環絰，子柳使其妻也。近時新説謂子柳者，魯之賢人，叔仲皮嘗從之受學。皮之妻亦魯國人，知禮，於其夫之死，衣衰而繆絰。皮之弟叔仲衍告其嫂，請繐衰而環絰，而皮妻答之曰「昔者吾喪姑、姊妹，亦是衣衰繆絰，未吾禁也」，衍不聽，退，使其妻繐衰而環絰。此説較舊説似優，然兄弟之妻無服，而衍爲皮弟、其妻爲皮著服，亦可疑，當缺之。

【欽定義疏】正義 鄭氏康成曰：叔仲皮，魯叔孫氏之族。孔疏：僖叔牙生武仲休，休生惠伯彭，彭生皮，爲叔仲氏。學，教也。子柳，仲皮之子。衣衰而繆絰，衣當爲「齋」。繆，讀爲「不繆垂」之繆。士妻爲舅姑之服也。孔疏：知爲士者，以叔仲爲氏，則非庶人。經傳無文，則非卿大夫也。言其妻雖魯鈍，其於禮勝學。叔仲衍，蓋皮之弟。告子柳，言此非也。繐衰，小功之縷而四升半之衰。環絰，弔服之絰。時婦人好輕細而多服此者。衍既不知禮之本，子柳亦以爲然，而請於衍，使其妻爲舅服繐衰而環絰。衍答子柳言姑、姊妹在室齊衰，與婦爲舅姑同。末，無也。言無禁我，欲其言行也。婦以諸侯之大夫爲天子之衰、弔服之絰服其舅，非也。

孔氏穎達曰：此論子柳失禮之事。叔仲皮教訓其子，子柳受父教而不知禮。叔仲皮死，子柳之妻雖魯鈍，猶知爲舅姑身著齊衰，首服繆絰。謂兩股相交也，五服之絰皆然，惟弔服環絰不繆耳。衍，子柳之叔，見當時婦人好尚輕細，告子柳：「汝妻何以著非禮之服？」子柳亦以妻非禮，遂請於衍，欲令其妻身著繐衰，首服環絰。衍答子柳云「吾喪姑、姊妹亦如斯」，謂如此繐衰、環絰，無人於吾而相禁者。子柳得衍言乃退，使其妻著繐衰而環絰。子柳不肯粥庶弟之母，非是下愚而不知其非禮，明當時皆著輕細者也。

案 或謂「昔者」以下，語意似即請者之辭。蓋衍告子柳以齊衰之服，因請改齊爲繐，而因自以「昔者」証之，其説較爲直截。或謂皮、衍、柳俱叔仲彭生子，鄭以子柳爲皮子，誤，並存疑。

【杭氏集説】萬氏斯大曰：按繐衰四升有半，布細而疏。喪服傳列小功之首，唯諸侯之大夫爲天子服之，五服親族無用此者。叔仲皮從學於泄柳，叔仲皮死，其妻魯人，素知禮，爲之服斬衰、絞絰。時俗尚輕微，妻爲夫有服繐衰、環絰者，皮子衍拘於俗見，請於子柳，欲令皮妻易服繐衰、環絰。且云「昔吾喪姑、姊妹亦如此，無我禁者」，是不知繐衰非姑、姊妹之服，并不知妻之爲夫更不同于姑、姊妹也。失禮已甚，故子柳不答，衍不悟其非，退使皮妻改服繐衰而環絰，舊解非。

姚氏際恒曰：以子柳爲皮之子，以上「其妻」爲子柳之妻。以衍爲皮之弟、子柳之叔，以告爲告子柳，以請爲子柳請，以曰爲衍答，以退爲子柳退，以下「其妻」亦爲子柳之妻，此鄭、孔之説也。以子柳爲皮之子，以上「其妻」爲子柳之妻，以衍爲子柳之兄弟，以告爲告子柳，以請亦爲衍請，以曰亦爲衍語，以退爲子柳退，以下「其妻」亦爲子柳之妻，此近世成容若之説也。以子柳爲皮之師，以上「其妻」爲皮之妻，以衍爲皮之弟，以告爲告子柳，以請亦爲衍請，以曰亦爲衍語，以退爲衍退，以下「其妻」爲衍之妻爲夫之兄服，此郝仲輿之説也。以子柳爲皮之師，以上「其妻」爲皮之妻，以衍爲皮之子，以告爲告其母，以請亦爲衍請，以曰爲皮妻答，以退爲衍退，以下「其妻」爲衍之妻爲舅服，此孫文融之説也。按如鄭氏及成氏之説，皆以首句「學」字訓作「斆」字，解未安，而鄭作衍既告子柳，又請衍，又告，更迂折。如郝氏、孫氏之説，於首句順矣，但郝説無子柳之答。似疏、孫説于首句之子柳，全失照應，更疎。且皆以兩「其妻」爲兩人，亦不協。四説之中，似成説較直捷，然終以「學」字未安，爲難通耳。大抵檀弓係高才人手筆，不肯爲旨明辭順之文，故時似脱略其義，卒難通曉。解者各竭所見以求之，而終不可盡通，則非解者之故，乃作者之故矣。然于此亦正見古文之妙，鄭氏以此章魯人爲魯鈍之人，尤鑿。上「郰婁考公」章猶爲男子，此則婦人，難責以知禮，豈亦以魯鈍論耶？蓋檀弓必魯士所作，以魯爲知禮之國，故特舉此婦人亦較勝於男子，爲衣衰繆絰之重服而不爲繐衰環絰之輕服也。

陸氏奎勳曰：案子柳即泄柳，乃魯國賢人。鄭注以爲叔仲皮子，則系出公族，烏得有閉門不納之事？記本謂叔仲皮學于子柳，鄭注訛「學」爲「教」，而孔氏承之，遂至全節文義盡失其解。依愚説，不過記繐衰環絰之變禮耳。

姜氏兆錫曰：記此以見學者之失禮，曾魯婦人之不若也。

【孫氏集解】鄭氏曰：叔仲皮，魯叔孫氏之族。學，教也。子柳，仲皮之子。衣，當爲「齋」，壞字也。繆，當爲「不樛垂」之樛。齊衰、繆絰，士妻爲舅姑之服也。言其妻雖魯鈍，其於禮勝學。叔仲衍以告，告子柳，言此非也。衍蓋皮之弟。繐衰，小功之縷而四升半之衰。時婦人好輕細而多服此者。衍既不知禮之本，子柳亦以爲然，而請於衍，使其妻服之。姑、姊妹在室齊衰，與婦爲舅姑同。

愚謂樛，結也。樛絰，以繩一條，自額向後而交結於項也。環絰，爲之如環，以加於首也。舊説謂環絰一股，非也。繩必兩股而後能固結，凡絰皆然，一股者，不可以爲絰也。喪服傳曰：「長殤九月，纓絰；中殤七月，不纓絰。」又喪服「大功」章曰：「牡麻，纓絰。」絰之有纓者，止於大功九月。則自小功以下，絰皆不纓矣。不纓者，其環絰歟？樛之，故垂其餘以爲纓，爲之如環，故無纓。則樛絰者，大功以上之絰；環絰者，小功以下之絰也。舊説謂環絰專用於弔服，亦非也。此爲舅環絰，其大小疑亦如齊衰之絰，但爲之如環而不樛耳。緦衰四升有半，與齊衰之升數略相似，而其纓輕細，環絰無纓，亦視樛絰爲差善，故當時多服之。叔仲衍習見當時所服，反以齊衰樛絰爲非，子柳亦以衍之言爲然，而請改之。姑、姊妹在室齊衰，與婦爲舅姑同。子柳言己昔服姑、姊妹亦如斯，無有禁止我者，以見其可服也。於是退使其妻緦衰而環絰，言衍與子柳之不知禮。

【朱氏訓纂】叔仲皮學子柳。注：叔仲皮，魯叔孫之族。學，教也。子柳，仲皮之子。　正義：案世本「桓公生僖叔牙，叔牙生武仲休，休生惠伯彭，彭生皮爲叔仲氏」，故云「叔孫氏之族」。**叔仲皮死，其妻魯人也，衣衰而繆絰。**注：衣，當爲「齌」，壞字也。繆，讀爲「不樛垂」之樛。士妻爲舅姑之服也。言雖魯鈍，其於禮勝學。　説文：糾，繩三合也。**叔仲衍以告，**注：告子柳，言此非也。衍，蓋皮之弟。衍，或爲「皮」。**請緦衰而環絰，**注：緦衰，小功之縷而四升半之衰。環絰，弔服之絰。時婦人好輕細而多服此者，衍既不知禮之本，子柳亦以爲然，而請於衍，使其妻爲舅服之。　釋名：環絰，末無餘散麻，圓如環也。**曰：「昔者吾喪姑、姊妹亦如斯，末吾禁也。」**注：衍答子柳也。姑、姊妹在室齊衰，與婦爲舅姑同。末，無也。言無禁我，欲其言行。**退，使其妻繐衰而環絰。**注：婦以諸侯之大夫爲天子之衰、弔服之絰服其舅，非。

【郭氏質疑】鄭注：學，教也。子柳，叔仲皮之子。衍，蓋皮之弟。衣，當爲「齊」。士妻爲舅姑之服也。時婦人好輕細，多服繐衰，衍既不知禮之本，子柳亦以爲然，使其妻爲舅服之。

嵩燾案，喪服，女子子適人者大功。士喪禮，苴絰，散帶垂。牡麻絰，亦散帶垂。婦人之帶，牡麻結本，在房。是凡齊衰服皆繆絰。繐衰，治其縷如小功而成布六升半，稍次於齊衰。喪服記序之大功之上，其服亦牡麻絰。環絰不繆，蓋從簡。叔仲皮爲魯公族。孔疏引世本「叔牙生武仲休，休生意伯彭，彭生皮，爲叔仲氏」。春秋文十八年，襄仲殺叔仲惠伯，已而復叔仲氏。襄七年杜注，叔仲昭伯，叔仲惠伯之孫。二十八年注，昭伯，叔仲帶。昭十二年注，叔仲穆子，叔仲小，叔仲帶之子。叔仲皮、叔仲衍皆不見於傳，與子柳同時，當爲叔仲穆子之後，必非彭生之子也。子柳蓋魯賢者，叔仲皮師事之，子柳之妻與叔仲皮爲昆弟。經云「魯人」者，謂亦魯公族也。爲叔仲皮齊衰，以爲父後之昆弟服之。「叔仲衍以告」，謂告於子柳之妻辭重服。繐衰環絰下於齊衰一等，亦非正服也。其云「吾喪姑、姊妹亦如斯」，即喪服之云「姑、姊妹報」者是也。子柳，魯之高節者，亦不樂加厚妻之族，因從而爲之服，語意甚明。鄭注直以子柳爲叔仲皮之子，經義乃始糾紛矣。案周之季世，人各以其私意制爲之服，子柳賢者亦不能正，前云「緆衰、繐裳，非古也」，正指此。

四·九二　○**成人有其兄死而不爲衰者，聞子皐將爲成宰，遂爲衰。成人曰：「蠶則績而蟹有匡，范則冠而蟬有緌。兄則死而子皐爲之衰。」**蚩兄死者。言其衰之不爲兄死，如蟹有匡，蟬有緌，不爲蠶之績，范之冠也。范，蜂也。蟬，蜩也。緌爲蜩喙，長在腹下[一]。○成，本或作「郕」，音承。蠶，七南反。蟹，户買反。緌，耳佳反。蚩，昌之反。蜂，孚逢反。蜩，音條。喙，呼惠反，又丁角反。

【疏】「成人」至「之衰」[二]。○正義曰：此一節論成人無禮之事。成，孟氏所食采地也，即前犯禾之邑也。此邑中民有兄死而弟不爲兄制服者也。

○「聞子皐將爲成宰，遂爲衰」者，此不服兄者，聞孔子弟子子皐[三]其性至孝，來爲成之宰，必當治前不孝之人，恐罪及己，故懼之，遂制衰服也。

○正義曰：「蠶則績而蟹有匡」者，成人，謂成邑中識禮之人也。譏笑不服兄衰，仍爲設二譬也。蠶則績絲作繭。「蟹有匡」者，蟹背殼似匡，仍謂蟹背作匡。

[一] 緌爲蜩喙長在腹下　閩、監、毛本同，嘉靖本同。岳本「爲」作「謂」，衛氏集説同，考文引宋板、古本、足利本同。○鍔按：「緌爲」上，阮校有「成人有其兄死節」七字。

[二] 成人至之衰　惠棟校宋本無此五字。

[三] 聞孔子弟子子皐　閩、監、毛本如此，此本「孔」誤「且」。

○「范則冠而蟬有緌」者，范，蜂也。蜂頭上有物似冠也。蟬，蜩也。緌，謂蟬喙，長在口下[一]，似冠之緌也。

○「兄則死而子皋爲之衰」者，以是合譬也。蠶則須匡以貯繭，而今無匡，蟹背有匡，匡自著蟹[二]，則非爲蠶設。蜂冠無緌，而蟬口有緌，緌自著蟬，非爲蜂設。亦如成人[三]兄死，初不作衰，後畏於子皋，方爲制服。服是子皋爲之[四]，非爲兄施，亦如蟹匡、蟬緌各不關於蠶、蜂也。

【衛氏集説】鄭氏曰：范，蜂也。蟬，蜩也。緌謂蜩喙，長在腹下。

孔氏曰：此一節論成人無禮之事。成，孟氏所食采地，即前犯禾之邑也。此邑中民有兄死而弟不爲兄制服者，聞子皋至孝，來爲成宰，恐其罪己，乃制衰服，故成人譏之。蠶則績絲作繭，蟹背殼似匡，蜂頭上有物似冠，蟬喙似冠之緌，以是合譬也。蠶則須匡以貯繭，而今無匡，匡自著蟹，則非爲蠶設。蜂冠無緌，而蟬口有緌，緌自著蟬，非爲蜂設。譬如成人兄死，初不作衰，後畏子皋，方爲制服。服是子皋爲之，非爲兄施，亦如蟹匡、蟬

[一] 緌謂蟬喙長在口下 閩、監、毛本作「謂」，此本「謂」字闕。
[二] 匡自著蟹 閩、監、毛本作「著」，衛氏集説同。此本「著」誤「苦」。
[三] 非爲蜂設亦如成人 閩、監、毛本作「設亦」，此本「設亦」二字闕。衛氏集説作「設譬」，考文引宋板同。
[四] 服是子皋爲之 閩、監、毛本如此，衛氏集説同，此本「皋爲」二字闕。

緌，各不關于蠶、蜂也。

長樂陳氏曰：事非出于自然，而出于使然者，君子不以爲善，以其徒有其事而非其情，徒有其名而非其實也。子皋之衰，不爲成人之兄，則衰在子皋而不在成人，豈非徒有其事而非其情、徒有其名而非其實歟？匡辟則服之在下者也，緌辟則服之在上者也。

金華應氏曰：聞伯夷之風者，頑夫廉。聞柳下惠之風者，薄夫敦。聞子皋之風者，悍夫悌。故兄之死，有昔不爲衰者，而今爲之衰也。一邑之宰如此，有國、有天下者，所任皆得其人，宜何如哉？是以仲尼相而無飲羊縱妻之民，楊綰相而有減騶省樂之效，風化之機繫于人焉耳。蠶績、范冠之謡，雖以戲夫民之爲服者未必出于誠心，實以喜子皋之孝行，足以感不友、不悌之俗。故周公之告康叔，不以弟之大不克恭者爲怒，而以克敬典者爲急；分正東郊之責，亦以孝友之君陳以感悟之，其機固不在多也。

【吴氏纂言】鄭氏曰：范，蜂也。蟬，蜩也。緌謂蜩喙，長在腹下。

孔氏曰：成，孟氏所食采邑。即此邑中民有兄死而弟不爲兄制服者，聞子皋至孝，來爲成宰，恐其罪己，乃制衰服，故成人譏之。蠶則績絲作繭，蟹殼似匡，蜂頭上有物似冠，蟬喙似冠之緌，以是合譬也。蠶則須匡以貯繭，今無匡而蟹背有匡，匡自著蟹，非爲蠶設。蜂冠無緌而蟬口有緌，緌自著蟬，非爲蜂設。譬如成人兄死，初不作衰，後畏子皋方爲制服，服是子皋爲之，非爲兄施，亦如蟹匡、蟬緌，各不關於蠶、蜂也。

應氏曰：聞伯夷之風者，頑夫廉。聞下惠之風者，薄夫敦。聞子皋之風者，悍夫悌。故兄死不爲衰，而今爲之衰也。仲尼用而無飲羊縱妻之民，楊綰相而有減騶省樂之效，風化之機係於人焉。蠶績范冠之謡，雖以戲夫民之爲服者不出於誠心，亦以喜子皋之孝行，足以感不友、不悌之俗也。

【陳氏集説】成，魯邑名。匡，背殼似匡也。范，蜂也。朱氏曰：絲之績者，必由乎匡之所盛。然蟹之有匡，非爲蠶之績也，爲背而已。首之冠者，必資乎緌之所飾，然蟬之有緌，非爲范之冠也，爲喙而已。兄死者必爲之服衰，然成人之服衰，非爲兄之死也，爲子皋而已。蓋以上二句喻下句也。

【納喇補正】**蠶則績而蟹有匡，范則冠而蟬有緌。兄則死而子皋爲之衰。**

集説　朱氏曰：絲之績者，必由乎匡之所盛，然蟹之有匡，非爲蠶之績也，爲背而已。首之冠者，必資乎緌之所飾，然蟬之有緌，非爲范之冠也，爲喙而已。兄死者必爲之服衰，然成人之服衰，非爲兄之死也，爲子皋而已。蓋以上二句喻下句也。

竊案　此説大旨若此，而語氣似猶未肖。蓋絲績必須匡，乃蠶無之，而蟹之匡似爲蠶設；首冠必資緌，乃范無之，而蟬之緌似爲范設；兄死必服衰，乃成人不爲兄服，畏子皋而後制服，似子皋爲之衰。衰無係於成人，亦如蟹匡、蟬緌各不關於蠶、范也。

【郝氏通解】此言禮由上興也。成，魯邑。禮，兄喪齊衰，成人有兄死而不爲衰者，聞子臯爲宰乃衰，是衰非爲兄，爲子臯耳。故邑人託物形相似而不相關者譏之。蠶有絲，故曰績。績用匡，而匡乃在蟹之背，蟹甲似匡也。范，蜂也。冠纓之垂者曰緌。蜂首似冠，冠有緌，而緌乃在蟬之項，蟬喙長在口下，似緌也。以譬成人兄死宜有服不服，服乃爲子臯耳。

【欽定義疏】正義 鄭氏康成曰：嗤兄死者，言其衰之不爲兄死。如蟹有匡，不爲蠶之績；蟬有緌，不爲范之冠也。范，蜂也。孔疏：蜂頭上有物似冠。蟬，蜩也。緌謂蜩喙，長在腹下。孔疏：似冠之緌。

孔氏穎達曰：此論成人無禮之事。成，孟氏所食采地，即前犯禾之邑也。此邑中民有兄死而弟不爲兄制服者，聞子臯至孝，來爲成宰，恐其罪己，乃制衰服，故成人譏之，言此服是子臯爲之，非爲兄施也。

朱氏申曰：絲之績者，必由乎匡之所盛，然蟹之有匡，非爲蠶之績也，爲背而已。首之冠者，必資乎緌之所飾，然蟬之有緌，非爲范之冠也，爲喙而已。兄死者必爲之服衰，然成人之服衰非爲兄之死也，爲子臯而已。蓋以上二句喻下句也。

通論 應氏鏞曰：仲尼相而無飲羊縱妻之民，楊綰相而有減騶省樂之效，風化之機，繫於人焉耳。蠶績范冠之謡，雖以戲夫民之爲服者未必出於誠心，實以喜子臯之孝，足以感不友、不悌之俗。故周公之告康叔，不以弟之大不克恭者爲怒，而以克敬典者爲急；

分正東郊之責，亦以孝友之君陳感悟之，其機固不在多也。

【杭氏集説】鄭氏康成曰：蚩兄死者，言其衰之不爲兄死，如蟹有匡，不爲蠶之績；蟬有緌，不爲范之冠也。范，蜂也。孔疏：蜂頭上有物似冠。蟬，蜩也。緌謂蟬喙，長在腹下。孔疏：似冠之緌。

朱氏申曰：此言凡絲之績者，必由乎匡之所盛，然蟹之有匡，非爲蠶之績也，爲背而已。首之冠者，必資乎緌之所飾，然蟬之有緌，非爲范之冠也，爲喙而已。兄死者，必爲之服衰，然成人之服衰，非爲兄之死也，爲子皋而已。蓋以上二句喻下一句也。

【孫氏集解】鄭氏曰：蚩兄死者，言其衰之不爲兄死，如蟹有匡、蟬有緌，不爲蠶之績、范之冠也。范，蜂也。蟬，蜩也。緌，謂蟬喙，長在腹下。

孔氏曰：成人不爲兄服，聞子皋至孝，來爲成宰，必當治不孝之人，故懼而制服。蟹，背殼似匡。范，蜂也。蜂頭上有物似冠也，蟬蝝長在腹下，似冠之緌。蠶則須匡以貯絲，而今無匡，蟹背有匡，匡自著蟹，非爲蠶設。蜂冠無緌，而蟬口有緌，緌自著蟬，非爲蜂設。亦如成人兄死，初不作衰，而後畏子皋，方爲制服，服是子皋爲之，非爲兄施，亦猶蟹匡、蟬緌各不關於蠶、蜂也。

應氏鏞曰：此謡雖以戲夫民之爲服者不出於誠心，實以喜子皋之孝足以感不友、不悌之俗。故周公之告康叔，以克敬典爲急，而分正東郊，必以孝友之君陳。風化之機，不在多也。

【王氏述聞】⊙子臯爲之衰

成人有其兄死而不爲衰者，聞子臯將爲成宰，遂爲衰。成人曰：「蠶則績而蟹有匡，范則冠而蟬有緌，兄則死而子臯爲之衰。」

鄭注曰：言其衰之不爲兄死，如蟹有匡、蟬有緌不爲蠶之績、范之冠也。

正義曰：蠶則須匡以貯繭，而今無匡，蟹背有匡，匡自箸蟹，則非爲蠶設。蜂冠無緌，而蟬口有緌，緌自箸蟬，非爲蜂設。亦如成人兄死，初不作衰，後畏於子臯，方爲制服，是子臯爲之，「是」下疑脱「爲」字。非爲兄施。

引之謹案，如注意，則記當云兄則死而爲子臯衰，不當云子臯爲之衰也。今案「爲」猶「使」也，言蠶則績，而蟹爲之匡以貯繭。范則冠，而蟬爲之緌以飾冠。兄則死，而子臯使之衰以盡禮。皆由他物、他人助而成之，非其所自爲也。井九三「爲我心惻」，魯語「其爲後世昭前之令聞也」，王弼、韋昭並曰「爲，猶使也」。子臯將爲成宰，而成人遂爲衰，是子臯使之衰也。

【朱氏訓纂】注：蚩兄死者，言其衰之不爲兄死，如蟹有匡、蟬有緌不爲蠶之績、范之冠也。范，蜂也。蟬，蜩也。緌謂蜩喙，長在腹下。 正義：蠶則須匡以貯繭，蟹背有匡，匡自著蟹，非爲蠶設。蜂冠無緌，而蟬口有緌，緌自著蟬，非爲蜂設。譬如成人兄死，初不作衰，後畏子皋，方爲制服，服是子皋爲之，非爲兄施，亦如蟹匡、蟬緌，各不關於蠶、蜂也。王氏引之曰：爲，猶使也。言蠶則績，而蟹爲之匡以貯繭。范則冠，而蟬爲之緌以飾冠。兄則死，而子皋使之衰以盡禮。皆由他物、他人助而成之，非其所自爲也。

四·九三 ○**樂正子春之母死，五日而不食，曰：「吾悔之。自吾母而不得吾情，吾惡乎用吾情？」**惡乎，猶於何也。○惡，音烏，注同。勉强過禮，子春，曾子弟子。○强，其兩反。

【疏】「樂正」至「吾情」[一]。○正義曰：此一節論孝子遭喪哀過之事。樂正子春即曾子弟子「坐於牀下」者是也。此其母死五日而不食者，禮三日，其五日，過二日。

○「曰：『吾悔之』」者，悔其不以實情，勉强而至五日。

○「自吾母而不得吾情，吾惡乎用吾情」者，自吾母死而不得吾之實情，而矯詐勉强爲之，更於何處用吾之實情乎？

【衛氏集說】鄭氏曰：子春，曾子弟子。勉强過禮。惡乎，猶于何也。

孔氏曰：此一節論孝子遭喪哀過之事。禮，不食三日。子春悔不以實情，勉强至五

[一] 樂正至吾情　惠棟校宋本無此五字。○鍔按：「樂正」上，阮校有「樂正子春之母死節」八字。

日，言自吾母死而不得吾之實情，而矯詐勉强爲之，更于何處用吾之實情乎？

黄氏曰：樂正子，當時之賢者也。師必在慕其德行而師之者也。禮制雖云三日，而曾子喪親不食七日，故子春心慕師道，執親之喪，五日而後食，既而告人曰「吾悔之」。自是吾母之喪不能及于七日，是不盡得吾哀痛之情，以報其罔極之恩，更于何處盡用吾哀痛之情乎？乃悔，不及七日之謂也。子春之旨，其在于斯。記者載之，以旌孝行。餘義。

嚴陵方氏曰：觀子春下堂傷足，數月不出，而以虧父母之體爲憂，則其存心蓋可見矣。

山陰陸氏曰：曾子水漿不入口者七日，而不以爲悔，非勉强故也。

【吴氏纂言】鄭氏曰：子春勉强過禮。

孔氏曰：禮，不食三日。子春悔不以實情，勉强至五日，言自吾母死而不得吾之實情，更於何處用吾之實情乎？

山陰陸氏曰：曾子水漿不入口七日，而不以爲悔，非勉强故也。

澄曰：曾子質厚，子春力學，質厚故哀甚而自七日不食，不待勉强。力學故欲如曾子之七日，但至五日，已是勉强，故悔。不若依聖人中制，三日不食者爲禮之正，而出於實情也。人所能堪，而非勉强者爲實情；人所不能堪，而勉强爲之者，非實情也。

延平黄氏曰：禮制雖云三日，而曾參喪親不食七日，子春心慕師道，執親之喪五日而後食。既而告人曰「吾悔之」，自是吾母之喪不能及於七日，是不得盡吾哀痛之情以報罔極之恩，更於何處盡用吾哀痛之情歟？悔不及七日也。

澄按，黄氏之言新巧而有病。孝子之哀痛不食，本諸天性之自然，豈是欲以此哀痛不食而報罔極之恩乎？

【陳氏集説】子春，曾子弟子。矯爲過制之禮，而不用其實情於母，則他無所用其實情矣，此所以悔也。

【納喇補正】集説　子春，曾子弟子。矯爲過制之禮，而不用其實情於母，則他無所用其實情矣，此所以悔也。

竊案　子春下堂傷足，以虧遺體爲憂，至於數月不出，其誠孝有過人者，今乃謂以勉强過禮爲非實情，因而自悔，竊恐未然。黄氏云：「禮制雖云三日，而曾參喪親不食七日，故子春心慕師道，執親之喪五日而後食。既而告人曰『吾悔之』，云：『吾母之喪，不能及於七日，是不得盡吾哀痛之情以報其罔極之恩，更於何處盡用我哀痛之情歟？』乃悔不及七日之謂也。」可謂得子春之意矣。

【郝氏通解】禮，親喪，三日不食。子春五日勉强爲之，故悔。曾子七日不食，而不聞悔，誠故也。

【方氏析疑】自吾母而不得吾情，吾惡乎用吾情？

曾子水漿不入口七日，不自悔非情者，出於自然而不自知也。子春自謂不得吾情者，過三日已若能食而勉爲之也。不及禮，不可不自强也，過禮而强焉，則疑於爲名，而非心之本然矣。

【欽定義疏】正義　鄭氏康成曰：子春，曾子弟子。勉强過禮。惡乎，猶於何也。

孔氏穎達曰：此論孝子遭喪過哀之事。禮，不食三日，子春悔不以實情，勉强至五日。言自吾母死，而不得吾之實情而勉强爲之，更於何處用吾之實情乎？

存疑　黄氏敏求曰：曾子喪親，不食七日，故子春心慕師道，執親之喪五日而後食。既而告人曰：「吾母之喪，不盡得吾哀痛之情以報其罔極之恩，更於何處盡用吾哀痛之情乎？」乃悔不及七日之謂也。記者載之，以旌孝行。

陸氏佃曰：曾子水漿不入口者七日，而不以爲悔，非勉强故也。

【杭氏集説】姚氏際恒曰：鄭、孔以欒正子春之悔爲悔其不以實情，勉强而至五日，似非語氣，當以悔其不能如曾子七日之説爲是。

方氏苞曰：曾子水漿不入口七日，不自悔非情，若出于自然而不自知也。子春自謂不得吾情者，過三日已若能食而勉爲之也。不及禮，不可不自强也，過禮而强焉，則疑于爲名，而非心之本然矣。

任氏啟運曰：于此而益見先王之禮之善也，賢者之爲衆人之師也。曾子七日，而子春以五日爲未盡其情矣。率此以往，不至滅性乎？故夫先王之禮，賢者之所俯而就也，惟俯而就，乃爲可繼，爲可傳也。舊説悔其矯詐不誠，恐未確。

【孫氏集解】鄭氏曰：子春，曾子弟子。惡乎，猶於何也。

孔氏曰：禮不食三日。子春悔不以實情，勉强至五日。言自吾母死而不得吾實情，更於何處用吾之實情乎？

愚謂曾子居喪，水漿不入口者七日，子春學於曾子者也，故其喪母也，五日而不食，皆賢者之過也。然曾子則出乎至情，而非有所勉强，子春則勉强以求過禮，而情或有所不逮矣，故以不用其情爲悔也。

【朱氏訓纂】樂正子春之母死，五日而不食，曰：「吾悔之。注：勉强過禮。子春，曾子弟子。自吾母而不得吾情，吾惡乎用吾情？」注：惡乎，猶於何也。

四·九四　○**歲旱，穆公召縣子而問然，**然之言焉也。凡穆，或作「繆」。○旱，音汗。縣，音懸。繆，音穆。**曰：「天久不雨，吾欲暴尪而奚若？」**奚若，何如也。尪者面鄉天，覬天哀而雨之[一]。○雨，于付反，注及下同。暴，步卜反，下同。尪，烏光反。鄉，許亮反。覬，音

[一] 覬天哀而雨之　閩、監、毛本同，岳本同，嘉靖本同，衛氏集説同。釋文出「庶覬」云：「本又作『幾』。」是釋文本「覬」上有「庶」字。○鍔按：「覬天」上，阮校有「歲旱節」三字。

冀，本又作「幾」，音同。**曰：「天久不雨，而暴人之疾子，虐，毋乃不可與**〔一〕**。」**錮疾，人之所哀，暴之是虐。○暴人之疾子，一讀以子字向下。與，音餘。錮，音固。**「然則吾欲暴巫而奚若？」曰：「天則不雨，而望之愚婦人，於以求之，毋乃已疏乎？」**已，猶甚也。巫主接神，亦覬天哀而雨之。春秋傳説巫曰：「在女曰巫，在男曰覡。」周禮女巫：「旱暵則舞雩。」○覡，胡狄反。旱暵，呼旦反。雩，音于。**「徙市則奚若？」曰：「天子崩，巷市七日；諸侯薨，巷市三日。爲之徙市，不亦可乎？」**徙市者，庶人之喪禮。今徙市是憂戚於旱若喪。○徙市，上音死，下音是。爲，于僞反。不亦可乎，可，或作「善」。

【疏】「歲旱」至「可乎」〔二〕。○正義曰：此一節論歲旱變之事。

○「望之愚婦人，於以求之，毋乃已疏乎」。○縣子云：天道遠，人道近，天則不雨，而望於愚鄙之婦人，欲以暴之以求其雨。已，甚也。無乃甚疏遠於求雨道理乎？言甚疏遠於道理矣。

〔一〕毋乃不可與　閩、監本同，石經同，岳本同，衛氏集説同。毛本「毋」誤「母」，嘉靖本同。下「毋乃已疏乎」同。

〔二〕歲旱至可乎　惠棟校宋本無此五字。

○注「春秋」至「曰覡」。○正義曰：所引春秋傳者，外傳楚語昭王問觀射父絶地通天之事。觀射父對云：「民之精爽不攜貳者，明神降之。在男曰覡，在女曰巫。」然案楚語「精爽不攜貳者」始得爲巫，此經而云「愚婦人」者，據末世之巫，非復是精爽不攜貳之巫也。

○注「徙市者，庶人之喪禮」。正義曰：今徙市是憂戚於旱，若居天子、諸侯之喪，必巷市者，以庶人憂戚，無復求覓財利，要有急須之物不得不求，故於邑里之内而爲巷市。

【衛氏集説】鄭氏曰：然之言焉也。凡穆，或作「繆」。尫者面鄉天，覬天哀而雨之。奚若，何如也。錮疾，人之所哀，暴之是虐也。巫主接神，亦覬天哀而雨之。已疏，猶甚疏也。春秋傳説巫曰「在女曰巫，在男曰覡」。周禮女巫：「旱暵則舞雩。」徙市者，庶人之喪禮。今徙市是憂戚于旱若喪。

孔氏曰：此一節論旱變之事。鄭引春秋傳，見楚語觀射父對昭王絶地天通之問，云：「民之精爽不攜貳者，明神降之。在男曰覡，在女曰巫。」此經云「愚婦人」，據末世之巫也。天子、諸侯之喪，庶人憂戚，無復求覓財利，要有急須之物不得不求，故于邑里之内而爲巷市。今徙市，若居天子、諸侯之喪也。

山陰陸氏曰：問然，問其所以然。

長樂陳氏曰：先王之于旱也，内則責諸己，外則求諸神。責諸己，則有成湯之事，宣王之行；求諸神，則巫以女巫，舞以皇舞，祭以雩，禮以牲璧。責諸己者，本也；求諸神，則以爲文而已。穆公不能責諸己，又不知求諸神，而欲暴尪與巫，豈不惑哉！市，陰也。雨，陰中之陽也。徙市所以助發陰中之陽，與周官「皇舞」「女巫」同意。

廬陵胡氏曰：春秋僖二十一年：「夏，大旱，公欲焚巫尪。臧文仲曰：『巫尪何爲？天欲殺之，則如勿生，若能爲旱，焚之滋甚。』」杜氏云：「尪，瘠病之人，面上向。俗云天哀其病，恐雨入其鼻，故旱。」不經之説，今所不取。

【吴氏纂言】鄭氏曰：然之言焉也。尪者面鄉天，覬天哀而雨之。奚若，何如也。錮疾，人之所哀，暴之是虐。巫主接神，亦覬天哀而雨之。春秋傳説巫「在女曰巫，在男曰覡」，周禮女巫「旱暵則舞雩」。已，猶甚也。徙市者，庶人之喪禮。今徙市是憂戚於旱若喪。

孔氏曰：已疏，言甚疏遠於求雨之道理。天子、諸侯之喪必巷市者，以庶人憂戚，無復求覓財利，要有急須之物不得不求，故於邑里之内而爲巷市。今徙市，若居天子、諸侯之喪也。

山陰陸氏曰：問然，問其所以然。

長樂陳氏曰：先王之於旱也，内則責諸己，外則求諸神。責諸己，則有成湯之事，宣王之行；求諸神，則巫以女巫，舞以皇舞，祭以雩，禮以牲璧。責諸己者，本也；求諸神者，則以爲文而已。穆公不能責諸己，又不知求諸神，而欲暴尫與巫，豈不惑哉？

【陳氏集說】**歲旱，穆公召縣子而問然，曰：「天久不雨，吾欲暴尫而奚若？」**左傳注云：「尫者，瘠病之人，其面上向。」暴之者，冀天哀之而雨也。**曰：「天久不雨，而暴人之疾子，虐，毋乃不可與。」**此言酷虐之事，非所以感天。**「然則吾欲暴巫而奚若？」**巫能接神，冀神閔之而雨。**曰：「天則不雨，而望之愚婦人，於以求之，毋乃已疏乎？」**於以求之，猶言於此求之也。已疏，言甚迂闊也。**「徙市則奚若？」曰：「天子崩，巷市七日；諸侯薨，巷市三日。爲之徙市，不亦可乎？」**徙，移也。言徙市，又言巷市者，謂徙交易之物於巷也。此庶人爲國之大喪，憂戚罷市，而日用所須又不可缺，故徙市於巷也。今旱而欲徙市者，行喪君之禮以自責也。縣子以其求之己而不求諸人，故可其說，然豈不聞僖公以大旱欲焚巫尫，聞臧文仲之言而止？縣子不能舉其說以對穆公，而謂徙市爲可，則亦已疏矣。

【納喇補正】**穆公召縣子而問然。**

集說　無解。

竊案　鄭氏曰：「然之言焉也。」山陰陸氏曰：「問然，問其所以然。」集說無解，未知孰是。

【郝氏通解】尩，久病羸瘦之人。偃卧向天，世俗旱則曝之，企天哀之而雨也。巫所以接神，男曰覡，女曰巫。周禮女巫「旱則舞雩」。曝之者，亦欲天哀之而雨也。徙市者，國有凶喪，則衆人憂戚，市井廢交易。故天子、諸侯喪，國人罷市，有所需則市于巷。改市于巷，故曰徙。遇災，舉國改徙，以示脩省，庶天變可回。然有虚文無實意，亦不可也。

【欽定義疏】正義 鄭氏康成曰：然之言焉也。凡穆，或作「繆」。奚若，何如也。暴尩，覬天哀而雨之。錮疾，人之所哀，暴之是虐也。巫主接神，亦覬天哀而雨之。已，猶甚也。春秋傳説巫曰：「在女曰巫，在男曰覡。」周禮女巫：「旱暵則舞雩。」孔疏：楚語觀射父對昭王絶地天通之問云：「民之精爽不攜貳者，明神降之，在男曰覡，在女曰巫。」此經云「愚婦人」，據末世之巫也。徙市者，庶人之喪禮。今徙市，是憂戚於旱若喪。孔疏：天子、諸侯之喪，庶人憂戚，無復求覓財利，要有急須之物不得不求，故於邑里之内而爲巷市。今徙市，若居天子、諸侯之喪也。

孔氏穎達曰：此論旱變之事。

陳氏澔曰：尩者，瘠病之人。此言酷虐之事，非所以感天。已疏，言甚迂闊也。言「徙市」，又言「巷市」者，謂徙交易之物於巷也。欲徙市，行居喪之禮以自責也。縣子以其求諸己，而不求諸人，故可其説。然豈不聞僖公以大旱欲焚巫尩，聞臧文仲之言而止？案：事見僖公二十一年。縣子不能舉其説以對穆公，而謂徙市爲可，則亦已疏矣。

陳氏祥道曰：先王之於旱也，内則責諸己，外則求諸神。責諸己，則有成湯之事，宣王之行；求諸神，則巫以女巫，舞以皇舞，祭以雩，禮以牲璧。責諸己者，本也；求諸神，則以爲文而已。穆公不能責諸己，又不知求諸神，而欲暴尫與巫，豈不惑哉？市，陰也。雨，陰中之陽也。徙市所以助發陰中之陽，與周官「皇舞」「女巫」同意。

姚氏舜牧曰：讀雲漢之詩，則知君之所以爲民請命者，當以誠，不以文矣。文尚不可，而況虐尫與巫之甚者乎？甚矣，後世之君之昏於感格也。

存異 鄭氏康成曰：尫者面鄉天，覬天哀而雨之。

辨正 姚氏舜牧曰：暴尫者，暴此人於日中，見其已瘠病，若此之可哀，祈天一見，憫而降澤耳。注「瘠病之人，其面上向」云云，未確。

案 董仲舒請雨書有「徙市」之說，蓋旱屬陽而市主陰。故王后主立市，徙市者，謂鼓動陰氣以勝陽，使之致雨云耳。在春秋時或已有此法，故穆公問其如何，不亦可乎？縣子本意原不以爲極當，故作僅可之辭耳。

【杭氏集説】陳氏澔曰：尫者，瘠病之人，此言酷虐之事，非所以感天。已疏，言甚迂闊也。言「徙市」，又言「巷市」者，謂徙交易之物於巷也。欲徙市行喪君之禮，以自責也。縣子以其求諸己而不求諸人，故可其説，然豈不聞僖公以大旱欲焚巫尫，聞臧文仲之言而止？案事見僖公二十一年。縣子不能舉其説以對穆公，而謂徙市爲可，則已疏矣。

姚氏舜牧曰：讀雲漢之詩，則知君子所以爲民請命者，當以誠，不以文矣。文尚不可，而況虐尫與巫之甚者乎？甚矣，後世之君之昏於感格也。　又曰：暴尫者，暴此人於日中，見其已瘠病，若此之可哀，祈天一見，憫而降澤耳。注「瘠病之人，其面上向」云云，未確。

姚氏際恒曰：此附會左傳僖二十一年「公欲焚巫尫」之事。

姜氏兆錫曰：鄭氏曰：「然之言焉也。」或曰猶「國人稱願然」之然，與「而」畧同。按從鄭說，「然」當屬上爲句，從或說當屬下爲句。

任氏啟運曰：格天以實不以文，省身改過，用賢去奸，理冤出滯，施舍薄征，其實也。苟無其實，即巷市亦文而已。可者，僅可之辭。

【孫氏集解】歲旱，穆公召縣子而問然，曰：「天久不雨，吾欲暴尫而奚若？」曰：「天則不雨，而暴人之疾子，虐，毋乃不可與。」

鄭氏曰：然之言焉也。尫者面鄉天，覬天哀而雨之。錮疾，人之所哀，暴之是虐。

杜氏預曰：尫者，病瘠之人，其面鄉上。

「然則吾欲暴巫而奚若？」曰：「天則不雨，而望之愚婦人，於以求之，毋乃已疏乎？」

鄭氏曰：已，猶甚也。巫主接神，亦覬天哀而雨之。春秋傳說巫曰：「在女曰巫，在男曰覡。」周禮女巫：「旱暵則舞雩。」

孔氏曰：天道遠，人道近。天則不雨，而望於愚鄙之婦人，欲暴之以求雨，甚疏遠於道理矣。按楚語「民之精爽不攜貳者」，始得爲巫，而云「愚婦人」者，據末世之巫，非復是精爽不攜貳者也。

「徙市則奚若？」曰：「天子崩，巷市七日；諸侯薨，巷市三日。爲之徙市，不亦可乎？」

鄭氏曰：徙市者，庶人之喪禮。今徙市是憂戚於旱若喪。

孔氏曰：天子、諸侯之喪，庶人憂戚，無復求覓財利，要有必須之物不得不求，故於邑里之内而爲巷市。

陳氏澔曰：徙市，以居喪之禮自責也。縣子以其求諸己而不求諸人，故可其説。然僖公以大旱欲焚巫尪，聞臧文仲之言而止。縣子不能舉其説以對穆公，而謂徙市爲可，則亦疏矣。

【朱氏訓纂】**歲旱，穆公召縣子而問然**，注：然之言焉也。凡穆，或作「繆」。**曰：「天久不雨，吾欲暴尪而奚若？」**注：奚若，何如也。尪者面鄉天，覬天哀而雨之。尪，一切經音義：「尪，弱也。通俗文曰：『短小曰尪。』」**曰：「天久不雨，而暴人之疾子，虐，毋乃不可與。」**注：錮疾，人之所哀，暴之是虐。**「然則吾欲暴巫而奚若？」曰：「天則不雨，而望之愚婦人，於以求之，毋乃已疏乎？」**注：已，猶甚也。巫主接神，亦覬天哀而雨之。春秋傳説巫曰：「在女曰巫，在男曰覡。」周禮女巫：「旱暵則舞雩。」**「徙市則奚若？」曰：「天子崩，巷市七日；諸侯薨，巷市三日。爲之徙市，不亦可乎？」**注：徙市者，庶人之喪禮。今徙市是憂戚於旱若喪。

【郭氏質疑】吾欲暴尪而奚若。

鄭注：尪者面鄉天，覬天哀而雨之。

嵩燾案，左氏傳僖二十一年，「公欲焚巫尪」，杜注：「瘠病之人，其面上向，俗謂天哀其病，恐雨入其鼻，故爲之旱，是以公欲焚之。」説文尣部：「尣，尰曲脛也，象偏曲之形。」篆文作尫。玉篇：「尪，僂也。」説文人部大徐本云：「僂，尪也。」段氏注：「尫是曲脛之名，引申爲曲脊之名。」尪、僂同病，與鄭注「面鄉天」正反。荀子正論篇：「傴巫跛匡。」楊倞注：「匡讀爲尪，廢疾之人。」荀子云「跛匡」，仍以足疾言之，其王霸篇「賤之如㑌」，注云：「㑌當爲尪，病人也。」廣韻云：「尪弱。」杜氏以爲「瘠病之人」是也，其引俗説附會鄭義，而益失之誣。此當即僖公二十一年事，記禮者以爲穆公，蓋傳聞之誤。而左氏傳云「焚巫尪」，此云「暴」，義較近。周禮女巫：「旱暵則舞雩。」憤其不能以救旱而暴之，又牽及尪者，何爲便焚之？集韻：「焚，火灼物也。」玉篇：「灼，熱也。」疑左傳言焚，亦祇是暴意。

四·九五 ○**孔子曰：「衛人之祔也，離之。**祔，謂合葬也。離之，有以間其槨中。○祔，音附，下同。合，音閤，下同。間，「間廁」之間。**魯人之祔也，合之，善夫！」**善夫，善魯人也。

祔葬當合也。○善夫，音扶。

【疏】「孔子」至「善夫」[一]。○正義曰：此一節論魯、衛得失，各依文解之。○魯、衛兄弟，應同周法，故並之也。祔，謂合葬也。離之，謂以一物隔二棺之間於槨中也。所以然者，明合葬猶生時男女須隔居處也。○「魯人之祔也，合之，善夫」者。○魯人則合並兩棺置槨中，無別物隔之，言異生不須復隔。「穀則異室[二]，死則同穴」，故善魯之祔也[三]。

【衛氏集説】鄭氏曰：祔，謂合葬也。離之，有以間其槨中。善夫，善魯人也。祔葬當合。

孔氏曰：此一節論魯、衛得失。魯、衛兄弟，應同周法，故並云也。離之，謂一物隔二棺之間于槨中也。所以然者，明合葬猶生時男女須隔居處也。魯人則合並兩棺置槨中。

[一] 孔子至善夫　惠棟校宋本無此五字。○鍔按：「孔子」上，阮校有「孔子曰節」四字。
[二] 穀則異室　閩、監、毛本同，衛氏集説「穀」上有「詩云」二字。
[三] 故善魯之祔也　惠棟校宋本作「祔」，衛氏集説同。此本「祔」誤「夫」，閩、監、毛本同。○鍔按：「本同」下，阮校有「附釋音禮記注疏卷第十終」「惠棟校宋本禮記正義卷第十四終記云凡三十三頁宋監本禮記卷第三經五千八十一字注四千九百三十六字嘉靖本禮記卷第三經五千七百四字注四千八百九十八字」等八十字。

中，言異生不須復隔。詩云：「穀則異室，死則同穴。」故善魯之祔也。

長樂陳氏曰：衛之俗有存于殷，魯之俗一之于周。殷之所尚者尊尊，故凡昭穆之祔于廟者，離之而不親。周之所尚者親親，故凡昭穆之祔于廟者，合之而不尊。離之則義，合之則仁，孔子皆善之。

【吴氏纂言】鄭氏曰：離之，有以間其椁中。善夫，善魯人也。祔葬當合。

孔氏曰：衛之合葬以物隔二棺之間，猶生時男女隔居處也。魯人則合并兩棺置椁中，無别物隔之，言異生不須隔。詩云：「穀則異室，死則同穴。」故善魯之祔也。

【陳氏集説】生既同室，死則同穴，故善魯。疏曰：祔，合葬也。離之，謂以一物隔二棺之閒於椁中也，魯人則合並兩棺置椁中，無别物隔之。朱子曰：古者椁合衆材爲之，故大小隨人所爲。今用全木，則無許大木可以爲椁，故合葬者只同穴而各用椁也。

【郝氏通解】祔，合葬也。離，謂不同穴，以土隔之。合，謂同穴。既謂之祔，何以又離？

【欽定義疏】正義　鄭氏康成曰：祔，猶合葬也。離之，有以閒其槨中。善夫，善魯人也。祔葬當合。

孔氏穎達曰：此論魯、衛得失。衛人離之，謂合葬猶生時男女須隔居處。魯人則合並兩棺置槨中，言異生不須復隔。詩云：「穀則異室，死則同穴。」故善魯之祔也。

朱子曰：古者椁合衆材爲之，故大小隨人所爲。今用全木，則無許大木可以爲椁，故合葬者只同穴而各用椁也。

秦氏繼宗曰：祔葬，即合葬一椁，而兩棺共之也。然又有離合之分，衛人以別物隔判故曰「離」，魯人不用物隔故曰「合」。離之別男女也，合之同生死也。合之者，於人子之情爲盡，故善魯。

存異 陳氏祥道曰：衛之俗有存於殷，魯之俗一之於周。殷之所尚者尊尊，故凡昭穆之祔於廟者，離之而不親。周之所尚者親親，故凡昭穆之祔於廟者，合之而不尊。離之則義，合之則仁，孔子皆善之。

案 諸説俱以此祔爲合葬，獨陳以爲祔廟，又以爲昭穆之離合，殊不可解。宗廟，昭從昭，穆從穆，穆不混昭，昭不混穆，魯、衛一也，安所據以別魯、衛而以爲孔子皆善之乎？

【杭氏集説】朱子曰：古者槨合衆材爲之，故大小隨人所爲。今用全木，則無許大木可以爲槨，故合葬者只用穴而各用槨也。

秦氏繼宗曰：祔葬則合葬一槨，而兩棺共之也。然又有離合之分，衛人以別物隔判故曰「離」，魯人不用物隔故曰「合」。離之别男女也，合之同生死也。合之者，於人之情爲盡，故善魯。

萬氏斯大曰：此言卒哭明日祔主于廟之異。離之者，孫離祖，新主在祖主祏中，以物格之也。合之者，無物隔之也。祖孫一本之親，合之爲是，故孔子善魯。舊說以祔爲祔葬者，非。

姚氏際恒曰：鄭、孔以祔爲合葬，以離之爲有以間其椁中，以合之爲合葬兩棺置椁中，皆似臆說。陳用之曰：「衛之俗有存于殷，魯之俗一本于周。殷之所尚者尊尊，故凡昭穆之附於廟者，離之而不親。周之所尚者親親，故凡昭穆之附於廟者，合之而不尊。」按此說雖辨，但昭穆既附廟，又何以離之？義亦未允，當闕。

姜氏兆錫曰：家語孔子爲母合葬于防而發此。

【孫氏集解】 鄭氏曰：祔，合葬也。離之，有以間其椁中。善夫，善魯人也。祔葬當合。

孔氏曰：衛人離之者，象生時男女須隔居處。魯人合之者，言死異於生，不須復隔。「穀則異室，死則同穴」，故善魯之祔也。

愚謂離之者，穿爲二壙，夫婦之棺椁各藏一壙也。合之者，穿一壙，而以夫婦之棺椁合藏於其中也。離之則乖祔之義，故孔子善魯。

【朱氏訓纂】 **孔子曰：「衛人之祔也，離之。**注：祔，謂合葬也。離之，有以間其椁中。**魯人之祔也，合之，善夫！」**注：善夫，魯人也。祔葬當合也。正義：「穀則異室，死則同穴」，故善魯之祔也。

檀弓注疏長編跋

王寧玲編纂的檀弓注疏長編（下簡稱「檀弓長編」），是禮記注疏長編之一。禮記彙校集注既是在完成一份恩師李慶善先生布置的作業，亦是余研讀禮記的一個夢想。何日能够交付，何時夢想成真，不得而知。二〇〇八年仲夏，余以禮記彙校集注爲題申報高校古委會項目，獲得重點資助，此項工作算是正式開始。但是，具體如何彙校禮記，如何彙集諸家注釋，頗感爲難！彙校主要針對禮記經文，集注是彙集歷代學者注解禮記的注疏，這是非常明確的。問題是在真正開始時，發現這項工作遠遠比自己設想的要困難很多很多！

禮記是大經。據撫州本禮記注統計，禮記經文有九万七千七百五十九字，注文十万四千二百三十三字，經注合計二十万一千九百九十二字。如果只彙校經文，校勘十多種版本，應該是一件比較「容易」完成的工作。余翻檢拙著三禮研究論著提要著録有關禮記版本之後，很快就意識到，宋代以來，禮記經文的流傳，或與鄭玄注文一起刊刻，多數附陸德明釋文；或與孔穎達禮記正義一起，以注疏本的形式流傳。所以，如果拋開鄭玄注文和陸德明釋文，僅僅彙校禮記經文，就會帶來句讀、按斷等諸多不便。

經過反復思考，余將禮記經文、注文和所附陸德明釋文一起彙校。彙校底本選取南宋紹熙年間纂圖互注禮記，此本因四部叢刊的影印，廣爲人知，除經文、注文和釋文外，另附重言、重意和互注，雖有「兔園册子」之譏，但完整體現了宋代學者認爲在研讀禮記時所應該有的所有信息，選擇它作爲彙校底本，不僅彙集了禮記經文、注文和釋文，也得知禮記中相同的句子有哪些，同樣意思的句子有哪些，與其他經典可以互相印證的句子有哪些，部分名物，附有繪圖，方便理解，對於閲讀禮記來説，再好不過了！對校本選取撫州本、余仁仲本、婺州本、岳本、嘉靖本、叢刊本禮記注和八行本、和珅本、十行本、阮刻本禮記注疏及撫州本禮記釋文等，以足利本、閩本、監本、毛本、殿本、吕友仁整理禮記正義等爲參校本，並參考四庫全書考證、十三經注疏正字、撫本禮記鄭注考異、七經孟子考文補遺、經典釋文彙校等校勘成果，進行彙校，完成禮記鄭注彙校，以「校勘記」形式不厭其煩地呈現了禮記各本之間經文、注文和釋文的差異，對於讀者瞭解禮記版本的優劣和相互關係，極爲方便，但缺點是不便閲讀。

所以，我們在禮記鄭注彙校的基礎上，以國家圖書館出版社國學基本典籍叢刊影印余仁仲本禮記注爲底本，吸收禮記鄭注彙校的成果，以撫州本、婺州本、紹熙本、岳本、嘉靖本禮記注和八行本、和珅本、十行本、阮刻本禮記注疏及撫州本禮記釋文等爲對校本，以足利本、閩本、監本、毛本、殿本禮記注疏和黄焯整理經典釋文彙校、日本藏禮記釋文四卷（傅增湘舊藏）等爲參校本，糾正底本訛脱衍倒，逐一説明校改依據，完成禮記注整理本。禮記鄭注彙校、禮記注整理本的完成，也就等於完成了禮記彙校集注之「彙校」部分。

至於「集注」工作，涉及三個問題：一是選擇何書爲主，彙編資料；二是選擇哪些禮記文獻，排比注釋；三是如何挑選注解，按斷是非。第一、二兩個問題是關鍵，解決了前兩個問題，第三個問題便迎刃而解。要解決好這三個問題，惟一有效的辦法，就是編纂一部禮記注疏長編。

自漢代以來，注釋禮記的文獻，數以千計，浩如烟海，但無不以鄭玄禮記注、唐孔穎達禮記正義爲指歸，編纂禮記注疏長編，以禮記注疏爲主，是最爲合適的。宋代以降，禮記注疏版本有兩大類：一類是八行本禮記正義，一類是十行本附釋音禮記注疏。八行本禮記正義是南宋紹熙三年（一一九二）兩浙東路茶鹽司刻本，除中國國家圖書館收藏八六四〇號禮記正義七十卷外，其餘七部皆爲殘本。國圖所藏全本，原爲潘宗周寶禮堂藏書，但卷四十八脱去疏文一千〇一十四字，且不附釋文，顯然不便作爲禮記注疏長編的基礎。十行本系統中，宋劉叔剛刻十行本、和珅翻刻本與元刊明修十行本、閩本、監本、毛本、武英殿本、四庫本、阮刻本禮記注疏，一脉相承，是南宋以來學者研讀禮記注疏最爲常用的文本。但是，宋劉叔剛刻十行本已經不知所踪，和珅翻刻本有據毛本校改者，且無説明；閩本、監本、毛本、武英殿本、四庫本禮記注疏受元刊明修本影響，存在大量墨釘、缺字、訛錯甚至缺頁，無法卒讀。惟有阮刻本禮記注疏，雖以元刊明修十行本爲底本，但利用撫州本禮記注，閩本、監本、毛本禮記注疏，以及惠棟等人校勘成果校勘，并暗自吸收和珅翻刻宋十行本優點，形成了一部文字完整且附有七千餘條校勘記的新版本，一經刊刻，備受學者青睞，風靡學界近兩百年。所以，編纂禮記注疏長編，理當以阮刻本附釋音禮記注疏爲主，既可完整保留禮記經文、鄭玄注文和孔穎達疏文，附録有陸德明釋文，又保留了阮元的禮記注疏校勘記，便於匯集，也有利於研讀。早在二〇一三年季春，余帶領學禮堂弟子瞿林江、張琪、王寧玲、井超、李佩、葉國盛、邱亮等同學，將中華書局一九八〇年影印阮刻本十三經注疏之附釋音禮記注疏六十三卷整理爲電子版，供學禮堂同學學習使用。這個整理本，經學禮堂師生不斷修改，就成爲編纂禮記注疏長編的基礎文本。

有了阮刻本附釋音禮記注疏的整理本，就要選擇編纂禮記注疏長編的文獻。經過思考，借鑒前人編纂經書長編的經驗，確定兩個選書標準：一是注釋禮記的著作，二是歷代注釋禮記著作中的代表作。根據這樣兩個標準，除阮刻本附釋音禮記注疏内已經包括的鄭玄禮記注、孔穎達禮記正義和陸德明經典釋文禮記釋文之外，又從三禮研究論著提要著録的禮記類著作中，選取宋衛湜禮記集説，元吴澄禮記纂言、陳澔禮記集説，明郝敬禮記通解，清納喇性德陳氏禮記集説補正、方苞禮記析疑、江永禮記訓義擇言、甘汝來等欽定禮記義疏、杭世駿續禮記集説、孫希旦禮記集解、王引之經義述聞、朱彬禮記訓纂、郭嵩燾禮記質疑等十三部注解類著作，作爲編纂禮記注疏長編的文獻來源。前後相加，編纂禮記注疏長編依據的文獻就有十六部。鄭玄禮記注是現存最早的禮記注本，涵蓋漢代鄭興、鄭衆等人注解，孔穎達禮記正義是集漢、魏晉南北朝、隋人注解禮記的集大成之作，陸德明禮記釋文是彙集魏晉南北朝人爲禮記注音之作，選擇這三部文獻，不會有異義。選擇其他十三部文獻，原因有三：

第一，這十三部文獻基本可以展示宋、元、明、清時期學者注解禮記的面貌。衛湜禮記集説、吴澄禮記纂言、甘汝來等欽定禮記義疏、杭世駿續禮記集説、江永禮記訓義擇言五部著作，對之前的禮記注解類文獻，均有集注之功。衛湜禮記集説摭拾一百四十四家之説，最爲賅博。

第二，這十三部文獻基本是注解禮記的代表作。如陳澔禮記集説、郝敬禮記通解、孫希旦禮記集解、朱彬禮記訓纂四部著作，是元、明、清時期注解禮記的名著。尤其是陳澔禮記集説，作爲科舉取士教材，影響深遠，故有納喇性德陳氏禮記集説補正之作。孫希旦禮記集解、朱彬禮記訓纂二書，是清代學者注解禮記類文獻中的佼佼者。

第三，對前人注解質疑辨惑，精見迭出。兩宋以下，對於漢、唐學者注解禮記之作，多有不同意見，及至清代，學者涵詠經文，懷疑鄭孔，於禮記解讀，提出新見，或言之有據，或質疑問難。方苞禮記析疑、王引之經義述聞、郭嵩燾禮記質疑三部書，正好體現了清代初期、中期和晚期學者對鄭玄、孔穎達等人注疏禮記的看法，故納入編選文獻。

檀弓「簡策重大」，分爲上、下篇。據撫州本禮記注，檀弓上有五千四百二十二字，檀弓下有五千〇八十一字，合計一万五百〇三字，是禮記中字數最多的一篇。就内容而言，檀弓主要記載喪葬禮，大致可分爲孔子與弟子討論喪葬禮、孔子弟子之間或再傳弟子討論喪葬禮、虞夏商周喪葬禮之差異和春秋戰國之喪葬禮等四個部分，可補儀禮士喪禮、既夕禮之未備。檀弓長編根據阮刻本分節，檀弓上分一百一十九節，檀弓下分九十五節。本書分上、下篇標注序號。阮刻本附釋音禮記注疏六十三卷，檀弓注疏有五卷，自卷六至卷十。今據孔疏分節，離析爲檀弓長編三十卷。

禮記注疏長編本爲撰寫禮記彙校集注而作，當編纂寫定部分篇目時，覺得於研究經學、禮學和中國傳統文化，不無裨益，故依禮記四十六篇序次，逐篇編纂，分篇付梓，作爲經學研究之資料。就檀弓長編而言，禮記注疏長編對於研究中國傳統文化，有以下作用：

第一，爲禮學研究提供豐富資料。周禮、儀禮、禮記和大戴禮記等禮學文獻，是記録先秦時期中華禮樂文明的重要典籍。隨着歷史的演進，禮記地位扶摇直上，超過周禮、儀禮，成爲五經之一。禮記中大學、中庸二篇，被單獨提取，與論語、孟子合編爲四書。四書、五經是傳承中華傳統文化的核心文獻，其中都有禮記的内容，尤其是宋元以來，禮記備受世人關注。禮記注疏長編將漢至清代十六部禮記文獻中的注釋資料，以禮記經文篇次和時代先後，彙編爲一書，爲禮學研究提供了豐富的資料。

檀弓長編三・一一四曰：「國亡大縣邑，公、卿、大夫、士皆厭冠，哭於大廟三日，君不舉。或曰：君舉而哭於后土。」鄭玄注曰：「軍敗失地，以喪歸也。厭冠，今喪冠，其服未聞。后土，社也。」孔穎達正義曰：

「厭冠」，喪冠也。國既失地，是諸侯無德所招，故諸臣皆著喪冠而哭於君之大廟三日也。失地爲先祖所哀，故在廟也。「君不舉」者，「舉」謂舉樂也。臣入廟三日哭，故君亦三日不舉樂也。后土，社也。又有或者，言亦舉樂而自於社中哭之。

根據鄭玄、孔穎達注釋，此段可翻譯爲：國家如果丢失了大的縣邑，公、卿、大夫、士都要頭戴喪冠，在太廟哭三天，國君不享受音樂演奏。另一種説法是，國君聽完音樂後哭於社廟。

但是，鄭玄對於經文中兩個「舉」字，未作注解。孔穎達訓「舉」爲「舉樂」，覺得不一定恰當，故又保留異説曰：

然二處之哭，鄭皆不非，未知孰是。庾蔚云：「舉者，謂舉饌。」引周禮膳夫「王日一舉」，又「王齊日三舉」，注云：「殺牲盛饌曰舉。」案庾蔚及前通合而爲用也。

根據這段疏文，孔穎達提供兩點意見：一是鄭玄對太廟和社廟之哭没有非議，不知是否正確；一是庾蔚根據鄭玄周禮天官膳夫「王日一舉」之注「殺牲盛饌曰舉」，認爲「舉」是「舉饌」，即宰殺牲肉享用。衛湜禮記集説徵引應氏説：「不舉，自貶損也。曰『君舉』者，非也。」杭世駿續禮記集説徵引朱軾曰：「舉而哭，謂君率諸臣共哭也。不舉，謂諸臣自哭，不待君之舉也。」朱軾以「率」訓「舉」。「舉」字如何解釋，涉及周代飲食、祭祀禮制。針對以上各家之見，郭嵩燾禮記質疑認爲：

兩「舉」字連文而義各别。周禮膳夫，王日一舉，以樂侑食，邦有大故則不舉。鄭注：「殺牲盛饌曰舉。」「大故，寇戎之事。」玉藻，諸侯日特牲，朔月少牢。論語叙魯樂師有亞飯、三飯、四飯之名。王制所謂「日舉以樂」，蓋天子、諸侯同之，舉必以樂。經言「三日不舉」，自謂不特殺，非謂不舉樂也。下云「君舉而祭於后土」，又别爲祭告之禮，不承上爲文。師氏：「凡祭祀、賓客、會同、喪紀、軍旅，王舉則從。」舉者，通辭也。肆師：「凡師甸，用牲於社。」小宗伯：「凡會同、軍旅、甸役之禱祠，爲位。國有禍烖，亦如之。」大司馬：「若師有功，愷樂獻於社；不功，則厭而奉主車。」鄭注：「主，謂遷廟之主及社主在軍者。」「奉，送也，送主歸於廟社。」是凡軍旅之事，出入必於社。詩：「靡神不舉。」曲禮：「凡祭，有其舉之。」王制：「山川神祇，有不舉者，爲不敬。」「君舉」者，謂君自告祠於社而哭之。孔疏不達其義，集説遂引應氏之言，以爲「君舉」非也，殆失之遠矣。

郭氏的意見是「君不舉」之前是一段，「或曰」以下是另外一段。「君不舉」之舉是不殺牲，非不舉樂。「君舉」之舉是祠社，是祭告之禮。比較諸家之説，郭氏解釋，言之有據。

第二，全面展示歷代學者注解經學文獻的體式。早在先秦時期，對於「六經」之解讀，就有傳、記等不同形式。自漢代以來，又出現注、箋、詁訓、章句、集解、疏、義疏、正義、集説、纂言、通解、訓纂、質疑等不同名目，注釋方式有一個漸變演化的過程。就傳、注而言，孔穎達禮記正義曰：

「注」者，即解書之名。但釋義之人，多稱爲「傳」。傳，謂傳述爲義，或親承聖旨，或師儒相傳，故云「傳」。今謂之「注」者，謙也，不敢傳授，直注己意而已。若然，則「傳」之與「注」，各出己情。皇氏以爲自漢以前爲「傳」，自漢以後爲「注」。然王肅在鄭之後，何以亦謂之「傳」？其義非也。

禮記注疏長編較爲集中地呈現了相同或不同注釋體式的資料，反映了兩千多年來學者闡釋儒家經典文獻的方式和思路，爲現代學者研讀儒家經學文獻和重新注釋古文獻提供了豐富的營養。

編纂禮記注疏長編時，我們發現，宋以後學者注釋禮記，無不以鄭注孔疏爲據，條理注疏，闡釋禮義，補正發揮，質疑辯難。檀弓長編三·二曰：

事親有隱而無犯，左右就養無方，服勤至死，致喪三年。事君有犯而無隱，左右就養有方，服勤至死，方喪三年。事師無犯無隱，左右就養無方，服勤至死，心喪三年。

此一節記載事親、事君及事師之法。鄭玄注曰：

隱，謂不稱揚其過失也。無犯，不犯顔而諫。論語曰：「事父母幾諫。」左右，謂扶持之。方，猶常也。子則然，無常人。勤，勞辱之事也。致，謂戚容稱其服也。凡此以恩爲制。既諫，人有問其國政者，可以語其得失，若齊晏子爲晉叔向言之。不可侵官。方喪，資於事父。凡此，以義爲制。心喪，戚容如父而無服也。凡此，以恩義之間爲制。

衛湜禮記集説在條理鄭注孔疏後，彙集長樂陳氏、嚴陵方氏、馬氏、山陰陸氏、廬陵胡氏、臨川王氏、横渠張氏、河南程氏之説。就方氏之説，多家引用，繁簡有别，剪裁之法，值得玩味。

衛湜徵引方氏曰：

「就養」者，就而養之，且不離也。「服勤」者，服其勤勞而不釋也。於養言「左右」，則養無所不至矣。於勤言「至死」，則勤無時或已矣。「致喪」者，言盡其所至也。孔子曰：「子生三年，然後免於父母之懷。三年，天下之通喪。」以爲報之，不如是不足以盡其所至焉。非親也，孰爲之生？非君也，孰爲之治？非師也，孰爲之教？君、親之與師，亦相須而後成吾之身者也，所命之名雖異，所致之功則同。吾之所以報之者，宜如何哉？亦惟其稱而已。故其喪之也，或以「致」，或以「方」，或以「心」，雖各不同，至於所以盡三年之隆則一也。欒共子曰：「民生於三，事之如一。」蓋謂是矣。其序先親而後君者，内外之分也；先君而後師者，貴賤之等也。

吴澄禮記纂言徵引方氏曰：

「就養」者，就而養之不離也。「服勤」者，服其勤勞不釋也。養言「左右」，則養無所不至矣。勤言「至死」，則勤無時或已矣。非親孰生，非君孰治，非師孰教，吾所以報之者，其喪之，或以「致」，或以「方」，或以「心」，雖各不同，所以盡三年之隆則一也。其序先親後君，内外之分也；先君後師，貴賤之等也。

欽定禮記義疏將方氏之説歸於「通論」類：

養言「左右」，則養無不至。勤言「至死」，則勤無時已。君、親與師相須而後成我之身者，喪之雖各不同，所以盡三年之隆一也。欒共子曰：「民生於三，事之如一。」其序先親而後君者，内外之分；先君而後師者，貴賤之等。

孫希旦禮記集解先引方氏曰：

君、親與師，相須而成我之身，喪之雖各不同，所以盡三年之隆一也。

後總結説：

愚謂幾諫謂之隱，直諫謂之犯。父子主恩，犯則恐其責善而傷於恩，故有幾諫而無犯顏。君臣主義，隱則恐其阿諛而傷於義，故必勿欺也而犯之。師者，道之所在，有教則率，有疑則問，無所謂隱，亦無所謂犯也。就養者，近就而奉養之也。左右無方，言或左或右而無定所也。致，極也。致喪，謂極其哀戚以在喪也。

比較諸家之言，孫氏之言，説理透徹，符合經旨。

第三，提供解讀儒家經典的範本。禮記記載先秦禮制，備受學者推崇。檀弓中有關喪葬禮的很多事例，究竟應該如何解讀，解讀的標準或依據是什麽？品讀注釋，可見他們經常依據周禮，評判是非，倡導仁義，事爲之制，曲爲之放，於難解經文，闕疑存異，不强解事，值得今人學習仿效。檀弓長編四·五三曰：

陳子車死於衛，其妻與其家大夫謀以殉葬，定而后陳子亢至。以告曰：「夫子疾，莫養於下，請以殉葬。」子亢曰：「以殉葬，非禮也。雖然，則彼疾當養者，孰若妻與宰？得已，則吾欲已；不得已，則吾欲以二子者之爲之也。」於是弗果用。

陳子車是齊國大夫，去世以後他的妻子和家宰準備用活人殉葬。子車弟弟陳子亢認爲，用活人殉葬是非禮的行爲，最好不做。如果非要用活人殉葬，他認爲陳子車的妻子和家宰最爲合適，導致殉葬之事只好作罷。對這樣一段經文，基本没有難以解讀的文字。鄭玄注釋，一是注釋陳子車和子亢之人，二是説明子亢擔心勸諫不起作用，才用這種方式。後人解説，大致如此。惟宋代方慤曰：

以生者而從之于死，則傷乎不仁；于死者而養之以生，則傷乎不知。非君子之所當爲也。子亢以義拒之，不亦宜乎？宰，即家大夫也。

方氏認爲，殉葬不仁不智，非君子行爲，「以義拒之，不亦宜乎」。這樣的解讀，緊貼經文，立足周禮，指出殉葬是「不仁不知」之舉，更非君子之行爲，直接明白地告訴讀者，人該做什麽，不該做什麽，爲富不仁，是可恥的！

檀弓長編四·四六曰：「人喜則斯陶，陶斯咏，咏斯猶，猶斯舞，舞斯愠，愠斯戚，戚斯歎，歎斯辟，辟斯踊矣。品節斯，斯之謂禮。」孔穎達就對「舞斯愠」有懷疑，認爲：

> 如鄭此禮本云「舞斯愠」者，凡有九句。首末各四，正明哀樂相對。中央「舞斯愠」一句，是哀樂相生，故一句之中，有「舞」及「愠」也。而鄭諸本亦有無「舞斯愠」一句者，取義不同。而鄭又一本云「舞斯蹈，蹈斯愠」，益於一句，凡有十句，當是後人所加耳，亦不得對。而盧禮本亦有「舞斯愠」之一句。而王禮本又長，云「人喜則斯循，循斯陶」，既與盧、鄭不同，亦當新足耳。

陸德明釋文於「愠斯戚」曰：「此喜怒哀樂相對，本或於此句上有『舞斯愠』一句并注，皆衍文。」衛湜禮記集説徵引劉敞曰：

> 人喜則斯陶，陶斯咏，咏斯猶，猶斯舞，舞斯愠，愠斯戚，戚斯嘆，嘆斯辟，辟斯踊。案人舞宜樂，不宜更愠，又不當漸至辟踊，此中間有遺文矣。蓋本曰人喜則斯陶，陶斯咏，咏斯猶，猶斯舞，舞斯蹈矣。人悲則斯愠，愠憤不足，愠斯戚，戚斯嘆，嘆斯辟，辟斯踊矣。自喜而下五變而至蹈，

自悲而下亦五變而至踊，所謂「孺子慕者」也。

對劉氏之解讀，欽定禮記義疏辨正說：

陳氏澔曰：「舞斯慍」一句，終是可疑，今且據疏。劉氏欲於「猶斯舞」之下增一「矣」字，而刪「舞斯慍」三字，今亦未敢從。

案：本文是論喪之宜有踊，而以喜之舞蹈形之，斷以悲喜兩開爲是。「舞斯慍」句中脱「蹈矣，人悲則」五字耳。況鄭他本又有「舞斯蹈」，無「舞斯慍」爲據乎？若謂中間一句哀樂相生，則此孺子之慕豈因舞蹈之過而來？下言「絞衾」「蔞翣」，豈歌舞羽籥之變必用此邪？孔疏添「踊則笑」相對，更支。

比較各家之説，孰是孰非，難以判斷。一直到郭店楚簡出土性自命出一篇，有類似文字，彭林先生郭店楚簡性自命出補釋（收入郭店楚簡研究）一文隸定如下：

喜斯慆，慆斯奮，奮斯咏，咏斯猷，猷斯舞，舞，喜之終也。慍斯憂，憂斯戚，戚斯戁，戁斯辟，辟斯通，通，慍之終也。

性自命出楚簡的出土，說明前人的懷疑絶不是空穴來風。比較而言，對這段文字的解讀，宋代劉敞的推測補充，最爲接近性自命出的記載。有人常説宋人重義理輕考據，就此而看，恰好相反。透過諸家對此段文字的解讀，我們得知古人在遇到疑問時，是如何思考注釋的，或存疑，或存異，或考辨，或闡釋，極具啓發性，宋代學者的疑經思想，其價值也在於此。

王寧玲，安徽南陵人，現爲南京信息職業技術學院講師。先後在南京師範大學古典文獻學專業攻讀學士、碩士和博士學位，二〇一七年獲文學博士學位。長期致力於禮學文獻整理與研究，完成博士論文先秦喪葬名物叢考，整理檀弓長編等一百多萬字，目前正在主持教育廳高校哲社項目「清代禮學文獻中五服圖表的整理與研究」（2021SJA0713）的工作。她專心喪葬禮研究，曾將三禮中有關喪葬禮資料，分門别類，彙集爲喪葬禮資料彙編，條理秩然。有鑒於此，特邀請她編纂禮記檀弓、雜記、喪大記三篇之注疏長編。檀弓長編始於二〇一三年十二月，二〇一五年一月八日完成初稿。

學禮堂讀書會於二〇一六年十一月二十五日起，開始會讀檀弓長編，至二〇一九年三月二十五日讀畢，歷時兩年又五個月。參與會讀的碩、博士研究生有王寧玲、張琪、井超、李學辰、侯婕、劉曉詠、陶曉婷、李猛元、曹晉婷、王少帥、董政、吕梁、孫術蘭、蔣林佳、劉婧恩、葉靜燕、金子楊、劉佳怡等十八位同學。會讀期間，王寧玲根據大家的會讀意見，修改初稿，形成二稿。七月下旬以來，余專心審閱二稿，析分卷次，調整格式，改正訛誤，修正句讀，最終定稿，計九十萬字。

炎炎夏日，揮汗如雨，不知不覺，已近一月矣！或有不當，懇請方家不吝賜教！

二〇一九年八月十七日王鍔於桂香書屋